分県登山ガイドセレクション

関東周辺の山
ベストコース
100

山と溪谷社

分県登山ガイドセレクション

関東周辺の山ベストコース100

目次

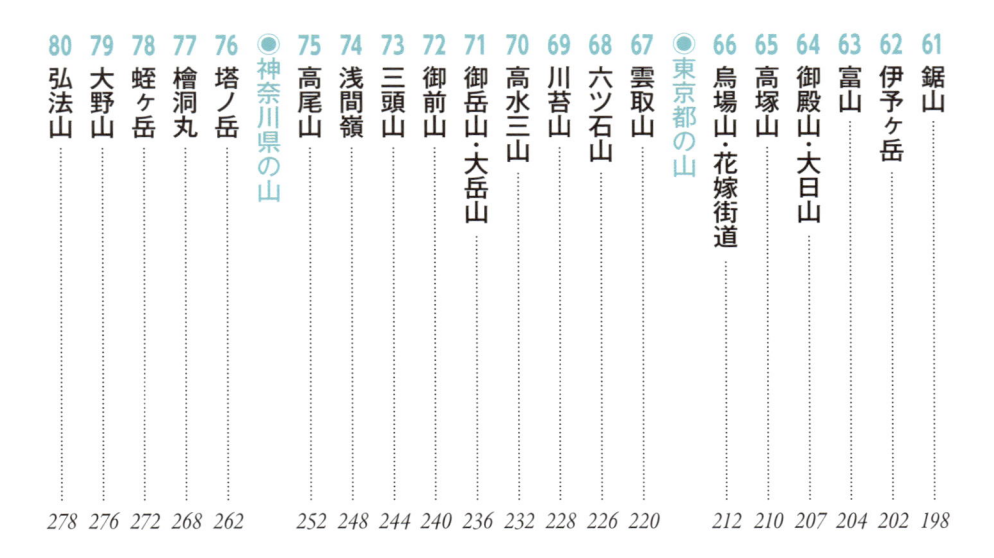

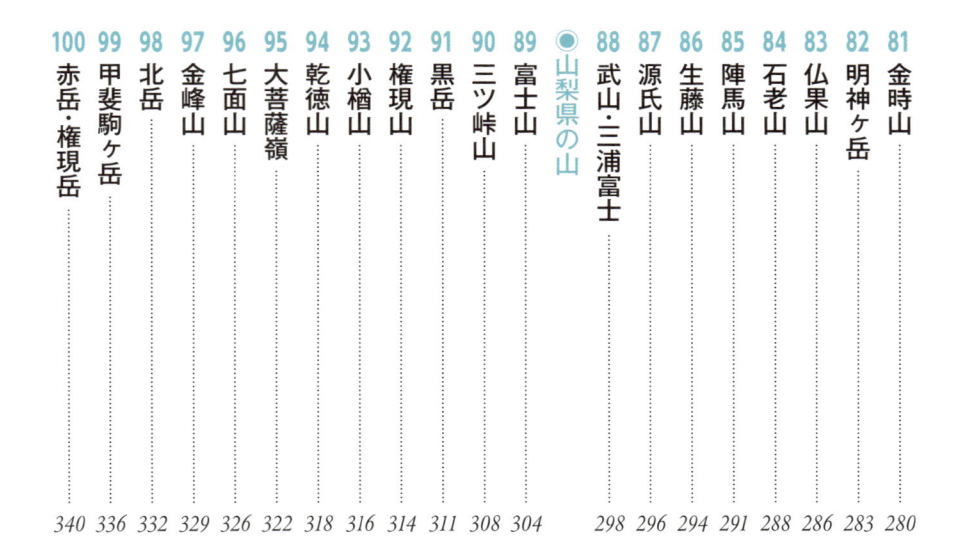

●本文地図主要凡例●

紹介するメインコース。

本文か脚注で紹介しているサブコース。一部、地図内でのみ紹介するコースもあります。

Start Goal Start Goal 225m
出発点／終着点／出発点および終着点の標高数値

管理人在中の山小屋もしくは宿泊施設

紹介するコースのコースタイムのポイントとなる山頂。

コースタイムのポイント。

管理人不在の山小屋もしくは避難小屋

本書の使い方

本書は、関東周辺1都7県の分県登山ガイド「茨城県の山」「栃木県の山」「群馬県の山」「埼玉県の山」「千葉県の山」「東京都の山」「神奈川県の山」「山梨県の山」の中から、人気のある山や特徴のある山、著者おすすめの山など100山をピックアップした1冊です。内容は、茨城県が22年11月、栃木県が22年12月、群馬県が24年5月、埼玉県が22年6月、千葉県が22年4月、東京都が23年7月、神奈川県が23年6月、山梨県が22年10月現在のものです。本書の出版時には変更されている場合があるので、注意してください。

■日程　各県の県庁所在地および主要都市を起点に、アクセスを含めて、初・中級クラスの登山者が無理なく歩ける日程としています。

■歩行時間　登山の初心者が無理なく歩ける時間を想定しています(休憩時間は含まず)。

■歩行距離　2万5000分ノ1地形図から算出したおおよその距離を紹介しています。

■累積標高差　2万5000分ノ1地形図から算出したおおよその数値を紹介しています。は登りの総和、は下りの総和です。

■技術度　5段階で技術度・危険度を示しています。は登山の初心者向きのコースで、比較的安全に歩けるコース。

は中級以上の登山経験が必要で、一部に岩場やすべりやすい場所があるものの、滑落や落石、転落の危険度は低いコース。

は読図力があり、岩場を登る基本技術を身につけた中～上級者向きで、ハシゴやクサリ場など困難な岩場の通過があり、転落や滑落、落石の危険度があるコース。

は登山に充分な経験があり、岩場や雪渓を安定して通過できる能力がある熟達者向き、危険度の高いクサリ場や道の不明瞭なやぶがあるコース。

は登山全般に高い技術と経験が必要で、岩場や急な雪渓など、緊張を強いられる危険箇所が長く続き、滑落や転落の危険が極めて高いコースを示します。

■体力度　登山の消費エネルギー量を数値化することによって安全登山を提起する鹿屋体育大学・山本正嘉教授の研究成果をもとにランク付けしています。

ランクは、①歩行時間、②歩行距離、③登りの累積標高差、④下りの累積標高差に一定の数値をかけ、その総和を求める「コース定数」に基づいて、10段階で示しています。が1、が2となります。通常、日帰りコースは「コース定数」が40以内で、～(1～3ランク)。激しい急坂や危険度の高いハシゴ場やクサリ場などがあるコースは、これに～(1～2ランク)をプラスしています。また、山中泊するコースの場合は、「コース定数」が40以上となり、泊数に応じて～もしくはそれ以上がプラスされます。

紹介した「コース定数」は登山に必要なエネルギー量や水分補給量を算出することができるので、疲労の防止や熱中症予防に役立てることもできます。体力の消耗を防ぐには、下記の計算式で算出したエネルギー消費量(脱水量)の70～80パーセント程度を補給するとよいでしょう。なお、夏など、暑い時期には脱水量はもう少し大きくなります。

	時間の要素		距離の要素		重さの要素
行動中のエネルギー消費量(kcal) =	1.8×行動時間(h)	+	0.3×歩行距離(km) + 10.0×上りの累積標高差(km) + 0.6×下りの累積標高差(km)	×	体重(kg)+ザック重量(kg)
*kcalをmlに読み替えるとおおよその脱水量がわかります	山側の情報 ―「コース定数」				登山者側の情報

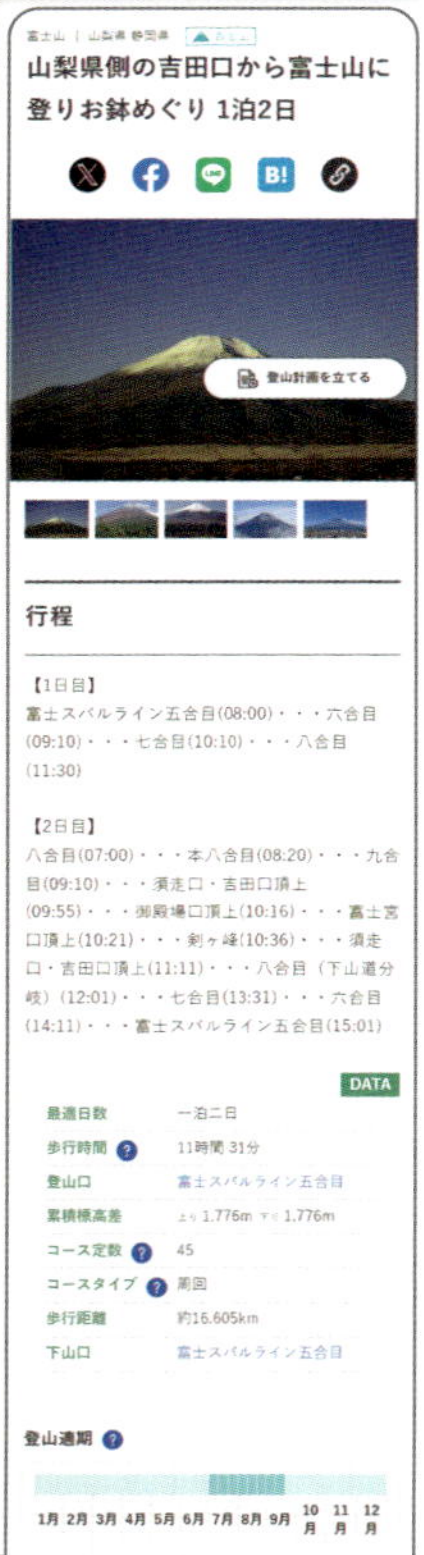

ヤマタイムでルートを確認しよう！

本書内、各コースガイドのタイトル(山名)下や地図内にあるQRコードをスマートフォンで読み取ると「ヤマタイム」の地図が表示されます。青い線が本書の紹介コースです。会員登録(無料)すると「登山計画書」の作成や、「GPXデータ」をダウンロードして、各種地図アプリにコースのログデータを取り込むことができます。

※本書とヤマタイムではコース(地図)の内容が一部異なる場合があります。

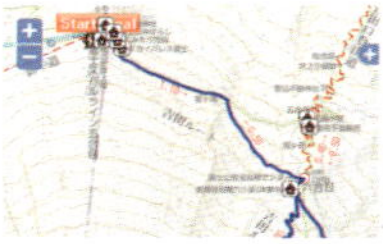

画像レイアウトは変更する場合があります

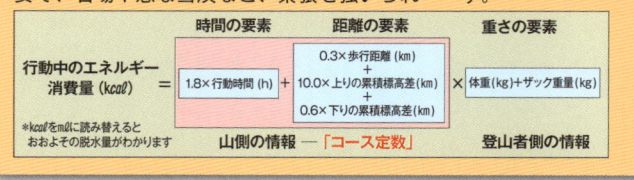

概説

茨城県の山

——酒井國光

茨城県には高い山は存在しない。最高峰の八溝山《やみぞさん》ですら1022メートルである。しかし、1300年以上前に編纂された『常陸国《ひたちのくに》風土記』には、県を代表する山・筑波山《つくばさん》を『筑波岳は、往《ゆ》き集ひ歌ひ飲《さけの》み喫《ものくら》ふこと、今に至るまで絶えず』と記されている。現在でも、訪れる者をいつでも親しみを込めて温かく迎えてくれるのが、首都圏近郊に位置する茨城県の山である。

●茨城県の山系

県の地形は、北部の山地と南部の平野に二分される。山地は県の総面積の3分の1を占め、東部の阿武隈《あぶくま》高地と西部の八溝山地に分かれる。さらに阿武隈高地は里《さと》川を境に多賀《たが》山地と久慈《くじ》山地に、八溝山地は八溝山塊、鷲子《とりのこ》山塊、鶏《けい》足《そく》山塊、筑波山塊に分かれる。

●多賀山地　宮城県より茨城県日《ひ》立《たち》市西方まで続く阿武隈高地南部の茨城県の部分をいう。西は久慈川支流の里川、東は太平洋に挟まれる。標高800〜600メートルの山々が連なり、北部が高く南部が低い。山地の傾斜は西側は急だが、東側は穏やかで道路もよく整備され、ハイキングに適している。

●久慈山地　久慈川と里川に挟まれた広い範囲であり、山田《やまだ》川の谷を境にして西の男体《なんたい》山地と東《ひがし》の金砂《かなさ》山地に区分できる。前者は、県内では最も起伏量の大きい山地で、山地の突出部には、男体山　凝《ぎょう》灰《かい》岩と礫《れき》岩の地層が分布し、西・南両端には断崖絶壁を伴っている。この地形的特徴のため、昔は大円《おおえん》地《じ》などの地名が残されている。厳しい修験道の行場であり、大円地などの地名が残されている。

●八溝山塊　茨城、栃木、福島3県にまたがり、盟主は県最高峰の八溝山である。それより尾根続きには名の知れた数座の山があるものの、これら以外はほとんど登山道もなく、訪れる登山者もいない。信仰の山だった八溝山も頂上直下まで林道ができ、「八溝五水《ごすい》巡り」など観光の山に変化している。

●鷲子山塊　八溝山塊より解析が進み、北部が高く南部ほど低くなる傾向の山々から成っているが、登山の対象となる山は少ない。この山塊においても八溝山塊同様に杉や桧などの針葉樹の生育に適した地域であり、県内で最も森林資源の豊富な場所である。

●鶏足山塊　西部の栃木県境付近は標高400〜500メートルの山並みが続く一方、東部は200メートル前後の穏やかな山地となっている。南部は桜《さくら》川と涸沼《ひぬま》川による侵食が進み、筑波山塊との間に岩瀬《いわせ》、羽黒《はぐろ》、笠間《かさま》の各盆地が発達している。

●筑波山塊　この山塊は「水郷《すいごう》筑波国定公園」と「吾国愛宕《わがくにあたご》県立自然公園」に指定され、豊かな自然が残された山岳地帯の公園として多くの人が訪れる。筑波地域はほぼ南北に、筑波山、足尾山《あしおさん》、加波《かば》山《さん》などが山脈上に連なる。吾国愛宕地域には、吾国山、難台山《なんだいさん》、愛宕山などの山々が連なっている。

●山々の四季

春─木々の越冬芽が膨らみだす早春、ひっそりと己の生命を表現するスプリング・エフェメラル「はかない春の命」、その代表・カタクリの群生地が筑波山にある。平常は4月中旬に可憐な花を咲かせ、吾国山、水戸《みと》市内原《うちはら》、御前山《ごぜんやま》山麓としだいに北へ、高みへと移り、八溝山頂近くで見られるのは5月初旬である。

ニリンソウの群落も筑波山で見られ、奥久慈《おくくじ》の男体山でも楽しめ

5月、満開のツツジ越しに見る奥久慈の盟主・男体山（左は長福山）

る。スズランの群生地は難台山中腹に、イワウチワの白やピンクの花も花貫《はなぬき》渓谷上部の山々や盛金《もりがね》富《ふ》士《じ》周辺でも堪能できる。

サクラは日本の国花。県内いたるところで楽しめるので、あえて言及しない。ヤマザクラとなると、雪入山《ゆきいりやま》や高峰《たかみね》、奥久慈の沓掛《くつかけ》峠がおすすめ。それらの地域では、住民を中心にボランティアの人々が長い地道な活動をしている。

初夏—新緑の色どりはブナ類であろう。八溝山中腹の美林もすばらしいが、筑波山でも充分に堪能できる。半日歩き回ったら体中が濃緑色に染まってしまうほど。

夏—標高が低いだけに、夏山は不利なコースも多い。気温が高くむしむしする、下草が生い茂り虫も多い。だが、深緑色の森林をわたってくる涼風は心地よい。足もとの花々は種類も多く、図鑑などを持参すれば時間を忘れてしまう。

秋—自然林が色づく紅葉の時期、山全体が燃える奥久慈の男体山は、岩場が屹立する西側もすばらしいが、竜神《りゅうじん》川源流部もすすめたい。また、八溝山中腹以上の、植林地が大部分を占める中の自然林の紅葉も見逃しがたい。

冬—県内の冬の風物詩は、袋田《ふくろだ》の滝の氷瀑と、久慈川の「しが」である。後者は、川底の小砂利に凍りついた氷の小片が浮上して流れるもので、気温が上昇すると消滅する。近年は暖冬のためか、見られる機会が減少傾向にある。

冬の自然林は一面の枯れ色、よく晴れた冬空の下では淡い古代紫にも見える。木々の隙間からは遠近の山を透かし見、落ち葉を踏み分けて登る、冬の茨城県の低山歩きは最高である。

●山々を取り巻く現状

●県内の山は低山・里山であるが故に、人工的な植林が多い。これは明治政府以来の国の林業政策に沿ったものだ。先の大戦中から戦後にかけてほとんど伐採されたが、昭和20年代後半には林野の復興がほぼ果たされた。以来70余年、全山緑に覆われた県内の山だが、近年大規模な伐採が進行中で、景観が一変している山も多い。

●山へ入る交通手段の変化も深刻だ。特にバス路線の廃止は重大である。県北の山間地帯のバス路線は、平日朝夕の通学時間帯のみ細々と運行されているが、土・日曜と祝日は運休で、登山に利用できるものは極めて少ない。マイカーでなければ登山できない時代になってきている。

それに比し、林道は網のように広がっている。特に県北では山間部に居住する住民も多く、林道は生活道路も兼ねている。さらに、大子町の山間部を走るパノラマラインのように、茨城県有数の山岳景観美を誇る男体山と周辺地域の振興を図るために開設された林道も多く、整備は行き届いている。

●茨城県の山々を舞台とした活動で、現在最も注目を集めるのが「常陸国ロングトレイル」だ。県北の山々と山麓のアクティビティを繋ぐ全長３２０㌔のトレイルで、開通部分はまだほぼ半分だが、早期の完全開通が期待されている。

富士山と並び称される筑波山
（左・男体山、右・女体山）

茨城県の山
全図

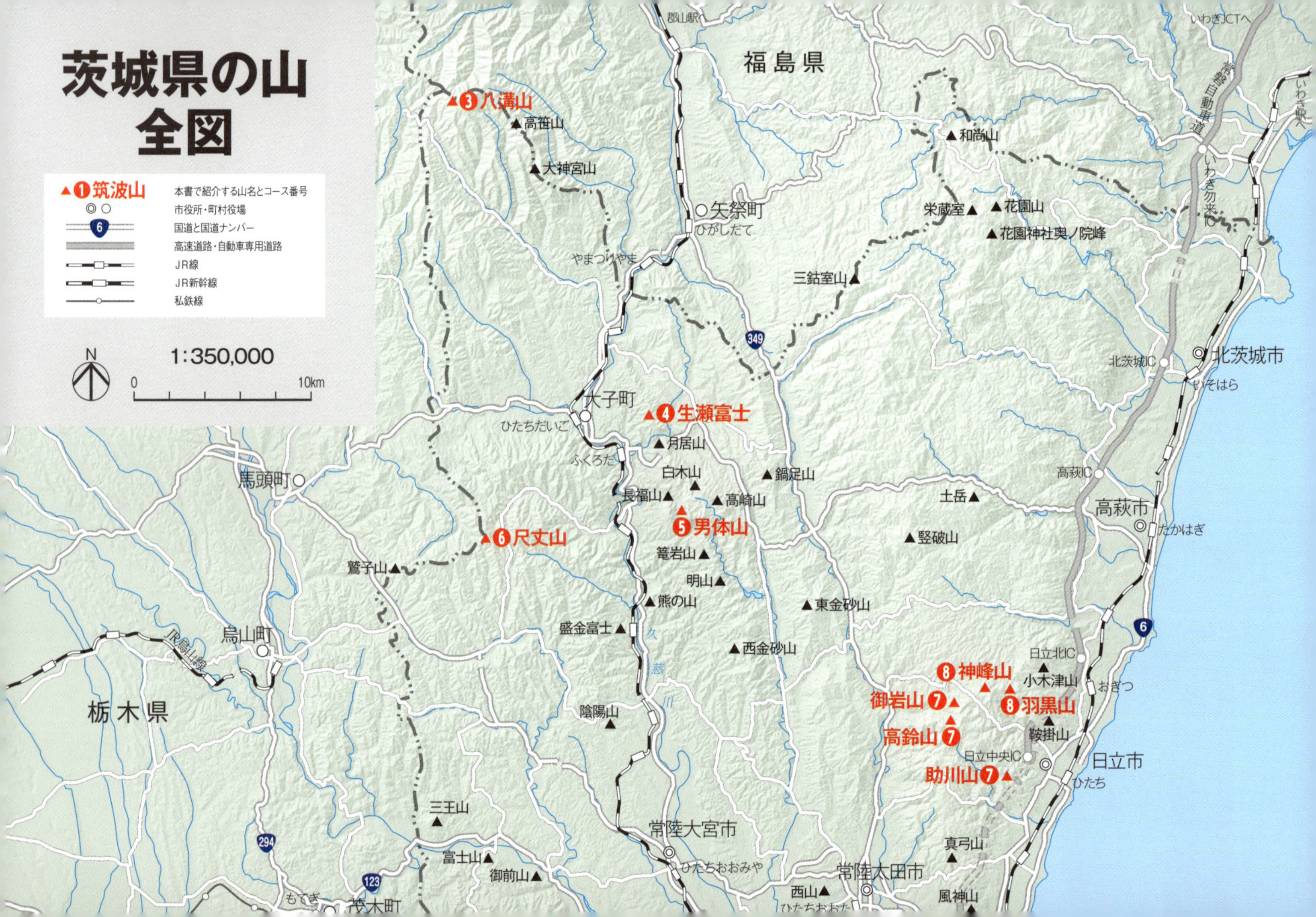

▲❶筑波山 本書で紹介する山名とコース番号
◎ ○ 市役所・町村役場
6 国道と国道ナンバー
高速道路・自動車専用道路
JR線
JR新幹線
私鉄線
N
1:350,000
0
10km
福島県
栃木県
▲❸八溝山
▲高笹山
▲大神宮山
▲和尚山
栄蔵室▲
▲花園山
▲花園神社奥ノ院峰
三鈷室山▲
矢祭町
ひがしだて
やまつりやま
郡山駅へ
いわきJCTへ
常磐自動車道
いわき駅へ
いわき勿来IC
349
大子町
ひたちだいご
ふくろだ
▲❹生瀬富士
▲月居山
白木山
▲鍋足山
長福山▲
▲高崎山
❺男体山
篭岩山▲
明山▲
▲熊の山
盛金富士▲
▲東金砂山
▲西金砂山
陰陽山
久慈川
▲❻尺丈山
鷲子山▲
馬頭町
烏山町
JR烏山線
三王山
富士山▲
御前山▲
294
123
もてぎ
茂木町
常陸大宮市
ひたちおおみや
常陸太田市
ひたちおおた
西山▲
▲土岳
▲竪破山
北茨城IC
北茨城市
いそはら
高萩IC
高萩市
たかはぎ
6
日立北IC
❽神峰山
小木津山
御岩山❼
❽羽黒山
鞍掛山
高鈴山❼
日立中央IC
日立市
ひたち
おぎつ
助川山❼
真弓山
風神山

茨城県
太平洋
鶏足山 9
焼森山
9 富士ヶ平山（赤沢富士）
益子町
ましこ
真岡鐵道
真岡市
雨巻山
仏頂山
高峯
北関東自動車道
桜川筑西IC
笠間市
富士山
佐白山
かさま
いわせ
ともべ
御嶽山
雨引山
笠間西IC
JR水戸線
桜川市
吾国山
友部IC
難台山
愛宕山
加波山 10
足尾山 11
きのこ山 11
1 2 筑波山
友部SASIC
いわま
JR常磐線
岩間IC
小美玉市
石岡小美玉SIC
石岡市
つくば道
12 浅間山
雪入山 12
宝篋山
いしおか
千代田石岡IC
かすみがうら市
土浦北IC
つくば市
けんきゅうがくえんとし
つくば
つくばエクスプレス
秋葉原駅へ
三郷JCTへ
上野駅へ
土浦市
つちうら
霞ヶ浦
行方市
鹿島神宮駅へ
小貝川
城里町
那珂川
那珂IC
かみすがや
那珂市
JR水郡線
東海SIC
東海村
水戸北SIC
水戸IC
水戸市
みと
かつた
ひたちなか市
常陸那珂港IC
ひたちなか海浜公園IC
ひたちなかIC
常陸那珂有料道路
水戸大洗IC
水戸南IC
東水戸道路
大洗町
友部JCT
茨城町西IC
茨城町JCT
茨城町東IC
茨城町
涸沼
東関東自動車道
茨城空港北IC
茨城空港
鉾田市
しんほこた
鹿島臨海鉄道大洗鹿島線
118
245
51
6
125
408

01

男体山の表登山道ともよばれるポピュラーコース

筑波山 ① 御幸ヶ原コース

つくばさん
877m（女体山）

日帰り

歩行時間＝4時間
歩行距離＝6㎞

技術度 ■□□□□
体力度 ■□□□□

コース定数＝18

標高差＝662m

累積標高差 ↗782m ↘782m

筑波山の恵みをうけて今年も稲穂がたわわに実る。右・女体山、左・男体山

関東平野に孤高の姿でそびえ立つ筑波山は、山肌の色が、朝は藍、昼は緑、夕は紫と表情を変えることから紫峰《しほう》とよばれている。古来、「東の筑波、西の富士《ふじ》」と並び称され、その秀麗な双耳峰は昔から関東の名山として尊崇されてきた。

筑波山神社拝殿。軒下の大鈴にハート型の切れ込みがある。見つけると縁結びの神様のご利益があるかも…

造山の歴史は富士山や日光の山より古い。山体は古生層に貫入した花崗岩で構成され、硬い斑レイ岩を閉じ込めて隆起し、浸食によって特徴的な現在の姿になった。

「天地開闢《かいびゃく》以来」という言葉があるように、筑波山の信仰は山そのものを崇める自然な形としてはじまったと思われる。山そのものをご神体としているため、本殿は山の上にある。男体山《なんたいさん》山頂には男体山御本殿《ごほんでん》があり、筑波男大神《おのおおかみ》として伊弉諾尊《いざなぎのみこと》が祀られている。徳川家康公は、筑波山が江戸城から見て鬼門にあたることから、鬼門封じの神として崇め、筑波山中禅《ちゅうぜん》寺《じ》を祈願所として定めたため、御本殿の方向は江戸城を向いている。

最高点の女体山《にょたいさん》山頂には女体山

■鉄道・バス

往路・復路＝TXつくば駅のA3出口外のつくばセンター①乗り場から筑波山シャトルバスで約35分、筑波山神社入口下車。または、JR常磐線土浦駅から筑波山口行の関鉄バスで約55分、終点ひとつ手前の沼田で先述のシャトルバスに乗り換える。なお、筑波山口と沼田バス停間の距離は約200メートルである。

■マイカー

常磐道土浦北ICから国道125号、県道14・42号を約20キロで筑波山神社へ。周辺の市営駐車場（有料）などを利用する。北関東道を桜川筑西ICで降りた場合は、国道125号、県道41・42号を約29キロ走り右記駐車場へ。

■登山適期

茨城県内では筑波山ほど四季を通じて楽しめる山はないといえる。それぞれの時季に訪ねてほしい。

■アドバイス

▽つくば市からも各所のパンフレットが出ているので、取り寄せて参考にしていただきたい。

▽TX、シャトルバス、ケーブルカー、ロープウェイの乗車券がセットになった「筑波山きっぷ」が格安。切符を提示すると食事処やみやげ店でお得な特典も受けられる。つくば駅を除くTXの案内カウンターや自動券売機で購入できる。

▽筑波山登山（コース①、②）で利

女体山山頂からの眺望。左手遠くに霞ヶ浦、中景中央やや右の山頂に鉄塔があるのは宝篋山

↑男体山・女体山間のトウゴクミツバツツジ

←男体山と女体山の間が御幸ヶ原。シーズンには多くの観光客でにぎわう

御本殿があり、筑波女大神《めのおおかみ》として伊弉冉尊《いざなみのみこと》が祀られている。この御本殿は男体山御本殿を向いている。なお、御本殿裏には日本神話による天上界と地上をつなぎ、伊弉諾尊、伊弉冉尊の両神が降臨されたところとされる天浮《あめのうき》橋がある。

筑波山は山全体が神域として保護されてきたため、山中にはさまざまな植物が生息しており、植物研究の宝庫としても有名である。四季折々の自然を満喫しながら登山やハイキングが楽しめる、県内で最も人気のある山だ。特に2005年のつくばエクスプレス（通称TX）の開業以降は、日本で最も訪れる人の多い山のひとつになったといっても過言ではない。女体山下では、土・日曜・祝日は順番待ちの長蛇の列ができる。

ここで紹介する通称御幸《みゆき》ヶ原《はら》コースは、筑波山の登山道の中で最もポピュラーなものである。古くは男体山の表登山道であり、登山口には「是《これ》より男體山《なんたいさん》」と書かれた「男体山道道標」と「男体鳥居」がある。コース中盤にはスギやブ

用できる公衆トイレは、13ページの地図に示した8カ所である。

▽コース上には御幸ヶ原までの現在地を確認する標識がA—0からA—8まで置かれている。ちなみに男女川源流の湧水はA—6。また、筑波山登山道に新たな道標が追加された。つくばトレイルガーディアンズによるもので、QRコードつき。御幸ヶ原コースは1—0からはじまる（左写真）。

▽毎年4月1日、11月1日に行われる筑波山神社の「御座替祭」には勇壮な時代絵巻が展開される。

▽筑波山には温泉もある。神社近辺の筑波山江戸屋☎029・866・0321、筑波山ホテル青木屋☎029・866・0311、亀の井ホテル筑波山☎029・866・1111は日帰り入浴可能。

■問合せ先

つくば駅前観光案内所☎029・879・5298、筑波山観光案内所☎029・866・1616、関東鉄道バスつくば北営業所☎029・866・0510

■2万5000分の1地形図

筑波

御幸ヶ原コース上部（標高750メートル付近）のニリンソウ群落

コース上部にあるスギの巨木地帯

山中は火気厳禁のため、御幸ヶ原の一角にバーナーエリアが設けられた

ナの巨木が林立し、筑波山中最も深山の荘厳さを感じさせる。また、小倉百人一首の陽成院の歌「筑波嶺の峰よりおつるみなの川こひぞつもりて淵となりぬる」で知られる男女川《みなのがわ》の清水など、豊かな自然を感じさせる場所でもある。

筑波山神社入口バス停でシャトルバスを下車すると、1979（昭和54）年に建立された筑波山のシンボルである赤塗りの大鳥居が目に飛び込む。参道にはみやげ店やホテルが立ち並んでいる。

石の鳥居をくぐって神社に入ると正面に御神橋《ごしんきょう》があり、御座替《おざがわり》祭《さい》と年越祭《としこしさい》の日のみ渡橋が許される。左手に手水舎《てみずしゃ》があり、神社参詣の仕切りにしたがい手と口を清めたい。随神《ずいしん》門をくぐり、急な石段を登ると筑波山神社拝殿《はいでん》に出る。

拝殿からケーブルカー乗り場に向かう途中左にトイレがある。右折してすぐに件《くだん》の男体山道道標と鳥居があり、鳥居のすぐ下に萬葉《まんよう》公園の碑が立てられている。『万葉集』には筑波山を詠んだ歌が25首あり、神社境内にはそのすべての歌碑が立っている。

木の根っこが浮き出した登山道はしだいに急になり、ひと登りすると標高約400メートルのところに円筒状の碑がある。ここが桜塚《さくらづか》だ。もともと一帯はサクラが多いところで、昔、男女の出会いを願い、麓から小石を携えて登り、木の根元に置く風習があったという。その積まれた小石の山から、桜塚といわれるようになった、と碑には記されているとか。

さらに登り、コースのほぼ中間地点の広場が以前中茶屋《なかのちゃや》のあった場所で、現在は**MINANO HUT**（あずまや）が立っている。

ケーブルカーは長さ118メートルの長峰《ながみね》トンネルをくぐり、登山道はその上を跨ぐことになる（標高600メートル）が、その手前が最も急坂である。2011年3月11日の東日本大震災の折、岩石の崩壊があり、下山中の登山者が巻き込まれ命を落としたので注意したい。

トンネルを跨ぐと下りになり、

御幸ヶ原より男体山への登山道。写真は上から下を見下ろしている

このへんから直径1㍍以上もあるスギの巨木が多くなる。しばらく登ると**男女川源流の湧水**で、陽成院の歌の説明版とベンチがある。

　男女川からしばらく登ると傾斜が急になり、階段道が長く続くようになる。標高700㍍以上になるとブナが目立ち、早春にはニリンソウの群落が見られる。

　右手からケーブルカーの音が聞こえてくると、まもなく**御幸ヶ原**だ。多くの茶屋があり、登山者や観光客でにぎわっている。西の峰が男体山、東が女体山で、北には加波山《かばさん》、遠くは日光《にっこう》、那須《なす》連山までも望むことができる。

　男体山へは2つの茶屋の間の階段を登る。頂上直下の岩場は登山者の靴で磨かれ、滑りやすい。山頂には御本殿と御札授与所があり、南側と西側の眺望がすばらしい。天候によってはつくば学園都市、さらには東京都心、遠く富士山まで見えることもある。

　下山路は、**女体山**を越して白雲《しらくも》橋《ばし》コース（15㌻参照）を想定している。

（酒井國光）

筑波山神社脇の紅葉

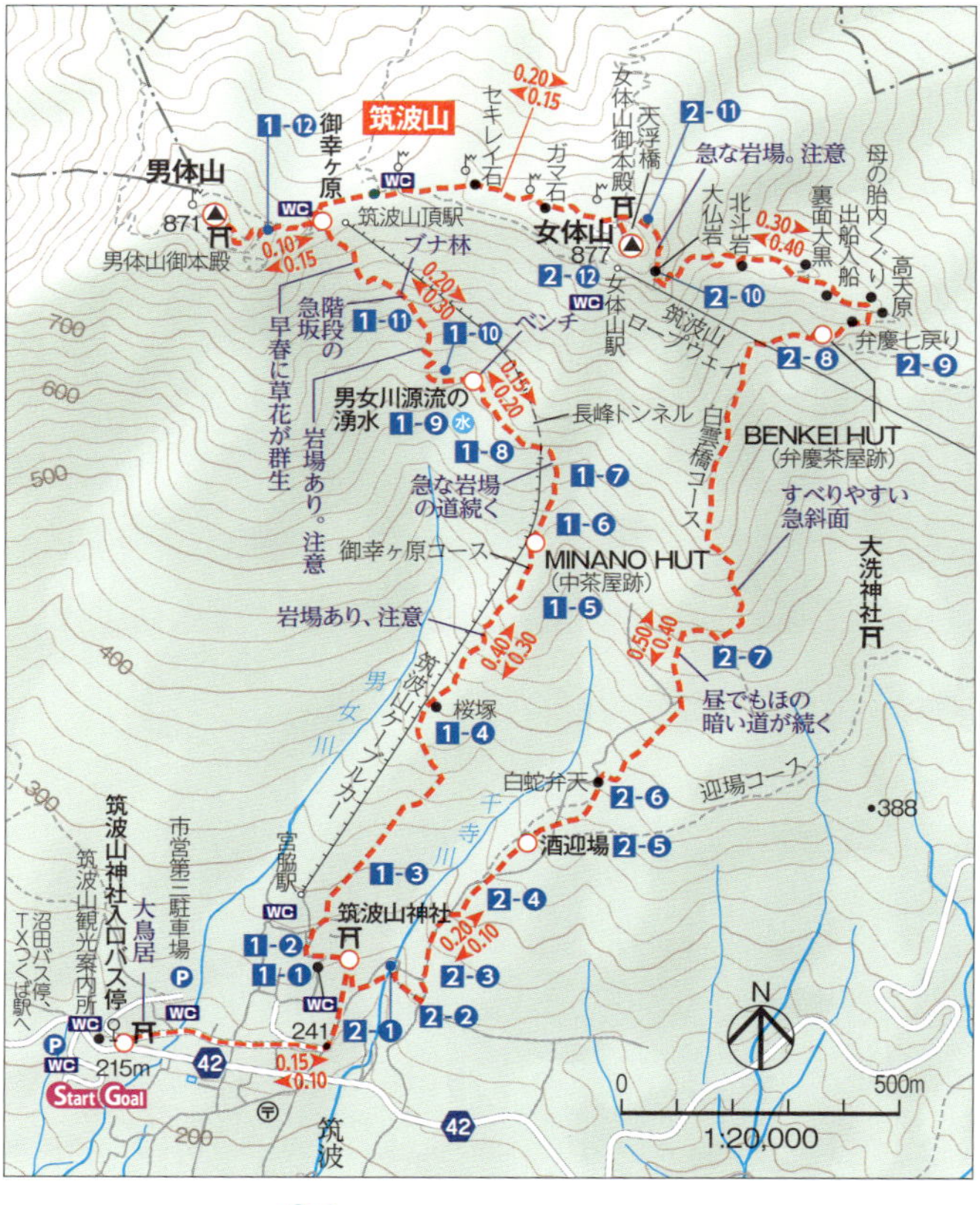

西側より見た男体山。女体山が右にかすかに頭を出している。男体山左斜面中腹の山は太郎山

CHECK POINT

神社拝殿から男体山登山口・ケーブルカー駅へ向かう道の最初の階段左手にトイレがある

男体山道道標や男体鳥居など、豊かな自然に囲まれて、古の名所・旧跡が筑波山には数多く点在している

根っこが露出した道が痛々しい。自然保護の見地から、登山道以外は踏みこまないようにしたいものだ

現在、桜塚の碑の文字の判読は難しい。小石を置く風習は今も続いているようだ

中茶屋跡にはあずやまのMINANO HUTがあり、休憩に最適。すぐ横でケーブルカーがすれ違う

ケーブルカーのすれ違い。赤色が「もみじ号」、緑色が「わかば号」だ

急坂の応急処置はしてあるが、慌てず、急がず、ゆっくりと、しかし、止まることなく通過したい

巨木地帯は筑波山中最も深山の趣が深い。「これが筑波山中か」と驚く人が多い

男女川源流の湧水は飲用も可能で、柄杓も用意されているので、のどを潤したい

このコースには「A-0」から「A-8」の現在地確認標識が置かれている

階段道は雅語的な表現をすると「丸太の階(きざはし)」となるが、歩幅が合わず大変疲れる箇所だ

御幸ヶ原より男体山へは300メートル、雑木林の中から岩場を登るが、靴で踏まれた石は滑りやすい

02

筑波山② 白雲橋コース

巨岩・怪石めぐりが楽しめる女体山への表登山道

つくばさん
877m（女体山）

日帰り

歩行時間＝4時間
歩行距離＝6km

技術度
体力度

コース定数＝17
標高差＝662m
累積標高差 782m 782m

白雲橋《しらくもばし》コースとよばれる女体山《にょたいさん》への表登山道で、筑波山神社から酒迎場《さかむかえば》分岐、弁慶《べんけい》茶屋跡（現在はあずまやのBENKEI HUTが建つ）を経て頂上へ向かう。神社からそこまでのルートは、巨木、植物や野鳥類との出会いなど豊かな自然を楽しむことができる。

↑女体山から男体山方面を望む。玉石垣が並び、右は女体山御本殿、奥に電波塔が並ぶ

北斗岩手前のブナ林は新緑が実に美しい（筑波山中第一と筆者は推薦する）

■鉄道・バス／■マイカー
⓪①筑波山（10ページ）を参照。

■登山適期
四季を通じて楽しめるコースだが、中腹のブナ林が美しい新緑のころに訪れることをおすすめする。

■アドバイス
▽コース上には酒迎場から女体山までの現在地を確認する標識がB-0からB-7まで置かれている。
▽トイレ（8カ所）の位置は13ページの地図を参照のこと。
▽マイカー利用の場合の立ち寄りスポットとしては、国土地理院の地図と測量の科学館（つくば市北郷）☎029・864・1872をおすすめする。登山を志す者一度は訪れたいものである。

■問合せ先
関東鉄道つくば北営業所☎029・866・0510、筑波山観光案内所☎029・866・1616

■2万5000分の1地形図
筑波

さらに頂上までのルートは奇岩・怪石スポットで、かの武蔵坊弁慶もくぐるのを躊躇したといわれる弁慶七戻《ななもど》り、古事記の神話に登場する高天原《たかまがはら》、二艘の船が港に出入りする姿に見立てた出船入船《でふねいりふね》、天に向かってそそり立つ北斗《ほくと》岩、大

↑母の胎内くぐりは筑波山禅定の行場のひとつで、岩の下をくぐれる。子宝や安産などの信仰を集めている

←出船入船は横長の大きな２つの石が、出船と入船のように見える

←北斗岩は天にそびえ立つ岩で、石の下に三角の穴があり通り抜けられる

←大きな袋を担いだ大黒様の後ろ姿のように見えることから、裏面大黒といわれる

↑国割り石は神様が集まり石に線を引き、神々が行くべき地方を割り振った石

←屏風岩。登山道から左へ入った先にある

仏さんの横顔にそっくりな大仏岩などが点在している。

距離は長いが、変化に富んだ筑波山の魅力を充分に堪能できるコースである。なお、下りは男体山を往復して御幸《みゆき》ヶ原《はら》コース（10ページ参照）を想定している。

筑波山神社拝殿の東にある赤宮《あかみや》といわれる春日《かすが》神社・日枝《ひえ》神社の脇から車道に下りる。すぐ白雲橋で渡るのが千寺《せんじゅ》川で、筑波山千寺川砂防堰堤群は土木學會推薦土木遺産に認定されている。

「是より女體山」と書かれた女体山道道標を左に見て、女体鳥居をくぐる。ここにも萬葉公園迎場万葉古路の石碑が立つ。登山道は筑波山の森（神社林）の中を進み、**酒迎場**で左へ白雲橋コースをとる。

白蛇弁天《はくじゃべんてん》をすぎるとスギの大木、アカガシ、各種落葉樹などで昼間でもほの暗い道となる。特に右手の斜面を埋めるアカガシの純林はみごとである。ロープウェイの下をくぐるとまもなく**BENKEI HUT**で、右手からおたつ石コースが合流してくる。

ここからが奇岩・怪石スポットで、ひとつひとつ形の違う岩、名前のついたもの、無名のものそれぞれに往古からのいわれがある。名前のある石には説明板もあるのでわかりやすい。

　また、このコースの見どころのひとつは、裏面大黒付近から北斗

女体山山頂からの眺望。条件がよければ夏でも遠く富士山が見える

岩間に広がるブナ林だ。新緑のころは特に美しく、体中が緑に染まってしまうと感じるほどである。

　大仏岩をすぎると登山道は傾斜を増し、登山靴で磨かれた斑レイ岩は滑りやすいので、慎重に行動しよう。**女体山**山頂からの眺望は360度といいたいほどすばらしく、霞《かすみ》ヶ浦《うら》から遠くは太平洋まで見わたせる。足もとには1等三角点が置かれている。

（酒井國光）

女体山のヤマキマダラヒカゲ

CHECK POINT

1

千寺川の砂防堰堤群は、1938（昭和13）に発生した土砂災害を機に24基造られた

2

1860（万延元）年に造立された女体山道道標には「是より女體山」と書かれている

3

女体鳥居の脇には「萬葉公園迎場万葉古路」の標柱がある

4

筑波山の森（神社林）は、森林ボランティア「つくば元気森守の会」により整備されている

5

このコースには「B-0」から「B-7」の現在地確認標識が置かれている

6

白蛇弁天は、ここに白蛇が棲み、これを見た者は財をなすといわれている

7

アカガシの林は女体山までの現在地確認標識B-2を過ぎたあたりから右手が最も美しい

8

白雲橋コースとおたつ石コースの合流点が弁慶茶屋の跡地で、現在はあずまやのBENKEI HUTが建つ

9

弁慶七戻りは古来「石門」といい、聖と俗を分ける門と考えられていた

10

大仏岩は女体山直下にあり、下から見上げると大仏が座った姿に見える

11

女体山直下の岩場は登山者の靴に磨かれ滑りやすいので慎重に行動したい

12

女体山山頂の三角点は1878（明治11）年に内務省地理局によって選定された1等三角点である

＊コース図は13ページを参照。

03

八溝山

茨城県最高峰。春は新緑、秋は紅葉がすばらしい

やみぞさん　1022m

日帰り

歩行時間＝2時間25分
歩行距離＝5km

技術度 ■□□□□
体力度 ■□□□□

コース定数＝8

標高差＝257m

累積標高差 ↗379m ↘379m

大子町大生瀬・打越付近の車道から見た八溝山

八溝山は、茨城県大子《だいご》町、福島県棚倉町《たなぐらまち》、栃木県大田原《おおたわら》市の三県境に位置する茨城県の最高峰である。山頂に八溝嶺《やみぞみね》神社、中腹に日《にち》輪寺《りんじ》がある。山名の由来には諸説あるが、「八溝山には八つ谷があり八方に放射しているから」とするものが一般的だ。弘法大師はこのありさまを八葉に覆われた蓮の花にたとえ、朝日夕日に照らされる山に尊いものを感じたという。

山頂展望台より足下の八溝嶺神社。右が拝殿で左が本殿、三角点は本殿の後ろに設置されている

山腹のいたるところに湧き水が流れ出し、八溝川湧水群の八溝五水は日本名水百選に選ばれている。

信仰の山であった八溝山も、1981（昭和56）年、茨城・福島・栃木の三県から自動車道が開通し、観光の山として新しい時代を迎えている。

八溝五水の入口手前には、庇のかかった休憩所がある。付近には数台の**駐車スペース**もある。ベンチから300メートル先が登山道（八溝嶺神社旧参道）入口だ。平坦な道を進むと**金性水**《きんしょうすい》に出る。竹筒から流れ落ちる水は賞味に値する。

金性水から200メートルほど行くと八丁坂《はっちょうざか》の急登になる。右手の平坦地は長年八溝嶺神社の別当を務めた高梨家の屋敷跡だ。すぐ左に屋根のかかった鉄水《てっすい》、その上の登山道から右に少し離れたところに龍《りゅう》毛水《もうすい》がある。急坂を登ると日輪寺

カエデ類の紅葉の美しい八溝嶺神社旧参道を行く

■鉄道・バス
往路・復路＝JR水郡線常陸大子駅前から蛇穴（じゃけち）行きの茨城交通バスに乗り終点下車。しかし、水郡線はダイヤも少なく、バスの本数も極端に少ないうえ、日曜、祝日は運休なので登山には利用できない。マイカーでの登山をすすめる。

■マイカー
国道118号から主要地方道28号（大子那須線）に入り、15キロで蛇穴へ。八溝林道の入口には大鳥居があるので明瞭だ。頂上付近まで完全舗装されている。頂上直下には3箇所の駐車場があり、トイレもある。

■登山適期
新緑の春、紅葉の秋から初冬にかけ

への車道に出る。**白毛水**《はくもうすい》は左下にあり、駐車場から近く水を汲みに来る人も多い。頂上に最も近い銀《ぎん》性水《しょうすい》は近年ほとんど水がない。

車道に出るとその上が**八溝山**頂上で、八溝嶺神社、さらに展望台がある。展望台からの360度の眺望はすこぶるよい。1等三角点は神社裏の高みにある。

道標に導かれて日輪寺への尾根を下る。春には新緑、足もとにはカタクリの花が咲き乱れ、秋の紅葉はいちだんと美しい。**日輪寺**からは旧参道をマナイタ沢に下る。清流を利用してワサビが栽培されていたが、近年は低調である。対岸の道を登ると出発点の**駐車スペース**に戻る。（酒井國光）

日輪寺への尾根は、春は新緑やカタクリが楽しめ、秋は紅・黄葉が美しい

CHECK POINT

1 屋根のある休憩所の前には数台が駐車できるスペースがある

2 八溝五水は第二代水戸藩主徳川光圀公の命名とか。金性水が最も水量が多い

3 八溝嶺神社は日本武尊の創建と伝えられ、周囲には、風害を避けるための高い土塁が築かれている

4 山頂には天守閣を模した無料の展望台があり、最上階には望遠鏡も置かれている

5 山頂近くの鉄塔は東京電力の「八溝無線中継所」と国土交通省の「八溝山雨量観測所」である

6 分岐を日輪寺へは左へ下る。右は金性水からの道である

7 日輪寺は大同3（808）年弘法大師によって開山された古刹。毎年5月3日に柴燈護摩法要が行われている

8 マナイタ沢のワサビ田。江戸時代初期、徳川光圀公から苗を拝領して栽培したのがはじまりという

てがベストシーズンである。特に、日輪寺の祭礼（5月3日）は一見の価値があるのでおすすめしたい。

■アドバイス
▽八溝林道入口の大鳥居近くにあった「山登屋」は廃業した。
▽大子町観光商工課・観光協会からは「大子町厳選おすすめハイキング③八溝山・大神宮山」が出ている。また、大子町観光協会のHPでも、ハイキングのコース案内記事や地図を見ることができる。
▽大子町は温泉の町、各所に立ち寄り湯がある。珍しいのは道の駅「奥久慈だいご」（☎0295・72・6111）に温泉入浴施設があることだ。

道の駅 奥久慈だいご

▽登山後の立ち寄りスポットとしては、奥久慈茶の里公園「和紙人形美術館」☎0295・78・0511、ゲルト・クナッパーギャラリー☎0295・72・2011（要予約）など。

■問合せ先
大子町観光商工課☎0295・72・1138、大子町観光協会☎0295・72・0285

■2万5000分の1地形図
八溝山・町付

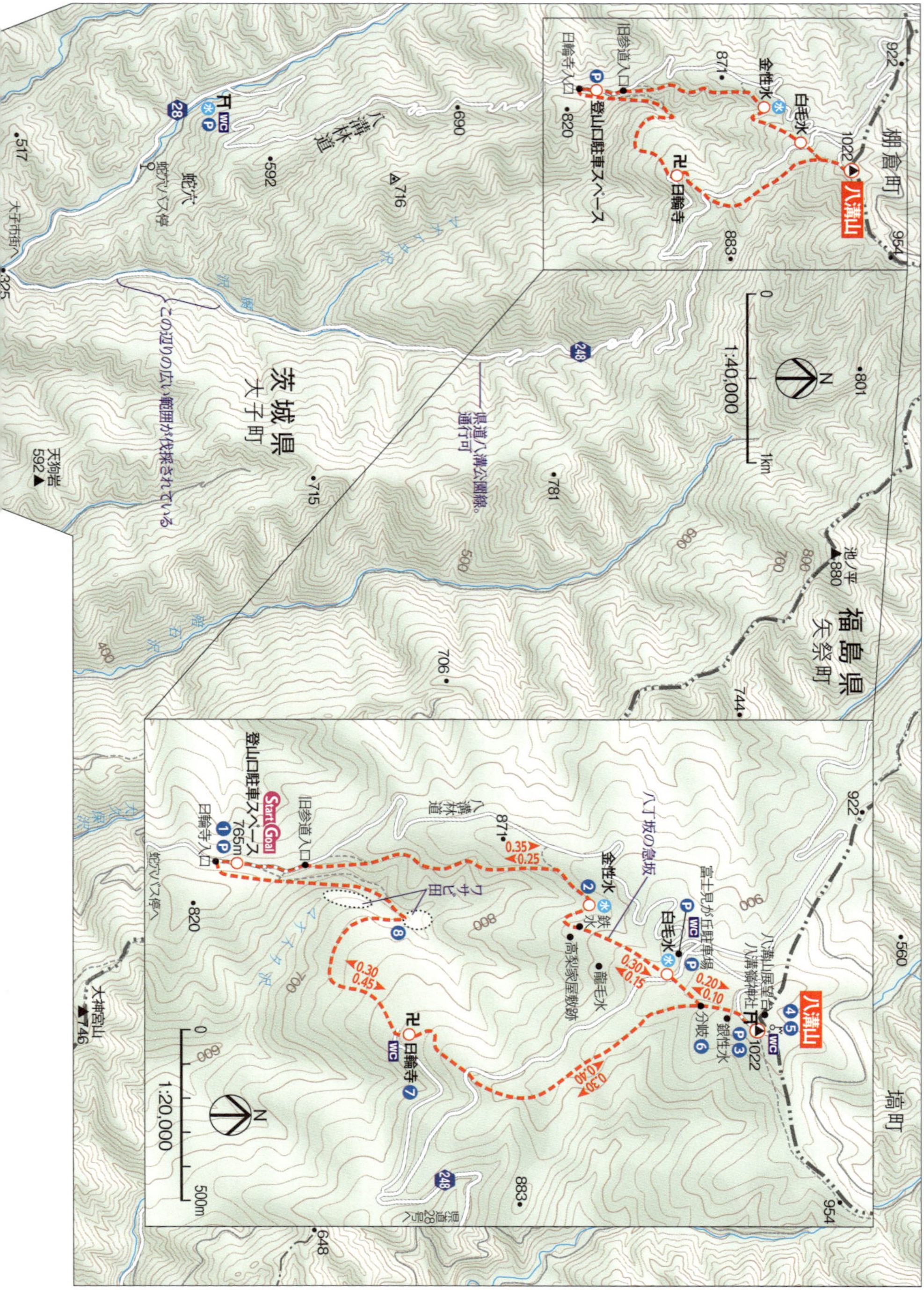

棚倉町
八溝山
1022
白毛水
金性水
旧参道入口
日輪寺入口
登山口駐車スペース
日輪寺
八溝林道
蛇穴
蛇穴バス停
大子市街へ
天狗岩
592
茨城県
大子町
この辺りの広い範囲が伐採されている
県道八溝公園線。通行可
1:40,000
1km
福島県
矢祭町
池ノ平
880
塙町
八丁坂の急坂
富士見が丘駐車場
八溝山展望台
八溝嶺神社
鉄水
銀性水
分岐
龍毛水
高梨家屋敷跡
ワサビ田
Start Goal
765m
1:20,000
500m
大神宮山
746
県道28号へ

生瀬富士の山並み。中央右の尖っているのが生瀬富士、その右の丸い山が立神山

04

岩稜をはい登り、断崖の縁をたどるなど変化のある山

生瀬富士

なませふじ
406m

日帰り

歩行時間＝3時間45分
歩行距離＝9km

技術度
体力度

コース定数＝16

標高差＝311m

累積標高差
589m
589m

生瀬富士山頂より男体山方面を見る

袋《ふくろ》田《だ》の滝へ流れ落ちる滝川《たきがわ》をはさんで、月居山《つきおれさん》と向かい合っている山である。麓から見ると奇岩・怪石の間に老松が茂りあい、その対照のおもしろさは日本画を見るような趣がある。従来は登山道が不明な箇所があるという理由で敬遠されていたが、今は地元中学生が作った表示板などがある。急な箇所にはロープが張られ、岩場にはクサリが固定されている。

「生瀬」は土地の名前であるが、語源は「隠瀬《なばせ》」の転じたもので、川が曲がったところの浅瀬などを意味している。

袋田駅からスタートする。水郡線、国道118号を横切り、**大子《だいご》町営第一駐車場**の手前まで歩く。車道から小さな標識を見て北に入る。直進すると、左に「国寿石大子硯工房岱山《たいざん》」の門があり、手前の人家の横が**登山口**で、右下に沢を見ながら登る。

沢底を歩くようになると伐採地に出るので、左の尾根に登る。この尾根は急で、ロープが張られている。ひと登りすると主尾根に出る。

■鉄道・バス
往路・復路＝JR水郡線・袋田駅下車。駅前から滝本行きの茨城交通バスもあるが便数が少ない（要確認）ので登山口まで歩く。

■マイカー
国道118号から袋田の滝方向に入り、大子町営の第二（手前にあり大きい）または第一無料駐車場を利用する。トイレの施設もある。

■登山適期
四季を通して楽しめる山だが、新緑の春、紅葉の秋から初冬までがベストシーズンである。

■アドバイス
▽尾根末端（22ジー サブコース参照）まで下った場合、渇水期は靴を濡らすことはないが増水時には危険なので、慎重な判断をしてほしい。
▽登山後、袋田温泉で汗を流すのもよい。時間があったら生瀬富士登山口の「国寿石大子硯工房岱山」の見学をすすめたい（要事前連絡・佐藤岱山☎0295・72・1361）。
▽トイレは袋田駅、町営駐車場、袋田の滝周辺を利用する。

■問合せ先
大子町観光商工課☎0295・72・1138、大子町観光協会☎0295・72・0285、茨城交通大子営業所☎0295・72・0428

■2万5000分の1地形図
袋田

て平坦になる。北側は植林地帯だ。

右にルートをとり、しばらく進むと急な岩場となる。ロープ、クサリに助けられて登り着くと**生瀬富士**頂上である。南北に長い頂上一帯は露岩帯で、南側、男体山方面の眺望がすばらしい。

立神山《たつがみやま》へはロープの張られた急な斜面を下る。鞍部からは雑木林の中の稜線漫歩となる。稜線の右手は急崖であるが、左手はなだらかな傾斜で、スギやヒノキが植えられ、登山道に岩場はほとんど出てこない。急な斜面にはロープが張られている。

樹間越しに月居山を見ながら、小さな登降を繰り返して高度を下げると、**四差路**（地名を「かずま」という）に出る。右へ、下りて来た尾根の側面をロープを伝いトラバース気味に下る。植林地帯に入ると20本ものロープが固定されている。堰堤を歩き、茶畑を下ると滝近くの**滝美館の横**に出る。**袋田の滝**が近いので、見物するか、そのまま出発点に戻るかは時間しだいだ。

（酒井國光）

CHECK POINT

1 水郡線の踏み切りを渡った先に、「日本二十五勝　袋田の瀧」の碑がある

2 第二駐車場から袋田の滝方向に200㍍歩いた地点に標識があり、左へ入る

3 登山口左手には「国寿石大子硯工房岱山」の門がある

4 尾根には急な部分があり、ロープに助けられる

5 頂上直下の岩場は男体山火山角礫岩で足場も多く、クサリが固定されている

6 山頂の日本山岳会茨城支部会員。南北に長い頂上稜線は北の端まで行くことができる

7 四差路は直進すると生瀬滝の上部へ、左は小生瀬、右は袋田への道である

8 ここのロープはかなり長い距離張られている。注意して下りたい

サブコース・滝川に下る

11 四差路を直進すると滝川を渡り、対岸の尾根を登って、袋田自然研究路の解説板⑥付近に出る道がある

四差路を直進する道は、途中右下に袋田の滝を俯瞰しながら尾根の末端へと下る。生瀬滝上部の滝川を対岸に渡り、月居山への尾根を登ると袋田自然研究路の解説板⑥付近に出る。近年、このルートは「常陸国ロングトレイル」の一部となり、整備された。

9 こんな角度から天下の名瀑・袋田の滝を見られるのは登山者冥利につきる

10 12月の渇水期でもこのくらいの水があり、飛んで渡ることになる

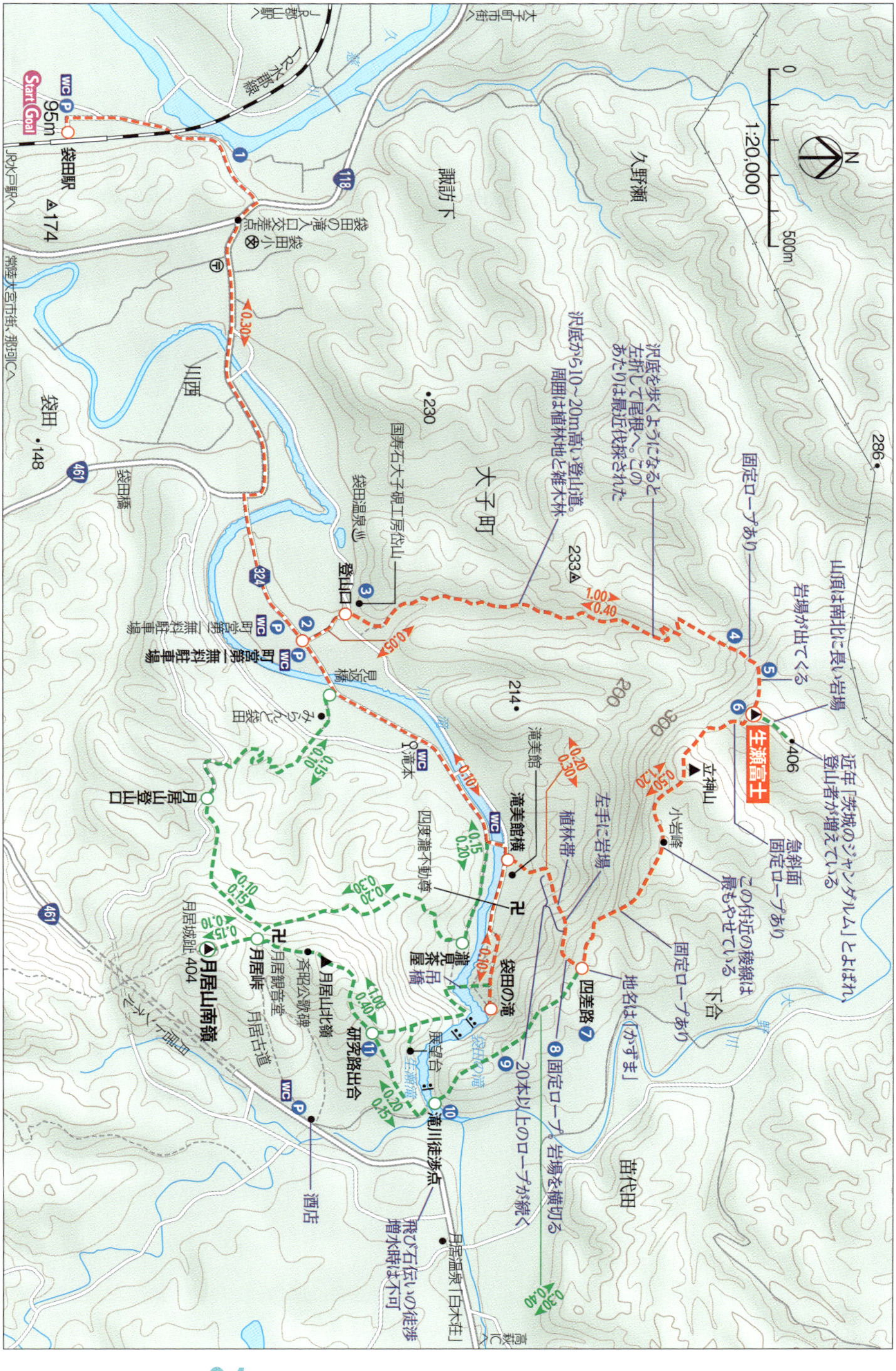

1:20,000
0
500m
N
Start Goal
95m
袋田駅
JR水郡線
JR郡山駅へ
JR水戸駅へ
大子町市街へ
常陸大宮市街、那珂ICへ
袋田の滝入口交差点
袋田小
諏訪下
久野瀬
川西
袋田
大子町
苗代田
下合
登山口
町営第一無料駐車場
町営第二無料駐車場
見返橋
袋田温泉
滝本
国寿石大子硯工房岱山
滝美館
滝美館横
四度瀧不動尊
瀧見茶屋
吊橋
袋田の滝
展望台
研究路出合
滝川徒渉点
月居山登山口
月居峠
月居山北嶺
月居山南嶺
月居城跡 404
月居観音堂
斉昭公歌碑
月居古道
酒店
月居温泉「白木荘」
高萩ICへ
四差路
生瀬富士
406
立神山
小岩峰
山頂は南北に長い岩場
近年「茨城のジャンダルム」とよばれ、登山者が増えている
岩場が出てくる
固定ロープあり
沢底を歩くようになると左折して尾根へ。このあたりは最近伐採された
沢底から10～20m高い登山道。周囲は植林地と雑木林
急斜面 固定ロープあり
この付近の稜線は最もやせている
地名は「かずま」
左手に岩場
植林帯
固定ロープ、岩場を横切る
20本以上のロープが続く
飛び石伝いの徒渉 増水時は不可

05 男体山《なんたいさん》

険しい地形と雄大な姿で、奥久慈の自然を代表する

654m

日帰り

歩行時間＝5時間
歩行距離＝13.6km

技術度 2/5
体力度 2/5

コース定数＝27
標高差＝589m
累積標高差 ↗1152m ↘1149m

大円地付近のパノラマラインから見た男体山（11月中旬）

大子町《だいご》の東南部に位置し、別名「鼻欠山《はなかけやま》」とか「南台山《なんだいさん》」、「頂富士《いただきふ　じ》」などとよばれている。北側から東側にかけては比較的緩やかな傾斜であるが、西側と南側は断崖絶壁となっており、その名の通り、男性的な景観を呈している。

昔から男体山は農漁業の神として信仰されているが、それはこの山が海から見ると、船の位置や航路を測定する目標となっていたからである。

山頂からは、奥久慈《おくくじ》の山々や久慈川の流れが一望でき、快晴の日には遠く太平洋や富士山《ふじさん》、日光《にっこう》連山まで望むことができる。これは八溝山《やみぞさん》からの眺めとはまた趣を異にした天下の絶景である。山頂北側にはブナ、イヌブナ、ミズナラなどの大木からなる林も見られ、植物観察の宝庫である。山頂近くにはニッコウキスゲも開花する。

西金《さいがね》駅から登山口の**大円地《おおえんぢ》**までは1時間ほど歩くことになる。前方に目指す山並みを見ながらのアプローチは、山へ入る気分が高揚すること間違いない。さらに途中右手の崖に「1650万年前のゾウ類足跡化石」という珍しいものを見ることができる。

大円地山荘（そば店）横の茶畑の中の道を行くと、左に健脚コースが分かれる。見上げると男体山南面の岩場が圧し掛かるようだ。

北沢集落付近から行く手に、男体山から南に続く稜線を見る

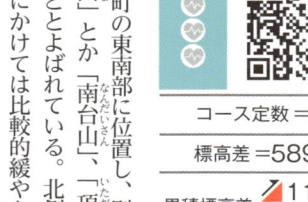

1等三角点がある山頂。周囲の木がのびて眺望は狭い

↑男体山山頂の角礫岩の上に、一間四面のコンクリート造りの男体神社（石宮）が建立されている

←神社のある方の山頂より長福山が眼下に見える

植林地を登ると、登山道の傍らに大きな角礫岩が出てくる。しだいに沢の源流部に入り、登りきった鞍部が**大円《おおえん》地越《ちごえ》**である。ベンチもあり休憩にはよい場所だ。男体山へは、急な尾根の側面をひと登りし、尾根上に出て、小さな登り下りを繰り返して進む。右から持《もち》方《かた》集落からの道を合わせ、さらに尾根上を行くが、左手は急な崖のため気をつけたい。

男体山頂上（西の男体神社付近）からの大眺望はすばらしい。「林道パノラマライン」の名称はこの眺望からきていると納得する。

長福《ちょうふく》集落へは北への山稜をしばらく行き、**上小川《かみおがわ》駅分岐**で「至上小川《かみおがわ》駅」の道標にしたがい左へ下る。付近の山林は、2002（平成14）年の山火事で焼失したもので、焼け焦がれた残骸が痛々しい。一方、大子町立南中学校生徒によるカラフルな表示板が目を楽しませてくれる。下りきった広場は駐車場で、左手奥に**男体神社**がある。パノラマラインへは250㍍ほどであり、近くの畑の中に小さなト

■鉄道・バス
往路＝最寄りの下車駅はJR水郡線西金駅だが、水郡線のダイヤは少ない。参考までに首都圏からのダイヤを記すと、上野駅発5時11分では西金駅着は8時40分、上野駅発7時2分では西金駅着は10時23分である。
復路＝JR水郡線上小川駅を利用。

■マイカー
常磐自動車道を那珂ICで降り、国道118号を約28㌔、約1時間北上する。大子町に入り、湯沢入口を右折して、パノラマラインの大円地集落付近の駐車場を利用する。

■登山適期
四季を通じて楽しめる山であるが、新緑の春、紅葉の秋から初冬をすすめたい。

■アドバイス
▽男体山山頂付近には夏にはオオスズメバチの巣があるので注意したい。
▽大子町観光商工課・観光協会からは「大子町厳選おすすめハイキング①男体山・湯沢峡」が出ている。
▽常陸国ロングトレイルの一部として、男体神社から直接長福山に登り、長福神社に下る道が整備された。

■問合せ先
大子町観光商工課☎0295・72・1138、大子町観光協会☎0295・72・0285

■2万5000分の1地形図
大中宿

手入れの行き届いたスギ林を通り上小川駅へ下る

長福観音下の約300段の石段は急なので、左脇の道を登ってお堂に出ることもできる

イレがある。**長福観音**はパノラマラインから旧道に入り、石段脇を登った先にある。本尊は十一面観世音だ。

下りは長福観音の階段下の道を北西に向かい、林道を横切り、**長久保分岐**で**上小川駅**への道に入る。道標もあり間違うことはない。途中、長福寺に詣でる。古分屋敷の弘法堂と、この長福寺には大町桂月の歌碑、「久慈の奥　男体山を仰ぎ見て　画を学ばんと思ひけるかな」がある。

（酒井國光）

長福寺の大町桂月歌碑。奥左長福山、中央男体山

CHECK POINT

1 湯沢分岐では古分屋敷、大円地へは左の道を行く。右折する道は湯沢峡、つつじヶ丘方面へ

2 古分屋敷には数台の駐車スペースとトイレがあり、眺望はすこぶるよい

3 大円地の駐車場は広く、付近の林道脇にも駐車可能。トイレも設置されている

4 大円地山荘（営業は金～日曜／要予約）の横から山に入る。正面は男体山の南の崖

5 途中左へ健脚コースを分ける。このコースは東日本大震災の際、岩場の一部が崩れた

6 大円地越には以前はあずまやがあったが今は撤去されている

7 登山道の左手には崖に注意するようクサリの柵が設けられている

8 山頂から一段下にあずまやがある。健脚コースはそこへ登り着く

9 男体神社の主神は伊let諾尊であり、男体山は昔は女人禁制の山であった。社殿奥が白糸の滝

10 長福山山頂には道標C-37が設置され、木の間越しに男体山が見える（サブコース）

11 長福観音下の旧道を北西に進み、パノラマラインを横切って上小川駅に下る

12 長福寺は安産、虫切りの霊場として知られている。広い境内にはシャクヤク、花菖蒲苑がある

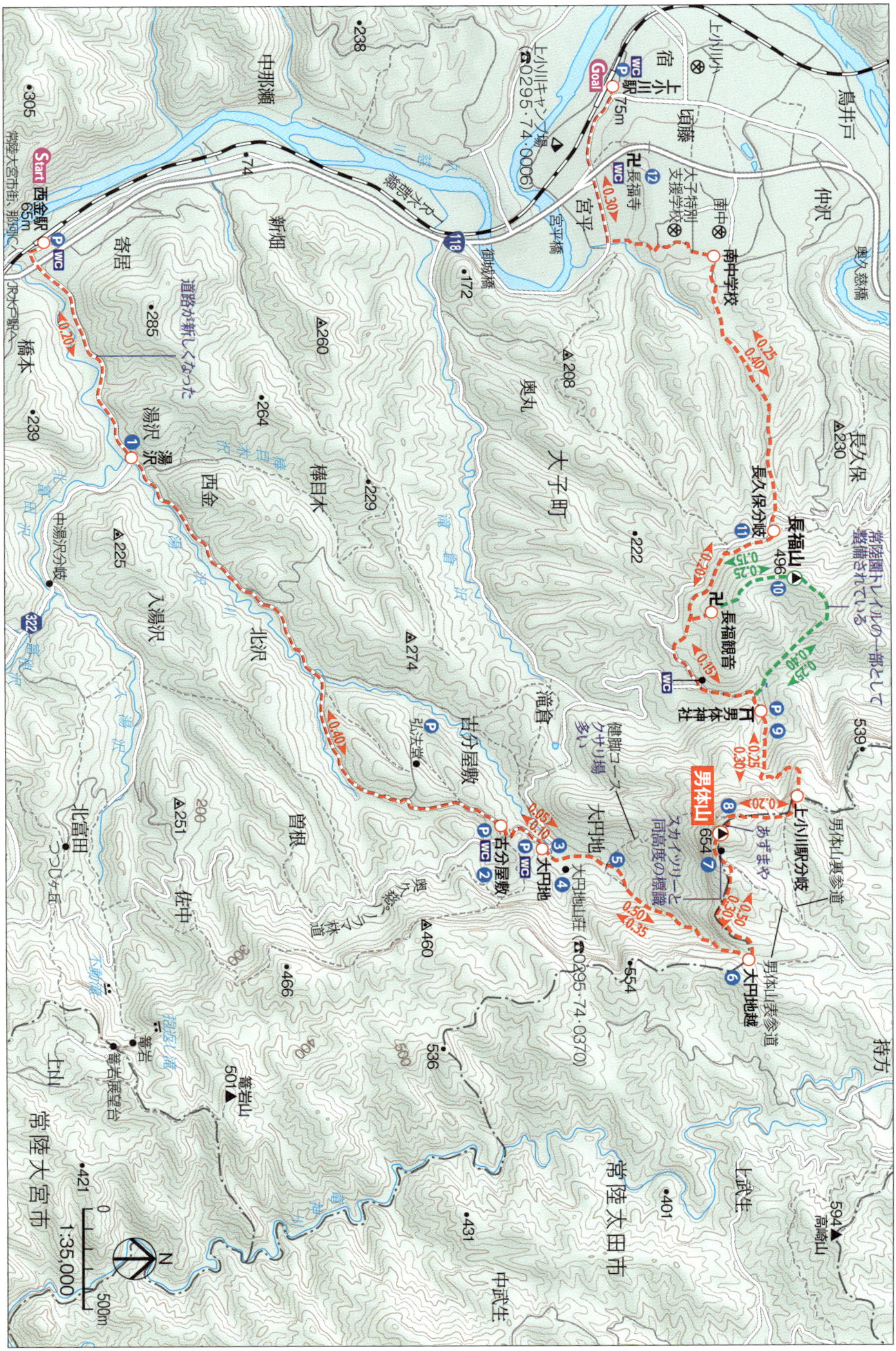

Start
西金駅
65m
常陸大宮市街、那珂IC
JR水戸駅へ
Goal
上小川駅
75m
上小川キャンプ場
☎0295-74-0006
宿
頃藤
上小川小
南中
大子特別支援学校
長福寺
宮平
宮平橋
御城橋
南中学校
長久保分岐
長福山
496
長福観音
男体神社
男体山
654
上小川駅分岐
大円地越
大円地
大円地山荘
☎0295-74-0370
古分屋敷
湯沢
道路が新しくなった
常陸国トレイルの一部として整備されている
健脚コース クサリ場多い
スカイツリーと同高度の標識
あずまや
男体山裏参道
男体山表参道
奥久慈パノラマ林道
弘法堂
中那瀬
寄居
新畑
棒目木
西金
北沢
久湯沢
中湯沢分岐
曽根
佐中
北富田
つつじヶ丘
竜神峡
竜岩展望台
竜岩
竜岩山
501
上山
常陸大宮市
常陸太田市
大子町
奥丸
滝倉
長久保
仲沢
鳥井戸
奥久慈橋
持方
上武生
中武生
高崎山
594
1:35,000
0
500m
N

06

「百樹の森」を有する茨城県内有数の眺望の山

尺丈山

しゃくじょうさん
511m

日帰り

歩行時間＝1時間30分
歩行距離＝3・7km

技術度
体力度

コース定数＝7

標高差＝201m

累積標高差
↗251m
↘251m

尺丈山北側は広く伐採され大きな眺望が広がる。遠景左端は県最高峰の八溝山方面

常陸大宮《ひたちおおみや》市美和《みわ》地区、大子《だいご》町、栃木県那珂川《なかがわ》町に接する山である。古生代の堆積岩から成り、鷲《とり》子《のこ》層群、八溝《やみぞ》層群に属していて、岩質は砂岩、粘板岩などである。

山名の由来について次のような謂れがある。「昔、親鸞《しんらん》聖人の孫にあたる如真上人が布教のため大子町相川《あいかわ》（番所があった）へ行く途中、道を間違えて仲河戸《なかごうと》の谷を通ったという。その時休息した山の上の祠に尺丈（錫丈《しゃくじょう》）を忘れたといわれ、以来この山を尺丈山とよぶようになった」とか。

山頂直下に立つ休憩小屋の内部

南西の仲河戸川より登山道もあるが、山頂直下（九合目下）まで未舗装の車道が通じている。山頂付近はよく整備され、休憩小屋も設けられている。なお、この山頂付近は2001（平成13）年4月と2004年4月の2回、山林火災に遭った。被害面積4ヘクタールという大火災であった。

尺丈山「百樹の森」は、森の生態系の復元と里山づくりを目指し、1997（平成9）年度から広葉樹などの苗木を植栽し、百年後の森づくりを行っている。これには市民はもちろん、県外からも参加者がいる。「子育てと木を育て

■鉄道・バス
往路・復路＝最寄りの高部バス停から登山口までは5キロ近くあるだけに、登山には不向き。マイカー利用が現実的である。

■マイカー
常陸大宮市街、宇都宮方面からは国道293号を走り、常陸大宮市高部から北上する。その後和田川、仲河戸川に沿って走り、仲河戸上集落最奥にある登山口の駐車場を利用する。

■登山適期
早春から晩秋までいつ訪れてもよい森林浴の山であるが、地元住民を主に「百樹の森づくり」に励んでいることを考えると、新緑の候、紅葉の時期をおすすめする。

■アドバイス
▽下山は「ピジョン美和の森」の中を通る車道を歩き、樹木の発する香気を味わいたい。
▽マイカー利用の場合の立ち寄り湯は、美和・ささの湯（☎0295・58・2682）、立ち寄りスポットとしては、鷲子山上神社（☎0287・92・2571）、道の駅「みわ」（☎0295・58・3939）がある。

■問合せ先
常陸大宮市役所美和支所☎0295・58・2111

■2万5000分の1地形図
常陸大沢

ることは周囲の人々が愛情を注ぐという点で同じ」という育児用品メーカーの赤ちゃん誕生記念植樹の活動も加わり、ブナやコナラ、ヤマザクラなどがすくすくと育っている。『尺丈山「百樹の森」森づくりボランティア協議会』は、２００９（平成21）年に「全国育樹活動コンクール」において農林水産大臣賞を受賞し、２０１１年には第28回緑化推進運動功労者として内閣総理大臣表彰を受けている。

仲河戸川上流の**登山口**には大きな看板がある。そこには「尺丈山百樹の森登山口、山頂まで1・2キロ、徒歩約40分」と書かれている。付近には数台の駐車が可能である。

植林地帯の中の登山道はよく整備され、一合目ごとに立派な柱が立てられている。30分強の登りで駐車場がある**九合目下**に出て、「尺丈山頂」への案内にしたがい階段道を上がる。

尺丈山頂上部は広く平坦で、北の端に尺丈山神社、その裏手に三角点、南の端に展望デッキのある休憩小屋がある。神社付近には樹木が生い茂っているが、それ以外は伐採されていて、すばらしい展望が得られる。

下山は、**九合目下**まで通じている車道を下る。（酒井國光）

CHECK POINT

登山口付近の路肩には5～6台の駐車が可能である（トイレはない）

廃屋を右手に見て雑木林の中を5分弱登ると、「一合目」の大きな柱がある

植林帯を登ると立派な道標が立ち、ところどころにベンチも設けられている

頂上部南側に立つ展望テラスつきの休憩小屋。地域のボランティアの人々により清潔に保たれている

頂上部の広場北側には尺丈山神社、その裏側には3等三角点が置かれている

「ピジョン美和の森」内の林道を登山口へと下る

07 多賀山系の代表的なハイキングコースを行く
高鈴山・御岩山・助川山

日帰り

歩行時間＝3時間45分
歩行距離＝12㎞

技術度 ■□□□□
体力度 ■□□□□

たかすずやま　623m
おいわさん　530m
すけがわやま　328m

QRコードは37ページコース図内に記載

コース定数＝17
標高差＝348m
累積標高差 ↗605m ↘810m

御岩山山頂より北西側を望む。顕著な山はない

高鈴山山頂の展望台。北側の大展望が広がる

高鈴県立自然公園は日立《ひたち》市、常陸太田《ひたちおおた》市にまたがる山岳公園で、高鈴山を中心に羽黒山《はぐろさん》、神峰《かみね》山《さん》、御岩山、真弓山《まゆみやま》、風神山《かぜのかみやま》などが含まれている。これらの山々は登山道も整備され、家族連れでも容易に登ることができるハイキングコースになっている。東には日立の市街地と太平洋、西に八溝山《やみぞさん》、日光《にっこう》・那須《なす》の連山、南に筑波《つくば》の山々を見わたすことができる。

高鈴山は円錐形のなだらかな山で、山頂には1等三角点や天測点が置かれ、展望台やベンチ、トイレも整備されている。この山がどこから見てもそれとわかるのは、山頂に高鈴山レーダー雨量観測所が建っているからである。また、花の多い山としても知られている。

御岩山は、古くは「賀毘禮之高《かひれのたか》峰《みね》」とよばれていたことが、日本最古の書のひとつ『常陸国風土記』に記されている。また、現在の山名になる前には「賀毘禮山《かひれやま》」または「入四間山《いりしけんやま》」とよばれていた。山麓にある御岩神社創建の時期は不明だが、縄文晩期の祭祀遺跡の発掘や、『常陸国風土記』の記載などから、古代より信仰の聖地であったことが窺える。山頂からの眺めはよいとはいえないが、往古の歴史に触れながら静かな山歩きができる山である。

助川山市民の森は、1991年3月に発生した山林火災の跡を整備したものである。山頂には自然

■鉄道・バス
往路＝JR常磐線日立駅前から東河内行き茨城交通バスに乗り、約30分の御岩神社前バス停で下車。
復路＝御殿山団地から日立駅まで茨城交通バスを利用する。

■マイカー
常磐自動車道を日立中央ICで降り、主要地方道36号（日立山方線）を西進する。本山トンネルを抜けた先の左に向陽台駐車場に車を停め、徒歩で御岩神社に移動する（約20分）。御岩神社の駐車場は参詣者優先。

■登山適期
日立市はサクラの美しいところなのでその時期と、初冬から冬にかけて木々の葉が落ち山が明るくなった時をおすすめする。

■アドバイス

御岩神社入口

西側から見た高鈴山。山頂には巨大なレーダー雨量観測所が建っている

観察舎（展望台）が建てられており、そこからの眺めは360度で、大きく広がる太平洋と、眼下に日立市街が箱庭のように展開している。

御岩神社前バス停から御岩神社の参道を進む。右手に三本杉の巨木をはじめスギ、ヒノキ、アカマツなどの高木が鬱蒼と茂り、周囲は薄暗く、霊域の雰囲気に満ちている。御岩神社に参詣し、左手の表参道に入る。手入れの行き届いたスギ林の中を進み、短い急登をすると賀毘禮《かびれ》神宮に出る。社《やしろ》下には御多満理《おたまり》池がある。

右手の尾根に登るとそこは裏参道との分岐で、左へ直登すると二股になる。以前はここから直登し頂上直下の岩場を抜けて稜線に出ていたが、現在は左にルートをとるように指示されている。これは東日本大震災で頂上直下の岩場が崩れたためである。

ほぼ水平にトラバースしていくと、向陽台《こうようだい》から高鈴山への道との分岐に出る。右にルートをとり、しばらく急登すると**御岩山**への分岐である。天《あま》の岩屋は現在は立入禁止になっている。

御岩山からの道はよく整備されており、約30分で**高鈴山**に到着する。山頂からの眺望は抜群である。

助川山へは車道を下って道標のある**四辻**に出る。林道から登山道になり、広場のような場所に出ると多くの石仏が整然と並んでいる。「**金山**《かなやま》**百**《ひゃく》**観音**《かんのん》」とよばれている。さらに進むと**おむすび池**に出る。このあたりから一帯が助川山市民の森で、**助川山**は休息にはも

＊コース図は36～37ページを参照。

▽早朝首都圏を出て、日立駅発8時40分のバスに乗ると、御岩神社着9時10分である。このバスは平日だけではなく、土・日曜、祝日も運行なので便利である。

▽新興住宅ができ助川海防城跡公園付近は分かりにくくなってしまった。2万5000分の1地形図の助川町五丁目の「五丁目」の文字付近だ。

■問合せ先

日立市観光物産課☎0294・22・3111、茨城交通神峰営業所☎0294・21・5245

■2万5000分の1地形図

町屋・日立

ってこいの場所だ。展望を楽しんだあと、道標にしたがい下ると化《け》粧水《しょうすい》の分岐に出る。左に下り助川海防城跡公園へは1㌔である。近くには**御殿山**《ごてんやま》**団地バス停**もある。

マイカーの場合は、日立駅から東河《ひがしごう》内《ど》行きのバスで駐車場に戻る。

（酒井國光）

助川山山頂より日立市街を望む。その先には太平洋が広がる

CHECK POINT

1

バス停際には神社への案内が出ている。近くにあったスケート場は廃業した

2

「天狗杉」ともいわれるのは、枝分かれした分岐に天狗が住み、通る人を脅かしたという言い伝えからだ

3

中腹にあった姥神様の祠は、盗難予防のため現在は御岩神社拝殿近くに移されている

4

徳川光圀公が『大日本史』の編纂をはじめるにあたり、御多満理池の水を使って筆染めの儀式を行ったという

5

御岩山山頂直下の岩場は立入禁止となった。従来の道には進入禁止のテープが張られている

6

『常陸国風土記』の詔が出されてから1300年、記念として山頂の一角に新しい表示が出された

7

高鈴山山頂に建つ雨量観測所は、鉄骨鉄筋コンクリート10階建、地上高60㍍もある巨大な建築物である

8

高鈴山山頂での記念撮影（JAC茨城支部山行）。このあと、助川山を経由して下山した

9

金山百観音には3基の石祠を中心に70余体の石仏が安置されている

10

助川山市民の森は、「体験を通して楽しく学ぶ自然教育の場」として機能することを目指している

11

助川山山頂の展望台からは360度の眺望が得られる（この写真は高鈴山方面を見たもの）

12

助川海防城は水戸藩主徳川斉昭が、天保7（1836）年、異国船に備えて築いた城

日立駅前平和通りの歩道橋上からの神峰山、右に現在の大煙突が見える

08 日帰り

日立市民の憩いのハイキングコース

神峰山・羽黒山

歩行時間＝3時間50分
歩行距離＝10㎞

かみねさん　587m
（最高点　598m）
はぐろさん　490m

技術度
体力度

コース定数＝17
標高差＝248m
累積標高差　618m　928m

QRコードは37ページコース図内に記載

小木津公園北展望台から春の景観、まさに「山笑う」状態だ

元禄8（1695）年9月、徳川光圀公が山の上にある神峰神社本殿を参拝した折、太平洋を黄金色に染めながら昇る朝日に感嘆し、「朝日が立ち上がる光景は領内一」といったことが「日立」の名のはじまりといわれている。その日立市を取り巻く山並みの主峰が神峰山で、「占山《うらない》」「かぶ山」ともいわれた。日鉱記念館付近から神峰山ハイキングコースが整備されており、市民の憩いの場となっている。山頂には神峰神社のほかに日立市の気象観測所がある。

一方、羽黒山は神峰山から鞍掛《くらかけ》山《やま》へのハイキングコース上にある山。地元では「羽根黒山」と表記しているとのことであるが、ここでは地形図にしたがった。

また、小木津山《おぎつやま》自然公園（以下、小木津公園と略）は、日立市が認定している市民健康ハイキングコースの起点として、1971（昭和46）年4月国有林を払い下げて

■鉄道・バス
往路＝JR常磐線日立駅より東河内行きの茨城交通バスに乗り、約25分の日鉱記念館前バス停で下車。復路＝神峰公園口バス停からは茨城交通バスでJR日立駅へ。

■マイカー
日鉱記念館の駐車場は施設利用者優先のため、本山トンネルを抜けた先の向陽台駐車場へ。ここから直接向陽台分岐に向かう（25分）。復路は、下山口の神峰公園口バス停から東河内行き茨城交通バスに乗り向陽台駐車場に戻る。向陽台駐車場へは、日鉱記念館前バス停のひとつ先、きららの里バス停で降りて歩く。

■登山適期
木々の葉が落ちて山が明るくなる初冬から、日立市はサクラの美しいところなので、サクラの開花期までがおすすめ。

小木津公園のサクラ

■アドバイス
▽「羽黒山」の読み方であるが、ひたか民話の会編『東連津川風土記』（筑波書林・ふるさと文庫、1992年）には「はねぐろさん」とのルビがある。最近発行の「高鈴山県立自然公園ハイキングコースMAP」に

神峰山山頂から日立市街を望む。中央左に大煙突、常磐自動車道の赤い橋、遠くは太平洋が広がる

煙害に強いリョウブやヒサカキがトンネルを作っている稜線を行く

小木津山への分岐から見た羽黒山

開設された。広さは65ヘクタールあり、自然の丘や樹木をできるだけ生かしている。周辺部はアカマツ林、中ほどには後から植えた約90種の樹木、中央部にはスイレン池がある。園内には遊歩道があり、ゆったり散策でき、11月から12月にかけては、紅葉のトンネルのような眺めになる。南北2つの展望台からは太平洋が一望できる。

　ここでは、神峰山からかみね公園へ下山するコースをメインとし、小木津公園への下山はサブコースとして案内する。

　日鉱記念館前バス停を出発、本《もと》山《やま》トンネル手前から右手の階段を登って旧道に出る。緩やかな坂道を進むとカーブ左手に山神社《さんじんじゃ》があり、舗装路行き止まり手前に神峰山への道標がある。しばらくジグザグ道を登り、稜線に出ると**向陽《こうよう》台《だい》との分岐**である。

　よく整備された登山道にはリョウブやヒサカキがトンネルをつくっている。左に羽黒山への**道を分け**てしばらく登ると**神峰山**山頂である。東側の眺望が開け、大煙突、常磐自動車道、日立の市街地、さらには太平洋までが見わたせる。

　山頂から戻って、右手の羽黒山への道に入る。しばらく急下降が続き、その後、小さなアップダウンを繰り返して登り着いた山頂が**羽黒山**である。以前は芝生の山でゆっくり昼食をとるに適していたようだが、今は周囲の雑木が大きくなり展望はない。また、鉄塔のような残骸もあり、あまり快適な場所ではなくなってしまった。山は「はぐろさん」とあるのでこれにしたがった。

▽近隣の立ち寄りスポットとしては、日鉱記念館（☎0294・21・8411）、奥日立きららの里（☎0294・24・2424）がある。

■問合せ先
日立市観光物産課☎0294・22・3111、茨城交通神峰営業所☎0294・21・5245

■2万5000分の1地形図
町屋・日立

かみね公園から左端に神峰山、中央が鞍掛山

頂から下った左手も植林が伐採され、痛々しい景色になってしまった。

小木津山との分岐からしばらく行くと右手に**蛇塚**《じゃづか》があり、左手に大煙突展望台がある。さらに下っていくと、最後に階段を急下降し、**切通**の鞍掛山緑地駐車場に出る。階段を登り、水平な道を進むと右手に鞍掛山山頂がある。

鞍掛山を下った道の一角に新田次郎作『ある町の高い煙突』の文学碑、ならびに「大煙突記念碑」が建立されている

かみね公園からは近くの**神峰公園口バス停**へ向かい、日立駅へ。マイカーの場合は東河内《ひがしごうど》行きのバスで駐車場に戻る。（酒井國光）

CHECK POINT

1

日鉱記念館は日立鉱山の歴史を展示した産業資料館で、入館無料である。駐車場は施設利用者用

2

本山トンネル上部には鉱山の安全を祈願した山神社がある

3

山頂にあるのが神峰神社本殿で神峰権現とよばれており、拝殿はかみね公園口にある

4

羽黒山頂には「山火事防止や日立鉱山の煙害対策の風向観測をした小屋と櫓があった」とか。その残骸か

5

小木津公園とかみね公園との分岐の道標には、「かみね公園4.9km」、「小木津山自然公園3.4km」とある

6

蛇塚は、その昔退治した蛇の祟りを恐れて死骸を埋め石碑を立てて供養したもの

7

右手の階段を下降すると鞍掛山緑地駐車場に出る

8

鞍掛山山頂付近は小公園状に整備され、NHKと民間放送5社の中継所などがある

9

かみね公園の頂上展望台付近にも、5億年前の地層が露出しているという

サブコース

小木津公園への下山は、小木津山への分岐から伐採地を下る。いくつかの分岐を右折したり左折したりして下るが、道標はしっかりついている。小木津公園の南北展望台分岐からも、道標に導かれ適宜ルートをとって下ると、常磐自動車道の下をくぐる。その先に日本最古の地層の露出した滝があるので、大自然の営みに思いをめぐらせたい。JR常磐線小木津駅までは1キロほどである。

10

小木津公園と羽黒山への道標

11

小木津公園内で北展望台と南展望台への分岐。どちらへ行っても距離的には同じ

12

小木津公園入口付近の道端に小さな滝があり、5億年前の日本最古の地層が露出していることが判明した

＊コース図は36～37ページを参照。

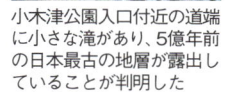

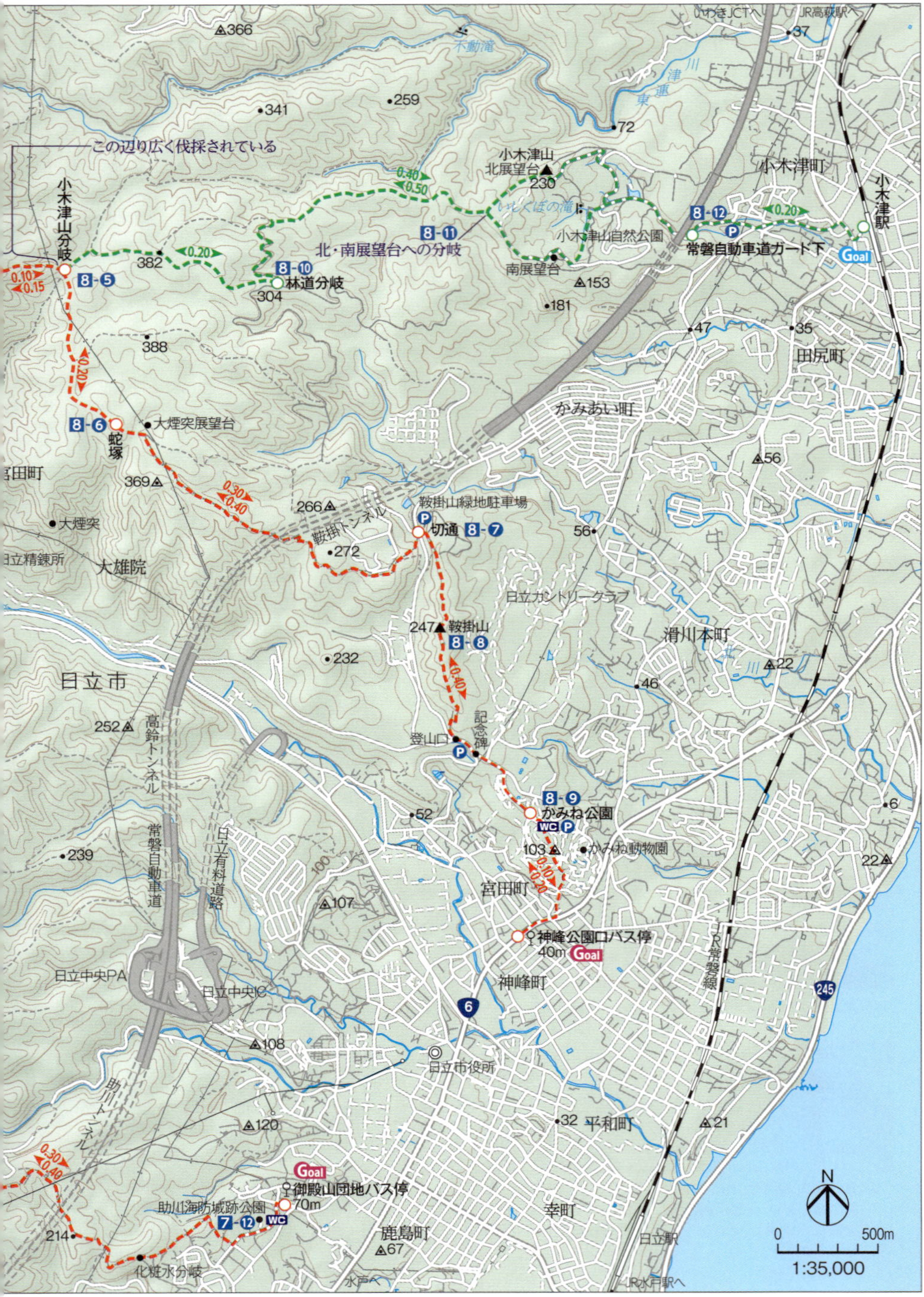

いわきJCTへ
JR高萩駅へ
366
不動滝
東連津川
341
259
72
37
この辺り広く伐採されている
小木津山分岐
小木津山北展望台
230
0.40
0.50
いもくぼの滝
小木津町
小木津駅
8-12
0.20
8-11
北・南展望台への分岐
小木津山自然公園
常磐自動車道ガード下
Goal
0.10
0.15
382
0.20
8-5
8-10
林道分岐
304
南展望台
153
181
47
35
田尻町
388
0.20
かみあい町
8-6
蛇塚
大煙突展望台
369
0.30
0.40
56
266
鞍掛トンネル
鞍掛山緑地駐車場
切通
8-7
56
大煙突
日立精錬所
大雄院
272
日立カントリークラブ
247
鞍掛山
8-8
滑川本町
232
0.40
22
46
日立市
252
高鈴トンネル
記念碑
登山口
8-9
かみね公園
6
52
103
かみね動物園
22
239
常磐自動車道
日立有料道路
0.10
0.20
宮田町
107
神峰公園口バス停
40m
Goal
日立中央PA
日立中央IC
神峰町
JR常磐線
245
6
108
日立市役所
助川トンネル
120
32
平和町
21
0.30
0.40
Goal
御殿山団地バス停
70m
N
助川海防城跡公園
7-12
WC
幸町
214
鹿島町
67
0
500m
1:35,000
日立駅
化粧水分岐
水戸へ
JR水戸駅へ

奥日立きららの里
国道349号へ
359
0.25
0.20
緑ヶ丘バス停
403
きららの里前バス停
木の根坂
冬期は使用不可
ひたちアルプス
ハイキングコース公衆トイレ
Start
275m
7-1
御岩神社前バス停
向陽台駐車場
7-3
1.00
0.40
0.25
0.20
本山トンネル
向陽台分岐
491
0.30
0.25
分岐
0.15
0.10
587
598
神峰山
8-3
0.50
1.00
羽黒山
490
8-4
7-2
三本杉
御岩神社
表参道
7-5
裏参道
7-4
賀毘禮神宮
492
御岩山
530
7-6
8-2
山神社
0.25
0.20
8-1
日鉱記念館前バス停
350m
Start
日鉱記念館
447
485
501
365
0.35
不動滝
36
高鈴山
7-7
8
623
512
大白峰
362
0.15
0.20
四辻
508
宮田川
506
493
360
0.35
0.45
金山
高鈴山からここまでは
林道を歩く
金山百観音
358
423
466
7-9
常陸太田市
482
358
321
助川町
353
0.30
0.35
数沢川
上諏訪ダム
かみすわ山荘
312
おむすび池
おむすび池
7-10
北ノ沢
421
391
0.20
7-11
328
洪沢
360度の大展望が
広がる
助川山
359
361
真弓山へ
諏訪町
326
助川
市民の森

09

弘法大師にまつわる伝説の山を、キャンプと組み合わせて登る

鶏足山・富士ヶ平山(赤沢富士)

けいそくさん 430m
ふじがひらさん 340m
(あかざわふじ)

日帰り

歩行時間=2時間50分
歩行距離=5km

技術度 体力度

QRコードは39ページコース図内に記載

コース定数=11

標高差=255m

累積標高差 475m 475m

麓から見た山並み。左・富士ヶ平山、中・三角点のあるピーク(南峰)、右・鶏足山(北峰)

焼森山山頂より南の展望、遠く筑波山塊の山々も霞んでいる

御前山《ごぜんやま》県立自然公園に含まれる山々の最南端にあるのが鶏足山で「とりあしやま」ともよぶ。山名の由来は弘法大師の伝説による。山中には弘法大師が護摩《ごま》を焚いたという護摩焚石《たきいし》、厳しい修行のときにのどの渇きをうるおしたつる井戸・かめ井戸、鶏の鳴き声がしたという鶏石《とりいし》がある。

富士ヶ平山は鶏足山南峰から南東へ派出した尾根上にある山で、「赤沢富士」ともいう。山頂には江戸時代に繁栄した富士講につながる浅間《せんげん》神社が祀られている。

付近の登山道は鶏足山環境保全グループにより整備されてきたが、登山口の駐車場は拡大され、男女別のトイレ棟もつくられた。

ここでは地形図では標高の表示は栃木県側になっている焼森山《やけもりさん》から鶏足山、富士ヶ平山とめぐるルートを紹介する。

登山口から茶畑の中を進むと二股となる。ここまで「290メートル」と案内図は詳しい。分岐の施設は**上赤沢増圧場**(水道局のポンプ所)

■**鉄道・バス**
登山に利用できる公共交通機関はない。

■**マイカー**
城里町を走る県道226号沿いの上赤沢には、鶏足山登山用の駐車場があり、60〜70台程度は駐車可能である。トイレ、水道もある。

■**登山適期**
家族でキャンプと組み合わせて訪れたいエリアだ。花や新緑の春、紅葉や味覚の秋がすばらしいが、山麓地域のイベントと関連させるのも一興である。

■**アドバイス**
▽城里町上入野にあるふれあいの里(☎029・288・5505)は、「自然の中で自由きままなくつろぎキャンプ」が売りである。季節に応じた各種体験ができるのが魅力のひとつだろう。
▽登山口の掲示板には山の案内図が貼られ、三つ折りの登山ガイドが入手できることもある。
▽近隣の立ち寄り湯としては、城里町健康増進施設・ホロルの湯(☎029・288・7775)がある。

■**問合せ先**
城里町役場商工・観光グループ☎029・288・3111

■**2万5000分の1地形図**
中飯

で、右は富士ヶ平山へ、左は焼森山へのコースである。左の町道中ノ沢線に入り、15分ほどで山道になる。手入れの行き届いた植林地を進み、ジグザグを繰り返すと**弛**《たる》**み峠**に出る。**焼森山**は左へ10分ほどである。南の国見山《くにみやま》、さらには遠く筑波《つくば》山塊まで眺望はすこぶるよい。

鶏足山へは**弛み峠**まで戻り、よく整備さた尾根を進む。2等三角点のある**鶏足山**山頂（**南峰**）からの展望は少ない。**北峰**には祠もあり、宗教的にはここが鶏足山なのであろう。花香月山《はなかづきやま》、八瓶山《やつがめさん》など眺望は抜群である。

護摩焚石、**鶏石**を見て**南峰**に戻り、一部急な道で祠と説明板がある**富士ヶ平山**へ向かう。

山頂からの下りは植林地であるが、信仰の地の名残りの「浅間神社中宮跡」との表示が見られる。

（酒井國光）

CHECK POINT

1 登山口には登山道案内図の看板や、印刷された案内図が入ったポストも備えられている

2 焼森山には栃木県側からも登山道がある。標識には標高423メートル、鶏足山へ1100メートルとある

3 三角点のある南峰。最近、鶏足山環境保全グループは、ここが鶏足山山頂だとして整備している

4 祠のある北峰。筆者はここを鶏足山山頂としている

5 山頂すぐ北に護摩焚石、山頂より北へ242メートル行ったところに鶏石がある

6 富士ヶ平山山頂の浅間神社。江戸時代に五穀豊穣・家内安全祈願の念仏を奉納していた

10

加波山

かばさん
709m

山岳信仰の中心だった山。周辺は神秘的な雰囲気が漂う

日帰り

歩行時間＝4時間25分
歩行距離＝11・3km

技術度 ■□□□□
体力度 ■□□□□

QRコードは45ジ-コース図内に記載

コース定数＝18
標高差＝669m
累積標高差 ↗786m ↘786m

上：登山口となる西麓の長岡地区に立つ加波山三枝祇神社本宮・親宮の里宮
左：加波山神社は2004年に新築されたもので、以前の建物は普明神社として使われている

桜川《さくらがわ》市の大和《やまと》地区、真壁《まかべ》地区の東を南北に連なる筑波山《つくばさん》、足尾《あしお》山《さん》、加波山は常陸《ひたち》三山とよばれ、古くから茨城の山岳信仰の中心地であった。この加波山は古くは「神母山」あるいは「神場山」「神庭山」の文字が当てられ、神と結びついた山を意味していた。山頂一帯には巨岩・奇岩が多く、また社や祠が無数に点在していて、神秘的な雰囲気が漂っている。

稜線近くの登山道。加波山は右手で、左手は燕山

加波山は天狗の山としても知られ、江戸時代の国学者・平田篤胤《あつたね》は、「岩間山（現在は愛宕山という）に13天狗、筑波山に36天狗、加波山に48天狗、日光には数万の天狗がいる」と記している。

周辺はブナ、カエデなどの高木にツツジやウルシなどが混成する自然林で、植物分布を学ぶ上で貴重な地域である。

加波山の神社で毎年行われている祭りを紹介する。ひとつは火渉《かしょう》祭《さい》で、冬至の日（12月22日）に、桜川市長岡《ながおか》の加波山三枝祇《さえなづみ》神社本宮《ほんぐう》・親宮《しんぐう》の里宮で行われる。祭りの圧巻は、六根清浄《ろっこんしょうじょう》の一念のもとに燃え盛る火の道を素足で渉るものである。この時の燃えさしを持ち帰ると病気にならないといわれ、見物人は競って燃えさしを拾っている。

もうひとつは加波山神社摂社《せっしゃ》の

■鉄道・バス
往路・復路＝筑波山口またはJR水戸線岩瀬駅から桜川市バスヤマザクラGOで長岡バス停へ。

■マイカー
筑波山の西を通る県道41号から真壁町長岡で加波山の方へ曲がる。加波山三枝祇神社の駐車場を利用させてもらう。石段の下のトイレは閉鎖。寝不動尊のトイレが利用できる。

■登山適期
夏場は避け、紅葉の秋、山が明るくなる冬から春の芽生えのころまで。

■アドバイス
▽桜川市HP内の「桜川市ハイキングマップ」には加波山周辺も含まれているので、参考になる。

■問合せ先
桜川市役所商工観光課☎0296・55・1111、関鉄パープルバス下妻車庫営業所（桜川市バス）☎0296・30・5071、加波山三枝祇神社☎0296・55・1012、加波山神社☎0296・55・3288

■2万5000分の1地形図
加波山・真壁

東方の愛宕山方面から見た八郷盆地越しの足尾山（左）〜加波山、燕山（右）の山並み

信仰の山・加波山にはいたるところに社・祠が点在する。左上：加波山普明神社（建て替える前の加波山神社）、右上：加波根不動明王、通称「寝不動尊」、左下：桜観音、右下：加波山神社拝殿

たばこ神社が9月の第1日曜に行うキセル祭である。加波山中腹（標高638メートル）にある加波山神社真壁拝殿前で火皿に1キロの刻みたばこを詰め、神官が火をつける神事を行い、そのキセルを山頂のたばこ神社本殿前まで担ぎ上げ奉納する。キセルの重さは約60キロもある。

長岡バス停から北へ向かい、大きな横書きの標識にしたがい右折すると**加波山三枝祇神社**に出る。さらに山に向かって進むと加波山神社と普明《ふみょう》神社がある。アスファルト道を登ると二合目には加波根《かばね》不動明王（通称、寝《ね》不動尊）、**三合目**には桜観音が祀られている。ここで親宮道と本宮道が分かれる。

親宮道へは分岐を直進し車道を行く（本宮道は「サブコース」欄を参照のこと）。五合目からは山道になる。右手に沢音を聞きながら、雑木林の中の明るい道を進む。一合目ごとに「東京加波山講」の建てた石柱がある。七合目は山椒魚《さんしょううお》谷《だに》である。森林管理署の林道が横切ると稜線は近い。

右手の鳥居をくぐると、登山道（禅定道《ぜんじょうどう》ともいう）の左に**加波山神社拝殿**と社務所、右に親宮拝殿がある。これから上部の道の傍らには「先達何々」「大先達何々」と彫られた石碑が林立している。

この先に社は多い。親宮本殿（扁額：加波山親宮）、次にはたばこ神社、さらに登ったピークに加波山

＊コース図は44・45ページを参照。

神社本殿が鎮座している。次の三角点のある**加波山**山頂には本宮本殿、少し下った先に本宮拝殿がある。この拝殿手前で右から本宮道が合流する。

下山は一本杉峠を経由したい。途中には1884（明治17）年に起こった加波山事件を検証する「旗立石」や「**自由之楷」の記念碑**がある。「ウインド・パワーつくば」の2つの風車の中間から昔の登山道が残されており、それを利用する。**一本杉峠**から県道218号はかなり荒れている。30分ほど下った二俣の**分岐**から右の林道に入り、岩石採取場の下を通って**三合目**に戻る。

（酒井國光）

一本杉峠への旧登山道は雑木林の中を下る快適な道だ

サブコース・本宮道

三合目の鳥居から右に入るが、親宮道と違い道標になるものは少ない。右手から岩石採取の音を聞きながら雑木林の中を登る。八合目の石柱をすぎると霊山の雰囲気が漂いだす。森林管理署の林道を横切り、鳥居をくぐると加波山三枝祇神社本宮拝殿手前に出る。

やっと五合目で目印となる石柱が出てきた。次は八合目だ

この鳥居をくぐり加波山三枝祇神社本宮拝殿前に出る

12月22日の冬至の日には火渉祭が行われる

CHECK POINT

火渉祭が行われる加波山三枝祇神社。駐車場は大鳥居前で、20台ほどのスペースがある

三合目で親宮道と本宮道が分かれる。本宮道入口には鳥居がある

親宮道七合目は山椒魚谷で、以前は水場として重宝されたが飲用は気をつけたい

加波山三枝祇神社本宮本殿の扁額には「勅宣　正一位本宮　加波山大神社」とある

1884（明治17）年に起こった加波山事件を顕彰した「旗立石」が尾根の途中に立っている

「自由之楷」の記念碑は、長い階段道を下った北筑波稜線林道丸山線の駐車スペース脇に立てられている

一本杉峠から下の道は非常に荒れているので注意して下る

この二股を右の林道に入る。その先はしばらく緩い登りになり、左折して岩石採取場へ

11 きのこ山・足尾山

『山と溪谷』創刊号（1930年）に紹介された「裏筑波の峯々」を歩く

QRコードは45ページコース図内に記載

きのこやま　528m
あしおさん　627m

日帰り

歩行時間＝4時間20分
歩行距離＝14km

技術度 体力度

コース定数＝21
標高差＝587m
累積標高差 767m 767m

足尾山は筑波山《つくばさん》、加波山《かばさん》とともに常陸《ひたち》三山のひとつである。古くは「葦穂山」、「小泊瀬山《おはつせやま》」ともよばれていたことが『常陸国風土記』に記載されている。山頂には足尾神社の奥の院、山頂近くには拝殿があり、古来足の病を治す神様として信仰されてきた。信者が草履やわらじを奉納する風習が生まれ、最近では、スポーツ選手、競輪選手など、アスリートの参拝も多いという。奥の院、拝殿のほかに石岡市小屋《こや》に里宮がある。俗に「足尾様」といい、祈願は里宮で行っている。

　きのこ山は足尾山から南に続く主稜線上にある山。昔からキノコがよく採れたことから、誰となくきのこ山とよぶようになったとか。コナラなど

↑桜川市真壁町白井から見た足尾山（左）からきのこ山（右）の山並み

←石岡市宇治会（うじえ）付近から見た足尾山

■鉄道・バス
往路・復路＝JR水戸線岩瀬駅または筑波山口から桜川市バスヤマザクラGOを利用して、真壁城跡バス停で下車する。料金は一律200円。

■マイカー
筑波山の西を通る県道41号を走り、つくば霞ヶ浦りんりんロード真壁休憩所の駐車場を利用する。トイレも付設されている。

■登山適期
桜川市は名前のようにサクラの名所が多い。その時期をおすすめする。

■アドバイス
▽みかげスポーツ公園は現在テニスコートのみ桜川市真壁支所が管理している。駐車場も利用できる。
▽湯袋峠・道祖神峠間全長26・75キロの北筑波稜線林道は1997年3月全線開通した。
▽健脚者には一本杉峠から加波山（40ページ参照）を経て、本宮道または親宮道を下り長岡へ下山することをおすすめする。出発点へは桜川市バスも利用できる。

■問合せ先
桜川市役所商工観光課☎0296・55・1111、関鉄パープルバス下妻本社営業所（桜川市バス）☎0296・30・5071

■2万5000分の1地形図
加波山・真壁

の落葉樹が多く、9月下旬から11月上旬にかけて、千本シメジ、一本シメジ、大黒シメジ、カキシメジなどがとれる。南の上曽《うわそ》峠から主稜線付近を北筑波稜線林道が通り、きのこ山、足尾山付近はハンググライダーやパラグライダーの離陸場になっている。

真壁休憩所から県道41号を横切り、田園風景を愛でながら、**散策の森への入口**（みかげスポーツ公園分岐）にいたる。左の林道端上《はしかみ》線に入り、すぐに散策の森への階段道を登る。途中あずまやもあり、眺望がよく、休憩にはもってこいだ。

先ほどの林道に出て数分行くと、恵みの森最上部に100㍍ほどで出られる道がある。そこからは、前半は尾根の左側を巻くように、後半は雑木の美しい尾根上を登る。続いて、林道に出る手前の分岐を左に、つぼろ台を往復する。大石の重なった加波山の眺めがよいところだ。

林道に戻り、右の尾根道に入ると、雑木林の中の快適な登りが続く。急な箇所には階段、手すりも設けられている。林道を横切り笹薮の道を登ると、パラグライダーの離陸場があり、その上部が北筑波稜線林道である。**きのこ山**へは60㍍である。

足尾山へは稜線林道を北上し、ハンググライダーの離陸場の先から右に入る。再建した新しい拝殿があり、230段ほどの階段を登ると**足尾山**山頂奥の院に達する。周囲の樹木を切ったので眺望が一段とよくなった。

尾根上には林道建設以前の古道があり、これを下ると、ほとんど林道は歩かずに**一本杉峠**に出られる。峠からは左へ県道218号を下るが、その荒れ方は年々激しくなり、今やオフロード車の世界と化してしまった。**車坪**をすぎ、県道41号に出る700㍍手前を左折し、来し方の山々を回想しながら出発点に戻る。

（酒井國光）

CHECK POINT

1 りんりんロード真壁休憩所の駐車場。満車の際は県道沿いの真壁体育館の駐車場へ

2 林道端上線から散策の森に入る。階段状を登るが横木は腐り気味だ

3 林道より恵みの森に入る。直進してしまうと数㌔林道を歩くことになる

4 つぼろ台は大石の重なったところで、加波山方面の眺望がよい

5 きのこ山の頂上にはあずまや、案内板がある。三角点は薮を横切ったスギ林の中

6 足尾神社の拝殿は2015年11月に再建された。左は社務所、鳥居のすぐ右奥に草鞋奉納所がある

7 足尾神社の奥の院も新しくなったが、従来の方が風格があった

8 一本杉峠からの県道の現状。とても県道などといえる状態ではない

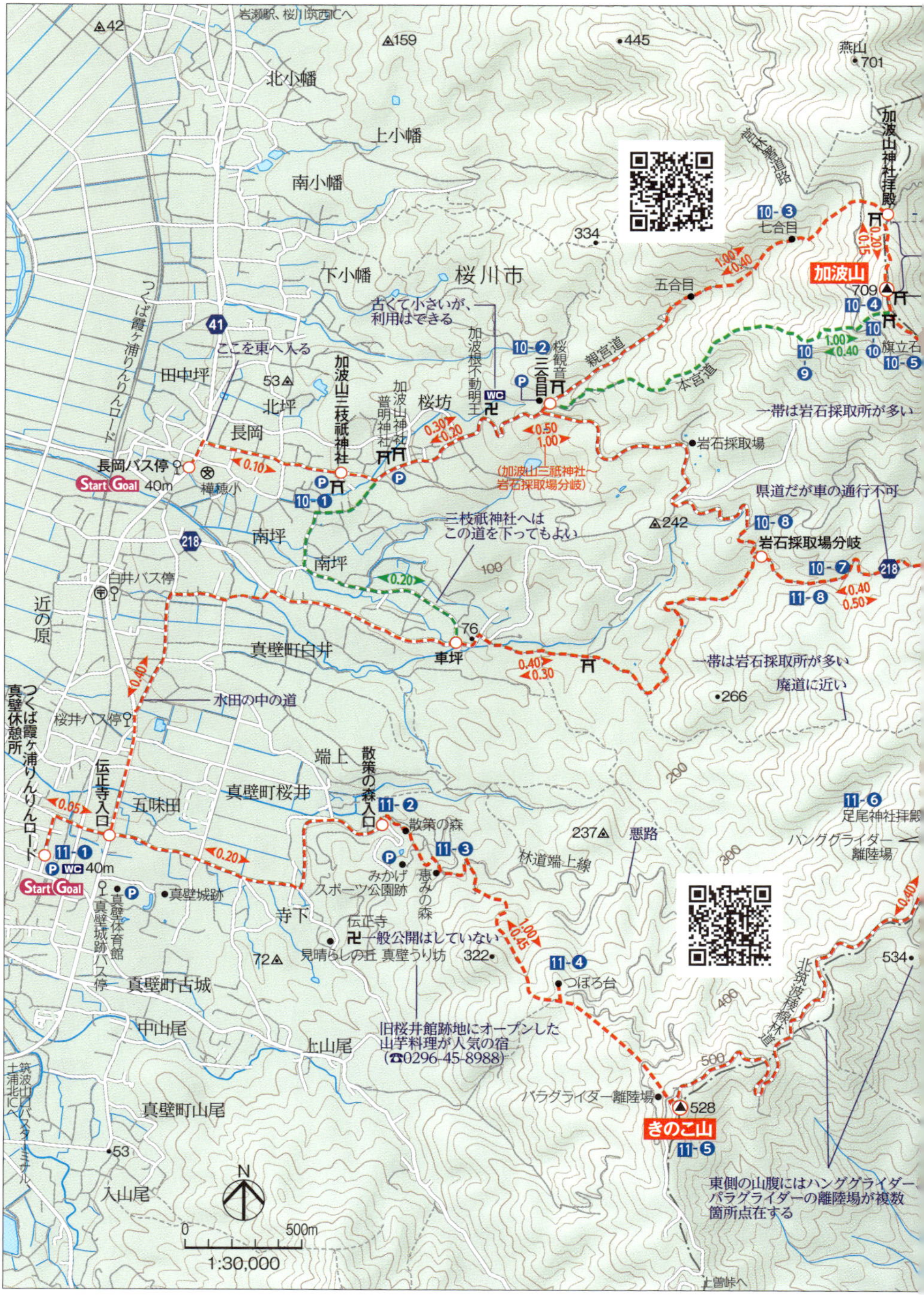

岩瀬駅、桜川筑西ICへ
42
159
445
燕山
701
北小幡
上小幡
南小幡
下小幡
桜川市
334
七合目
五合目
加波山神社拝殿
加波山
709
旗立石
紀行本宮道路
古くて小さいが、利用はできる
加波根不動明王
桜観音
三合目
桜坊
加波山神社普明神社
加波山三枝祇神社
親宮道
本宮道
ここを東へ入る
田中坪
北坪
53
長岡
長岡バス停
樺穂小
Start Goal
40m
一帯は岩石採取所が多い
岩石採取場
(加波山三祇神社〜岩石採取場分岐)
県道だが車の通行不可
岩石採取場分岐
242
南坪
三枝祇神社へはこの道を下ってもよい
白井バス停
近の原
100
76
車坪
真壁町白井
水田の中の道
一帯は岩石採取所が多い
廃道に近い
266
つくば霞ヶ浦りんりんロード
真壁休憩所
桜井バス停
伝正寺入口
五味田
真壁町桜井
端上
散策の森入口
散策の森
みかげスポーツ公園跡
恵みの森
200
237
悪路
林道端上線
足尾神社拝殿
ハンググライダー離陸場
300
真壁城跡
真壁体育館
真壁城跡バス停
寺下
伝正寺
一般公開はしていない
見晴らしの丘
真壁うり坊
72
322
つぼろ台
534
真壁町古城
中山尾
上山尾
旧桜井館跡地にオープンした山芋料理が人気の宿
(☎0296-45-8988)
400
北筑波稜線林道
500
パラグライダー離陸場
528
きのこ山
土浦北IC・筑波山口バスターミナルへ
真壁町山尾
53
入山尾
東側の山腹にはハンググライダー、パラグライダーの離陸場が複数箇所点在する
0
500m
1:30,000
上曽峠へ

12

豊かな自然を訪ねる家族向きのハイキングコース

雪入山・浅間山

日帰り

ゆきいりやま　345m
せんげんさん　344m
（最高点　390m／パラボラ山付近）

歩行時間＝3時間40分
歩行距離＝13・5km

技術度
体力度

コース定数＝18

標高差＝356m

累積標高差　737m　741m

雪入集落付近から見た山並み、稜線中央あたりの高みが雪入山山頂

筑波山《つくばさん》から南に続く稜線が東に向きを変え、徐々に高度を下げていく「東筑波の山々」、その南山麓に「雪入」という響きのよい名の集落がある。春になり、裏山にヤマザクラが咲くと、ちょうど雪が積もったようになるので、この名があるとの説もある。

さらに「雪入」については、大化の改新で設けられた常陸国《ひたちのくに》の筑波郡佐野郷《さやのごほり》に属し、江戸時代には「雪の入村」の表記もあったとか。今でも集落内には歴史的文化財が多く残されており、それらを探訪するのも有意義なことである。

雪入山のパラグライダー離陸場跡からの南望、すぐ下が雪入集落

中腹には「かすみがうら市雪入ふれあいの里公園」があり、ネイチャーセンターを中心とした雪入山の豊かな自然を訪ねるハイキングコースが整備されている。

上佐谷《かみさや》バス停を出発。45分ほどで**ふれあいの里公園**に着く。公園の駐車場西端から下の林道雪入沢線へ下る。この林道を直進し、未

■鉄道・バス
往路＝JR常磐線土浦駅から柿岡車庫行き関鉄グリーンバスを利用し、約25分の上佐谷バス停で下車。
復路＝上志筑バス停から関鉄グリーンバスで土浦駅へ。

■マイカー
常磐自動車道を千代田石岡ICで降り、主要地方道53号、64号と走り、上佐谷小入口を左折して雪入ふれあいの里公園へ。

■登山適期
コース中の竜ヶ峰、剣ヶ峰付近はサクラの名所で、雪入山南面の成沢には約3000本のヤマザクラが自生する。これらの花期をおすすめ。

■アドバイス
▽最近この一帯の山々は「千代田アルプス」と命名され、「雪入探検隊」の協力によって、より詳細なコースマップが作られている。
▽立ち寄りスポットとして、いばらきフラワーパーク（☎0299・42・4111）、小町の館（☎029・862・1002）がある。

■問合せ先
かすみがうら市観光課☎0299・59・2111、雪入ふれあいの里公園ネイチャーセンター☎0299・59・7000、関鉄グリーンバス石岡営業所☎0299・22・3384

■2万5000分の1地形図
柿岡・常陸藤沢

舗装の道に出たら右折、いやしの里先の**分岐**まで登る。稜線までの急坂を登り、出た林道を右に登ると稜線は広い平坦な道で、パラボラアンテナの施設があり、「パラボラ山」とよばれている。

やや下り気味の道を進むと**剣ヶ峰**の表示があり、広場になっていて、南側が開けている。テーブルやイスも設置されているので、休憩に最適である。

広場からいったん下って緩く登ると**雪入山**山頂に登り着く。さらに下るとパラグライダー離陸場跡があり、その先、青木葉《あきば》峠から ひと登りした先の黒文字《くろもじ》平《だいら》からの筑波山は絶景である。**浅間山**は古くから信仰の山として登られている山で、山頂への登路は表参道の趣が感じられる。

右に三ツ石森林公園への道を分け、緩く下ると閑居山《かんきょざん》の分岐だ。さらに下れば権現山《ごんげんやま》で、南側が開け**御野立所の碑**《おのだちしょ》も立っている。

権現山を下ると舗装道路で、帰路のバス停は**上志筑**《かみしづく》である。マイカーの場合は環境クリーンセンター跡を経てスタート地点までは長い山麓歩きが待っている。パーティによっては途中の浅間山からエスケープすることも行われている。

（酒井國光）

CHECK POINT

剣ヶ峰広場はベンチも多く、休憩するパーティが多い

浅間山山頂には八郷南デジタルテレビ中継放送所の巨大なアンテナが建てられ、かつての趣がなくなった

閑居山摩崖仏への分岐。ここから急坂を200メートルほど下りると摩崖仏がある

権現山山頂付近は公園になっていて、あずまや、石柱、大きな石の祠などがある

概説

栃木県の山

小島守夫

栃木県は関東平野の北部に位置する。県の北部には帝釈《たいしゃく》山地、那《な》須《す》火山群、それに連なる高原《たかはら》火山群がある。西部から南西部にかけては群馬県に境を接する日光《にっこう》火山群、足尾《あしお》山地の山々が連なる。中央部には足尾山地の東端部にあたる古賀志山《こがしやま》などがある。東部は茨城県との境に八溝山《やみぞさん》（「茨城県の山」に掲載）を盟主とする八溝山地の山々が並ぶ。

春の新緑、湿原や高原を彩る花々、山肌を染める紅葉など、魅力的な山が多い。加えて各地の山麓には登山の疲れをいやしてくれる多くの温泉もある。これも栃木県の山の魅力のひとつである。

●山域の特徴

●那須・塩原の山

那須の山々には、現在も盛んに山腹から噴煙を上げる「日本百名山」の茶臼岳《ちゃうすだけ》を盟主とする那須火山帯があり、太平洋に注ぐ那珂《なか》川、阿武隈《あぶくま》川と日本海に注ぐ阿賀野《あがの》川の分水嶺になっている。

北の三本槍岳《さんぼんやりだけ》は、名前からは尖った山を連想させるが、実際は穏やかな山容で、山名の由来は黒羽《くろばね》、会津《あいづ》、白河《しらかわ》の3藩が領地確認のために3本の槍を立てたとの故事による。アルペン的な山容から朝日《あさひ》岳《だけ》は「ニセ穂高《ほたか》」とよばれている。麓の登山口までは車道が通じているほか、茶臼岳へのロープウェイもあり、運休期間である冬季を除けば比較的登りやすいので、多くの登山者が訪れる。

一方、男鹿《おが（じか）》山塊の山々は原生林に覆われて魅力的ではあるが、アプローチや登山道の問題などから、一部を除いて限られた登山者のみに許された領域である。塩原《しおばら》側に登山口のある日留賀岳《ひるがたけ》、弥太《やた》郎山《ろうやま》、安戸山《やすとやま》（弥太郎山と安戸山は未掲載）には登山道がつけられ、安全に登山を楽しむことができる。特に日留賀岳は男鹿山塊や南会津の山々の展望台にもなっている。

塩原の南にある高原山《たかはらやま》（釈迦《しゃか》ヶ岳《だけ》、鶏頂山《けいちょうざん》など）は、初夏に咲くレンゲツツジやシロヤシオの花と展望の山として知られている。旧日塩《にちえん》もみじラインと矢板《やいた》市の大間《おおま》々台《まだい》からが主要なルートである。

●日光の山

日本百名山で天応2（782）年に勝道《しょうどう》上人により開山された山岳信仰の山・男体山《なんたいさん》や、日本二百名山の女峰山《にょほうさん》、女峰山の東にある赤薙山《あかなぎさん》や丸山《まるやま》などは、このエリアを代表する山である。「日本百名山」で、関東以北最高峰の奥白根《おくしらね》山《さん》（「群馬県の山」に掲載）は、高峰登山の雰囲気を味わうことができる。これら2000メートル級の表日光連山は関東平野からも遠望できる。このエリアの山々は交通の便にも恵まれ、登山を堪能することができる。日光市街地に近い鳴虫《なきむし》山《やま》（未掲載）は、駅から登れる手軽な山として、首都圏から多くの登山者を迎えている。

●前日光・足尾の山

前日光エリアからは、日光国立公園の南に隣接する前日光県立自然公園内の東部に位置し、低山な

丸山・天空回廊の途中からニッコウキスゲの群生地を見下ろす

男体山山頂からの展望、中禅寺湖を眼下に、遠く皇海山も見える

がらもクサリ場などスリルのある石裂山《おざくさん》、足尾エリアからは、わたらせ渓谷鐵道終点の間藤《まとう》駅の西にある足尾銅山発祥の山・備前楯山《びぜんたてやま》の2山をピックアップしている。

ほかにも未掲載の山として、前日光県立自然公園の北部に、薬師《やくし》岳《だけ》や三《さん》ノ宿山《しゅくやま》、夕日岳《ゆうひだけ》、地蔵岳《じぞうだけ》、行者岳《ぎょうじゃだけ》などがある。南部の古峰原《こぶはら》湿原や横根山《よこねやま》はツツジの名所として知られている。

足尾には、奇岩怪石とコウシンソウで有名な庚申山《こうしんざん》、その奥の院の皇海山《すかいさん》があるが、百名山ブームで多くの登山者が利用していた群馬県側の不動《ふどう》沢経由のコースは、栗原川《くりはらがわ》林道閉鎖により通行不能。庚申山から鋸十一帽《のこぎりじゅういちぼう》（峰）をたどる険しいコースからなどしか登ることができなくなっている。

●栃木・足利周辺の山

足尾山地は高度を下げながら安蘇、足利、栃木方面へ広がっていく。標高はそれほど高くないが、安蘇《あそ》山塊の根本山《ねもとやま》、熊鷹山《くまたかやま》（ともに「群馬県の山」に掲載）などはアカヤシオを求めて、また、足利《あしかが》市街のすぐ北にある行道山《ぎょうどうさん》は多くの登山者が訪れる。足利市最高峰の仙人《せんにん》ヶ岳《たけ》や赤雪山《あかゆきやま》などは静かな尾根歩きが楽しめる。また、栃木市近郊の桜の名所である太平山《おおひらやま》や晃石山《てるいしさん》などは、春の時期に訪ねるとよい。

●八溝・宇都宮周辺の山

足尾山地の東端、県中央部の宇《う》都宮《つのみや》市県立自然公園内にある古賀志山は、クライミングゲレンデとして知られている。市街地から近く、カタクリやヒカゲツツジの群落もあり、手ごろなハイキングが楽しめるので、多くのハイカーを迎えている。山麓の宇都宮市森林公園も、週末には家族連れでにぎわいをみせる。

ここで紹介していないが、日光街道（国道119号）に沿いの本《もと》山《やま》をはじめとする篠井富屋《しのいとみや》連峰は「宇都宮アルプス」ともよばれ、こちらも親しまれている。

※未掲載の山については、分県登山ガイド08『栃木県の山』（弊社刊）に掲載されておりますので、併せてご覧ください。

⑬三本槍岳
⑬朝日岳
茶臼岳⑬
北温泉
大丸温泉
八幡温泉
那須湯本温泉
新那須温泉
弁天温泉
白笹山
南月山
男鹿岳
板室温泉
黒滝山
百村山
⑭日留賀岳
弥太郎山
安戸山
大網温泉
塩釜温泉
福渡温泉
道の駅「湯の香しおばら」
西那須野塩原IC
道の駅「那須野が原博物館」
鶏頂山
釈迦ヶ岳
栃木県
矢板市
塩谷町
道の駅「湧水の郷しおや」
矢板IC
鬼怒川
本山（篠井富屋連峰）
上河内町
鞍掛山
宇都宮IC
古賀志山
宇都宮市
鹿沼IC
日光線
東武宇都宮線
道の駅「みぶ」
壬生町
壬生IC
下野市
小山市
結城市
西郷村
泉崎村
中島村
矢吹IC
白河市
しらかわ
しんしらかわ
白河IC
しらさか
阿武隈川
道の駅「那須高原友愛の森」
那須IC
道の駅「明治の森・黒磯」
那須町
くろだはら
那須塩原市
くろいそ
なすしおばら
道の駅「東山道伊王野」
八溝山
道の駅「那須与一の郷」
大田原市
にしなすの
東北自動車道
のざき
やいた
道の駅「やいた」
箒川
馬頭温泉
広瀬温泉
那珂川町
道の駅「ばとう」
かたおか
東北本線
喜連川温泉
道の駅「きつれがわ」
さくら市
うじいえ
那須烏山市
烏山線
おおかね
からすやま
ほうしゃくじ
高根沢町
河内町
東北新幹線
道の駅「うつのみやろまんちっく村」
おかもと
うつのみや
道の駅「サシバの里いちかい」
道の駅「はが」
芳賀町
市貝町
いちはな
もてぎ
茂木町
道の駅「もてぎ」
宇都宮上三川IC
益子町
ました
上三川町
いしばし
きたもおか
真岡IC
もおか
真岡市
道の駅「ましこ」
焼森山
鶏足山
雨巻山
道の駅「しもつけ」
じちいだい
こがねい
道の駅「にのみや」
くげた
真岡鐵道
桜川筑西IC
筑西市
しもだて
桜川市
水戸線
笠間西IC
岩瀬
加波山
吾国山
笠間市
かさま
友部IC
ともべ
友部JCT
北関東自動車道
茨城町西IC
茨城町東IC
岩間IC
いわま
浅川町
いわきあさかわ
いわきいしかわ
棚倉町
いわきたなくら
塙町
いわきはなわ
矢祭町
ひがしだて
しものみや
大子町
ひたちだいご
さいがね
水郡線
久慈川
茨城県
やまがたじゅく
常陸大宮市
ひたちおおみや
常陸太田市
ひたちおおた
うりづら
城里町
ひたちこうのす
那珂IC
那珂市
かみすがや
常磐自動車道
水戸IC
常磐線
水戸市
水戸南IC
東水戸道路
ひたちなか市
涸沼

栃木県の山 全図

▲⑬三本槍岳 本書で紹介する山名とコース番号
◎○ 市役所・町村役場
4 国道と国道ナンバー
高速道路・自動車専用道路
JR線
JR新幹線
私鉄線
N
1:500,000
0
10km
南会津町
福島県
七ヶ岳
あいづこうげんおぜぐち
会津駒ヶ岳
檜枝岐村
荒海山
おじかこうげん
かみみより
しおばらおんせんぐち
芝草山
帝釈山
燧ヶ岳
尾瀬沼
道の駅「湯西川」
川治温泉
鬼怒沼山
女夫淵温泉
川俣温泉
加仁湯
八丁ノ湯
手白沢温泉
日光沢温泉
南平山
かわじおんせん
夫婦山
月山
きぬがわおんせん
東武鬼怒川線
⑱女峰山
⑲赤薙山
⑲丸山
大山
隠れ三滝
根名草山
金精峠
太郎山
山王帽子山
小真名子山
大真名子山
奥白根山
湯元温泉
光徳温泉
⑰男体山
高山
中禅寺温泉
丹勢山
にっこう
やしおの湯
毘沙門山
茶臼山
日光市
しもいまいち
黒檜岳
社山
茶ノ木平
中禅寺湖
鳴虫山
三ノ宿山
半月山⑯
道の駅「日光」
いまいち
皇海山
中倉山
庚申山
薬師岳
夕日岳
鶏鳴山
みょうじん
行者岳
地蔵岳
備前楯山⑳
あしお
古峰原高原
笹目倉山
三枚石
羽賀場山
いたが
横根山
石裂山㉑
二股山
岩山
鹿沼市
しんかぬま
そうり
尾出山
熊鷹山
高原山
東武日光線
丸岩岳
草木ダム
わたらせ渓谷鐵道
みずぬま
岳ノ山
大鳥屋山
多高山
三峰山(御嶽山)
仙人ヶ岳㉓
㉓赤雪山
道の駅「どまんなかたぬま」
東武佐野線
くず
栃木都賀JCT
栃木IC
桐生市
きりゅう
深高山
石尊山
㉔行道山
栃木市
諏訪岳
太平山㉒
㉒晃石山
両毛線
足利市
足利IC
佐野田沼IC
唐沢山
あしかが
大坊山
大小山
さの
佐野市
道の駅「みかも」
佐野藤岡IC
いわふね
しずわ
太田桐生IC
太田市
おおた
東武伊勢崎線
どあい
藤原湖
武尊山
みなかみ
水上IC
みなかみ町
片品村
片品川
じょうもうこうげん
月夜野IC
川場村
沼田IC
沼田市
ぬまた
昭和村
昭和IC
上越線
上越新幹線
関越自動車道
群馬県
赤城山
赤城IC
しぶかわ
渋川伊香保IC
渋川市
上毛電鉄
みどり市
前橋市
前橋IC
まえばし
伊勢崎IC
高崎IC
駒形IC
北関東自動車道
いせさき
高崎市
たかさき
伊勢崎市
藤岡IC
しんまち
352
121
401
120
122
353
17
293
50
18

13

那須連山の核心部をたどる

三本槍岳・朝日岳・茶臼岳

さんぼんやりだけ　1917m
あさひだけ　1896m
ちゃうすだけ　1915m

日帰り

歩行時間＝6時間55分
歩行距離＝10・7㎞

技術度
体力度

QRコードは56ページコース図内に記載

コース定数＝27
標高差＝533m
累積標高差　↗1040m　↘1040m

「那須岳《なすだけ》」という場合、一般的には茶臼岳を指すが、広い意味では那須連山の呼称である。那須連山の中の顕著なピークに対して那須五峰や那須五岳という呼び方がある。この場合、那須岳を仰ぐ場所によって山名が若干異なるが、白《しら》笹山《ささやま》、黒尾谷岳《くろおやだけ》、茶臼岳、朝日岳、三本槍岳を指す場合が多い。

信仰登山の面からは南月山《みなみがっさん》がはずせないし、展望のよさなら隠居《いんきょ》倉《ぐら》が抜群である。那須の山の特徴がよく出ている三山を選定して、効率よく日帰り登山ができるコースを紹介しよう。

JR宇都宮線《うつのみや》（東北本線）黒磯《くろいそ》駅か東北新幹線那須塩原《しおばら》駅が登山の起点となる。ここから路線バスで那須ロープウェイ**山麓駅**まで行くのだが、マイカーの場合は、この先の**峠《とうげ》の茶屋《ちゃや》駐車場**まで入れる。山麓駅からこの駐車場までは歩いて約15分である。トイレ付き休憩所の建物を抜けて駐車場の階段を進み、登山届を記入していこう。那須岳には、場所名と現在地番号が記された道標が、数多く設

■鉄道・バス
往路・復路＝JR東北本線黒磯駅または東北新幹線那須塩原駅から関東自動車バス那須ロープウェイ前行きで終点下車。復路の那須ロープウェイは3月中旬～11月末の運行で、山頂駅発の最終便は16時20分。

■マイカー
東北自動車道那須ICから那須方面へ。峠の茶屋駐車場を利用。

■登山適期
5月上旬は残雪があるので注意が必要。6月初旬はミネザクラが満開となる。10月が紅葉のシーズンとなる。

■アドバイス
▽三斗小屋温泉に1泊すれば、那須五峰の全部をゆっくり楽しめる。旅館は2軒。大黒屋（☎090・1045・4933）、煙草屋（☎090・8589・2048）。
▽峰の茶屋跡避難小屋は緊急避難用で宿泊はできない。休憩には利用できる。ここから三斗小屋温泉へと下ると15分で避難小屋があるが、こちらも宿泊不可でトイレもない。携帯

茶臼岳より望む三本槍岳への縦走路。右手のピークが朝日岳、中央後方のドーム形の山が三本槍岳

トイレを持参して利用すること。

▽紅葉シーズンは大渋滞となるので、早朝から行動するのが望ましい。

▽往復とも那須ロープウェイを利用して茶臼岳、姥ヶ平、日の出平、南月山をめぐるだけでも楽しくすごせる。特に、姥ヶ平から仰ぐ紅葉の茶臼岳は絶品である。

姥ヶ平のひょうたん池と茶臼岳

▽牛ヶ首から殺生石へと下るコースは紅葉シーズンが特にすばらしい。

■問合せ先

那須町観光商工課☎0287・72・6918、関東自動車（バス）☎0570・031・811、那須ロープウェイ☎0287・76・2449

■2万5000分ノ1地形図

那須岳・那須湯本

＊コース図は56～57ページを参照。

峰の茶屋跡避難小屋をあとに、朝日岳へ向かう。正面の剣が峰は右（東側）を巻いて朝日岳の肩へ

置されている。これは、GPSを利用して那須山岳救助隊が一括管理し、安全登山に役立てている。

　登山口である山の神の鳥居をくぐり、林の中を登るとまもなく、展望が開けてくる。中の茶屋跡から右手に朝日岳を望める。鎖場もある登山道を直線的に**峰《みね》の茶屋跡避難小屋**へ向かう。

　この峠を越えて下ると三斗《さんど》小屋温泉へ行けるが、朝日岳へは右手に進む。剣《けん》が峰《みね》を横切り、鎖場を登ると、**朝日岳の肩**へ飛び出す。ここから**朝日岳**を往復してから**熊《くま》見曽根《みがそね》**へ北進する。

朝日岳の荒々しい姿が眼前に迫る

　隠居倉へは帰路に時間と体力に余裕があれば立ち寄ることにして、**清水平《しみずだいら》**へ進む。木道のある湿原をすぎると、ハイマツ帯で**北《きた》温泉分岐**に出合う。直進してドーム状の山を登れば、1等三角点のある**三本槍岳**で、那須連山の最高峰だ。

　福島県側の展望を堪能したら、**峰の茶屋跡**へと引き返す。そして牛《うし》ヶ首《くび》方面へと行き、100メートル先の分岐を左に進んで登り、茶臼岳へ向かう。

　山頂の旧噴火口の縁の分岐へ出たら、左右のどちらへ進んでも**茶臼岳**頂上へ行ける。峰の茶屋跡へ戻る場合は、右手へ進み、お鉢周りをして山頂へ行くとよい。

　下山は、那須ロープウェイ山頂駅へと進むと、三角点のすぐ先で、峰の茶屋跡からの道に合流する。ここを右へたどれば山頂駅へ行けるが、途中の大岩《おおいわ》付近は慎重に下ろう。牛ヶ首分岐をすぎれば、**山頂駅**は近い。

　なお、スタートとゴールを逆にして歩いても行動時間はほぼ同じである。

（蓮實淳夫）

朝日岳の肩付近から見た茶臼岳。峠の茶屋からの登山道が見える

CHECK POINT

1 峠の茶屋駐車場がマイカーで入れる車道の終点。公衆トイレがある。この先、山中にはトイレがない

2 登山指導所で登山カードを記入する。このすぐ先が那須岳登山口で、山の神の鳥居をくぐって行く

3 中の茶屋跡をすぎると展望が開けてくる。右手に朝日岳、前方に峰の茶屋跡の鞍部に建つ避難小屋を望める

4 峰の茶屋跡避難小屋。緊急用の施設でトイレや水場はない。十字路になっている鞍部で、風が強い場所だ

5 峰の茶屋跡より隠居倉を望む。手前の谷へ下ると、三斗小屋温泉へ行ける

6 恵比須大黒岩の下部からは、鎖場のある岩場の登りとなる。落石を出さないよう慎重に登ろう

7 硫黄鉱山跡を直進すると牛ヶ首へ行く。茶臼岳へは左へ分岐して行く

8 茶臼岳山頂の祠。右手後方は、栃木・福島県境となる太平洋と日本海の分水嶺

9 那須ロープウェイ山頂駅(1684メートル)。売店、展望台、トイレがある。強風時は運休になるので注意すること

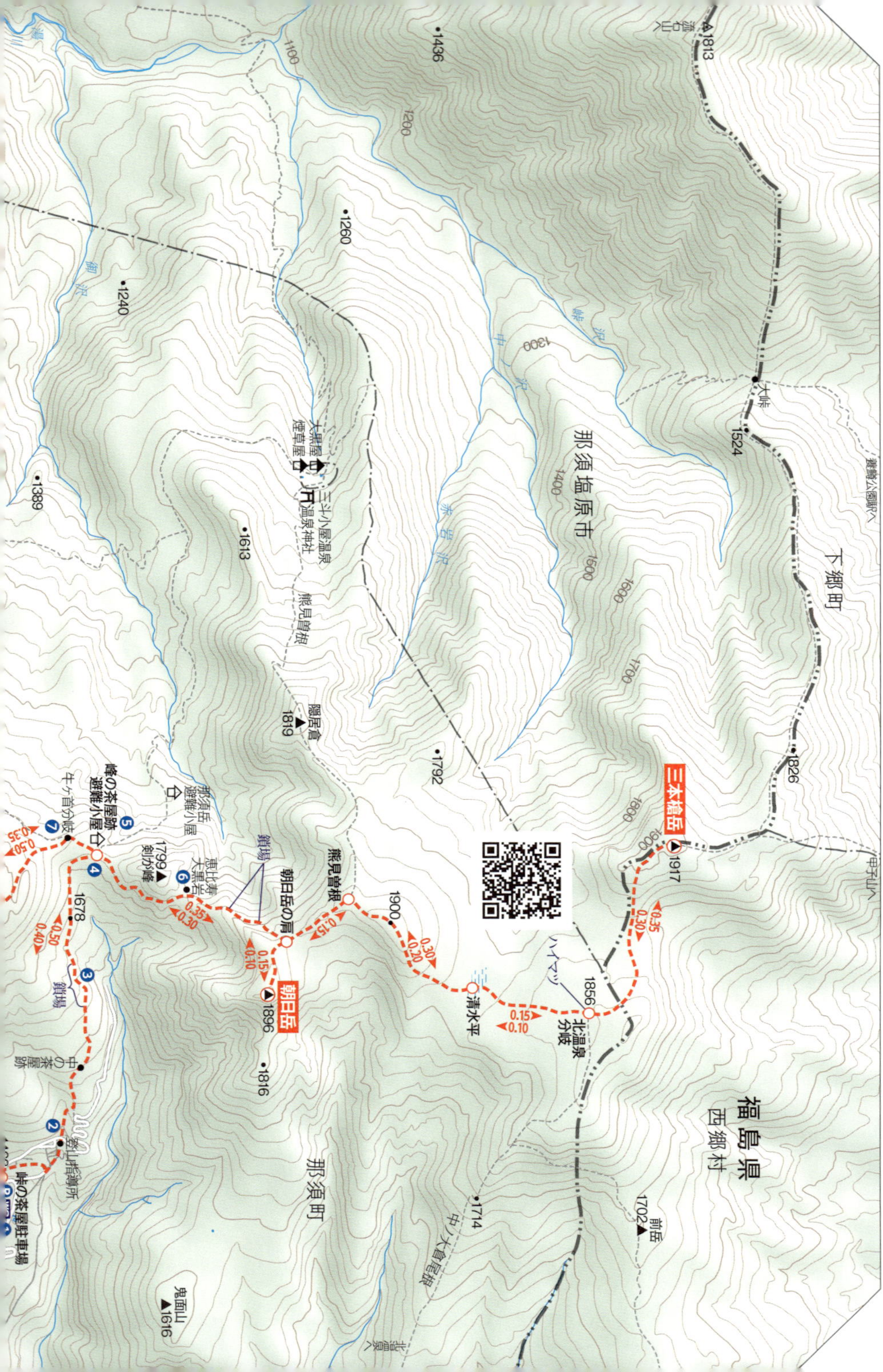

三本槍岳
▲1917
朝日岳
▲1896
朝日岳の肩
熊見曽根
清水平
北温泉分岐
1856
ハイマツ
峰の茶屋跡避難小屋
牛ヶ首分岐
那須岳避難小屋
恵比寿大黒岩
1799▲剣が峰
隠居倉
▲1819
三斗小屋温泉
大黒屋
煙草屋
温泉神社
熊見曽根
鎖場
中の茶屋跡
登山指導所
峠の茶屋駐車場
1678
1900
•1816
•1792
•1613
•1260
•1240
•1436
•1389
•1714
•1826
大峠
1524
▲1813
那須塩原市
那須町
下郷町
福島県
西郷村
前岳
1702▲
鬼面山
▲1616
甲子山へ
中ノ大倉尾根
赤岩沢
中ノ沢
峠沢
1200
1300
1400
1500
1600
1700
1800
1900

沼ッ原調整池
沼ッ原湿原
深山ダム
板室温泉へ
麦飯坂へ
カラマツ林
姥ヶ平合流点
沼ッ原駐車場
1275
急坂
那須町
那須塩原市
白笹山
1719
ササの切り株に注意
シラカバ林
日の出平
1786
茶臼岳の眺めよし
ミネザクラの群生地
南月山
1776
黒尾谷岳
1589
牛ヶ首
茶臼岳
1915
山頂分岐
牛ヶ首分岐
山頂駅
1684m
Goal
那須ロープウェイ
所要4分
那須ロープウェイ
山麓駅
1384m
姥ヶ平
1:25,000
0
500m
N

14 男鹿山塊の名峰を訪ねる
日留賀岳

ひるがだけ 1849m

日帰り

歩行時間=7時間20分
歩行距離=12・5km

技術度 ★☆☆☆☆
体力度 ♥♥☆☆☆

コース定数	=32
標高差	=1169m
累積標高差	↗1410m ↘1410m

登山道途中から日留賀岳山頂を見上げる

男鹿《おが》山塊は那須岳《なすだけ》と高原山《たかはらさん》の間に位置し、日留賀岳はその南端にある。中腹にはブナやミズナラ、アスナロの原生林、頂上付近では高山植物も多く、静かな山歩きが楽しめる。

登山口は、塩原《しおばら》小中学校北側の白戸《しらど》集落。登山口脇の民家、小山氏が用意してくれている駐車場で身支度を整え歩きはじめよう。小山氏宅の前庭を通り、家の裏に回りこんで鳥居をくぐる。植林地を進むとほどなく日留賀嶽神社寄進碑が現れる。ここからひと登りして**送電線鉄塔**をくぐると、シラン沢林道に合流する。ルートを右にとり、比津羅山《ひづらやま》の山腹の砂利道を30分ほど歩くと、**林道の終点**になる。

急登が終わるとアスナロの森に入る

ここから登山道に入る。しばらくは比津羅山の山腹を巻くように進み、鞍部に下る。カラマツの植林になるころから、登りにさしかかる。なおもナダムロ沢沿いの緩い登りをつめていくと、ルートはシラン沢側へとトラバースしていく。

やがてルートは「腹部《ふくべ》の曽根《そね》」とよばれる尾根に取り付くと、ブナやミズナラなどの原生林の中の急登がはじまる。

■鉄道・バス
往路・復路=東北新幹線那須塩原駅からJRバスで塩原温泉バスターミナルまで行き、ここでゆーバスに乗り換え、木の葉化石園入口で下車、徒歩45分で登山口に着く。
■マイカー
東北自動車道西那須野塩原ICで国道400号を塩原温泉方面へ約25分で登山口。登山口にはトイレはない。
■登山適期
6月下旬にはシャクナゲが咲きはじめ、8月中旬ごろまで高山植物が楽しめる。10月上旬からは紅葉が美しい。
■アドバイス
▽登山口は塩原温泉にあるので下山後は温泉も楽しみだ。市営の日帰り温泉の華の湯（2024年7月現在休館中）のほか、箱の森プレイパーク（☎0287・32・3018）内にも温泉設備がある。
■問合せ先
那須塩原市役所塩原支所☎0287・32・2911、JRバス関東西那須野支店（ゆーバスも）☎0287・36・0109
■2万5000分ノ1地形図
日留賀岳・塩原

急登は、標高1450《メートル》付近まで続き、アスナロの森に入る。ここは少し薄暗く感じるが、アスナ

CHECK POINT

1

登山口の小山氏は駐車場と登山者名簿を準備してくれている。記帳してから出発しよう

2

林道終点。ここから再度登山道になる

3

ミズナラやブナ林の中の急登が続く「腹部の曽根」

4

丸太を組んだ日留賀岳の鳥居２基をくぐって登山道は続いていく

5

山頂には日留賀嶽神社の祠があり、360度の展望が楽しめる

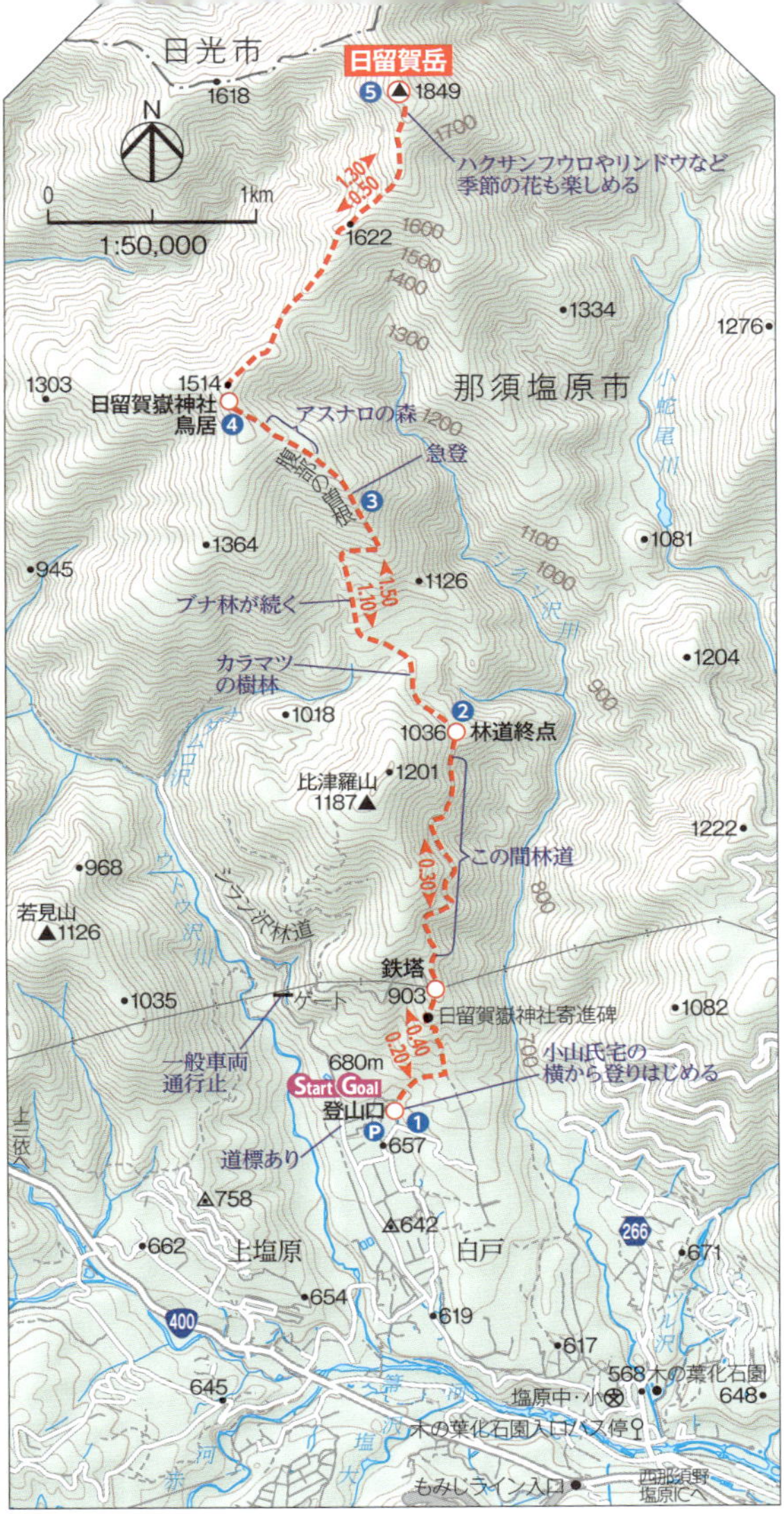

ロの赤みがかった木肌が美しい。1514㍍のピークのすぐ手前で、丸太を組んだだけの**鳥居**をくぐる。ここから鞍部まで下り、しばらくは樹林の中の登りが続き、正面に日留賀岳の頂上が見えると、夏はハクサンフウロ、秋はリンドウなどが咲く最後の登りになる。これを登りきるとハイマツなどに覆われた**日留賀岳**山頂に着く。

山頂には日留賀嶽神社の祠があり、西から北は会津《あいづ》や那須の山々、南は高原山や日光《にっこう》の山々など、360度の展望が楽しめる。

山頂で展望を楽しんだあとは、往路を戻る。

（梅原　浩）

八海山神社が近づくと、釈迦ヶ岳が大きく見えてくる

15

日帰り

釈迦ヶ岳・鶏頂山

1等三角点のある関東平野の展望台

しゃかがだけ 1795m
けいちょうざん 1765m

歩行時間＝8時間50分
歩行距離＝16・2km

技術度
体力度

コース定数＝36

標高差＝645m

累積標高差 ↗1395m ↘1395m

釈迦ヶ岳は高原山《たかはらさん》の最高峰で、日光《にっこう》や那須《なす》の山々、関東平野が一望できる。視界がよければ太平洋や富士山も望めるまさしく「展望台」である。また、登山口の八方《はっぽう》ヶ原《はら》付近は春から初夏にかけて、アカヤシオ、トウゴクミツバツツジ、シロヤシオ（ゴヨウツツジ）、ヤマツツジ、レンゲツツジなど、ツツジの花がすばらしい。

小間々《こまま》駐車場から主峰釈迦ヶ岳と隣の鶏頂山《けいちょうざん》に登り、大入道《おおにゅうどう》を回って小間々駐車場に戻るコースを歩こう。トイレは大間々駐車場か、1・5キロほど手前の「山の駅たかはら」で利用できる。

「小間々の女王」と名づけられたトウゴクミツバツツジの看板に沿って、**小間々駐車場**から歩きはじめる。20台は駐車できる。なだら

■鉄道・バス
往路・復路＝バス便はなく、JR矢板駅からタクシーを利用する。

■マイカー
東北自動車道矢板ICから県道30号を関谷・塩原方面に進み、泉交差点を左折して県道56号に入る。山の駅たかはら手前100メートルを左に入り、1キロほど進み、小間々の駐車場へ。

■登山適期
5月下旬～6月上旬のシロヤシオの時期がいちばんだが、新緑、紅葉の時期もおすすめ。盛夏は雷雨に注意。

■アドバイス
▽紹介したルート以外に、大間々を起点に釈迦ヶ岳の往復や、日塩もみじラインから弁天池経由で鶏頂山、釈迦ヶ岳、大間々への縦走、花の時期なら小間々から大入道、剣ヶ峰周回など、時期に応じたコースが考えられる。県民の森からミツモチを通るコースも花が美しい。
▽小滝鉱泉（☎0287・43・0941）、赤滝鉱泉（☎0287・43・0940）、寺山鉱泉（☎0287・43・3773）はひっそりとした山の宿だ。

■問合せ先
矢板市役所☎0287・43・1111、山の駅たかはら☎0287・43・1515、矢板ツーリングタクシー☎0287・43・1234

■2万5000分ノ1地形図

展望抜群の釈迦ヶ岳山頂

トウゴクミツバツジ、シロヤシオの競演

かな林間を歩くと、駐車場・展望台・トイレのある**大間々**に着く。見晴らしコースの林道を15分ほど進むと登山カードボックスのある**登山口**。小さな鳥居をくぐって登山道に入る。

　尾根に出ると釈迦ヶ岳、中岳《なかだけ》、西平岳《にしひらだけ》、男体山《なんたいさん》などが見え、気持ちがよい。ほどなく小さな祠が祀られる**八海山《はっかいさん》神社**に着く。ここは展望がよく絶好の休憩ポイント

だ。少し休んでいこう。

　神社からひと登りで矢板《やいた》市最高点。少し進むと右手に那須連山、男鹿《おが》山塊、帰りに向かう大入道が、左手遠くに会津駒《あいづこま》ヶ岳《たけ》が望まれる。急坂を下ると**大入道分岐**で、釈迦ヶ岳へは直進する。起伏のある道の右側はスッカン沢に向けて切れ落ちているので注意が必要だ。展望はないが、春はオオカメノキの白い花が美しい。

　トラロープが張られた急斜面を登ると鶏頂山との分岐に出る。ほどなく**釈迦ヶ岳**山頂だ。山頂は1等三角点の名に恥じない大展望台で、女峰山《にょほうさん》、燧《ひうち》ヶ岳《だけ》、会津《あいづ》駒ヶ岳、男鹿山塊、那須の茶臼岳《ちゃうすだけ》、三本槍《さんぼんやり》岳《だけ》、八溝山《やみぞさん》、筑波山《つくばさん》、視界がよければ富士山の大パノラマも広がる。

　展望を楽しんだら往路を少し戻って、鶏頂山に向かおう。急坂を下り、小さな起伏をすぎると右からハンターマウンテン塩原《しおばら》スキー場からの分岐と日塩《にちえん》道路からの分岐がある。最後の急坂を登ると**鶏頂山**山頂だ。先ほど登った釈迦ヶ

岳とそこからの稜線である中岳、西平岳が美しい。

下山は往路を**大入道分岐**まで戻り、ここを左に折れるとすぐに剣ヶ峰だ。ここから大入道を目指そう。急坂を下ってからの稜線は、5月下旬～6月上旬までトウゴクミツバツツジとシロヤシオ（ゴヨウツツジ）のまさに「花のトンネル」となる。巨木のひとつ「縄文ヤシオ」をすぎると釈迦ヶ岳と前黒山《まえくろやま》の展望がよい。少し登れば**大入道**の山頂に着く。

大入道からのジグザグ道はヤマツツジが多く見られる。沢沿いの道になり、下っていくとやがて桜沢に出るのでこれを渡る。

ここからなだらかな尾根を越えて進み、もうひとつ沢を越えると**小間々の駐車場**に着く。（植木　孝）

桜沢を赤矢印通りに左方向に渡る。平常時は水が少なく徒渉に問題はない

CHECK POINT

ここから出発だ。あたり一面がヤマツツジ。「小間々の女王」の看板方向に進む

大間々駐車場、展望台、トイレがある。振り返ると前黒山、男鹿山塊、那須連山が一望できる

登山者カードを記入して鳥居をくぐろう

小さな祠が祀られている八海山神社。那須連山や関東平野が一望できる。目指す釈迦ヶ岳が大きい

釈迦ヶ岳の山頂にある釈迦の石像。すばらしい展望で、関東平野はもちろん、関東北部の山々や富士山、太平洋が見えることもある

鶏頂山山頂。先ほど登った釈迦ヶ岳とそこからの稜線の中岳・西平岳が美しい。日光連山も近くに見える

大入道分岐を左に進み、大入道方面に向かう。少し行くと剣ヶ峰だ

大入道。展望はないが、広葉樹の心落ち着く森の中の山頂だ。歩いてきた稜線を振り返ろう

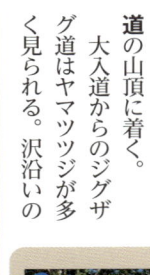

サブコース

旧日塩道路から鶏頂山往復

歩行時間＝3時間45分／歩行距離8・3キロ

鶏頂山登山口。赤い鳥居と20台ほどの駐車スペースがある

旧日塩《にちえん》道路脇の鳥居のところに駐車スペースがある。鳥居をくぐるとカラマツのなだらかな道となる。展望はないが林を吹き抜ける風が心地よい。登山道は林道を横切って続いている。エーデルワイススキー場のトップをすぎ、少し下ると大沼への分岐がある。目指す鶏頂山が大沼の水面に写り、絶景である。

もと来た道に登り、黒木の坂を登ると祠が立つ弁天《べんてん》池に出る。ここから右回りのコースをとる。すぐに、この山域では貴重な水場が現れる。ここからササの急な坂を登ると、釈迦ヶ岳からの稜線に出る。そこから再び急な坂を登ると、ほどなく鶏頂山の頂上だ。釈迦ヶ岳、中岳《なかだけ》、西平岳《にしひらだけ》、右に目を移すと日光《にっこう》連山、会津《あいづ》の山々の展望が広がる。視界がよいときには富士山や妙《みょう》高《こう》の山も一望できる。

下山は、釈迦ヶ岳までの稜線を進んで、最低鞍部から左に下るとほどなく弁天池に出る。

大沼の水面に、目指す鶏頂山が映る

■鉄道　東武鉄道会津鬼怒川線鬼怒川公園駅からタクシー（鬼怒川タクシー☎0288・77・0033）。

■マイカー　日光宇都宮道路今市ICから国道121号、もみじラインを走ると、登山口の赤鳥居を右手に見る駐車スペースに着く。

■アドバイス　夏休みや紅葉期などに、ハンターマウンテン塩原スキー場のゴンドラが運行。明神ヶ岳からの縦走を楽しめる。（ハンターマウンテン塩原☎0287・32・4580）

■2万5000分ノ1地形図　高原山

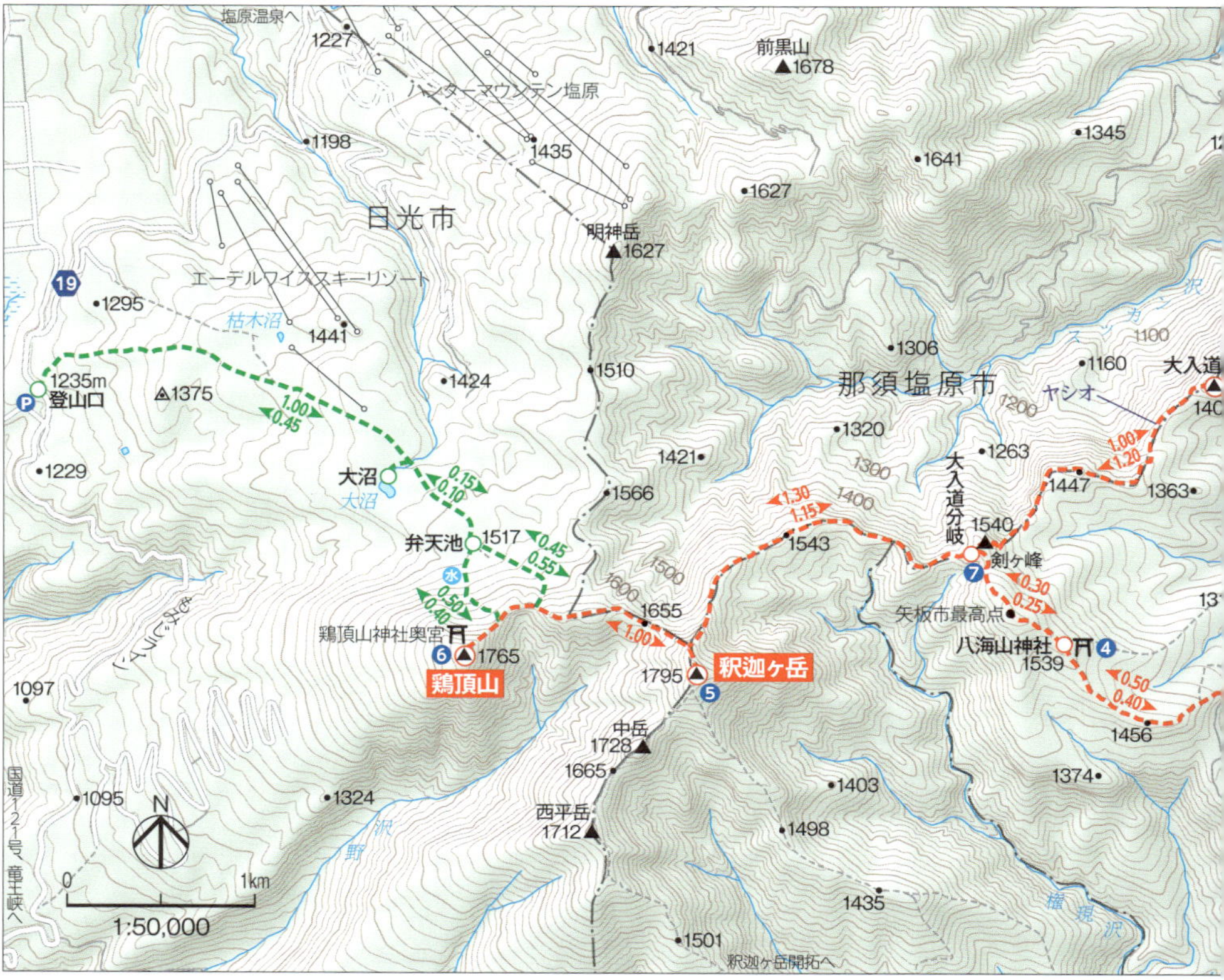

16

日帰り

半月山

はんげつさん

1753m

男体山を正面に中禅寺湖を鳥瞰する展望の山

歩行時間＝4時間50分

歩行距離＝10・5㎞

技術度

体力度

コース定数＝**20**

標高差＝471m

累積標高差 770m 770m

←西方の社山から茶ノ木平、半月山を望む

←半月山から正面に社山と黒檜岳を見ながら半月峠に下る

半月山は、中禅寺湖《ちゅうぜんじ》東岸に連なる女性的な山だが、展望台からは奥日光《おくにっこう》を代表する展望が得られ、男体山《なんたいさん》を正面に、中禅寺湖、八丁出島《はっちょうでじま》、湖面に浮かぶ上野島《こうずけじま》など、超一級の美観が楽しめる。

中禅寺温泉バスターミナルから明智平《あけちだいら》に向かって車道を戻る。橋を渡り、ザ・リッツ・カールトン日光の先を右折し、墓地をすぎた道標の立つところが茶ノ木平《ちゃきだいら》への登山口である。

道はやや急登だが1時間ほどで**茶ノ木平**に着く。ここからは半月山への道標をよく確認してササの原の道を進む。ヤシオツツジを眺めながら下り、中禅寺湖スカイラインに出て、道路を横切り、反対側の斜面を登り返す。消防無線基地局のアンテナが立つ狸山《むじなやま》を越え、スカイライン最良の展望駐車場の**中禅寺湖展望台**に出る。中禅寺湖、奥白根山《おくしらねさん》などの眺望がよい。中禅寺駐車場の西端に建っている携帯

■鉄道・バス

往路・復路＝JRまたは東武鉄道の日光駅前から中禅寺温泉か湯元温泉行き東武バス日光に乗り、中禅寺温泉下車。

■マイカー

日光宇都宮道路清滝ICから国道120号などを約15・5㌔、中禅寺湖畔・立木観音前の歌ケ浜（うたがはま）駐車場を利用するとよい。茶ノ木平登山口まで徒歩15分で行ける。

■登山適期

ツツジの5月、紅葉の9～10月。

■アドバイス

▽半月山展望台の近道は、中禅寺温泉バスターミナルから半月山行き東武バス日光（所要15分・10月1日～11月10日運行）に乗車し、終点で下車。登り20分ほどで行ける。

■問合せ先

日光市役所観光課☎0288・21・5196、日光市観光協会☎0288・22・1525、東武バス日光日光営業所☎0288・54・1138

■2万5000分ノ1地形図

中禅寺湖・日光南部

電話用の中継塔の脇を登る。コメツガ、カラマツの林になるとまもなく**半月山**山頂に着く。展望はない。10分ほど進めば日光有数の展望台に出る。木製のデッキで、20名ほどが立てる広さだ。ここからの景観は冒頭に述べた通りである。

中禅寺湖や足尾《あしお》方面を眺めながら下っていくと**半月峠**に着く。峠から右へ下っていくと中禅寺湖畔の**狸窪**《むじなくぼ》に着く。湖畔を右へ、景観を楽しみながらしばらく歩く。イタリア大使館別荘記念公園を経て、中禅寺湖スカイラインの車道に出て、**立木**《たちき》**観音**の前をすぎ、二《ふた》荒山《らさん》神社中宮祠の赤い大鳥居から右に折れると、**中禅寺温泉バスターミナル**に着く。

（上杉純夫）

半月山展望台からの中禅寺湖と男体山は奥日光を代表する展望

CHECK POINT

1 茶ノ木平への登山口。1時間の急登が続く

2 自然観察教育林の標識が立つ茶ノ木平。ササの原の中を進む

3 途中の木製の茶ノ木平展望台。奥日光の展望がすばらしい

4 消防無線基地局のアンテナが建つ狸山を越えていく

5 半月山頂上。樹木に囲まれ展望はない

6 半月峠。右へ下り狸窪から湖畔の道を進み中禅寺温泉バスターミナルに戻る

＊コース図は66ジペーを参照。

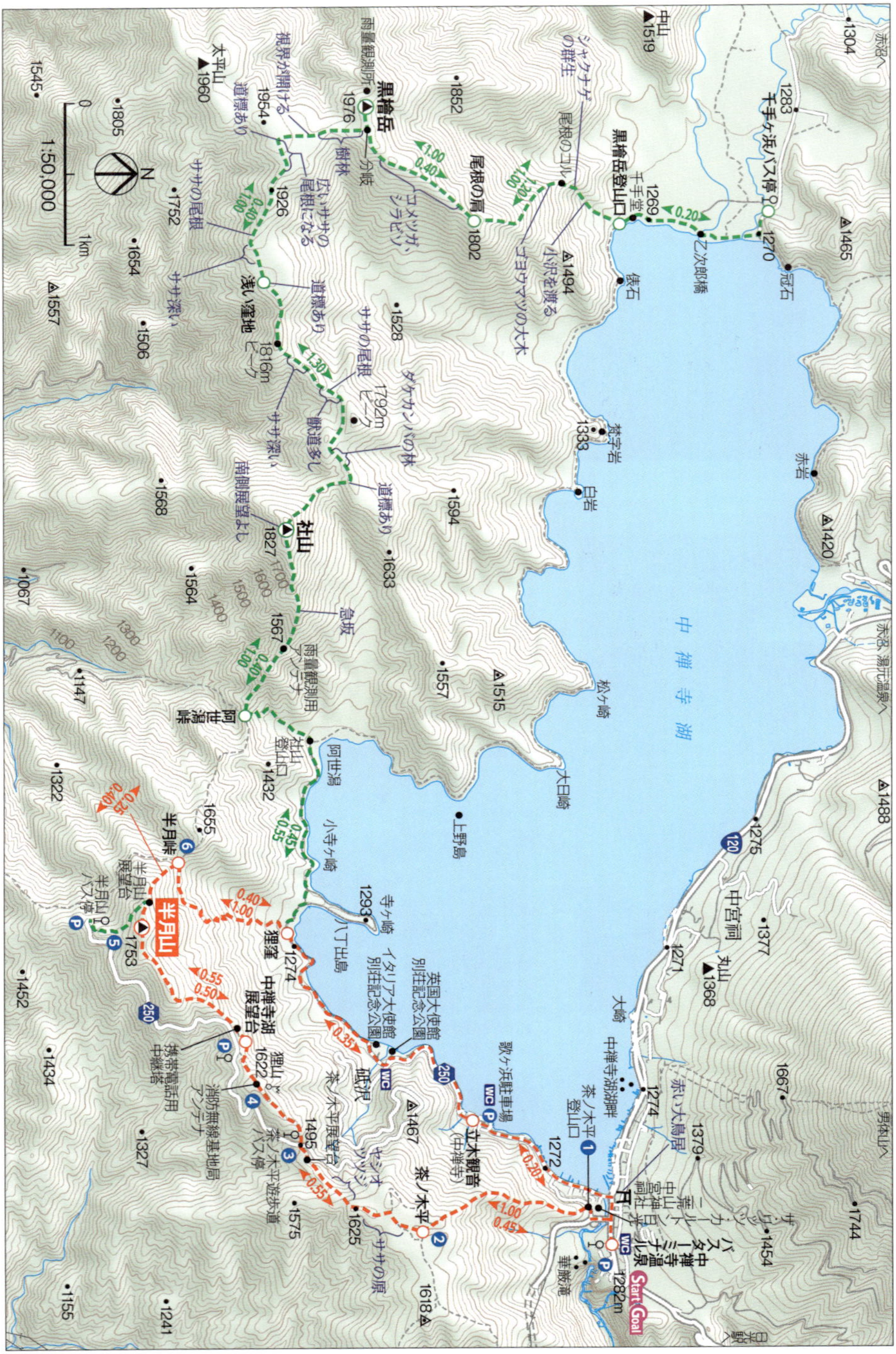
1:50,000
0
1km
N
黒檜岳
1976
雨量観測所
分岐
樹林
視界が開ける
1954
道標あり
太平山
1960
1852
尾根の肩
1802
コメツガ、シラビソ
広いササの尾根になる
1926
ササの尾根
ササ深い
浅い窪地
1816mピーク
道標あり
ササの尾根
1792mピーク
ダケカンバの林
獣道多し
ササ深い
南側展望よし
道標あり
社山
1827
急坂
1567
雨量観測用アンテナ
阿世潟峠
阿世潟
社山登山口
1432
小寺ヶ崎
上野島
寺ヶ崎
1293
八丁出島
狸窪
1274
半月峠
半月山
1753
半月山展望台
半月山バス停
中禅寺湖展望台
1622
携帯電話用中継塔
狸山ピーク
消防無線基地局アンテナ
1495
茶ノ木平遊歩道
茶ノ木平展望台
ツツジ
セミオ
茶ノ木平
ササの原
1625
1575
1618
立木観音（中禅寺）
歌ヶ浜駐車場
英国大使館別荘記念公園
イタリア大使館別荘記念公園
砥沢
茶ノ木平登山口
1272
中禅寺湖畔
二荒山神社中宮祠
大鳥居
中禅寺温泉バスターミナル
1282m
華厳滝
Start Goal
中禅寺湖
黒檜岳登山口
千手堂
1269
千手ヶ浜バス停
1270
1283
尾根のコル
シャクナゲの群生
中山
1519
小沢を渡る
ゴヨウマツの大木
1494
俵石
乙次郎橋
冠石
梵字岩
1333
白岩
赤岩
1420
松ヶ崎
大日崎
1515
1557
1594
1633
1528
1275
中宮祠
1377
丸山
1368
1271
大崎
1274
赤い大鳥居
1379
1667
1454
1744
男体山へ
日光駅へ
赤沼、湯元温泉へ
赤沼へ
1304
1465
1488
1545
1805
1752
1654
1557
1506
1568
1564
1067
1147
1322
1655
1452
1434
1327
1155
1241
1467
1.00
0.40
1.20
1.00
0.20
1.00
0.40
1.30
1.00
0.40
0.45
0.55
0.40
1.00
0.55
0.50
0.35
0.20
1.00
0.45
0.35
0.40
0.55
120
250

17

男体山

なんたいさん
2486m

北関東を代表する下野の霊峰。山頂での大展望が待つ

日帰り

歩行時間＝6時間50分
歩行距離＝8・2km

技術度

体力度

コース定数＝28

標高差＝1206m

累積標高差 ↗1259m ↘1259m

←中禅寺湖道路からの男体山

←二荒山神社中宮祠。ここが男体山の登山口になる。受付で登拝料（1000円）を納めて登りはじめる

男体山は栃木県の北西部、表日《おもてにっ》光《こう》連山の西端にある。関東平野から望む端麗な姿はまさに「下野《しもつけ》富士」の愛称にふさわしい。男体山は日光開山の祖、勝道上人によって天応2（782）年に初登頂された。この記録は沙門遍照金剛（弘法大師）の書に、日本最古の登頂記録として残されている。

男体山の登山は北側の志津《しづ》から登るコースもあるが、ここでは南側、中禅寺湖畔《ちゅうぜんじこ》の二荒山《ふたらさん》神社中宮祠から、展望を楽しみながら山頂を往復するコースを紹介しよう。

二荒山神社は日光市山内に本社を祀り、中禅寺湖畔に中宮祠、男体山山頂に奥宮を祀る。コース上に水場がないので、登山前に忘れずに補給すること。

登山口は**二荒山神社中宮祠**の境

■鉄道・バス
往路・復路＝JRまたは東武日光駅から東武バス湯元温泉行きに乗り、二荒山神社中宮祠バス停で下車する。

■マイカー
日光宇都宮道路清滝ICからいろは坂を通り約14キロ。登山口の二荒山神社中宮祠に登山者用駐車場がある。

■登山適期
男体山の開山が4月25日で、11月11日の閉山祭で登拝門が閉められる。四合目付近のシロヤシオは5月下旬ごろには見ごろになる。7月31日から8月7日までが登拝祭期間で夜間登山が可能。9月下旬ごろから紅葉を迎える。

■アドバイス
▽登山コースには水場がないので事前に準備が必要。五合目、七合目、八合目には避難小屋がある。
▽北側の志津から登る場合、鉄道・バス利用者は三本松バス停から志津まで徒歩約2時間30分。マイカーやタクシーも志津峠まで入れず、志津峠約5キロ手前の梵字飯場跡から歩いて向かう（約1時間30分）。
▽時間に余裕があれば、近くに日光自然博物館、イタリア大使館別荘記念公園、英国大使館別荘記念公園などがあるので訪ねるとよい。

■問合せ先
日光市役所観光課☎0288・21・5196、日光市観光協会☎028

＊コース図は70〜71ページを参照。

内にあり、受付で登拝料を納め、奥の登拝門から登りはじめる。階段を登りきると遥拝所のある一合目で、ウラジロモミやミズナラの樹林帯の中を30分ほど登ると三合目で工事用道路に出る。

少し西に行くと中禅寺湖や社《しゃ》山《ざん》、半月山《はんげつさん》など南岸の山々が展望できる。曲がりくねった車道歩き20分ほどで社務所と石の鳥居のある**四合目**に着く。ここから再び登山道に入りしばらく急登になる。20分ほど登ると五合目で避難小屋がある。このあたりから展望が開け、八合目まで観音薙《かんのんなぎ》のガレ場を登る。落石や転倒に注意しよう。

平成28年に設置された山名板と男体山山頂

八合目には社務所兼避難小屋があり、傍らの岩の下に滝尾《たきお》神社がある。ひと登りすると傾斜が緩くなり赤土になる。

九合目をすぎ、樹林帯を抜け、赤褐色の砂礫地に出ると展望が開ける。黒い帯状の溶岩の横を通りすぎるとまもなく奥宮で、右奥の最高点の大岩には大きな神剣が天を突く。大岩のうしろには1等三角点が置かれている。

男体山山頂からは360度の大展望で、さえぎるものがなく、県内の山をはじめ、福島、群馬、新潟などの山々、条件がよければ富士山も望める。眼下には中禅寺湖や湖をとりまく周辺の山々が箱庭のようだ。

下山は往路を戻る。（小島守夫）

8・22・1525、東武バス日光日光営業所☎0288・54・1138、三英自動車（タクシー）☎0288・54・1130、二荒山神社中宮祠☎0288・55・0017

■2万5000分ノ1地形図
男体山・中禅寺湖

CHECK POINT

1

男体山は4月25日から11月11日までの登拝期間がすぎると登拝門が閉められる

2

四合目からは工事用道路を離れて山道に入る

3

八合目にある滝尾神社の社務所兼避難小屋。すぐ上の岩の基部に小さな社がある

4

樹林帯を抜けると展望が開けて、奥白根山や群馬県境の山々が見わたせる

5

右側に溶岩の壁が連なり、歩きにくい赤土の砂礫地に出ると頂上は近い

6

岩の上に大剣の立つ男体山の最高点、うしろに1等三角点が設置されている

男体山山頂部から見る大真名子山、小真名子山、女峰山（左から）

男体山山頂部から中禅寺湖を俯瞰する。対岸の山並みは手前に半月山、社山、黒檜岳、その奥に備前楯山、中倉山、庚申山、皇海山

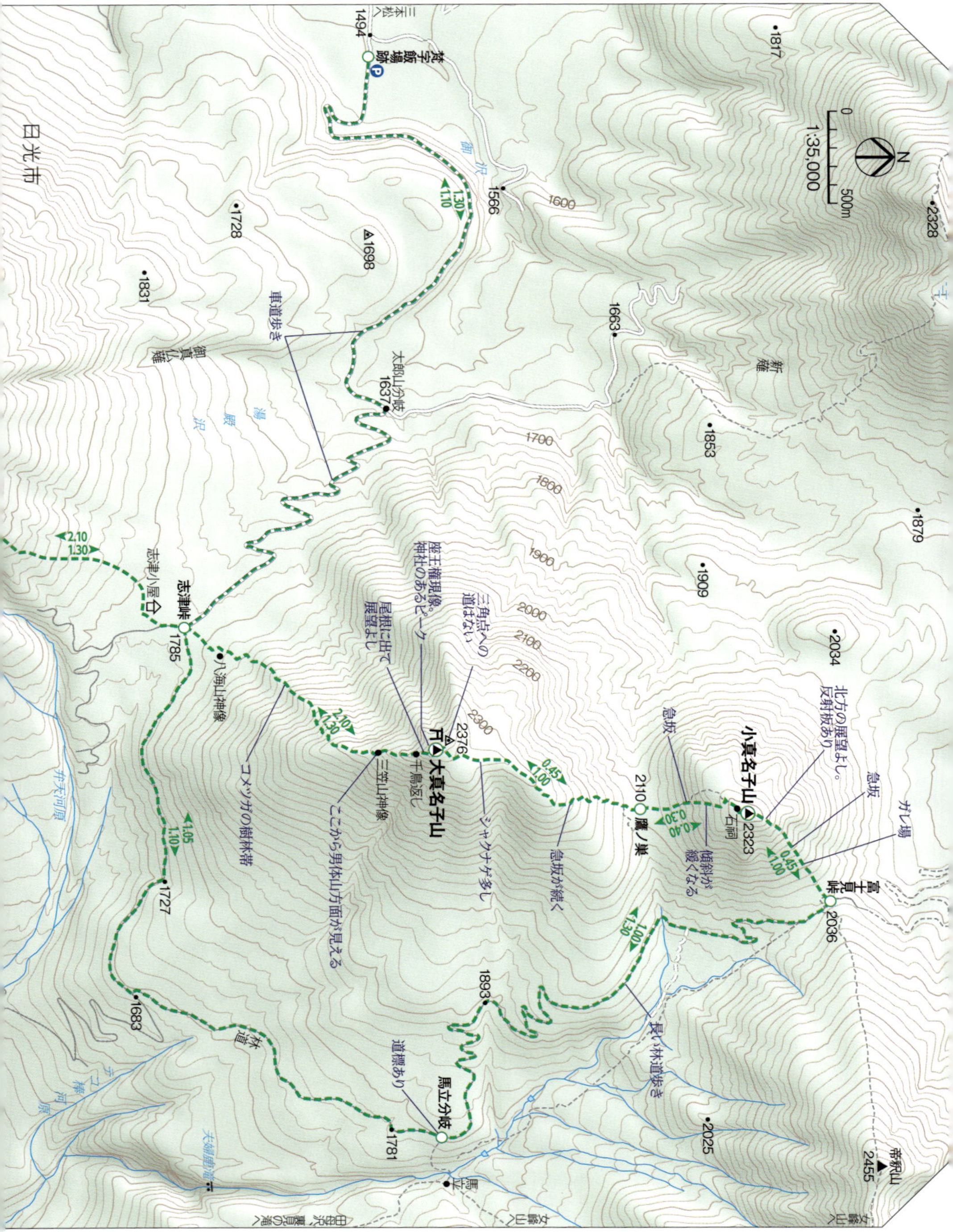

日光市
梵字飯場跡
三本松へ
1494
御沢
1566
1600
1728
1698
1831
車道歩き
御真仏薙
湯殿沢
太郎山分岐
1637
1663
新薙
1853
1817
2328
1:35,000
500m
N
1700
1800
1900
1909
1879
2000
2100
2200
2300
2034
志津小屋
志津峠
1785
2.10
1.30
八海山神像
座王権現像。神社のあるピーク
三角点への道はない
尾根に出て展望よし
2376
大真名子山
千鳥返し
三笠山神像
コメツガの樹林帯
ここから男体山方面が見える
シャクナゲ多し
0.45
1.00
急坂が続く
2110
鷹ノ巣
0.30
0.40
小真名子山
2323
石祠
傾斜が緩くなる
急坂
北方の展望よし。反射板あり
急坂
ガレ場
富士見峠
2036
1.00
1.30
長い林道歩き
1.05
1.10
1727
1683
林道
1893
道標あり
馬立分岐
1781
2025
帝釈山
2455
女峰山へ
馬立

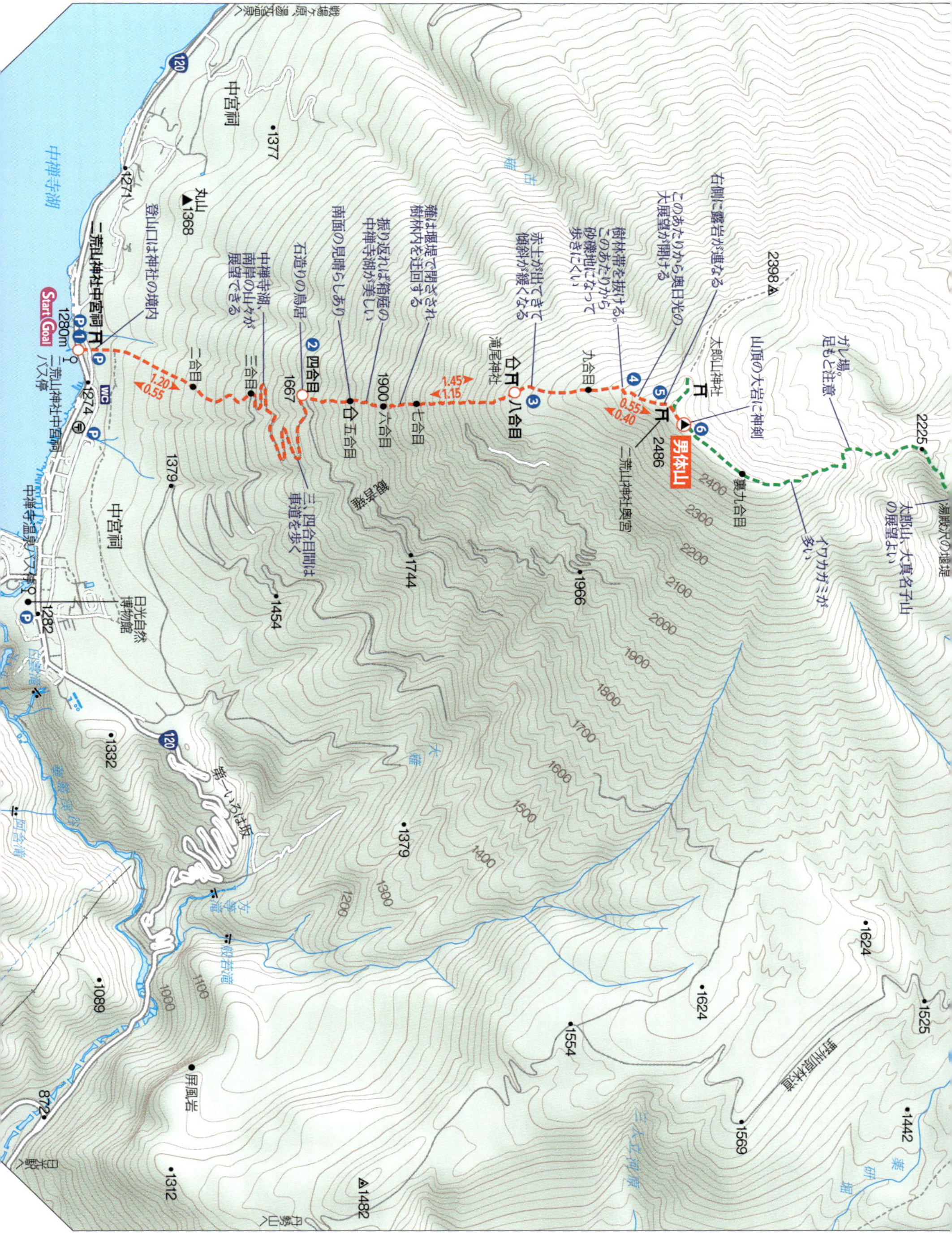
二荒山神社中宮祠
登山口は神社の境内
中禅寺湖、南岸の山々が展望できる
石造りの鳥居
南面の見晴らしあり
振り返れば箱庭の中禅寺湖が美しい
薙は堰堤で閉ざされ樹林内を迂回する
赤土が出てきて傾斜が緩くなる
樹林帯を抜ける。このあたりから砂礫地になって歩きにくい
このあたりから奥日光の大展望が開ける
右側に露岩が連なる
山頂の大岩に神剣
ガレ場。足もと注意
イワカガミが多い
太郎山、大真名子山の展望よい
三、四合目間は車道を歩く
Start Goal
1280m
二合目
三合目
四合目
1667
五合目
1900
六合目
七合目
滝尾神社
八合目
九合目
男体山
2486
二荒山神社奥宮
太郎山神社
裏九合目
2398
2225
1.20
0.55
1.45
1.15
0.55
0.40
中宮祠
中禅寺湖
丸山
1368
1377
1271
1274
1379
1282
二荒山神社中宮祠バス停
中禅寺温泉バス停
日光自然博物館
1454
1744
1966
第一いろは坂
1332
1379
1089
872
屏風岩
1312
1482
1554
1624
1569
1525
1442
日光へ
丹勢山へ

18

日光の名峰を日光五禅頂の道でたどる

女峰山

にょほうさん
2483m

日帰り

歩行時間＝11時間15分
歩行距離＝19.8km

技術度

体力度

コース定数＝50

標高差＝1863m

累積標高差 ↗2263m ↘2263m

大真名子山からの女峰山（右）

女峰山は表日光《おもてにっこう》連山の東方にあって、残雪を頂く容姿はまさに名峰である。この山には最も利用者の多い霧降《きりふり》高原から赤薙山《あかなぎさん》経由のコースをはじめいくつものコースがあるが、いずれも長時間を要する。ここでは日光修験・五禅頂《ごぜんじょう》（惣禅頂《そうぜんじょう》）の修行道をたどり、往時の名残りを訪ねながら山頂を往復するコースを紹介しよう。行程が長いので、マイカーやタクシーで滝尾《たきのお》神社駐車場に入れば、歩行時間が1時間程度短縮できる。

西《にし》参道入口バス停から少し戻って西参道を進み、二荒山《ふたらさん》神社の左横の石畳の道を登っていく、坂道を登りきると目の前に**行者堂《ぎょうじゃ》**がある。女峰山へは階段を登り、行者堂の左から道標にしたがって杉林の中を登ると尾根に出る。

尾根道を登っていくと林道に出て、すぐまた林の中の急登をひと登りすると、右に大きな殺生禁断《せっしょうきんだん》境石《さかいいし》が立っている（近くにもう一基ある）。すぐ先で平坦になり、林を抜けるとまもなく防火帯で二俣に出る。どちらの道を行っても稚《ち》児《ご》ヶ墓《はか》で合流する。右のツツジの多い道を進むと**稚児ヶ墓**で、地蔵が祀られ、金剛堂が建っている。

しばらく林の中を行くと、開けてササ原になり、まもなく水場に着く。右の沢に水があるが豊富ではない。カラマツ林に入り、五禅頂（惣禅頂）時代に立てられた水呑の標柱をすぎると白樺金剛《しらかばこんごう》で、シロヤシオが多くなり、カラマツ林との境を登る。ちょっとした急登で露岩のある顕著な尾根に出る。左の尾根の先端部に日光五禅頂修行の碑伝が納められている。五禅頂当時の拝所・八風《はっぷう》なのか。先に進むと岩場に八風の標識が立っている。少し行くと黒岩《くろいわ》の分岐で、左のガレ場を横切ると**遥拝石《ようはいせき》**

■鉄道・バス

往路・復路＝JRまたは東武日光駅から東武バス湯元温泉、中禅寺温泉行きに乗り、西参道入口バス停で下車。西参道を進んで、二荒山神社の左側が登山道の入口になる。

■マイカー

日光宇都宮道路、日光ICから国道120号で約3㌔、西参道入口バス停の手前に24時間オープンの日光市営西参道第1駐車場がある。ここから西参道に入り、登山道入口の二荒山神社に向かう。また、神橋で右折して稲荷川沿いに進み、滝尾神社の駐車場に駐車し、行者堂で西参道入口バス停からの道と合流する方法もある。

■登山適期

5月下旬からはヤシオツツジにはじまり各種のツツジが登山道を彩る。白樺金剛付近から上部にはシロヤシオの群生地がある。夏期には頂上付近はガンコウランやコケモモが見られる。紅葉は9月下旬からで、雪の降る11月上旬まで楽しめる。

■アドバイス

▽日帰りの場合は行程が長いので、日が長い夏がおすすめ。

▽コース途中の水場は水量が少ないことがあるので、日帰りの場合は出発前に準備した方がよい。唐沢小屋から南西の馬立方向に下ったところにも水場がある（往復25分）。

に着く。ここは雲竜《うんりゅう》渓谷の絶好の展望台になっている。

　急登して尾根を左に横切るように進み、草付きをすぎ、樹林帯のきつい登りが終わると箱石金剛《はこいしこんごう》。2224メートル標高点の下を進んでいくと、林の切れ目から男体山《なんたいさん》、大《おお》真名子山《まなごさん》、小真名子山《こまなごさん》が目に入る。ガレ場を2箇所渡るとまもなく**唐沢小屋**だ。周辺には往時をしのばせるいくつかの不動明王像や金剛堂が祀られている。

　小屋からは樹林帯を抜け、急なガレ場の西側を登り、ハイマツ帯になるとすぐ**女峰山**の頂上に立つ。展望は360度さえぎるものがなく、那須、会津、尾瀬の山々、遠くは富士山も望める。

　展望を楽しんだら時間がかかるので早めに下山にかかろう。下山は往路を戻る。

（小島守夫）

山頂から帝釈山、小真名子山、大真名子山（右から）

CHECK POINT

1 正面の階段を登り行者堂の左から登りはじめる。右の道は滝尾神社へ

2 樹木帯を抜けると見晴らしのよいササ原になり、水場の標識がある

3 八風の地名板が立つガレ場。展望に恵まれ、休憩によい

4 黒岩の下を巻く、ガレ場のトラバースルート。滑落に注意

5 避難小屋の唐沢小屋は緊急時以外の宿泊はできない

6 山頂直下に田心姫命を祀る女峰山神社がある

■問合せ先
日光市役所観光課☎0288・21・5196、日光市観光協会☎0288・22・1525、東武バス日光日光営業所☎0288・54・1138、三英自動車（タクシー）☎0288・54・1130
■2万5000分ノ1地形図
日光北部

＊コース図は74～75ページを参照。

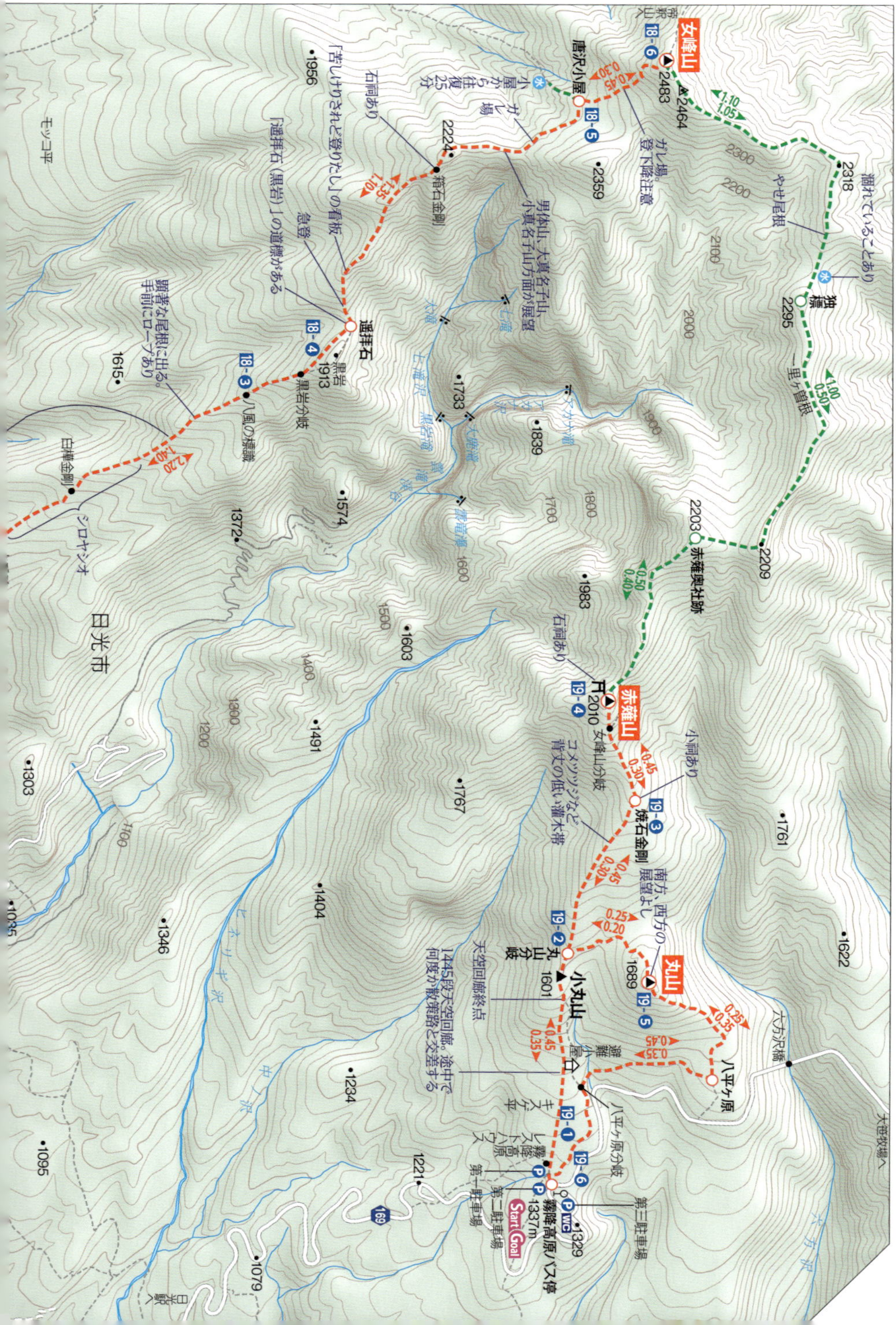
女峰山
2483
帝釈山へ
18-6
唐沢小屋
0:30
0:45
小屋から往復25分
ガレ場
18-5
2464
ガレ場。登下降注意
1:10
1:05
2359
2318
涸れていることあり
やせ尾根
独標
2295
一里ヶ曽根
1:00
0:50
2203
2209
赤薙奥社跡
0:50
0:40
1983
石祠あり
赤薙山
2010
19-4
女峰山分岐
0:45
0:30
小祠あり
コメツツジなど背丈の低い灌木帯
19-3
焼石金剛
南方、西方の展望よし
0:25
0:20
丸山
1689
19-5
0:25
0:35
0:45
0:35
八平ヶ原
避難小屋
19-2
丸山分岐
小丸山
1601
天空回廊終点
1445段天空回廊。途中で何度か散策路と交差する
キスゲ平
19-1
八平ヶ原分岐
19-6
第三駐車場
霧降高原バス停
1337m
1329
Start
Goal
レストハウス霧降高原
第二駐車場
第一駐車場
1221
169
1079
日光駅へ
大方沢橋
大笹牧場へ
大方沢
1761
1622
石祠あり
2224
箱石金剛
1:10
1:35
「苦しけりされど登りたし」の看板
「遥拝石(黒岩)」の道標がある
急登
遥拝石
18-4
黒岩
1913
黒岩分岐
18-3
八風の標識
顕著な尾根に出る。手前にロープあり
白樺金剛
シロヤシオ
男体山、大真名子山、小真名子山方面が展望
七滝
大滝
七滝沢
1733
1839
1956
モッコ平
1615
1574
1372
1603
1491
1767
1404
1346
1303
1234
1095
日光市
中ノ沢
2300
2200
2100
2000
1900
1800
1700
1600
1500
1400
1300
1200
1100

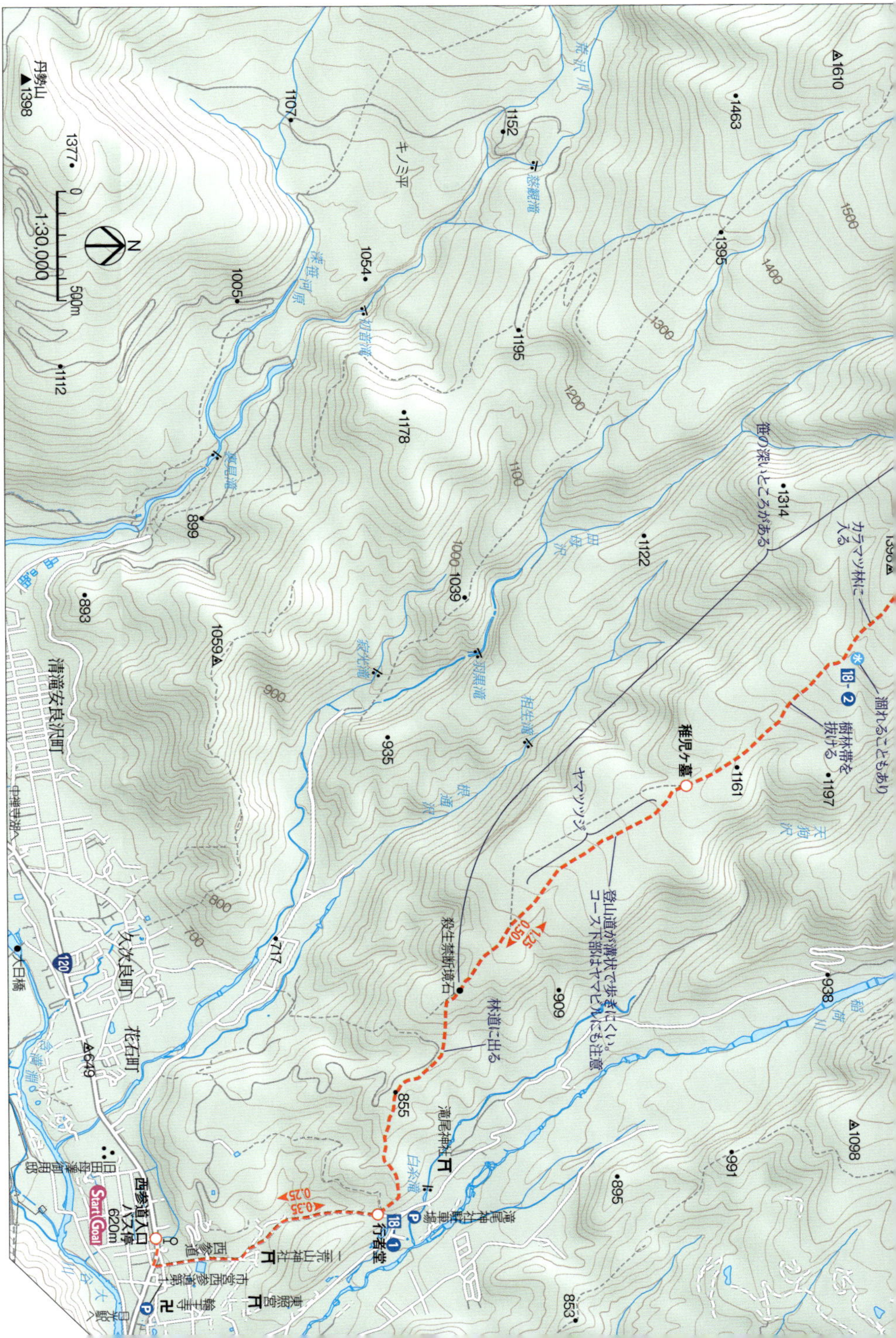

丹勢山
▲1398
1377
1:30,000
0
500m
N
1107
キノミ平
1152
慈観滝
荒沢川
1610
1463
1500
1400
1300
1395
1195
1054
1005
初音滝
1178
1200
1100
裏見滝
899
1112
笹の深いところがある
1314
カラマツ林に入る
1122
田母沢
1000
1039
893
1059
寂光滝
羽黒滝
900
相生滝
935
稚児ヶ墓
涸れることもあり
樹林帯を抜ける
18-2
1161
1197
天狗沢
清滝安良沢町
ヤマツツジ
殺生禁断境石
登山道が溝状で歩きにくい。コース下部はヤマビルにも注意
1:25
0:50
800
700
717
909
938
稲荷川
久次良町
120
大日橋
中禅寺湖へ
林道に出る
855
花石町
649
含満淵
滝尾神社
白糸滝
田母沢御用邸
1098
991
885
西参道入口バス停
620m
Start
Goal
0:35
0:25
行者堂
18-1
滝尾神社駐車場
西参道
二荒山神社
輪王寺
東照宮
日光駅へ
853
大谷川

19

赤薙山・丸山

ニッコウキスゲの大群落と関東平野の展望を楽しむ

あかなぎさん 2010m
まるやま 1689m

日帰り

歩行時間＝4時間40分
歩行距離＝6・5km

技術度
体力度

コース定数＝18
標高差＝674m
累積標高差 750m 750m

↑天空回廊上部の展望台から赤薙山方面

←バス停とレストハウスの地点から左奥に赤薙山、右に丸山が見える

赤薙山は表日光《おもてにっこう》連山の東端に位置している。登山道途中のキスゲ平《だいら》は高山植物の宝庫で、ニッコウキスゲの大群生地である。開花期には多くのハイカーが訪れる。ここでは赤薙山と丸山をつなぐコースを紹介しよう。

ＪＲ日光駅または東武日光駅から霧降《きりふり》高原行きの東武日光バスに乗り、**霧降高原バス停**で下車する。マイカー利用の場合はスキー場跡地に整備された霧降高原キスゲ平園地に3つの駐車場がある（ただし、ニッコウキスゲの最盛期には観光客で混雑することがある）。バス停前が登山口で、園地には霧降高原レストハウスから小丸山《こまるやま》展望台まで1445段の階段（天空《てんくう》回廊）が整備され、展望を楽しみながら小丸山まで登ることができるが、途中で天空回廊に合流するので、花を愛でながら園地内の散策路を登るのもよい。

小丸山から**丸山分岐**をすぎ、低木のコメツツジやシモツケソウなどを見ながら展望の尾根を登って行くと、**焼石金剛**《やけいしこんごう》が岩の下にひっそりと祀られている。コメツガの

■鉄道・バス
往路・復路＝ＪＲまたは東武日光駅から東武バス日光霧降高原行きのバスに乗り、終点で下車する。

■マイカー
東北自動車道宇都宮ICから日光宇都宮道路に入り、日光ICで降りて、県道169号で霧降高原方面に向かう。霧降高原キスゲ平園地に3ヵ所の駐車場がある。

■登山適期
4月中旬からカタクリが咲きはじめ、下旬からはアカヤシオ、トウゴクミツバツツジ、シロヤシオ、ヤマツツジが次々に開花する。6月下旬から7月中旬にかけてはキスゲ平園地のニッコウキスゲの群生がみごと。紅葉は9月下旬からはじまる。

■アドバイス
▽登山口になる日光市霧降高原キスゲ平園地には、霧降高原レストハウス、1445段の天空回廊、散策路が整備されている。レストハウスでは周辺の情報が入手できるほか、2階には軽食レストランがある。

■問合せ先
日光市役所観光課☎0288・21・5196、日光市観光協会☎0288・22・1525、東武バス日光営業所☎0288・54・1138、霧降高原レストハウス☎0288・53・5337、日光温泉☎0288・53・3630、小倉山温泉ゆりん

樹林帯に入ると展望がなくなり、途中の分岐を左に進むと20分ほどで**赤薙山**の山頂に着く。山頂には3等三角点が置かれ、赤薙山神社の鳥居と石祠がある。展望はよくない。

下山は往路を戻り、小丸山の手前にある**分岐**から道標にしたがって左折、丸山に向かう。歩きやすいササの道を進み、背丈の低いツツジの中を大きな岩の間を縫いながら登りつめると**丸山**山頂で、展望が開け休憩に最適だ。ここからの下りは急で、階段が終わるとすべりやすいので要注意。なだらかになると目の前が開けて、ササ原になると**八平《やっぺい》ヶ原《はら》**だ。分岐を右折して、いくつかの沢を渡り小丸山方面からの道と合流。鹿除けネットを右に見ながら下っていくと、10分ほどでスタート地点の**霧降高原バス停**に着く。（小島守夫）

（2024年7月現在休業中）☎0288・54・2487
■2万5000分ノ1地形図
日光北部・鬼怒川温泉

天空回廊の途中からニッコウキスゲの群生地を見下ろす。霧降高原はその名の通り、霧が発生することが多い

CHECK POINT

キスゲ平園地に設置されている1445段の天空回廊を登る

小丸山の先にある丸山分岐。赤薙山へは直進、右は丸山、八平ヶ原方面

岩陰にひっそりと安置されている焼石金剛

赤薙山山頂には赤薙山神社が鎮まる

丸山方面分岐から約20分で丸山山頂に着く

八平ヶ原からいくつか沢を渡って下ると下山道に合流。左折して下るとスタート地点に戻る

＊コース図は74〜75ページを参照。

20

備前楯山

町の背後にそびえる足尾銅山発祥の山

びぜんたてやま
1273m

日帰り

歩行時間=3時間40分
歩行距離=10.0km

技術度
体力度

コース定数=16

標高差=446m

累積標高差 555m 714m

↑舟石峠下（本山側）からの備前楯山

備前楯山は、足尾銅山そのものの山で、内部に総延長約1200キロにもおよぶ坑道が掘られている。紹介するコースは、関東ふれあいの道「赤銅《あかがね》の道」として整備された手軽なハイキングコースである。

銀山平《ぎんざんだいら》の足尾の宿かじかが起点となる。案内板から北に、あずまやの脇を通り、上の林道へジグザグの急登となる。5分ほどで赤倉《あかくら》に抜ける舟石《ふないし》林道に出る。ここを右に展望台の標識をすぎ、しばらく林道を歩く。本山側からの荒々しさはなく、樹林の美しい道である。

←本山の古河橋。日本最古の鉄橋といわれる

30分も歩くと、道の脇にあずまや風の鳥獣観察舎があり、休憩をとるにもよい。ここまで来れば舟石峠も間近である。峠の手前に「舟石」とよばれたかつての集落跡があり、清水の脇に水神が祀られている。

舟石峠には駐車場が整備され、マイカーならここが登山口となる。駐車場には峠名の語源となった舟石が置かれている。ここから見る樹林の尾根の先が備前楯山山頂である。

道標にしたがい、登山道に入る。道ははっきりしており、シカの足跡などもあり、野生動物に出会うこともある。緩やかな登りの静かな道である。15分も歩くと**ベンチ**があり、ここをすぎると急登となり、丸太の階段を登り、鞍部に出る。「山頂0・3キロ」の標識があり、稜線を左に、尾根を登りつめる。付近はヤシオツツジが群生する場所でもある。

眼前が急に開けると**備前楯山**山頂だ。岩場で狭い3等三角点の山頂だが、展望はよく、北から西にかけて、足尾鉱毒による松木沢の茶色い岩肌を越して、男体山《なんたいさん》、中《ちゅう》

■鉄道・バス

往路＝わたらせ渓谷鐵道通洞駅下車。日光市営バスに乗り換え双愛病院または遠下下車後、銀山平までは6キロの徒歩となる。市営バスは日光駅から双愛病院までの便もあるが本数は少ない。通洞駅からタクシー（要予約）で銀山平に入る方法もある。復路＝わたらせ渓谷鐵道間藤駅を利用する。

■マイカー

日光宇都宮道路清滝ICから国道122号などで銀山平の駐車場へ。登山口の舟石峠にも広い駐車場がある。

■登山適期

積雪期を除き、春夏秋の各季節で楽しめるが、5月初旬のヤシオツツジ、新緑の初夏、紅葉の秋がおすすめ。

■アドバイス

▽慶長15（1610）年、備前国（岡山県）出身の2人の農民が山中に銅を発見し、その功績を称えて名づけられたといわれている。

▽足尾銅山は徳川幕府直轄の銅山として栄えていたが、明治10年に古河

禅《ぜん》寺《じ》湖南岸の社《しゃ》山、黒檜《くろび》の山々、庚申山《こうしんざん》から皇海山《すかいさん》方面のパノラマが一望できる。東の足もとに目を向けると、足尾銅山の煙害による荒々しさも、植林により徐々に回復している様子がわかる。

山頂をあとにして、来た道を**舟石峠**まで戻り、赤倉《あかくら》方面へ赤銅の道を下っていく。標識がしっかりしているので迷うことはない。**本山《ほんざん》鉱跡**まで下ると、銅山跡の建築物などが往時をしのばせる。日本最初の鉄橋である古河橋《ふるかわばし》を渡ると**赤倉**に出る。**間藤《まとう》駅**までは住宅街を抜けていくが、時間があれば銅山の歴史に触れていくのもよいだろう。（仙石富英）

CHECK POINT

1 銀山平から関東ふれあいの道を舟石へ

2 舟石峠駐車場。写真左は舟石、右に男体山遠景

3 山頂稜線の標識。山頂まで300㍍

4 備前楯山山頂。360度の展望が広がる

一兵衛が経営するようになって急速に発展した。一方、渡良瀬鉱毒問題、精錬所からの亜硫酸ガスの煙害など「日本における公害の原点」としても有名である。歴史については、足尾銅山観光、資料館、赤銅（あかがね）親水公園などで知ることができる。

▽銀山平は周囲を自然林に囲まれ、足尾の宿かじかのほか、猿田彦神社の里宮遥拝殿やキャンプ場もある。公園の左には中国人殉難慰霊塔がある。これは太平洋戦争当時に中国から強制連行され、銅山の作業で亡くなった中国人を悼んで建てられたものである。

▽足尾の宿かじかは、宿泊以外、休憩、下山後の立ち寄り湯も可能である。庚申の湯は、アルカリ単純泉で「美肌の湯」ともいわれている。

■問合せ先

日光市足尾行政センター☎0288・93・3115、日光市営バス☎0288・21・5151（日光市役所都市計画課）、足尾観光タクシー☎0288・93・2222、足尾の宿かじか☎0288・93・3420、日光警察署足尾交番☎0288・93・0110

■2万5000分ノ1地形図

足尾・中禅寺湖

21

展望とスリルの信仰の山

石裂山《おざくさん》

880m（最高点＝890m／月山）

日帰り

歩行時間＝4時間15分
歩行距離＝6・0km

技術度 ★★★☆☆
体力度 ★☆☆☆☆

コース定数＝16

標高差＝581m

累積標高差 ↗640m ↘640m

南西の笹之越路集落からの石裂山

　石裂山は前日光《まえにっこう》県立自然公園の南東端にあり、日光連山、足尾《あしお》山地の絶好の展望台となっている。山麓勝道上人の開山と伝えられ、山麓には鹿沼《かぬま》側に加蘇山《かそさん》神社、粟野《あわの》側に賀蘇山《がそやま》神社があり、石裂山は両神社の奥社として信仰されていた。「おざく信仰」として江戸時代には年間1万人の参詣者があったといわれている。低山だが、アルミのハシゴや鎖場のある変化に富んだ山である。ここでは鹿沼側の加蘇山神社から、石裂山、月山を周遊するコースを紹介しよう。

　石裂山バス停のすぐ先に**加蘇山神社社務所**があり、横の林道を10分ほど歩くと**加蘇《かそ》山《さん》神社下の広場**に着く。マイカー利用の場合はここに駐車するとよい。ここからは神社の石段を登っても、左の沢沿いのコースを行っても途中で合流する。

　いくつかの橋を渡って進むと**竜《りゅう》ヶ滝《たき》休憩舎**に着く。すぐ先で右に月山《がっさん》方面への道を分け、千本《せんぼん》かつらをすぎて沢から離れ、左岸を少し行くとあずまやのある**中の宮跡**に着く。ここから鎖場のある行者《ぎょうじゃ》返《がえ》しの岩場を登ると、まもなく石裂岩で、右のハシゴを登ると洞窟内に奥の宮が安置されている。

　山頂へは左の巻道を進み、木の根の露出した急な尾根に取り付く。登りつめるとヒゲスリ岩だ。手すりや階段が設置されて安全になったが、慎重に行動しよう。

　春はカタクリが咲くジグザグの道を登ると**主稜線**に出る。右に行くと東剣《ひがしけん》ノ峰《みね》で、ハシゴを使って下り、登り返すと西剣《にしけん》ノ峰《みね》である。少し東に行くと、遠くに高原山《たかはらさん》が望める。戻って長いハシゴを下ると御沢《おさわ》峠で、粟野側からのコースが合流する。少し急登して稜線に

■鉄道・バス
往路・復路＝JR鹿沼駅または東武新鹿沼駅からリーバス石裂山行きで終点下車。ただし、本数が少ないのタクシーかマイカー利用がおすすめ。

■マイカー
東北自動車道鹿沼ICから県道石裂上日向線（240号）で約23㌔。登山口の加蘇山神社下に駐車場がある（満車時は社務所の駐車スペースへ）。

■登山適期
春のアカヤシオと紅葉の秋がおすすめ。冬枯れの時期も静かな山行を楽しめるが、岩場が多いので、積雪のある時期は避けた方がよい。

■アドバイス
▽危険箇所には安全対策として鎖やハシゴが設置されているが、転滑落事故が発生しているので、慎重に行動してほしい。

■問合せ先
鹿沼市役所☎0289・64・2111、リーバス☎0289・77・5808（ヘイタク）、鹿沼合同タクシー☎0289・62・3188

■2万5000分ノ1地形図
古峰原

栃木県の名木百選に選定されている千本かつら

出る。左に行くとすぐ三角点のある**石裂山**山頂だ。

分岐まで戻って北に行くと月読命が祀られている社がある**月山**だ。春はアカヤシオに彩られ、休憩によい。

下山は鳥居の前の急な尾根道を下る。やや平坦になるあたりから右に杉林を下り、祠のある岩の下を通り抜けると鎖場で、ゴルジュを右に巻いて窪地に下る。沢沿いの道を進み、沢を渡ると往路と合流する。**竜ヶ滝休憩舎**を見送り、30分も下ると**加蘇山神社の社務所**に帰り着く。

（小島守夫）

CHECK POINT

1 加蘇山神社と駐車場。マイカーの場合は、ここがスタート地点になる

2 行者返しの岩場につけられた鎖。ここを登るとまもなく奥の宮

3 アルミバシゴで登りつめると洞窟に奥の宮が鎮座する

4 東剣ノ峰からの下りに設置されている長いアルミのハシゴ

5 石裂山山頂。展望はよくない。新しい入峰の碑伝が置かれている

6 月山山頂。朽ちかけた月山神社が建っている

22

四季折々の花と陸の松島を展望する山

太平山・晃石山

おおひらさん　341m
てるいしさん　419m

日帰り

歩行時間＝3時間50分
歩行距離＝12.0km

技術度　体力度

コース定数	＝18
標高差	＝384m
累積標高差	↗740m ↘743m

南麓の西山田方面からの山並み。最高峰が晃石山、左に桜峠の鞍部

太平山は、太平山県立自然公園、関東ふれあいの道のコースとして、よく整備されている。太平山から馬不入山《うまいらずさん》を越えて、岩舟山《いわふねさん》まで縦走する健脚者向きの、比較的長いコースを歩いてみよう。

東武日光線新大平下《しんおおひらした》駅西口を出て右に、県道栃木藤岡《ふじおか》線の旧道とバイパスを横切り、JR両毛《りょうもう》線の踏切を越える。先のY字路を右に進み、グレープロードの交差点を直進すると客人《まろうど》神社入口の小さな鳥居に出る。ここを左に約１００メートル進むと**下皆川《しもみながわ》登山口**だ。古びた石段を登り、しばらく林の中を行く。

傾斜がなだらかになると、正面に太平山が望める。林道を横切ると石段が現れ、その先の分岐は左の道を行く。少し急登し、フィールドアスレチックのコースをすぎると謙信平《けんしんだいら》に着く。関東平野を一望する眺めは、「陸の松島」ともよばれ、すばらしい。

しばらく車道を進み、随神門をくぐり、石段を上がると**太平山神社**に着く。杉の老木に囲まれ、荘厳な雰囲気が漂う場所だ。神社の右手から山道に入り、杉林の中を行き、尾根道に出るとひと登りで**太平山**山頂である。富士浅間《ふじせんげん》神社が鎮座し、神社裏手からわずかに日光方面の山が望める。

山頂をあとに西の急な道を下る。電源開発中継局アンテナで車道に出て、すぐ先で左の登山道に入ると、まもなく**ぐみの木峠**に着く。木の階段を上がり、尾根を進むと晃石《てるいし》神社だ。ベンチもあり、休憩によい。神社裏手にコース中の最高峰で1等三角点の**晃石山**山頂がある。

境内の左手から4つのアップダウンを経て、木製の手すりのある

■鉄道・バス
往路＝東武日光線新大平下駅、あるいは、JR両毛線大平下駅下車。復路＝JR両毛線岩舟駅を利用する。

■マイカー
下皆川登山口付近に駐車場はないため、縦走コースではマイカーは不適。別コースの大中寺、清水寺、途中の謙信平には駐車場がある。

■登山適期
通年。春の桜、ツツジ、初夏のアジサイ、晩秋の紅葉時期がよい。

■アドバイス
▽JR両毛線栃木駅からバスを利用する場合、北口から関東自動車国学院前行きに乗り、終点で下車。
▽太平山神社は、佐野市の大慈寺と同じ慈覚大師（円仁）が天長４（827）年に創建したといわれ、徳川三代将軍家光以来、代々崇拝された神社である。
▽大中寺は『雨月物語』にも登場する曹洞宗の寺で、上杉謙信がこの寺に縁があった関係から、七堂伽藍を寄進した。上杉、北条両氏が和議を結んだ場所でもある。
▽馬不入山は馬でも通りにくい難所だったことが名の由来という。
▽高勝寺のある岩舟山は採石により岩肌が露出しているが、かつては「関東の高野山」とよばれ、一大霊場として栄えた。

■問合せ先

謙信平から馬不入山、遠く岩舟山を望む

西方から見た採掘の進む岩舟山

急坂を下ると、あずまやのある桜《さくら》峠である。西側は伐採により見通しがよく、東西に関東ふれあいの道が横切っている。

まっすぐ稜線を進むと、30分ほどで**馬不入山**山頂に着く。本コース中随一の眺望で、三毳山《みかもやま》、岩舟《いわふね》山《さん》、遠く南に渡良瀬《わたらせ》遊水地、秩父《ちちぶ》や西上州《にしじょうしゅう》の山並みが一望できる。

帰路は、急下降と急登を繰り返して**車道に出る**。車道を横切り、道なりに鷲《わし》神社の脇を進む。田園地帯の道を、右手に溜池を見ながら、標識に導かれて舗装路を登ると**岩舟山**高勝寺《いわふねさんこうしょうじ》である。山頂からは三毳山や関東平野が一望できる。あとは、南側の600段の石段を下れば、**JR岩舟駅**である。

（仙石富英）

栃木市役所☎0282・22・3535、栃木市観光協会大平支部☎0282・43・9205、栃木市観光協会岩舟支部☎0282・54・3313、関東自動車（バス）☎0570・031811

■2万5000分ノ1地形図

栃木・下野藤岡

CHECK POINT

1 下皆川の太平山登山口

2 太平山神社境内、山頂へは右に

3 浅間神社裏の太平山山頂

4 コース中最高峰の晃石山山頂

5 展望のよい馬不入山山頂

6 岩舟山山頂の高勝寺山門

松田方面からの赤雪山

下山口となるRECAMP足利。中央は551メートルピーク

23

山名にまつわる足利忠綱の哀しい伝説の山

赤雪山・仙人ヶ岳

あかゆきやま　621m
せんにんがたけ　663m

日帰り

歩行時間＝5時間15分
歩行距離＝9・6km

技術度
体力度

コース定数＝24
標高差＝413m
累積標高差　1145m　1145m

赤雪山は足利《あしかが》市北部松田《まつだ》川ダムの北に位置する足利市第二位の標高の山である。地元では「あけき山」ともよび、ハイキングコースとして親しまれている。松田川ダムから比較的長い赤雪山～仙人ヶ岳を周回するコースを歩いてみよう。

赤雪沢駐車場からダム湖畔に沿って進み、山頂から南にのびる尾根の末端が**登山口**だ。湖畔の道から尾根に向かって斜めに進み、樹林の中を山頂に向かう。山頂まで約1・5キロの道は、はっきりしており、迷うことはない。途中は植林された樹林の中で、眺望はよくないが、地図上の**491メートルピーク**に来ると右手斜め前方に目指す赤雪山山頂が見えてくる。

いったん少し下り、登り返していくと、あずまやのある3等三角点の**赤雪山に着く**。北東方面の眺望はよくないが、樹間に多高山《たこうさん》、西に仙人ヶ岳、その奥に赤城山《あかぎやま》が望まれる。北から北西には、これから向かう仙人ヶ岳への稜線越しに、桐生《きりゅう》北部の鳴神山《なるかみやま》、三境山《さんきょうさん》や日光《にっこう》方面の山が望まれる。

コースは、あずまやから北に、アップダウンの多い比較的広いアカマツの尾根を行くが、眺望はよくない。途中、露岩の尾根をすぎ、先のピークから尾根上を西に進み、急登すると地図上の**585メートルのピーク**である。緩やかな尾根を行き、標識をすぎて岩場の急下降から急登し、大きな岩を左に巻くように進むと**623メートルのピーク**だ。ここから南に尾根を進む。松田川ダムへの標識が現れると、5分ほどで**仙人ヶ岳**山頂だ。

■**鉄道・バス**
往路・復路＝東武伊勢崎線足利市駅から、足利市生活路線バス松田線（あしバスアッシー）で松田町バス停下車。松田川に沿って、RECAMP足利（旧松田川ふれあい広場）への道を左に分けて行くとダム上部メモリアル広場に着く（徒歩約25分）。

■**マイカー**
北関東自動車道足利ICから県道208号、218号、219号などで約14キロ。あるいは県道67号桐生岩舟線（旧国道50号）葉鹿町交差点で県道219号松田葉鹿線に入り、直進約13キロ。メモリアル広場に10台、松田川ダム上部の赤雪沢駐車場に約20台駐車可能。

下山は、猪子《いのこ》峠方向へ進み、**熊**《くま》**ノ分岐**をすぎて、展望のよい**561**メートル**ピーク**で主稜線からはずれる。コースの最後のつめだから、注意して下りたい。山火事で焼けたあと、植林された北斜面を、尾根をはずさないように、眼下に見える松を目指して下る。松の木の先を登り返すと林道への**標識**があり、標識から自然林と植林地の境を約100メートル急下降すると、仙人岳登山口の標識が現れる。**作業道**に入り、堰堤を越えて**キャンプ場**に出る。湖畔を20分ほど歩いて**駐車場**に戻る。

（仙石富英）

CHECK POINT

1 ダム上部の赤雪沢駐車場

2 湖畔から右に尾根に入る

3 植林された尾根を行く

4 491メートルピーク

5 あずまやの建つ赤雪山山頂

6 足利市最高峰の仙人ヶ岳

■**登山適期**

年間を通して登ることができるが、ツツジの咲く春から初夏、晩秋、冬の陽だまりハイキングに最適である。

■**アドバイス**

▽赤雪沢沿いの道は、平成26年2月の大雪で稜線まで杉の倒木が道をふさいでおり、安全のため、現在立入禁止となっている。

▽足利義兼の怒りをかって逃亡した忠綱がこの山で追っ手につかまり、悲愴な最期を遂げた。その時に白雪が真っ赤に染まったことから山名がつけられたといわれている。

▽仙人ヶ岳東のピーク手前から、林道に下り、松田川ダムへ出るコースもある。林道まで約20分。

▽RECAMP足利（旧松田川ダムふれあい広場）は通年の営業で、バーベーキュー場、オートキャンプ場、湖畔キャンプ場などの施設がある。要予約。

■**問合せ先**

足利市役所☎0284・20・2222、足利市観光協会☎0284・43・3000、足利市生活路線バス☎0284・22・0088（足利中央観光バス）、RECAMP足利（旧松田川ダムふれあい広場）https://www.recamp.co.jp/

■**2万5000分ノ1地形図**

番場・足利北部

24

名刹と歴史の街を望む尾根

行道山

ぎょうどうさん 442m（石尊山）

日帰り

歩行時間＝3時間20分
歩行距離＝8・0km

技術度 体力度

コース定数＝13
標高差＝222m
累積標高差 415m 603m

行道山をめぐるコースは関東ふれあいの道「歴史のまちを望む道」として整備され、低山ながら、日《にっ》光《こう》・上信越《じょうしんえつ》・秩父《ちちぶ》連山方面の眺望がきき、四季を通じて家族で楽しむことができる。行道山から織姫《おりひめ》神社までの尾根を歩いてみよう。

登山口の**行道山浄因《じょういん》寺**は、「関東の高野山」ともよばれ、栃木県の名勝第一号に指定されている。

↑行道山(右)～両崖山への山並み(樺崎町方面より)

←浄因寺境内を望む、巨岩上に清心亭が建つ

参道を埋める3万3000体ともいわれる石仏群を見ながら、石段を上がっていくと、10分ほどで山門に着く。続いて不明《あかずの》堂があり、振り返ると切り立った断崖の上に、葛飾北斎が版画にした清心亭が、南画さながらのたたずまいを見せている。4月中旬には岩の上のトウゴクミツバツツジの赤紫の花、初夏のシャガの群落が、訪れる人の目を楽しませてくれる。

急坂を登りきると左に50センチほどの寝釈迦像が横たわる。四十九院涅槃台だ。稜線を南下すると、数分で3等三角点の**石尊山**山頂見晴台に着く。360度の展望が楽しめ、ベンチもあり、休憩によい。

この先、平坦な稜線を進むと**剣《けん》ケ峰《みね》**（大岩山《おおいわやま》）に着く。春にはツツジが美しい。続いて桧林の急坂を下ると、大岩毘沙門天《おおいわびしゃもんてん》からの車道終点に出る。ここからは車道を通ってもよいが、駐車場の手前から**大岩毘沙門天**に寄ってみるのもよい。本堂は日本三大毘沙門のひとつとして有名で、足利市重要文化財に指定されている。

参道の石段を下り車道から、再び左の山道に入る。274メートル4等三角点をすぎ、小さなアップダウンを越していくと、林道（大岩・月谷線）を横切り、再び稜線の道に戻る。念仏供養尊のある十文字をすぎ、その先、急坂につけられた階段を上がると**両崖山《りょうがいさん》**山頂だ。足利城址があり、石垣、堀跡などが残っている。御岳神社を中心と

■鉄道・バス
往路＝東武伊勢崎線足利市駅から足利市生活路線バス（あしバスアッシー）行道山行きで終点下車（浄因寺駐車場へ徒歩30分）。便数が少ないので、タクシー利用がよいだろう。
復路＝足利市駅かJR足利駅へ。

■マイカー
北関東自動車道足利ICから県道208号、218号などで浄因寺まで約6キロ。浄因寺に駐車場がある。また織姫神社や織姫公園にも駐車可能。

■登山適期
年間を通して楽しめる。桜、ツツジなどの咲く春、晩秋、冬の陽だまりハイキングなどがよい。

■アドバイス
▽行道山浄因寺は、和銅7（714）年行基上人開基といわれる臨済宗の古刹。関東四霊場のひとつで、山号

した境内には、足利市指定天然記念物の６本のタブノキ自生林がある。

石段を下り、稜線沿いに明るい岩まじりの道を行くと鏡岩《かがみいわ》展望台に着く。ここからは足利市内が一望できる。左に下り、織姫公園のツツジ園を通りすぎ、古墳前の階段を下ると**織姫神社**である。鮮やかな朱塗りの神殿がまぶしい。石段を下り、あとは**ＪＲ足利駅**を目指す。（仙石富英）

の「行道山」は「わが道を行ずる霊地」として名づけられたという。

▽大岩毘沙門天は、正式には「大岩山最勝寺」で、天平17（745）年に聖武天皇の勅命により行基が開山したといわれる。本堂は奈良の信貴山、京都の鞍馬山とともに日本三毘沙門のひとつに数えられている。また、大晦日にはあくたい祭り、元旦には滝流しの式が行われる。

▽織姫神社は、織物の町足利の守護神として、昭和12年に創建され、天神が祀られている。

■問合せ先

足利市観光協会☎0284・43・3000（浄因寺も）、足利市生活路線バス☎0284・22・0088（足利中央観光バス）、足利タクシー☎0284・21・4121、北関東両毛交通☎0284・20・1400

■2万5000分ノ1地形図

足利市北部・足利市南部

CHECK POINT

石仏を脇に階段を登り浄因寺へ

石尊山山頂見晴らし台

剣ヶ峰（大岩山）。ここから毘沙門天へ

大岩毘沙門天、最勝寺山門、運慶作といわれる

十字路の念仏供養尊。近くにカタクリ群生地がある

石造りの御岳神社だけが残った山火事後の両崖山山頂

25

ハイカーからクライマーまで人気のある岩の殿堂の山

古賀志山

こがしやま　583m

日帰り

歩行時間＝6時間40分
歩行距離＝14・0km

技術度 2/5
体力度 2/5

コース定数	＝23
標高差	＝424m
累積標高差	↗ 650m ↘ 650m

鹿沼市栃窪から望む古賀志山南面の全容

古賀志山は、宇都宮《うつのみや》市の北西部に位置し、標高こそ600㍍《メートル》におよばないが、いたるところに数十㍍《メートル》の岩壁を有し、古くから関東でも有数のロッククライミングのゲレンデとして知られ、現在も多くのクライマーが集まってくる。登山ルートも鎖場やハシゴなど、変化に富んでいる。ここでは赤川《あかがわ》ダムから岩場の多い中尾根を経由して主稜線を御《おん》嶽山《たけさん》まで縦走し、丸太階段コースを下り、トリムコースを経て赤川ダムに戻る、中級者向きコースを紹介しよう。

森林公園入口バス停から交差点を横断し、西へ100㍍《メートル》ほど進み、右折して細野《ほその》街道を北に行く。古賀志山を正面に見ながら、中坪《なかつぼ》、細野の集落を経て1時間ほどでトイレもある**森林公園駐車場**に着く。左ダム湖北側の舗装路を進む。左に釣り堀場への道を分けて直進し、細野ダム湖をすぎてあずまやのあるT字路を左折、橋を渡った

中尾根の登り口から急な斜面を登るとカタクリの群落が見られる

中尾根ではいたるところでヤシオツツジが見られる

■鉄道・バス
往路・復路＝JR宇都宮駅西口から荒針経由鹿沼営業所行きの関東自動車バスに乗り、森林公園入口バス停で下車する。所要30分。

■マイカー
国道293号から森林公園入口の交差点を森林公園方面に進む。森林公園には無料の大きな駐車場がある。

■登山適期
ヤシオツツジの開花時、新緑の4〜5月、紅葉、冬枯れの11〜12月。

■アドバイス
▽中尾根や古賀志山から御嶽山への縦走ルートは、岩場が多く、慎重に行動すること。
▽山中には多くのコースがあり、それぞれに趣がある。一般的な富士見峠へ上がる北コース、西から大日堂コース、滝コース、頂上へのダイレクトコース、垂直に近い岩場を鎖頼りに登る東稜コースなど。ただし東稜を中心に事故が頻発しており、技量にあったコースを選ぶこと。
▽近年、上記以外の多くのルートが踏まれたり目印がつけられており、迷いこまないように注意したい。

■問合せ先
宇都宮市役所☎028・632・2222、関東自動車宇都宮営業所☎0570・031811

■2万5000分ノ1地形図
大谷・文挟

突き当たりが**中尾根の登り口**だ。

急な尾根をジグザグに登り、カタクリの群落の斜面をすぎると尾根上に出る。岩場のある小ピークのアップダウンを繰り返し、ヤシオツツジが多い尾根を1時間30分ほど進むと主尾根とのジャンクションの**525メートルピーク**に着く。

主尾根を南に縦走し、富士見《ふじみ》峠をすぎると、ひと登りで移動無線用鉄塔が立つ**古賀志山**山頂に着く。南側は展望が開け、関東平野を一望できる。

山頂からは、さらに西へ岩尾根を越え、ハシゴを登ると**御嶽山**である。日光《にっこう》連山の眺めがよい。

御岳山から主尾根を戻り、途中の南登山道への道標から丸太の階段を下ると、舗装された古賀志林道に出る。左に進み、**サイクリングロード**を横切ったあと、トリムコースをたどっていくと赤川ダムサイトだ。**駐車場**を経て**森林公園入口バス停**に戻る。（上杉純夫）

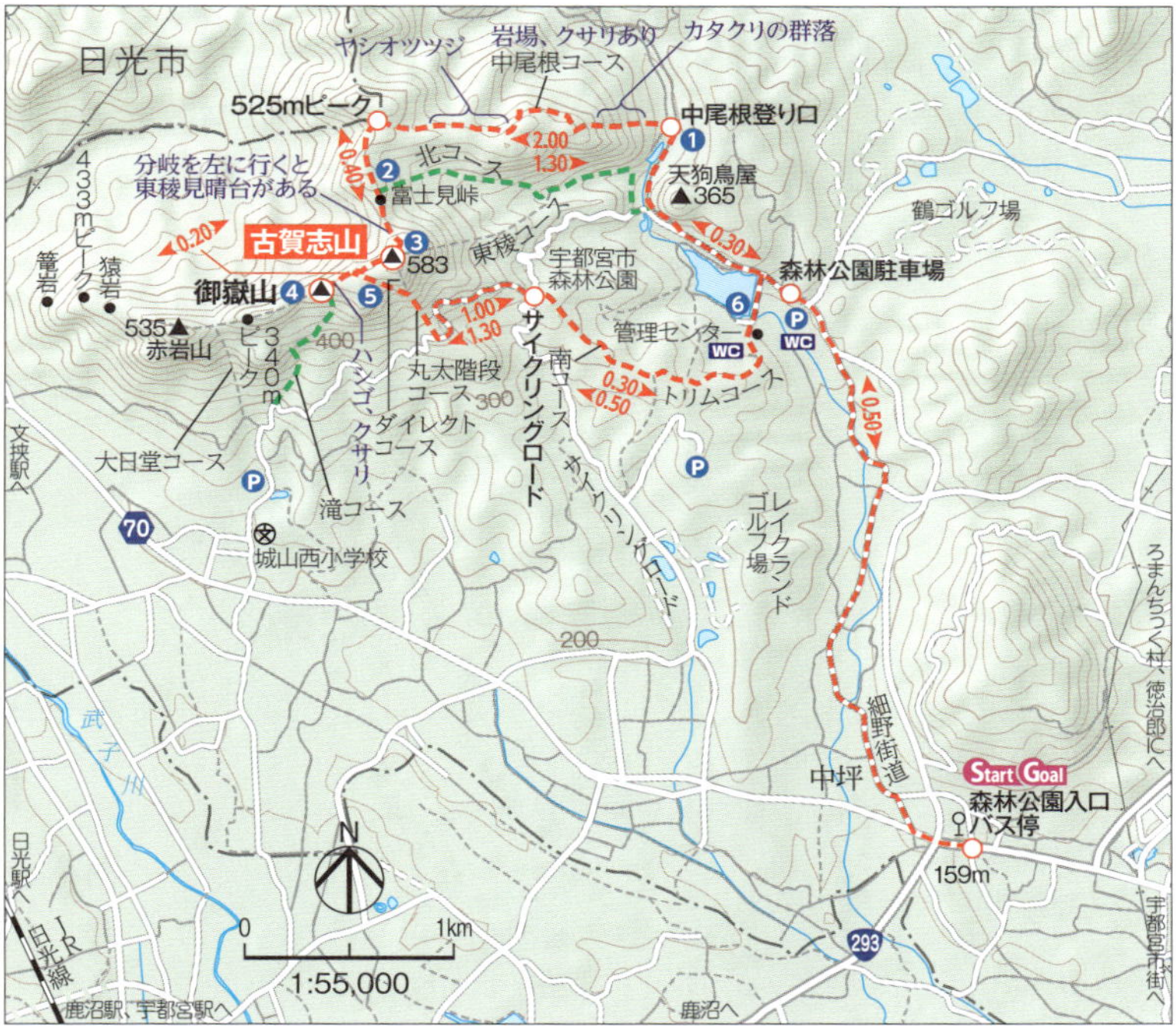

CHECK POINT

細野ダム湖をすぎ、あずまやから左に曲がって進むと中尾根の登り口にいたる

中尾根を登りつめ主尾根を縦走すると富士見峠に着く。古賀志山山頂まであとひと登り

古賀志山山頂は登山者でにぎわう。南方面は展望が広がる

御嶽山山頂は展望がよく、北は日光連山、遠く富士山も望める

下山は丸太の階段が続く道を行く

トリムコースから下ると赤川ダムサイトに出る。歩いてきた古賀志山のルートが望める

概説

群馬県の山

――太田ハイキングクラブ

群馬県は本州のほぼ中央に位置し、総面積の約85パーセントを山地が閉め、「上毛《じょうもう》三山」で親しまれる赤城山《あかぎやま》、榛名山《はるなさん》、妙義山《みょうぎさん》をはじめ、2000メートル級の谷川岳《たにがわだけ》、浅間山《あさまやま》など、登山者に人気の名峰が集まっている。海抜12メートルの低地から2500メートル以上の高山にいたるまで、緑豊かで豊富な水に恵まれた自然は変化に富み、7000種を超える野生動植物が生息・生育している。

一方、開発や捕獲、採取、外来種の影響などで、1235種の動植物がレッドデータブックに掲載されている（2022年版）。私たちは登山を楽しみながら、自然が与えてくれた恵みに感謝し、自然に対する畏敬の念をもち、山への思いを深めていきたい。そして本書が私たちに何ができるかを考える契機になればと思う。

群馬県は東京から100キロ圏にあり、関越自動車道や上信越自動車道、北関東自動車道の開通により、日帰り登山の領域が大きく広がった。

首都圏を中心に多くの登山者の注目に呼応するように、群馬県は平成16年に「ぐんま百名山」を選定。平成28年には群馬県と群馬県山岳団体連絡協議会で「群馬県山のグレーディング」（登山ルート別難易度評価）を作成している。

●群馬県の山の山域

利根《とね》川水系の源流にあたる群馬県には、北東部に日光《にっこう》と足尾《あしお》山塊、北部には越後《えちご》山脈（三国《みくに》山脈）、西部と南部に関東山地、県央部に赤城山や榛名山がある。

●谷川連峰を中心とした山　谷川連峰を有名にしているのはマチガ沢、一《いち》ノ倉《くら》沢に代表される岩壁であり、険しい岩山のイメージが強い。谷川岳を代表に1900メートル級の山々が連なり、風雪に磨かれている。しかし、なだらかな稜線が続く穏やかな山も少なくない。

●尾瀬とその周辺の山　日本海側気候と太平洋側気候の接点にあり、尾瀬《おぜ》を代表とする多様な自然環境をあわせもち、大自然のさまざまな景観を凝縮して見せてくれる。武尊山《ほたかさん》周辺にはブナ林など自然の豊かさが魅力のコースが多い。

●日光と足尾山塊、東毛の山　日《にっ》光白根山《こうしらねさん》とその南に連なる日光から足尾の山々は自然林に覆われ、クマやニホンカモシカが生息する。渡良瀬《わたらせ》川源流の皇海《すかい》山《さん》、花の名山・袈裟《けさ》丸山《まるやま》（ともに未掲載）などがある。県南東部の桐生《きりゅう》市や太田《おおた》市、館林《たてばやし》市を東毛《とうもう》と呼び、低山が多く冬場の日だまりハイクやトレーニングにも最適である。

●赤城山　榛名山、妙義山と並んで、上毛三山に数えられる、県を代表する山域。最高峰の黒檜山《くろびさん》、駒《こま》ヶ岳《たけ》、長七郎山《ちょうしちろうさん》、地蔵岳《じぞうだけ》、荒《あら》山《やま》、鈴《すず》ヶ岳《たけ》などからなる（黒檜山以外は未掲載）。関東平野から見る大きな裾野を広げた山容が美しい。

●県央の山　JR吾妻《あがつま》線沿線に広がる山々で、史跡や日帰り温泉施設も多く、変化のある山歩きができる。嵩山《たけやま》や岩櫃山《いわびつやま》（未掲載）のような岩山では、凍結により冬季登山禁止となるコースもある。

谷川岳主脈縦走路の紅葉と肩ノ小屋

赤城山・鳥居峠からヤシオツツジに彩られる覚満淵（手前）と大沼

●榛名山　伊香保《いかほ》温泉や榛名神社、水沢《みずさわ》観音などの神社仏閣、景勝地が多い山域。雪も少なく、早春から晩秋までハイキングシーズンが長い。

●上信越国境の山　草津白根山《くさつしらねさん》（未掲載）、湯ノ丸山《ゆのまるやま》など、火山と温泉、高原と景勝地に恵まれている。平成28年には浅間山北麓がジオパークに認定されている。

●西上州の山　標高1000メートル級でコンパクトな西上州の山は、標高差が少なく、歩行時間も短い。家族で行けるハイキングコースから、岩峰をそばだてている日本三大奇岩のひとつ・妙義山といった熟達者向けコースまで、変化に富んでいる。

●四季と登山の心構え

上信越国境の山々は10～4月まで積雪により一般ハイカーは入れない。標高1000メートル前後の山々では4月下旬からアカヤシオが咲きはじめる。夏になると上州名物のカミナリが、赤城山や榛名山、御荷鉾山《みかぼやま》（未掲載）周辺で発生することが多い。紅葉は9月末～10月上旬に上信越国境からはじまる。この時期は初雪にも見舞われる。充分な計画と調査、体力と経験に見合ったコースを選ぶこと。

登山日は、それぞれの山の自然が最も楽しめる季節を選びたい。夏には暑さを避けて2000メートル級の山を、冬には積雪が少ない東毛や西上州の低山がおすすめだ。ひとつひとつの山を季節やコースを変えて楽しみ、魅力を存分に味わっていただきたい。

地方のバス路線は廃止や運行本数の削減などで登山には使えないことも多い。本書では現実的にマイカー利用を考慮し、駐車場や林道への乗り入れの可否も調査した。しかし、林道や作業道は台風や大雨、雪崩などの影響を受けやすく、通行止めになることもしばしばある。事前に地元自治体に確認することが必要だ。また、林道や作業道での路肩駐車は地元住民の通行の妨げにならないように注意したい。私有地での駐車は、所有者に了解を得て停めること。

●安全登山のために

群馬県の山は標高こそ500～2000メートルだが、岩場も多く、コースは変化に富んでいる。目指す山やコースの概要をよく精査して出かけることが大切だ。本書の案内記事を参考にして、体力・技術にあったコースを選び、無理のない山歩きを楽しんでほしい。山岳遭難を防ぐ手立てのひとつとして、先述の「群馬県山のグレーディング」も参考にしてもらいたい。なお、本書のコースタイムは一般ハイカーを対象として設定し、往路・復路のタイムを記載している。

数ある登山道の中には、道標のないところや道が不明瞭なところ、崩壊地もある。最新情報を入手し、地図やコンパス、GPSなどを活用し、現在地を確認しながら安全登山を楽しんでいただきたい。

妙義山の岩峰群

尾瀬ヶ原 28
29 至仏山
笠ヶ岳
燕巣山
四郎岳
401
27 武尊山
日光白根山 30
鹿俣山
片品村
120
男体山
迦葉山
中禅寺湖
にっこう
日光市
川場村
119
皇海山
122
戸神山
沼田IC
120
まとう
沼田市
昭和村
後袈裟丸山
栃木県
昭和IC
前袈裟丸山
関越自動車道
東武日光線
日光線
31 根本山
鹿沼市
大沼
鈴ヶ岳
32 黒檜山
三境山
31 熊鷹山
地蔵岳
長七郎山
赤城IC
わたらせ渓谷鐵道
荒山
残馬山
鍋割山
みずぬま
鳴神山
渋川伊香保IC
353
122
吾妻山
17
上毛電鉄
きりゅう
桐生市
栃木IC
前橋市
おおご
みどり市
あかぎ
足利IC
東北自動車道
栃木市
まえばし
50
両毛線
しんきりゅう
北関東自動車道
伊勢崎IC
とちぎ
八王子丘陵
足利市
あしかが
太田桐生IC
玉村町
いせさき
さの
金山
伊勢崎市
太田市
佐野市
東武伊勢崎線
おおた
佐野藤岡IC
藤岡IC
邑楽町
本庄市
館林市
藤岡市
ほんじょう
大泉町
利根川
板倉町
古河市
本庄児玉IC
千代田町
明和町
ほんじょうわせだ
高崎線
深谷市
神川町
122
こが
上越新幹線
17
東北新幹線
八高線
熊谷市
羽生IC
羽生市
くりはし
くまがや
行田市
加須市
加須IC
花園IC
よりい
長瀞町
寄居町
4
皆野町
久喜市
幸手市
埼玉県
おがわまち
小川町
東松山市
鴻巣市
久喜IC
140
こうのす
東松山IC
北本市
秩父市

群馬県の山 全図

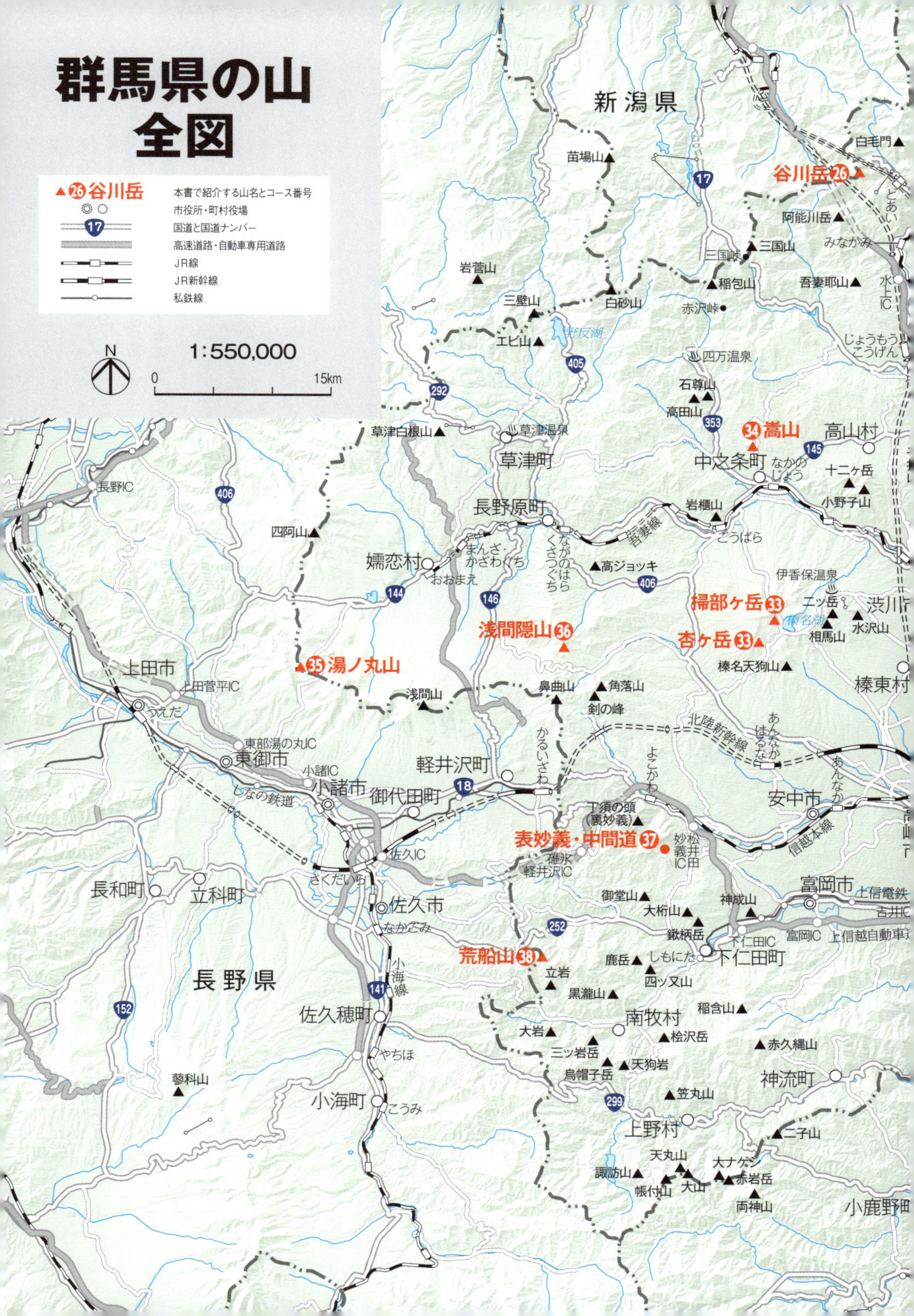

▲26谷川岳 本書で紹介する山名とコース番号
◎ ○ 市役所・町村役場
17 国道と国道ナンバー
高速道路・自動車専用道路
JR線
JR新幹線
私鉄線
N
1:550,000
0
15km
新潟県
苗場山
白毛門
谷川岳26
阿能川岳
三国峠
三国山
みなかみ
岩菅山
稲包山
吾妻耶山
水上IC
三壁山
白砂山
赤沢峠
野反湖
エビ山
四万温泉
じょうもうこうげん
石尊山
高田山
34嵩山
高山村
草津白根山
草津温泉
草津町
中之条町
なかのじょう
十二ヶ岳
長野IC
岩櫃山
小野子山
長野原町
吾妻線
ごうばら
四阿山
嬬恋村
まんざ・かざわぐち
ながのはらくさつぐち
高ジョッキ
おおまえ
伊香保温泉
掃部ヶ岳33
二ッ岳
渋川市
榛名湖
浅間隠山36
相馬山
水沢山
杏ヶ岳33
上田市
35湯ノ丸山
榛名天狗山
上田菅平IC
浅間山
鼻曲山
角落山
剣の峰
榛東村
うえだ
北陸新幹線
あんなかはるな
東部湯の丸IC
かるいざわ
東御市
小諸IC
軽井沢町
よこかわ
あんなか
小諸市
御代田町
しなの鉄道
丁須の頭（裏妙義）
安中市
表妙義・中間道37
妙義IC
松井田
信越本線
碓氷軽井沢IC
佐久IC
さくだいら
長和町
立科町
富岡市
上信電鉄
御堂山
佐久市
神成山
大桁山
吉井IC
なかごみ
鍬柄岳
下仁田IC
富岡IC
上信越自動車道
荒船山38
鹿岳
しもにた
下仁田町
立岩
小海線
四ッ又山
長野県
黒瀧山
稲含山
佐久穂町
南牧村
大岩
桧沢岳
赤久縄山
三ッ岩岳
やちほ
天狗岩
烏帽子岳
神流町
蓼科山
笠丸山
小海町
こうみ
上野村
二子山
天丸山
大ナゲシ
諏訪山
帳付山
大山
赤岩岳
両神山
小鹿野町

26 谷川岳《たにがわだけ》

ロープウェイを利用。広大な展望が楽しめる人気ルート

日帰り

1977m（オキノ耳）

歩行時間＝5時間20分
歩行距離＝6・8km

技術度
体力度

コース定数＝21
標高差＝658m
累積標高差 ↗836m ↘836m

谷川岳は、群馬・新潟の県境にある三国《みくに》山脈の一山である。周囲の万太郎山《まんたろうやま》、仙《せん》ノ倉山《くらやま》、茂倉岳《しげくらだけ》などを総じて谷川連峰とよんでいる。首都圏から近く、高山植物の宝庫であり、魅力ある名山として、最近では中高年登山者や若者、家族連れの間で人気が高まっている。また、一《いち》ノ倉《くら》沢などの谷川岳の岩場は、その険しさから剱岳《つるぎだけ》や穂高岳《ほたかだけ》とともに「日本三大岩場」のひとつに数えられ、ロッククライミングの聖地としてクライマーあこがれの山でもある。

田尻尾根を眼下にいっきに標高1319メートルの天神平へ

ＪＲ土合《どあい》駅から国道291号を北上し、谷川ロープウェイ土合口駅に着く。車の場合は谷川岳ベースプラザか、500メートル手前の谷川岳インフォメーションセンターに隣接する登山者用駐車場を利用し、谷川岳ロープウェイに乗る。ロープウェイからの眺望はすばらしく、眼下に西黒《にしぐろ》沢、後方に白毛《しらが》門《もん》、笠《かさ》ヶ岳《たけ》、朝日岳《あさひだけ》、行く手に谷川岳の双耳峰などがよく見える。15分で**天神平**《てんじんだいら》へ到着。準備体操をして出発しよう。

登山路は、ロープウェイ天神平駅からすぐ右手に尾根を巻いていくルートと、リフトで天神峠まで登り、穏やかな尾根伝いに行くルートの2つがある。天神峠からのルートは、途中で先の天神平駅からのコースと合流する。ここでは前者のルートを行くことにしよう。雨後の木道はすべりやすく、岩が出ているので、一歩一歩注意深く歩きたい。

1時間弱で**熊穴沢**《くまあなざわ》**避難小屋**（無人、中にはベンチがあるのみ）に着く。谷川温泉から登ってくるいわお新道との合流点である。ここでゆっくり休んで頂上への急な登りに備えよう。天気の悪化や体調不良の時はここまでの行程とし、決して無理をしないこと。

■鉄道・バス
往路・復路＝ＪＲ上越線水上駅から谷川岳ロープウェイ行き関越交通バスで25分。ＪＲ上越新幹線上毛高原駅からも谷川岳ロープウェイ行き同バスが利用できる。所要50分。

■マイカー
関越自動車道水上ICから国道291号を谷川岳方面へ9キロ、約20分。谷川岳ロープウェイ駅には駅前に6階建ての屋内駐車場「谷川岳ベースプラザ」があり、約1000台可。

■登山適期
新緑は6月上旬から。しかし山頂手前に残雪が残る。紅葉は9月下旬～10月上旬。6月下旬～9月がベストシーズン。

■アドバイス
▽サブコース①＝田尻尾根はロープウェイの下を通る尾根で、コースの上部は傾斜があるが、下部はなだらかになる。混雑時には下山路として利用価値がある。
▽サブコース②＝天神平から天神峠までリフトを利用し、メインルートの合流点まで尾根を歩くルートは、天神峠からの展望や正面に谷川岳の雄大な展望を楽しめる。
▽谷川岳ロープウェイは季節により運行時間が異なるので確認すること。最終便は上り16時30分、下り17時。
▽谷川肩ノ小屋は、ソーラー発電を備え、管理人が常駐している。4月

カタクリ咲く早春の天神平から、残雪の谷川岳

松ノ木沢の頭から見るトマノ耳とオキノ耳(左)、一ノ倉岳(右)、左はマチガ沢、中央が一ノ倉沢、右は幽ノ沢

谷川岳・天神尾根からの展望

避難小屋からは、急な岩場やクサリ場が待っている。混雑時には登りが優先であり、すれ違いなどには特に注意して慎重に岩場を登っていこう。やがて森林限界となり、天狗《てんぐ》の留《と》まり場《ば》といわれる展望のよい岩場に立つ。眼下に天神平が広がり、左手に俎嵓《まないたぐら》やオジカ沢《さわ》ノ頭《かしら》に続くのびやかな稜線が美しい。右手を見ると、急峻な西《にし》黒《くろ》尾根を登る登山者の姿が小さく見える。

天神ザンゲ岩を通過すると、緩やかなササの草原になり、木道を登れば、やがて**肩ノ小屋**に着く。冬季を除き管理人が常駐しているので、天候の悪い日などは迷わず休憩していきたい。

小屋からササの中の道を行くと、双耳峰の最初のピークである**トマノ耳《みみ》**に着く。周囲はさえぎるものもなく、大展望を楽しむことができる。白毛門からのびる谷川連峰の馬蹄形縦走の稜線、尾瀬《おぜ》の

タケシマラン

尾瀬と谷川岳に咲くオゼソウ

ハクサンコザクラ

蛇紋岩地帯に咲くホソバヒナウスユキソウ

オオヤマレンゲ

固有種のナエバキスミレ

下旬～11月上旬。収容40人、素泊まり可。利用は要予約。休憩小屋利用については、年中利用可能。
▽山旅の汗を流すには、湯テルメ谷川（☎0278・72・2619）、温泉センター諏訪の湯（☎0278・72・2056）がある。
▽ロープウェイ土合口駅そばに谷川岳山岳資料館（☎0278・72・6446）があるので、立ち寄ってみよう。入館料無料。毎週木曜休館。

■問合せ先
みなかみ町役場観光商工課☎0278・62・2111、谷川岳登山指導センター☎0278・72・3688、谷川岳インフォメーションセンター☎0278・25・8830、関越交通バス沼田営業所☎0278・23・1111、関越交通タクシー☎0278・24・5151、谷川岳ロープウェイ☎0278・72・3575、谷川岳肩ノ小屋☎090・3347・0802

■2万5000分の1地形図
茂倉岳・水上

登山者のオアシス谷川岳肩ノ小屋と肩ノ広場へ続く登山道

山々、上州《じょうしゅう》武尊山《ほたかさん》、赤城山《あかぎやま》、西に目を向ければ、国境稜線の先に苗場山《なえばさん》までくっきりと稜線を浮かび上がらせている。

トマノ耳の先に、双耳峰のもう一峰の**オキノ耳**がある。この間は高山植物の宝庫なので、ゆっくりと鑑賞しながら歩きたい。ハクサンコザクラ、オノエラン、ハクサンイチゲ、ミネザクラなどが稜線を彩り、花には無縁の登山者にも見すごせないところだ。両ピークとも360度の大展望が広がるので、ゆっくり休憩し、雄大な山々の懐に浸ろう。

下山はロープウェイの時間に間に合うよう、余裕をもって往路を戻ること。疲れが出る下山では、転倒が多いので注意したい。トマノ耳から広がる草原は肩ノ広場とよばれ、視界が悪い時などは方向を見失う恐れがあるので充分注意したい。早い年には、10月初めにみぞれや初雪が降ることもある。しっかりとした防寒対策も忘れずに。

（橋本紀美子）

トマノ耳からオキノ耳へ。左から茂倉岳、一ノ倉岳

CHECK POINT

1 天神峠と天神平の合流点。すべりやすい木道が続く

2 熊穴沢避難小屋。休憩には絶好の場所である

3 クサリ場では混雑時のすれ違いに注意しよう

4 登った分だけ展望が広がる。天狗の留まり場は近い

5 天狗の留まり場。体調や天候が不安なら引き返そう

6 登山道がたおやかな登りになると、肩ノ小屋は近い

7 階段状の木道が現れると肩ノ小屋への最後の登り。7月上旬まで残雪が残る

8 トマノ耳山頂で憩う登山者。写真左奥はオキノ耳

9 オキノ耳へ。稜線左に茂倉岳、右に一ノ倉岳。眼前に迫力ある岩場と展望だ

＊コース図は98〜99ジペを参照。

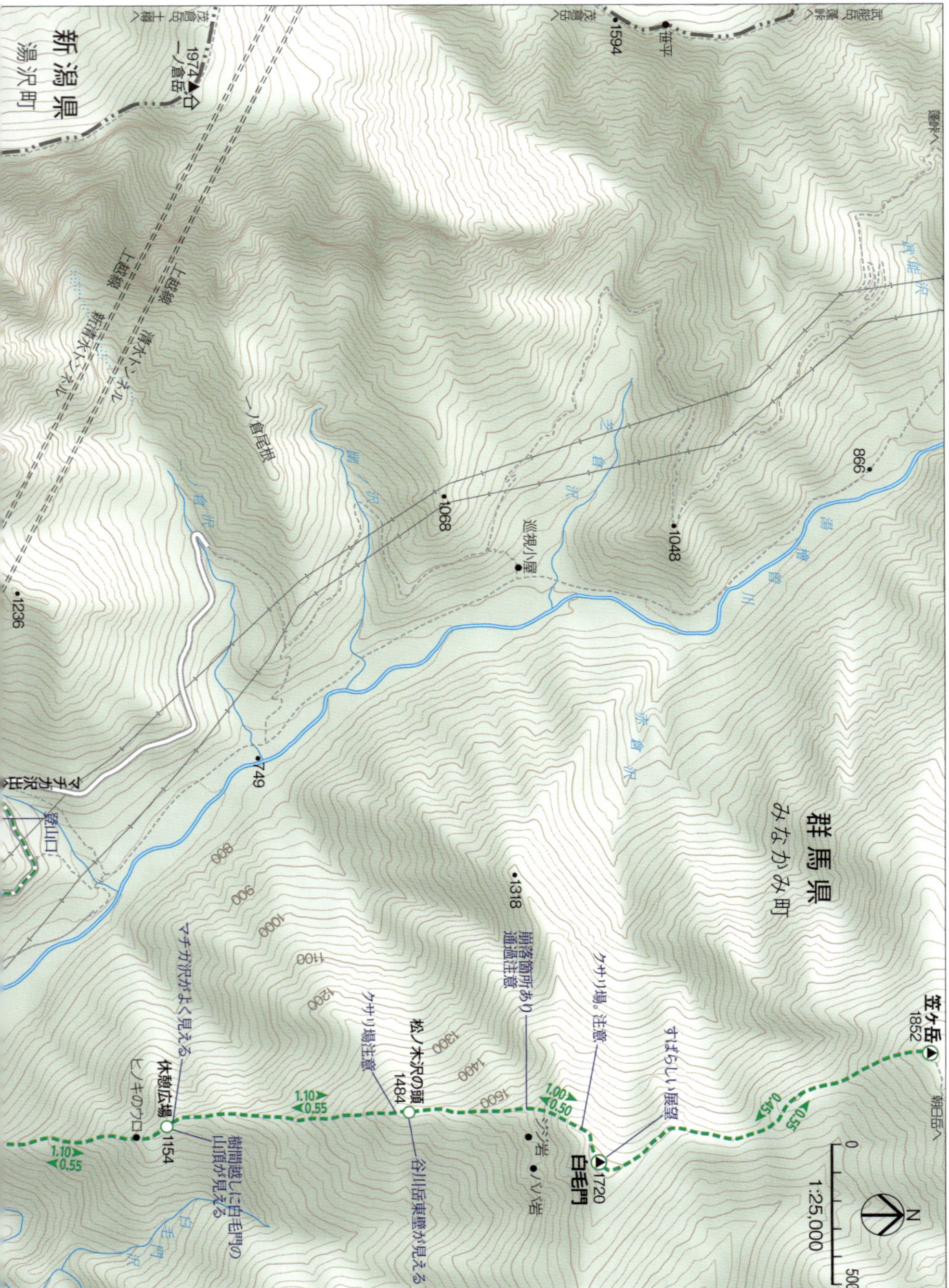
新潟県
湯沢町
群馬県
みなかみ町
1974▲一ノ倉岳
茂倉岳・土樽へ
茂倉岳へ
笹平
1594
武能岳・蓬峠へ
蓬峠へ
武能沢
上越線
清水トンネル
新清水トンネル
一ノ倉尾根
一ノ倉沢
幽ノ沢
芝倉沢
1068
巡視小屋
1048
866
湯檜曽川
1236
マチガ沢出合
登山口
749
赤倉沢
1318
崩落箇所あり
通過注意
クサリ場。注意
すばらしい展望
笠ヶ岳
1852
朝日岳へ
白毛門
1720
ジジ岩
ババ岩
松ノ木沢の頭
1484
クサリ場注意
谷川岳東壁が見える
休憩広場
1154
マチガ沢がよく見える
樹間越しに白毛門の山頂が見える
1.10
0.55
1.00
0.50
0.45
1:25,000
0
500m
N

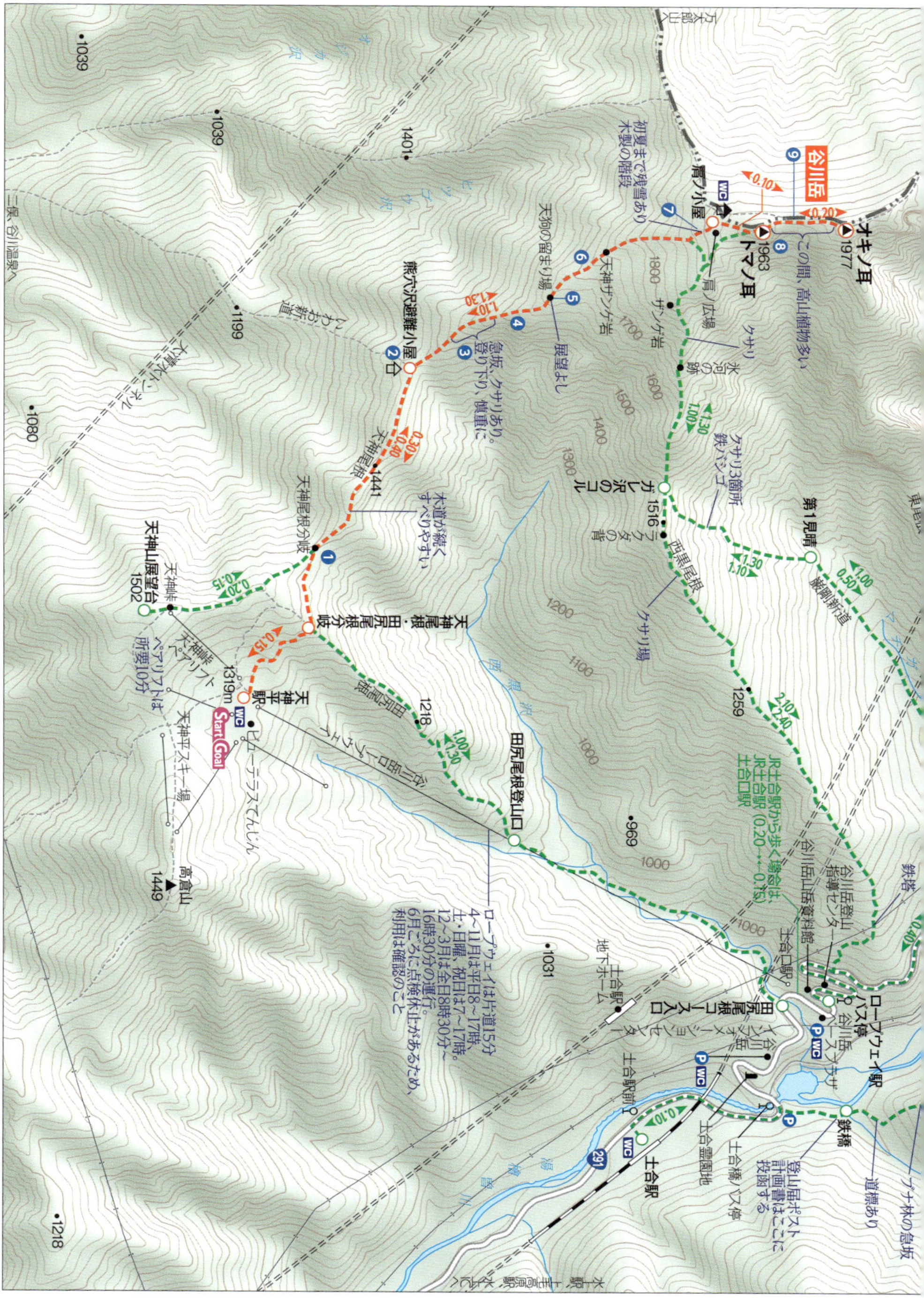
谷川岳
9
オキノ耳
1977
トマノ耳
1963
8
この間、高山植物多い
肩ノ小屋
7
初夏まで残雪あり
木製の階段
肩の広場
天狗の留まり場
6
天神ザンゲ岩
ザンゲ岩
5
展望よし
4
熊穴沢避難小屋
2
3
急坂、クサリあり。登り下り、慎重に
天神尾根
1441
木道が続く
すべりやすい
天神尾根分岐
1
天神尾根・田尻尾根分岐
天神平駅
1319m
天神山展望台
1502
天神峠
天神峠ペアリフト
ペアリフトは所要10分
天神平スキー場
高倉山
1449
ビューテラスてんじん
Start Goal
田尻尾根
1218
谷川岳ロープウェイ
田尻尾根登山口
ロープウェイは片道15分
4〜11月は平日8〜17時、土・日曜、祝日は7〜17時。12〜3月は全日8時30分〜16時30分の運行。
6月ごろに点検休止があるため、利用は確認のこと
クサリ
氷河の跡
クサリ3箇所
鉄パシゴ
ガレ沢のコル
1516
ラクダの背
西黒尾根
クサリ場
1259
第1見晴
巌剛新道
JR土合駅から歩く場合は、JR土合駅(0.20←→0.15)土合口駅
谷川岳山岳資料館
谷川岳登山指導センター
鉄塔
ロープウェイ駅
バス停
土合口駅
田尻尾根コース入口
土合駅
地下ホーム
土合駅前
土合霊園地
土合橋バス停
鉄橋
登山届ポスト
計画書はここに投函する
道標あり
ブナ林の急坂
二俣 谷川温泉へ
1039
1401
1199
1080
969
1031
1218
291
水上駅へ

27 武尊山

伝説と信仰の百名山。沖武尊への最短周回コース

日帰り

ほたかさん
2158m

歩行時間＝8時間20分
歩行距離＝11・7km

技術度
体力度

コース定数＝32
標高差＝1053m
累積標高差 ↗1268m ↘1268m

裏見の滝。落差40㍍の名瀑だ

文献によれば、武尊山は200万年ほど前に活動したコニーデ型（成層）火山で、現在の川場谷《かわばだに》が火口の崩壊した跡であり、これを囲むように反時計回りに前武尊、川場剣《けん》ヶ峰《みね》、家《いえ》ノ串《くし》、中ノ岳、主峰の沖《おき》武尊、剣ヶ峰山と、標高2000㍍超の6峰が立ち並び、一大山群を形成している。ひと昔前までは修験道の山とされ（女人禁制）、岩稜やクサリ場が多く、標高差1000㍍以上で、普通の人が登れる山ではなかったが、今では各コースとも登山道が整備され、シーズンには花と展望を求めて大勢の登山者でにぎわう。紹介する4つの登山口はみなかみ町、川場村、片品村の3町村にまたがる。

沖武尊への最短路として近年人気が高い藤原口のコースから紹介しよう。登山口である**武尊神社駐車場**から入山する。武尊神社より武尊川に沿った林道を50分ほど行くと**剣ヶ峰山への分岐**に出るのでこれを右に分け、2、3回、小さな沢を渡る。ブナの大木の中、胸をつく急登を終えると**須原《すはら》尾根の分岐**に出る。最初の休憩地点だ。次の分岐から少し沢に下りたところに手小屋沢《てごやさわ》避難小屋がある。収容4～5人の小さな避難小屋だ。

尾根に戻ってしばらく木の根の多い道を登ると、やがてクサリやロープが張られた急角度の岩場が現れる。足場があるのでさほど恐怖感はないが、ここは3点支持の安全確保で登ろう。また、岩場が濡れているときの下りは要注意だ。

5箇所の岩場をすぎると身の丈ほどのハイマツとシャクナゲの緩やかな尾根道となり、いっきに視界が開け、最後のひと登りで**沖武尊山頂**に着く。

山頂は360度の展望があり、特に、西から北に谷川《たにがわ》連峰や新潟の山々、尾瀬の笠《かさ》ヶ岳《たけ》、至仏山《しぶつさん》、燧《ひうち》ヶ岳《たけ》、東に転じれば日光白根山《にっこうしらねさん》から皇海山《すかいさん》、袈裟丸山《けさまるやま》までの連峰の眺望がすばらしい。

山座同定を楽しんだら、武尊牧

■鉄道・バス
往路・復路＝JR上越新幹線上毛高原駅よりタクシー利用がベター（バスは湯の小屋行きで武尊橋まで）。

■マイカー
関越道水上ICから国道291号へ。大穴交差点を右折し、県道63号（ゆけむり街道）で藤原湖武尊橋の三差路を右折。やすらぎの森キャンプ場方面へ右折し、武尊神社駐車場へ。

■登山適期
5月末～11月はじめ（積雪期を除く）。

■アドバイス
▽剣ヶ峰山から武尊沢徒渉点までの急坂は、年々土が流され、木の根が露出してすべりやすくなっている。雪解け時や雨後は特に危険。体力、技術のない人は沖武尊から往路を引き返した方がよい。

■問合せ先
みなかみ町役場観光商工課☎0278・62・2111、関越交通バス☎0278・23・1111、関越交通タクシー☎0278・24・5151

■2万5000分ノ1地形図
藤原湖・鎌田

剣ヶ峰山より主峰の沖武尊を望む

CHECK POINT

1 武尊神社駐車場。20台以上は駐車可能でトイレもある。時期には近辺の紅葉が日に映えて美しい

2 剣ヶ峰山と手小屋沢小屋との分岐点。ここを起点に周回するコース

3 須原尾根（上の原登山口）分岐。ここでひと休み。少し行くと手小屋沢避難小屋への下降点に着く

4 手小屋沢避難小屋はドーム型で4〜5人ほど避難できるが、老朽化が激しい

5 クサリ場はロープ場を含めて5箇所。本日ひとつ目の難所だが、足場を確認しながら登攀すること

6 クサリ場通過後、すぐに展望が開け、剣ヶ峰山や沖武尊が目に飛びこむ。山頂までハイマツとシャクナゲの道

7 沖武尊山頂は20〜30人休憩可能な広さ。剣ヶ峰山までの登山道は狭いので、ランチタイムはここで

8 沖武尊直下のガレ場。アルペン気分が味わえる尾根道だが、浮石に注意して下ろう

9 剣ヶ峰山山頂は東西両サイドがスパッと切れ落ちていて狭いので休憩するときは要注意

10 ハクサンシャクナゲの咲く急勾配の尾根道。木の根に注意し、慎重に下ろう

11 尾根道がつきたところが武尊沢徒渉地点。休憩におすすめのポイント

12 武尊神社に到着したら、無事下山の報告を兼ねてお参りしよう

＊コース図は103ページを参照。

場への分岐からガレ場（薄板状の石）の急傾斜を下り、剣ヶ峰山へと続く雄大な景色の尾根道を南下する。コブを3つほど越えると、今朝出発してきた武尊神社への分岐に着くので、これを右に分け、急な岩場をひと登りすれば**剣ヶ峰山**に着く。沖武尊からは1時間20分ほどだ。両側がスパッと切れ落ちた細長い山頂から、眼下の川場谷をはさんだ2000㍍を超える6峰の全貌は絶景である。

　下山は前述の分岐を直進するが、すぐに木の根道の長い急下降となる。雪解けの道はすべりやすく段差もあるため、足場を確かめながら慎重に下ろう。剣ヶ峰山から2時間ほど下るとようやく尾根が終わり、谷川のせせらぎを耳にして、最初の大きめの沢に出る（**徒渉点**）。ここも休憩場所には適当なところだ。その後3回ほど小さな徒渉を繰り返して林道に出ると、まもなく**手小屋沢分岐**に着き、周回が完了する。分岐から林道を下ればやがて**武尊神社駐車場**だ。

（森 良治／丸岡 勉）

旧武尊高原川場キャンプ場口（高手山《たかてやま》コース）

西峰山頂。右から前武尊、川場剣ヶ峰を望む

川場キャンプ場跡駐車場（1120㍍付近）から500㍍ほど舗装道を行き、射撃場の中を通りすぎると登山口になる。高手山までは尾根に出るまでジグザグの広い山道。**高手山**からはしばらく平坦な山道となり、1400㍍地点あたりから登り傾斜となり、西峰（1871㍍）までは樹林帯（針葉樹・広葉樹）が続くが、涼風が心地よくとても歩きやすい。

西峰からは手前の剣ヶ峰山と奥の沖武尊、右手に前武尊までの稜線と、川場剣ヶ峰から家ノ串、中ノ岳と続く武尊の山容が見えはじめる。剣ヶ峰山まで急傾斜のアップダウンとなり、丸太の階段が続く。途中1950㍍付近、剣ヶ峰山直下の肩には2台の木製テーブルと長椅子が設置されており、眼下に広がる景色を見ながらの休憩は快適この上ない。

　肩から70㍍ほど登りつめると**剣ヶ峰山**頂上に着く。剣ヶ峰山からは武尊のほぼ全容が見わたせるが、頂上は細く、両脇が切れ落ちているので休憩時には要注意だ。

　剣ヶ峰山の岩場を北へ下り、武尊神社への分岐を左に見て、小さなコブを3つほど越え、山頂直下のガレ場の急傾斜を登りつめると**沖武尊**に着く。剣ヶ峰山からは1時間30分ほどかかる。下山は往路を戻る。

■コースデータ

歩行時間＝9時間50分／歩行距離＝15.5㌔／標高差＝1038㍍／累積標高差＝⊕1462m・⊖1462m

■登山情報

●鉄道＝JR上越新幹線上毛高原駅またはJR上越線沼田駅よりタクシー利用。●マイカー＝沼田ICから国道120号、県道263号を北へ。吉祥寺をすぎ10分ほどで道路右に駐車場（150台収容）がある。●登山適期＝5月末～11月初旬（積雪期を除く）。●アドバイス＝高手山コースは初心者向けとして紹介されており、本書でもサブコースとしての紹介だが、距離も長いので、脚にあまり自信はないが武尊を楽しみたい場合は、剣ヶ峰山までの往復としたい。往復7時間程度で川場谷の火口崩壊跡を中心とした武尊山群を充分満喫することができる。●問合せ先＝関越交通タクシー☎0278・24・5151、川場村観光協会ビジターセンター☎0278・52・3412●2万5000分ノ1地形図＝藤原湖・鎌田

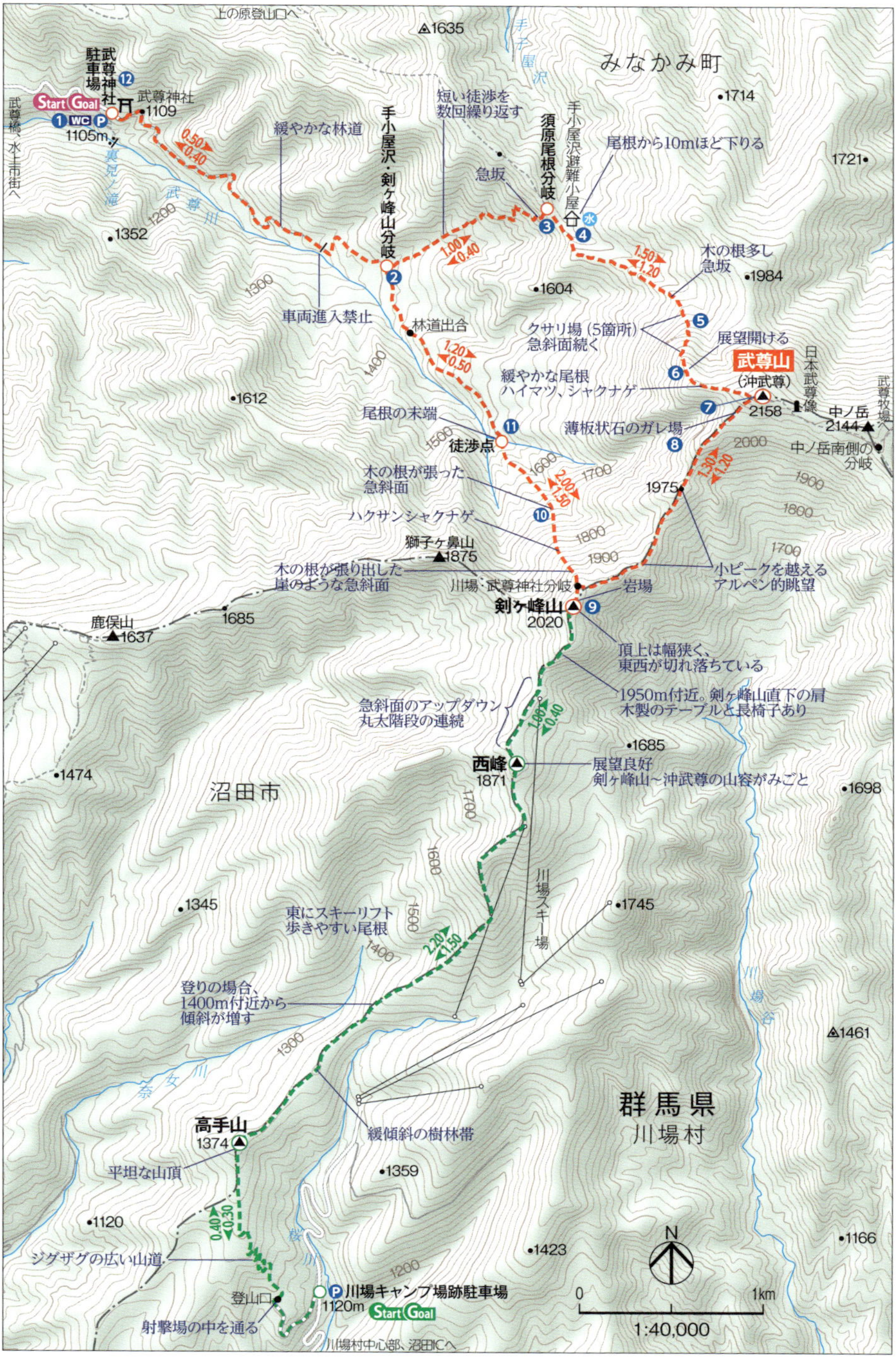
上の原登山口へ
1635
みなかみ町
手小屋沢
駐車場
武尊神社
12
Start Goal
1 WC P
1105m
武尊神社
1109
武尊橋、水上市街へ
裏見ノ滝
武尊川
0.50
0.40
緩やかな林道
1352
1200
1300
車両進入禁止
手小屋沢・剣ヶ峰山分岐
2
短い徒渉を数回繰り返す
1.00
0.40
急坂
須原尾根分岐
3
手小屋沢避難小屋
4
水
尾根から10mほど下りる
1714
1721
1.50
1.20
木の根多し急坂
1984
1604
5
林道出合
クサリ場（5箇所）急斜面続く
展望開ける
1.20
0.50
6
武尊山
（沖武尊）
2158
日本武尊像
中ノ岳
2144
武尊牧場へ
緩やかな尾根ハイマツ、シャクナゲ
7
1400
1612
尾根の末端
11
薄板状石のガレ場
8
中ノ岳南側の分岐
徒渉点
1500
1600
1700
2000
2.00
1.50
1.30
1.20
木の根が張った急斜面
1975
1900
1800
10
ハクサンシャクナゲ
獅子ヶ鼻山
1875
1800
1900
1700
木の根が張り出した崖のような急斜面
小ピークを越えるアルペン的眺望
川場・武尊神社分岐
岩場
剣ヶ峰山
9
2020
鹿俣山
1637
1685
頂上は幅狭く、東西が切れ落ちている
1.00
0.40
急斜面のアップダウン丸太階段の連続
1950m付近。剣ヶ峰山直下の肩木製のテーブルと長椅子あり
1685
西峰
1871
展望良好剣ヶ峰山～沖武尊の山容がみごと
1474
沼田市
1698
1700
1600
川場スキー場
1345
1745
東にスキーリフト歩きやすい尾根
1500
2.20
1.50
1400
登りの場合、1400m付近から傾斜が増す
川場谷
1461
1300
奈女川
群馬県
川場村
高手山
1374
緩傾斜の樹林帯
平坦な山頂
1359
0.40
0.30
1120
桜川
1423
1166
ジグザグの広い山道
1200
N
0
1km
1:40,000
登山口
P 川場キャンプ場跡駐車場
1120m
Start Goal
射撃場の中を通る
川場村中心部、沼田ICへ

28

日本屈指の高層湿原を歩く

尾瀬ヶ原

おぜがはら
約1400m（竜宮付近）

日帰り

歩行時間＝7時間15分
歩行距離＝18・2km

技術度
体力度

コース定数＝22

標高差＝－193m

累積標高差
319m
319m

尾瀬は群馬県、福島県、新潟県に属し、2007年に尾瀬国立公園となった。5月下旬になるとミズバショウが白い小さな苞をのぞかせてくれる。6月中旬にはリュウキンカが黄色の絨毯のように湿原を覆い、ミツガシワの白い花が咲く。6月下旬から7月上旬は湿原のいたるところでワタスゲの白い果穂を見ることができる。7月中旬、梅雨の明けきらない湿原はニッコウキスゲの黄色に覆われる。

尾瀬植物研究見本園のミズバショウ

9月中旬からクサモミジがはじまり、9月下旬には湿原全体が黄金色に輝きだす。10月下旬には木の葉も落ち冬の準備に向かう。

ここでは、最もポピュラーな鳩待峠《はとまち》から山《やま》ノ鼻《はな》に下り、尾瀬ヶ原をめぐるコースを紹介する。

鳩待峠のブナ林の軽い下りからコースがはじまる。石畳、階段、木道と樹林の道を下り、ハトマチ沢を越えて少し進むと左側が開け、至仏《しぶつ》山《さん》が望める。川上川《かわかみ》を渡ると**山ノ鼻**に着く。山ノ鼻ビジターセンターには職員が常駐し、尾瀬の概要のほか、日々のフィールド巡回で収集した季節ごとの見どころや登山道の状況なども紹介しているのでぜひ立ち寄りたい。

山ノ鼻からは湿原歩きとなる。遠くに燧《ひうち》ヶ岳《たけ》を見ながら川上川を渡ると、池塘の多い上田代《かみたしろ》となる。池塘をすぎると上《かみ》ノ大堀《おおほり》川に出る。ここは尾瀬ヶ原が最も狭くなったところで、牛首《うしくび》とよばれている。まもなく**牛首分岐**となる。直進して湿原の木道を歩く爽快なハイキングが続く。中田代の下《しも》ノ大堀川付近は5月下旬からミズバショウが咲きはじめ、至仏山をバックにしたその姿は一幅の絵のように美しい。また、7月中旬から朝露とともに咲くニッコウキスゲは、ミズバショウと並んで尾瀬を代表する花である。景色を堪能しながら**竜宮《りゅうぐう》十字路**に着く。ほんの少し進むと**竜宮小屋**があるのでひと息つきたい。

竜宮十字路に戻り、右手のヨッピ吊橋を目指す。秋にはヨッピ吊橋手前で池塘越しに見るクサモミジの中の至仏山もすばらしい。**ヨッピ吊橋**に着いて、余裕があれば**東電小屋**まで足をのばそう。少し高台になっているので、ここから眺める燧ヶ岳や至仏山の展望も格別だ。

帰路は**ヨッピ吊橋**まで戻り、**牛首分岐**を経て**山ノ鼻**、**鳩待峠**と戻る。山ノ鼻から鳩待峠は標高差200メートルを登るので時間に余裕をもちたい。

（荒井　光）

■鉄道・バス

往路・復路＝JR上越新幹線上毛高原駅またはJR上越線沼田駅が最寄り駅。関越交通バスに乗り、戸倉で

ニッコウキスゲが咲く尾瀬ヶ原（中田代付近）

CHECK POINT

尾瀬を訪れるハイカーのおよそ半数が利用する鳩待峠。標高1591メートル。ブナ林の下りからはじまる

山ノ鼻ビジターセンターでは職員が日々の巡回で収集した季節ごとの見どころや登山道の状況なども紹介

池塘越しの燧ヶ岳は、至仏山と並んで尾瀬を代表する山。東北以北で最高峰（2356メートル）の火山だ

7月中旬、下ノ大堀川沿いの湿原はニッコウキスゲの黄色に覆われ、日に日に華やかさを増していく

尾瀬ヶ原のちょうど中心にある竜宮小屋。泊まらなくても立ち寄り休憩したい

ヨッピ吊橋の手前の池塘から至仏山を望む。草紅葉と至仏山はまさに絶景、ぜひとも訪れたい

ヨッピ吊橋は中田代のヨッピ川にかかる鉄製の吊橋。ヨッピとはアイヌ語で「川が集まる場所」のこと

東電小屋は尾瀬ヶ原の北、高台にある静かな山小屋。ここから見る燧ヶ岳、至仏山の眺めはすばらしい

下車。戸倉から鳩待峠までの間はシャトルバス（有料）を利用する。

■マイカー
関越自動車道沼田ICから国道120号で片品村戸倉の駐車場へ。鳩待峠まではシャトルバス利用。

■登山適期
春を告げるミズバショウが咲く5月下旬からカラマツの紅葉が終わる10月下旬までがよい。

■アドバイス
▽2018年7月21日、国道120号沿いの片品村役場隣に「道の駅尾瀬かたしな」がオープン。
▽戸倉より鳩待峠までのシャトルバスは4月下旬～11月上旬の運行で、戸倉までは通年運行（関越交通バス）。鳩待峠へは5月中旬～10月下旬にマイカー規制日がある（2024年は通年）。
▽山ノ鼻にある尾瀬植物研究見本園では、尾瀬の湿原に咲く花を季節ごとにほとんど1箇所で見られる。

■問合せ先
関越交通鎌田営業所☎0278・58・3311、（路線バス、シャトルバス）、片品村観光協会☎0278・58・3222、片品村むらづくり観光課☎0278・58・2112（鳩待峠マイカー規制も）、道の駅尾瀬かたしな☎0278・25・4644

■2万5000分の1地形図
至仏山・尾瀬ヶ原

＊コース図は108～109ページを参照。

29 尾瀬を代表する高山植物と展望の山

至仏山

しぶつさん 2228m

日帰り

歩行時間＝6時間10分
歩行距離＝10.6km

技術度

体力度

コース定数＝24

標高差＝819m

累積標高差 905m 905m

標高差は山ノ鼻～至仏山間のもの

尾瀬ヶ原から見た至仏山。森林限界を越えた登山道が見える

尾瀬《おぜ》を代表する雄大な山、至仏山は、東の燧《ひうち》ヶ岳《たけ》とともに、この山なしには尾瀬ヶ原の景色もなり立たない。至仏山は2億5千万年以上前にできた尾瀬最古の山で、蛇紋岩の岩肌に特有の貴重な高山植物も多い。

戸倉《とくら》の駐車場からシャトルバスか乗合タクシーを利用し、**鳩待《はとまち》峠**に入る。至仏山へは、山《やま》ノ鼻《はな》の入山口から登り専用の東面登山道コースをとる。山頂までは直登で、鳩待峠までの周回コースとなる。

山ノ鼻の研究見本園を経て、**至仏山登山道**看板横の木の階段から入る。オオシラビソやアスナロの樹林帯から、しだいに高度を上げる。沢状になった登山道では、しばしば靴を濡らすことが多い。すべりやすい蛇紋岩に注意して慎重に足を運ぶ。**中間地点**をすぎると、一歩登るごとに、足もとに尾瀬ヶ原や燧ヶ岳の眺望がぐんぐん広がってくる。お花畑近くのベンチでは、ゆっくり景色を眺めたい。

ホソバヒナウスユキソウは蛇紋岩地帯の固有種

空中回廊のような**高天《たかま》ヶ原《はら》**の木道を登りつめると、**至仏山**山頂に着く。山頂からは平《ひら》ヶ岳《たけ》、上越の山々、武尊山《ほたかさん》、日光《にっこう》の山々など360度の眺望を堪能できる。

下山は小至仏山《こしぶつさん》から鳩待峠へ下る。蛇紋岩の間をひと下りして登ると**小至仏山**山頂に着く。ハイマツの茂る急な岩稜を足もとに注意して下るとお花畑が続く。この先

■鉄道・バス ㉘尾瀬ヶ原（104㌻）を参照。

■マイカー ㉘尾瀬ヶ原（105㌻）を参照。

■登山適期 残雪の多い至仏山の稜線は植生保護のため、例年6月末まで登山道が閉鎖される。高山植物の見ごろは7月上旬～中旬。紅葉のはじまる9月末にはミゾレから初雪になることも。

■アドバイス ▽帰路の戸倉への乗車券は鳩待峠休憩所で購入する。バス停は鳩待峠から2分ほど下ったところにある。

▽鳩待峠からのコースは、標高差も少ないことから登山者が集中する。分散化を図るためにも平日の登山をすすめたい。

▽尾瀬の山小屋は必ず事前予約を。

▽カミナリの多い至仏山の入山は朝9時までとし、以降の入山は自粛したい。

▽入山するとトイレはないので、鳩待峠や山ノ鼻のトイレを利用する。

▽山ノ鼻～至仏山間は、山ノ鼻から登りのみの一方通行のため、至仏山へは鳩待峠から山頂往復か、鳩待峠～山ノ鼻～至仏山～鳩待峠の周回コースに限られる。

■問合せ先 ㉘尾瀬ヶ原（105㌻）を参照。

■2万5000分の1地形図 至仏山

高天ヶ原から見た秋の尾瀬ヶ原と燧ヶ岳。湿原に広がる拠水林や池塘の眺めがすばらしい

CHECK POINT

尾瀬ヶ原や至仏山東面登山道入山口の山ノ鼻へは鳩待峠の尾瀬国立公園看板から向かう

山ノ鼻の看板横に登山カードポストがある。木道をしばらく行くと、周回コースの入山口となる

すべりやすい蛇紋岩は足もと注意。中間地点をすぎるとクサリ場が3箇所続く

高山植物を保護する階段が設けられた高天ヶ原。山頂直下のなだらかな場所

いつも多くの登山者でにぎわう至仏山山頂。新潟方面の山々が眺望できる

至仏山から小至仏山へは眺めのよい花の尾根道が続く

オヤマ沢田代湿原の池塘。ワタスゲが風に揺れる。鳩待峠まで樹林帯を進む

至仏山頂上往復コースで、尾瀬ヶ原と至仏山を最初に眺める原見岩。ひと息入れよう

は花の山旅で、高山植物も種類が多くなり、オゼソウやホソバヒナウスユキソウなどに出会える。植生保護のために登山道をはずさないよう注意したい。

　ベンチをすぎると右手に笠《かさ》ヶ岳分岐がある。**オヤマ沢田代**《ざわたしろ》の小湿原を横切ると、しだいに樹林帯となり緩やかな下り道が続き、**鳩待峠**に戻る。

　至仏山へは、別に鳩待山荘の西側にある登山口から往復することもできる。ブナやミズナラ、ダケカンバなど広葉樹の茂る緩やかな道を登り、針葉樹の尾根道をしだいに南に回りこむ。左手に三角錐の笠ヶ岳が見える。樹林を抜けると草原の中に原見岩《はらみいわ》が現れる。眼下には尾瀬ヶ原と燧ヶ岳の景色が広がる格好の展望台だ。

　この先に**オヤマ沢田代**の小湿原を横切ると、やがて尾根は森林限界となり、ハイマツの茂る岩稜を登ると**小至仏山**だ。

　小至仏山からひと下りして蛇紋岩の間を登りつめれば**至仏山**山頂に着く。

（中西政文）

＊コース図は108～109ページを参照。

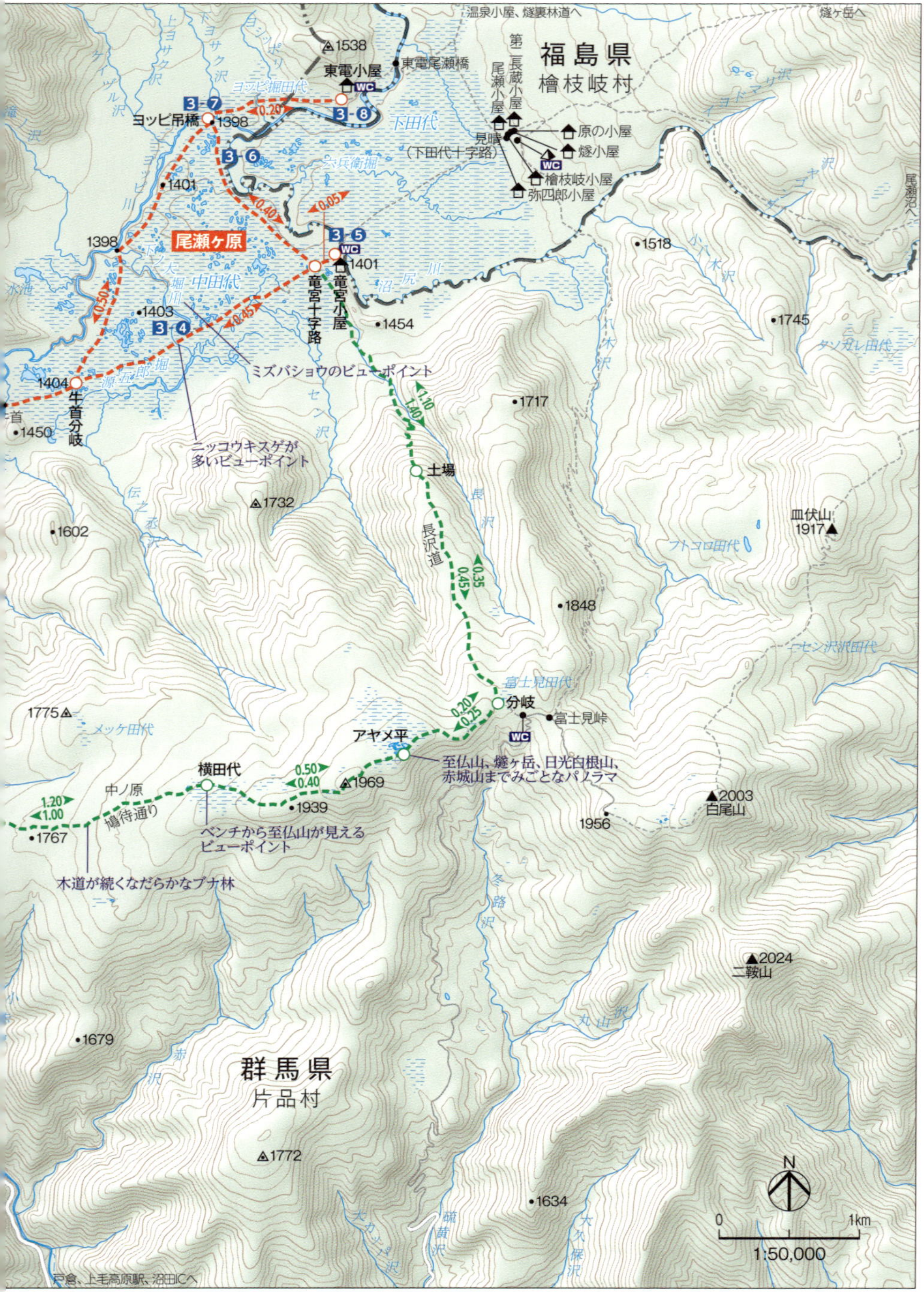
温泉小屋、燧裏林道へ
燧ヶ岳へ
福島県
檜枝岐村
東電小屋
東電尾瀬橋
ヨッピ吊橋
1398
1538
ヨッピ堀田代
下田代
見晴
（下田代十字路）
第二長蔵小屋
尾瀬小屋
原の小屋
燧小屋
檜枝岐小屋
弥四郎小屋
尾瀬ヶ原
中田代
竜宮十字路
竜宮小屋
1401
1454
1518
1745
1717
1403
1404
牛首分岐
1450
ミズバショウのビューポイント
ニッコウキスゲが多いビューポイント
土場
長沢道
1732
1602
1848
皿伏山
1917
フトコロ田代
セン沢田代
富士見田代
分岐
富士見峠
アヤメ平
至仏山、燧ヶ岳、日光白根山、赤城山までみごとなパノラマ
1775
メッケ田代
横田代
中ノ原
1969
1939
鳩待通り
1767
ベンチから至仏山が見えるビューポイント
木道が続くなだらかなブナ林
2003
白尾山
1956
2024
二鞍山
1679
群馬県
片品村
1772
1634
戸倉、上毛高原駅、沼田ICへ
1:50,000
1km

至仏山
2228
小至仏山
2162
笠ヶ岳
2057
悪沢岳
2043
小笠
鳩待峠
1591m
鳩待山荘
鳩待峠バス停
Start Goal
山ノ鼻
国民宿舎 尾瀬ロッジ
山ノ鼻小屋
至仏山荘
山ノ鼻ビジターセンター
尾瀬でいちばん早く咲くミズバショウ
尾瀬植物研究見本園
東面登山道入口
中間地点
高天ヶ原
森林限界
このあたりから蛇紋岩が現れる
クサリ場
お花畑
木製階段が続くなだらかな地点
ベンチから尾瀬ヶ原、燧ヶ岳が見えるビューポイント
急坂。足もと注意
花が多い。至仏山の展望よし
ベンチ
オヤマ沢田代
湿原
西～東の展望よし 小笠、笠ヶ岳が圧巻
樹林帯（水たまりやぬかるみ、倒木が多い）
植生保護のためピークには登れない
360度の大展望 赤城山、谷川連峰、苗場山までみごとなパノラマ
小笠直下
小湿原、お花畑
お花畑がみごと
湯ノ小屋分岐
ガレ場、岩場。下降時注意
片藤沼
湯ノ小屋温泉へ
小沢の湧水。飲用には不適
原見岩
尾瀬ヶ原、燧ヶ岳の展望
南西の展望よし はじめて笠ヶ岳が見える
ブナの緩やかな坂道
樹林帯
1681
1867
1766
1709
津奈木橋
63
岳ヶ倉山（日崎山）
1816
カッパ山
1822
八海山（背中アブリ山）
1811
浮島のある池塘
背中アブリ田代
上田代
みなかみ町
1661
1563
1818
1493
1534
1727
1735
1697
1441
1668
1452
1488
1416
1338
2045
1523
1962
WC

30 日光白根山

にっこうしらねさん 2578m

菅沼から弥陀ヶ池経由で登頂し、五色沼を歩く

日帰り

歩行時間＝5時間50分
歩行距離＝10・5km

技術度
体力度

コース定数 ＝24

標高差 ＝842m

累積標高差 ↗1019m ↘1019m

日光白根山は群馬と栃木県境に位置し、男体山《なんたいさん》、女峰山《にょほうさん》などからなる日光火山群の主峰で、関東以北の最高峰を誇り、日光国立公園に含まれる。正式名は白根山だが、群馬県の白根山（草津《くさつ》白根山）と区別するため、「日光白根山」の呼称が定着している。また、「奥《おく》白根山」の別称もある。

車の場合は菅沼《すげぬま》茶屋東の林道に駐車する。標高1735メートルからの登高は、中級クラスの人におすすめで、新緑が清々しい初夏なども気持ちのよい登山を楽しむことができる。**登山口**から林道を10分も歩くと大きな案内板のところに出る。まもなく急坂の樹林帯をジグザグに登るころには、シラビソやクロベの原生林になる。初夏には登山道一帯にカニコウモリが群生して弥陀《みだ》ヶ池《いけ》近くまで導いてくれる。

やがて傾斜が緩くなって座禅山《ざぜんやま》の東裾を巻くようになると木道になり、**弥陀ヶ池**のほとりに着く。眼前に大きな岩稜の白根山が高くそびえ、登高意欲を駆り立てる。ここでひと息入れよう。周囲は初夏のイワカガミや夏のマルバダケブキが登山者の心を和ませてくれる。池の西岸斜面一帯はシラネアオイの群生地として知られ、この花の命名となったゆえんであるが、シカの食害で激減してしまったのが残念である。地元では電気柵を設置してシカの進入を防止し、環境調査や自然保護活動に取り組んでいる。淡赤紫色のシラネアオイが、再び弥陀ヶ池の湖面に向かって咲き競う日が来てほしいものだ。

■**鉄道・バス**

往路・復路＝JR上越新幹線上毛高原駅または上越線沼田駅からバスで鎌田まで行き、バスかタクシーに乗り換える。日光側からは、日光駅からバス、タクシーを利用する。

■**マイカー**

関越自動車道沼田ICで下車して国道120号で丸沼高原スキー場方面へ走行、菅沼登山口まで約50キロ。日光側からは日光宇都宮道路清滝ICから国道120号で菅沼登山口まで33キロ。

■**登山適期**

5～10月。ただし5～6月ごろも積雪があり上・中級者向き。しっかりした登山装備が必要。おすすめの時期は花の多い7月初旬～下旬。シラネアオイは6月ごろ。紅葉は10月上旬だが、山頂部は積雪のことが多い。11～4月は積雪のため避けたい。

シラネアオイ

■**アドバイス**

▽初級者はロープウェイを利用する丸沼高原スキー場からのコースがおすすめ。標高2000メートルの山頂駅まで高低差600メートルをいっきに運んでくれる。頂上往復コース（5時間）のほか、自然散策コース（1周1・5キロ）、史跡散策コース（1周3・6キロ）もある。

頂上に立つと何ひとつさえぎるものがない360度の大展望が広がる

きつい登りのあと、まばゆい緑に囲まれた弥陀ヶ池に出る

登山道は白根山の標識に導かれて、右手の**座禅山の鞍部**まで少し登る。ここで七色平《なないろだいら》へ下る道を右に見送ると、ダケカンバやミヤマハンノキの茂る苦しい登りがはじまる。初夏にはハクサンシャクナゲの大群落のお花畑で、夏にはマルバダケブキの花がいっぱい咲く。いちばんつらい急坂だが、足もとにはコケモモの花が可憐に咲き、秋には甘酸っぱいガンコウランも楽しめる。

さらに高度を上げると会津《あいづ》国境の山々が見え、眼下には弥陀ヶ池と、神秘的な色合いの五色沼《ごしきぬま》が姿を現す。登山道は急なガレ場で浮石が散在するので、落石を起こさないよう岩角につかまり、慎重に歩を進めたい。やがて頂の一角の岩峰へ着く。2等三角点の**白根山**は噴火の爪痕を残しており、岩峰が多いのに驚かされる。山頂には360度なにもさえぎるものがなく、上州《じょうしゅう》、会津、越後《えちご》、足尾《あしお》の幾重にも重なる天上からの眺めにうっとりすることだろう。間近には中禅寺湖《ちゅうぜんじこ》をしたがえた大きな男体山と、日光連山はもちろん、赤《あか》城《ぎ》山《やま》、皇海山《すかいさん》、上州武尊山《ほたかさん》、至仏《しぶつ》山《さん》、燧《ひうち》ヶ岳《たけ》、平《ひら》ヶ岳《たけ》、会津駒《あいづこま》ヶ岳《たけ》、さらには遠く富士山など、日本百名山のオンパレードだ。

山頂から五色沼を目指すには、一度下って奥白根神社を祀る峰に着く。安全登山を祈願していこう。白根山の最高所はこの先の大きな岩峰である。

他の登山客のじゃまにならないように頂上周辺で休憩したら下山にかかろう。ここで右手のロープウェイ駅へ向かう道を見送り、左手の砂礫の平坦な道を行き、やが

ロープウェイ山頂駅のロックガーデンから迫力ある岩峰の白根山を望む

▽日本ロマンチック街道とよばれる国道120号沿いは温泉も多い。望郷の湯、花咲の湯、寄居山温泉「ほっこりの湯」、白根温泉、座禅温泉、丸沼温泉などがある（詳細は片品村観光協会へ）。

■問合せ先

片品村観光協会☎0278・58・3222、日光市役所日光観光課☎0288・53・3795、丸沼高原総合案内☎0278・58・2211、オートキャンプ場・シャレー丸沼☎0278・58・4300、関越交通沼田営業所（バス）☎0278・23・1111、関越交通鎌田営業所（バス・タクシー）☎0278・58・3311、東武バス日光☎0288・54・1138、丸沼タクシー☎0278・22・4018、大和交通（タクシー）☎0288・54・1515

■2万5000分ノ1地形図

丸沼・男体山

てザレ場の道になるので、転ばないように下りていく。前方にどれも2400メートル近くある五色山、白《しら》桧岳《びだけ》、錫《すず》ヶ岳《たけ》が等間隔に大きく姿を現す。この3つの山は群馬と栃木の県境にある山である。そして五色沼の真うしろにある山が、前《まえ》白根山《しらねさん》だ。

ダケカンバの枯れ木の多い斜面をジグザグに下っていくと、ハクサンチドリやバイケイソウの花が見られる。やがて**避難小屋**の前に着く。周辺の夏はハクサンフウロ、クルマユリ、シシウド、トリカブトのお花畑になり楽しみだ。

避難小屋からは前白根山へ登る道を右に分けて、見通しの悪い樹林帯を下ると**五色沼**に着く。沼周辺も花が多く、山上の楽園だが、6月下旬ごろまで残雪がある。運がよければ人間慣れしたシカに逢うこともできるだろう。

湖畔の散策を楽しんだら、弥陀ヶ池へ向かっていく。苦しい登りになるが、県境の五色沼分岐のコルまでひと踏ん張りしたい。やがて**弥陀ヶ池**のほとりに出る。あとは往路を戻る。

（根岸登喜雄）

↑頂上からはすぐ近くに大きな男体山と中禅寺湖がすばらしい

←北方を振り返ると奥に双耳峰の燧ヶ岳がひときわ美しい

CHECK POINT

1

菅沼コースは数ある登山道の中でも屈指の人気コースで、五色沼にもぜひ立ち寄ってみよう

2

登山口から広くて緩やかな林道を10分も歩くと、大きな案内板のところに出る

3

白根山の標識と2等三角点のある山頂。日光連山や、燧ヶ岳、至仏山、武尊山などの展望がすばらしい

4

頂上から砂礫の道を下っていくと、約40分でりっぱな五色沼の避難小屋に着く

5

避難小屋から緩やかな下り道を行くと、10分ほどで静寂としたたたずまいの五色沼のほとりに出る

6

五色山の分岐から先ほど登ってきた白根山を裏側から見上げながら行くと弥陀ヶ池が見えてくる

菅沼
120
鎌田、沼田ICへ
金精峠トンネル、湯元温泉へ
菅沼キャンプ村
Start Goal
菅沼
菅沼登山口
1736m
菅沼茶屋
1771
大きな案内板
ゴゼンタチバナ、マイヅルソウ、
ズダヤクシュが多い
1828
1800
金精峠
群馬県
片品村
1900
笹原を行く
金精山
1.20
2.10
2000
急坂でつらい登り
2100
六地蔵
日光白根山ロープウェイ
1992
0.35
0.45
2070
賽の磧
史跡散策コース
カニコウモリが多い
0.20
0.25
0.25
自然散策コース
丸沼高原へ
山頂駅
2200
血ノ池地獄
山頂ロックガーデン
2133
座禅山
0.45
0.35
七色平
避難小屋
標識あり
弥陀ヶ池
五色山
2379
0.05
0.10
大広河原
七色平分岐
座禅山鞍部
弥陀ヶ池
シラネアオイ
湖畔にはイワカガミが群生
0.20
2300
1.00
0.45
五色沼
2400
ガレ場。浮石が多い。
落石とスリップに注意
前白根山
五色沼
2047
日光白根山
白根神社
2578
2249
6月まで残雪が多い
急坂
1.45
1.20
0.10
0.15
2500
0.40
1.00
五色沼避難小屋
1950
ザレ場。転倒に注意
2385
栃木県
日光市
2353
N
2103
0
500m
1:25,000

31

ツツジ咲く県境稜線の花と展望の周回コース

根本山・熊鷹山

ねもとさん 1199m
くまたかやま 1169m

日帰り

歩行時間＝4時間
歩行距離＝10・0㎞

技術度
体力度

コース定数＝22

標高差＝629m

累積標高差 1140m 1140m

ツツジ咲き乱れる熊鷹山頂展望台より根本山（左）と十二山（右）

根本山は桐生《きりゅう》川源流にあり、古くから信仰の山として親しまれ、沢コースはかつて根本山神社への参道であった。根本沢には石の道標や石仏が残り、往時を偲ばせる。尾根続きの熊鷹山からは関東を一望でき、春のアカヤシオやシロヤシオ、秋の紅葉と四季折々の景観が楽しめる。ここでは最もポピュラーな中尾根コースを登り、熊鷹山を周回するルートを紹介する。

根本山頂上付近より残雪の日光白根山方面の山並み

桐生市街から県道66号を北上し、石鴨《いしがも》集落先の林道三境線分岐にある**駐車スペース**に車を停め、5分ほどで**不死熊橋《ふじくまばし》**に着く。車止めゲートをくぐって進み、根本沢**林道起点の分岐**を左に折れ、200《メートル》ほど進むと**中尾根コースの取付**に着く。ヒノキの植林帯を登っていくと尾根道となり、やがて石祠のある小ピークに着く。季節にはアカヤシオなどを見ながら、しばらく登ると**中尾根十字路**だ。右に十二山《じゅうにやま》、左に沢コース方面が分かれる。

直進してまもなく**根本山**山頂に着く。樹林に覆われて展望には恵まれない。山頂を東に下っていくと十字路からの道と合流し、十二山根本山神社に着く。大きな鉄製

■鉄道・バス
往路・復路＝JR両毛線桐生駅下車。おりひめバスで梅田ふるさとセンター前へ。登山口の不死熊橋まで徒歩約1時間30分。

■マイカー
桐生市街の県道66号を桐生川に沿って北上し、石鴨集落先の林道三境線分岐の駐車スペースに車を停める。

■登山適期
アカヤシオが咲く4月下旬～5月上旬は特に美しい。2～3月は積雪や凍結があるので避けたい。

■アドバイス
▽根本沢コースは、昔日の登山道として魅力的であるが、難所が多いため経験者の同行が望ましく、登りでの利用をすすめたい。コースへの入口は、不死熊橋の左手、または中尾根コース取付き点から林道200《メートル》ほど先の沢コースへの下降点。おすすめは後者だ。熊鷹山への周回をした場合の歩行時間は約6時間。
▽根本山神社（奥の宮）は鐘楼も備えた神社だが、柱や床の老朽化が進んでいるため見学時は慎重に。

■問合せ先
桐生市役所観光交流課☎0277・46・1111、おりひめバス☎0277・54・2420（桐生朝日自動車）

■2万5000分ノ1地形図
沢入

の斧が奉納され、里人の篤い信仰心がうかがえる。

先に進むと氷室山《ひむろやま》分岐に出る。時間があれば氷室山を往復するのもよいだろう。**十二山**からは南方へ尾根コースを進み、最後の小尾根を登ると**熊鷹山**山頂に出る。付近は春にはアカヤシオ、シロヤシオ、ミツバツツジが百花繚乱に咲き誇る。

展望を楽しんだあとは、西寄りの急坂を下り、山神の祠と作原《さくはら》町小戸《こおと》への分岐を左に見て直進する。尾根続きの丸岩岳《まるいわたけ》、野《の》峰《みね》への道を左に見送り、林の中を急降下すればまもなく**林道**に出る。林道を右に進み、しばらく下ると、往路で分かれた**林道分岐**を経て、車止めゲートのある**不死熊橋**に帰り着く。**駐車スペース**へは5分で着く。

（中田　滋）

CHECK POINT

林道三境線分岐にある駐車スペースに車を停めてスタートする（約25台駐車可能）

登山口となる不死熊橋。ゲートをくぐり直進する。ゲート左手には根本沢コース入口のロープがある

石鴨林道と根本沢林道の分岐。中尾根コースや根本沢コース下降点へはここを左に進む

根本沢林道から中尾根コース取付点。この先しばらくヒノキの植林帯の中を登る

道標の立つ中尾根十字路。根本山山頂は直登してまもない。左は根本沢コース、右は十二山方面

アカヤシオ咲く根本山山頂付近で憩うハイカー（頂上は樹林に囲まれている）

昔が偲ばれる木製鳥居や石祠、大きな鉄斧などが残る十二山根本山神社

ツツジの花に囲まれた熊鷹山頂の展望台。前日光方面や足尾山地の山並みが見わたせる

32

赤城山の最高峰、気軽に登れる花と展望のミニ縦走

黒檜山

くろびさん
1828m

日帰り

歩行時間＝4時間
歩行距離＝5・3㎞

技術度
体力度

コース定数＝**15**
標高差＝481m
累積標高差 631m 631m

地蔵岳山頂から見る黒檜山と大沼の大展望

群馬県を代表する赤城山《あかぎやま》はカルデラ湖を伴うカルデラをもつ、関東地方有数の複成火山である。榛名山《はるなさん》、妙義山《みょうぎさん》と並んで、上毛《じょうもう》三山のひとつに数えられる赤城山は、複数の山頂の総称であり、最高峰の黒檜山をはじめとし、駒《こま》ヶ岳《たけ》、長七郎山《ちょうしちろうさん》、荒山《あらやま》、地蔵岳《じぞうだけ》、鍋割山《なべわりやま》、鈴《すず》ヶ岳《たけ》など、1300メートルから1800メートル級のピークを連ねている。関東平野の北端に位置し、大きな裾野を広げるその穏やかな山容はたいへん美しい。

前橋市郊外から見た端正な姿の赤城山。右端が黒檜山

おのこ駐車場をあとに大沼《おの》湖岸に沿って北へ進む。右に赤城稲荷《あかぎいなり》大神《おおかみ》の赤い鳥居を見て、小鳥《ことり》ヶ島、赤城神社を左に見ると、まもなく湖岸道路の分岐になり、その右側が**黒檜山登山口**だ。

岩の間を縫って、いきなりの急登を30分ほど登ると**猫岩**《ねこいわ》に出る。展望を楽しみたいところだが、その先は崖になり、切れているので注意したい。岩混じりの樹林帯を急登し、ほどなく岩が少なくなり傾斜が緩くなると、道標がある**黒檜山・駒ヶ岳分岐**に登り着く。左に折れ、平坦な道を進むと**黒檜山**山頂だ。一部展望はあるが、ここは少し先の**天空の広場**まで行こう。眼前に上州《じょうしゅう》武尊山《ほたかさん》、谷川《たにがわ》連山、燧《ひうち》ヶ岳《たけ》、日光白根山《にっこうしらねさん》、至仏《しぶつ》山《さん》、浅間山《あさまやま》の展望が広がる。天気

■鉄道・バス
往路・復路＝JR両毛線前橋駅から関越交通の赤城山ビジターセンター行き直通バス（土・日曜、祝日運行。平日は富士見温泉で赤城山ビジターセンター行きに乗り換え）で、あかぎ広場前バス停下車。

■マイカー
関越自動車道前橋ICから国道17号、県道4号赤城線から赤城湖畔を進み県道70号、県道251号沼田赤城線に入るとすぐ左手に、おのこ駐車場がある。

■登山適期
厳冬期の1〜3月を除き四季を通してよい。5〜6月の新緑。紅葉は10月中旬ごろ。

■アドバイス
▽家族連れでも楽しめるが、一部岩場があるので、小さな子供連れは注意したい。

■問合せ先
関越交通前橋営業所☎027・210・5566、赤城公園ビジターセンター（祝日以外の月曜、年末年始休、不定休あり）☎027・287・8402、赤城山総合観光案内所（4月中旬〜11月中旬、9〜16時）☎027・287・8061

■2万5000分の1地形図
赤城山

のよい日は富士山や秩父《ちちぶ》連山も見わたせる。

　ゆっくり休憩をとったら先へ進もう。山頂をあとに駒ヶ岳の縦走路へ向かう。**黒檜山・駒ヶ岳分岐**をすぎるとすぐ御黒《おんくろ》檜《び》大神《おおかみ》の鳥居と石碑、石の祠がある。ここからは大沼、小《こ》沼《の》、地蔵岳、長七郎山、これから登る駒ヶ岳などが見わたせ気持ちがよい。花見《はなみ》ヶ原《はら》キャンプ場への道を左に分けるとササの中の急下降の階段だが、整備され展望もよいので、あまり苦にならない。ほどなく鞍部の大ダルミに出る。緩やかな道をほんのひと登りで**駒ヶ岳**山頂だ。

　南へさらに縦走を続けよう。一部崩壊地もあるが、ササの中の穏やかな稜線の道が続く。ベンチのある小広場の**下降地点**を右折すると、急勾配に鉄製の階段かけられている。階段を経て、ジグザグの道を下れば大沼湖畔の車道に出る。右へ進むと出発点のあかぎ広場前バス停、**おのこ駐車場**に着く。

　時間があったら一周40分の覚満《かくまん》淵《ぶち》へ立ち寄ろう。（橋本紀美子）

展望のない岩の間を縫って急坂を登っていくと、アンテナ塔の建つ地蔵岳や大沼の展望が開ける

CHECK POINT

左に啄木橋や赤城神社を見て20分で、湖岸道路の分岐にある黒檜山登山口に着く

展望を楽しんだら、ミズナラやダケカンバが目立つササの中の岩の急登が待っている。ゆっくり登ろう

展望がよければ、富士山が見える。小休憩にはよい場所だ

岩からササの登山道になって傾斜が緩くなると分岐になり、左へ進むと裸地の小広場の黒檜山山頂だ

山頂の先に展望が開けるビューポイントがある。ぜひ立ち寄り山座同定を楽しみたい

赤い塗装が剥げつつある鳥居。ここからの展望もよく、気持ちのよい場所である

大ダルミから穏やかな傾斜の道を進み、木の階段を登りきると駒ヶ岳山頂だ

小広場から右の斜面に入り急な鉄製階段をすぎる。左右にヤマツツジを見ながら下ると駒ヶ岳登山口に出る

＊コース図は118㌻を参照。

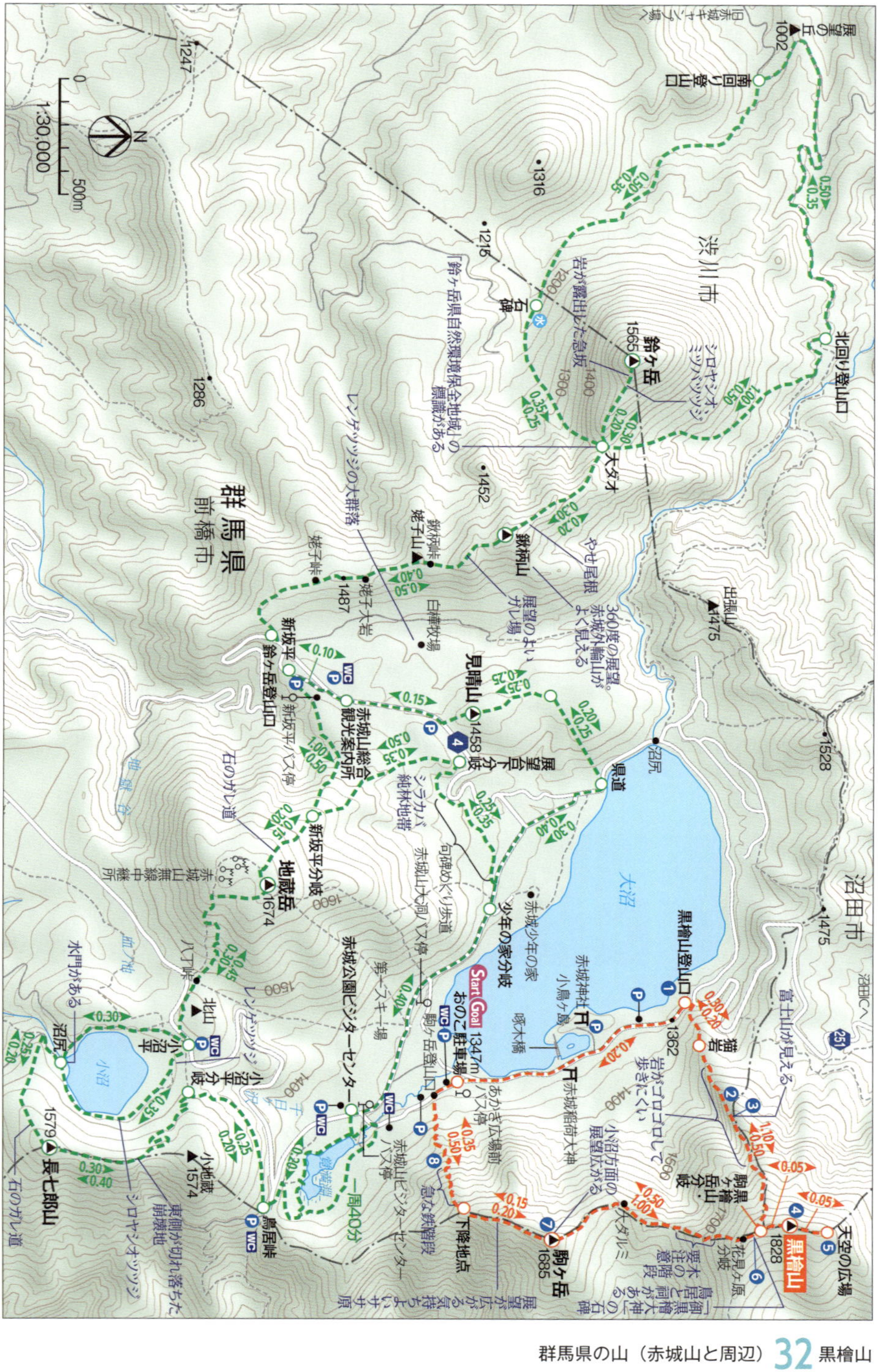

1:30,000
0
500m
N
展望の丘
1002
旧赤城キャンプ場へ
南回り登山口
北回り登山口
渋川市
沼田市
群馬県
前橋市
鈴ヶ岳
1565
シロヤシオ・ミツバツツジ
岩が露出した急坂
石碑
「鈴ヶ岳県自然環境保全地域」の標識がある
大ダオ
鍬柄山
やせ尾根
鍬柄峠
姥子山
姥子峠
1487
姥子大岩
白樺牧場
レンゲツツジの大群落
360度の展望。赤城外輪山がよく見える
展望のよいガレ場
出張山
1475
1528
見晴山
1458
新坂平
鈴ヶ岳登山口
赤城山総合観光案内所
新坂平バス停
展望台下分岐
シラカバ純林地帯
県道
沼尻
大沼
新坂平分岐
石のガレ道
地蔵岳
1674
赤城山無線中継所
句碑めぐり歩道
赤城山大洞バス停
少年の家分岐
赤城少年の家
赤城神社
小鳥ヶ島
啄木橋
黒檜山登山口
1362
猫岩
岩がゴロゴロして歩きにくい
富士山が見える
駒ヶ岳・黒檜山分岐
天空の広場
黒檜山
1828
花見ヶ原分岐
御黒檜大神と書かれた鳥居と祠がある
要注意の木段
大タルミ
小沼方面の展望広がる
駒ヶ岳
1685
展望が広がる気持ちよいササ原
急な鉄階段
下降地点
赤城稲荷大神
あかぎ広場前バス停
おのこ駐車場
1347m
Start
Goal
駒ヶ岳登山口
赤城公園ビジターセンター
赤城山ビジターセンターバス停
第一スキー場
覚満淵
一周40分
鳥居峠
小地蔵
1574
小沼
小沼平
小沼平分岐
北山
八丁峠
血ノ池
水門がある
沼尻
長七郎山
1579
東側が切れ落ちた崩壊地
シロヤシオ・ツツジ
レンゲツツジ
石のガレ道
沼田ICへ
251

33

榛名山群の最高峰から外輪山と湖の展望コース

掃部ヶ岳・杏ヶ岳

かもんがたけ 1449m
すもんがたけ 1292m

日帰り

歩行時間＝6時間10分
歩行距離＝9・5㎞

技術度

体力度

コース定数＝23

標高差＝339m

累積標高差 879m 879m

↑湖畔の宿公園からは、榛名湖と榛名富士の展望がすばらしい。竹久夢二のアトリエなどもあり、多くの観光客が訪れる

←硯岩のヤマツツジ。5月下旬～6月上旬が見ごろ

榛名《はるな》山群の最高峰・掃部ヶ岳は榛名火山西側の外輪山のひとつで、山頂からは、榛名湖と榛名富士を囲む山々が箱庭のように眺められる。四季を通して楽しめる山だが、静かな山歩きとその展望を存分に味わうには、初冬のハイキングをすすめたい。

榛名湖畔の西にある**湖畔の宿記念公園**の高崎《たかさき》市営駐車場に車を置き、公園から続く遊歩道に入る。大きな駐車場を通り、林間学校榛名湖荘の北側の**掃部ヶ岳登山口**に入る。カラマツ林を登り、衣服調整をしたくなるころに**硯岩《すずりいわ》分岐**に出る。右折して5分で**硯岩**の展望台に出る。榛名湖側が切り立った硯岩からは、榛名富士と榛名湖が手にとるように見える。

硯岩分岐まで戻り、ササの茂る

■鉄道・バス
往路・復路＝JR高崎線高崎駅から群馬バス榛名湖行きに乗り、榛名湖バス停で下車（湖畔の宿記念公園へ徒歩約5分）。または、伊香保温泉のバスターミナル（JR上越線渋川駅から関越交通バスを利用）から榛名湖温泉ゆうすげ行きの群馬バスに乗り、吾妻（あがつま）荘前バス停で下車する。

■マイカー
高崎市街地から渋川松井田線を約40㌔で榛名湖畔の登山口市営駐車場へ。または、関越自動車道渋川伊香保ICから伊香保温泉を経て約30㌔、榛名湖畔の登山口市営駐車場へ。

■登山適期
無雪期ならいつでもよいが、ヤマツツジが咲く5月下旬～6月上旬。紅葉期の10月中旬が特におすすめ。

■アドバイス
▽榛名神社は約400年の歴史をもち、国指定重要文化財が6棟ある。
▽湖畔の温泉施設はゆうすげ元湯☎027・374・9211など。

■問合せ先
高崎市役所榛名支所産業観光課☎027・374・5111、群馬バス高崎駅前案内所☎027・323・1533、関越交通バス渋川営業所☎0279・24・5115

■2万5000分ノ1地形図
榛名湖

尾根道を南西に登ると別荘地との分岐に出る。荒れた階段を登り、尾根に出ると湖畔の宿公園からの登山道と**合流**する。榛名湖や外輪山が顔を出し、新緑、初冬のころの展望は特にすばらしい。

なだらかな尾根を登ると、ほどなく**掃部ヶ岳**山頂に着く。山頂からは浅間山《あさまやま》、妙義山《みょうぎさん》、西上州《にしじょうしゅう》、秩父《ちちぶ》、八《やつ》ヶ岳《たけ》などの山々が望める。上信国境が白く輝くころはいっそう美しい。

南斜面のササを分けながら次のピークへ向かう。コブを2つ越えると耳岩《みみいわ》だ。岩峰の右を回りこみ、送電鉄塔手前の**峠上部の分岐**で左に下る。足場の悪い急坂に注意しながら下ると**杖《つえ》の神《かみ》峠**だ。地蔵が祀られていて、昔をしのびながらひと休みしよう。

杖の神峠から湖畔までは3キロほどの林道歩きとなる。あらかじめ車で峠まで入り、峠から掃部ヶ岳、杏ヶ岳と往復することも可能だが、林道が荒れている場合もあり、注意が必要だ。

峠から南側の階段を登ると、背後の雑木林の中に虎の顔に似た耳岩が見える。

歩きやすい雑木の尾根道は、春はブナ、カエデ、ヤマツツジなどの新緑が美しく、秋にはクリなども落ちている。登り下りを繰り返して、峠を2つ越えると**杏ヶ岳**山頂に着く。初夏のころはあまり展望はないが、初冬には前橋《まえばし》、高崎方面を見わたしながらの静寂なひとときが味わえるだろう。

下山は**杖の神峠**まで戻り、東の湖畔方面へ林道を行く。林道からは歩いてきた掃部ヶ岳、杏ヶ岳の尾根が見える。湖畔に近づくと林道分岐を左に入り、家が見えたら**湖畔の宿記念公園**だ。

（戸澤哲男）

榛名公園ビジタセンターより掃部ヶ岳を望む。逆に、榛名山の最高峰・掃部ヶ岳からは、榛名湖、榛名富士を囲む榛名外輪山を箱庭のように眺められる

CHECK POINT

登山口に入るとすぐに登山道らしくなる、登りはじめから20分ほどで硯岩分岐に着く

硯岩分岐。服装や装備の調整によい休憩場所だ

硯岩の上は狭いがすばらしい展望が楽しめる。ここまで来る観光客も多いようだ

掃部ヶ岳山頂は、東側と南側が開け、榛名湖、榛名富士、榛名外輪山、西上州の山々が展望できる

杖の神峠は、ササが生い茂り地蔵尊が見守る静かな峠。掃部ヶ岳と杏ヶ岳の登山口でもある

杏ヶ岳山頂は、展望はあまりない。樹林越しに榛名神社が望める。登山者が少なく静かな登山を楽しめる

郷原駅、国道145号へ
東吾妻町
浅間山、妙義山、西上州の山々を展望
掃部ヶ岳
1449
合流点
別荘地分岐
硯岩分岐
硯岩
1251
棒名湖、榛名富士が日本庭園のようにみごと
掃部ヶ岳登山口
吾妻荘前バス停
林間学校榛名湖荘
榛名湖
峠上部の分岐
耳岩
西峰
榛名湖、榛名富士の展望よし
Start Goal
湖畔の宿記念公園
公園入口バス停
高崎市営駐車場
版画美術館
榛名湖バス停
天神峠
掃部ヶ岳、杏ヶ岳の登山口。地蔵尊石宮が見守る静かな峠
杖の神峠
1317
伊香保温泉、渋川伊香保IC へ
杏ヶ岳
1292
石祠が祀られ、眼下に榛名神社を俯瞰し、遠く前橋や高崎市街も見わたせる
九折岩
榛名神社
林道を行く
鞍掛岩
随神門
一合目
榛名神社バス停
市営駐車場
地蔵峠
急坂ロープあり
二合目
大鐘原ヶ岳
鏡台山北峰
急坂
五合目
鏡台山コル（四合目）
鏡台山南峰
鐘原ヶ岳
石碑群
六合目
鐘原ヶ岳分岐
ササやぶこぎ
八合目
西峰とのコル
九合目
天狗山西峰
榛名天狗山
赤城山、西上州、浅間山の展望よし
群馬県
高崎市
榛名川
1:30,000
安中、高崎へ

34 嵩山《たけやま》

789m

吾妻八景いちばんの景観。霊山と山城で知られる

日帰り

歩行時間＝2時間30分
歩行距離＝2・6km

技術度
体力度

コース定数 ＝9
標高差 ＝246m
累積標高差 329m 329m

←吾妻川対岸から望む嵩山
←百匹の鯉のぼりが大空を泳ぐ

古代から祖先の霊魂を祀る山を「たけやま」とよび、神聖な霊山として信仰を集めてきた。嵩山は独立峰で、東南面は切り立った岩肌、西北面は見わたす限りみごとな樹海が広がり、白根山《しらねさん》、四阿山《あずまやさん》、浅間山《あさまやま》を一望のもとにできる。

また、天狗の住む山ともいわれ、東の峰を大天狗、中の峰を中天狗、西の峰を小天狗とよんでいる。初夏には新緑に包まれ、岩肌にはツツジが咲き、山の中腹にワイヤーが張られ、約100匹の鯉のぼりが大空を泳ぐ。

戦国時代に嵩山城は上杉謙信が沼田《ぬまた》城を攻略するために重要視した岩櫃《いわびつ》城の出城で、岩櫃城が武田信玄方の真田幸隆（幸村の祖父）に攻められて落城。岩櫃城主の子、城《じょう》虎丸《こまる》が嵩山城に立てこもったが、激戦の末に自決し落城した。江戸時代に悲惨な最期を遂げた犠牲者を供養するために坂東《ばんどう》、西国《さいごく》、

■鉄道・バス
往路・復路＝JR吾妻線中之条駅下車後、タクシーを利用（浅白観光自動車☎0279・75・2321）。

■マイカー
関越自動車道渋川伊香保ICを国道17号に下りる。国道353号で中之条町へ。主要地方道中之条湯河原線を通って「道の駅霊山たけやま」の駐車場へ。

■登山適期
雨期、降雪期を除けばいつでもよい。新緑と紅葉の時期は特にすばらしい。

■アドバイス
▽上級者は嵩山三十三観音をたどるとよい。クサリを頼りに抜ける胎内くぐりや、絶壁をクサリで登る弥勒穴、ほとんど訪れる人のいない西登山道の三十三番などが楽しめる。ただし一部は落石の危険から通行禁止になっているので立ち入らないこと。

▽樹齢700年を超える大ケヤキのある親都（ちかと）神社。5月5日には、親都神社の祭りとともに嵩山ま

スギやケヤキの大木に囲まれた親都神社

嵩山の山頂から望む浅間山

秩父《ちちぶ》の百番観音を建立し、実城《みじょう》の平《たいら》に経塚《きょうづか》をつくって供養した。

道の駅「霊山たけやま」西側の表登山道入口を入ってまもなく一番観音がある。このあと山中のいたるところの岩陰に石仏（観音像）が安置されている（三十三番まで）。稜線に向けて急坂を登ると、展望台を経て**天狗の広場**に出る。あずまやの西側から**西の峰**（小天狗）へ向かい、不動岩《ふどう》や上信越の山々の展望を堪能して**天狗の広場**に戻る。稜線を東に進み、中天狗から実城の平に出て**経塚**へいたる。右が東登山道、中央が大天狗、左が五郎岩への分岐である。

中央のクサリ場を登ると**嵩山**（大天狗）で360度の展望が開ける。**経塚**に戻り**五郎《ごろう》岩**まで往復する。

下山は**経塚**から右に往路を分けて東登山道を下ると、**道の駅「霊山たけやま」**へ出る。（荒井 光）

つりが行われる。

■問合せ先
中之条町観光協会☎0279・75・8814、道の駅「霊山たけやま」☎0279・75・7280
■25000分ノ1地形図
中之条

CHECK POINT

1 親都神社北側、道の駅「霊山たけやま」の西側に大きな鳥居のある表（西）登山口がある

2 平成18年に百体観音像と平成大修復の碑が建立された

3 不動岩はクサリを頼りに登るので、足場にはくれぐれも注意、登りきると不動明王が鎮座している

4 実城の平の本丸跡に西国・秩父観音71体（観音70体、阿弥陀如来1体）がコの字型に安置されている

5 嵩山（大天狗）へは長いクサリが設置されている。大岩をクサリでよじ登って大天狗の頂上へ

6 岩尾根の長いクサリ場を登ると360度の大展望の嵩山（大天狗）山頂。北側には五郎岩や烏帽子岩が見える

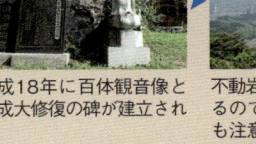

ツツジ平の道は湯ノ丸牧場内を通過する

35

レンゲツツジの群落と好展望の山へ

湯ノ丸山

ゆのまるやま
２１０１m（南峰）

日帰り

歩行時間＝４時間10分
歩行距離＝６・５㎞

技術度

体力度

コース定数＝16

標高差＝575m

累積標高差 593m 593m

群馬県嬬恋村《つまごい》と長野県上田《うえだ》市、東御《とうみ》市にまたがる湯ノ丸山は、花と展望に恵まれた人気の山である。この山の魅力は、なんといっても6月中旬から咲きはじめるレンゲツツジで、オレンジ色の花が山腹を染める景観はみごとである。展望のよさでも知られ、丸い山容の山頂からは、浅間山《あさまやま》、四阿山《あずまやさん》、北アルプスが一望できる。また、隣接する烏帽子岳《えぼしだけ》まで足をのばすと充実した山行が楽しめる。湯ノ丸山に登るには、地蔵峠からのコースが一般的だが、ここでは旧鹿沢《かざわ》温泉から角《かく》間《ま》峠を経て、湯ノ丸山に登る周回ルートを紹介しよう。

旧鹿沢温泉にある**村営駐車場**から車道を地蔵《じぞう》峠に向かって歩くと、右手に「雪山賛歌」の碑がある。その先に湯ノ丸山への標識がある。ここが登山口である。林道を少し行くと沢沿いの道となる。10分ほどで標識に沿って左方向に行くと、角間山の標識が現れて林道が終わり、登山道となる。ササの斜面にレンゲツツジやシラカバが茂り、左には湯ノ丸山の北峰が見えてくる。途中に**つつじ平への分岐**があるが、直進すると、広々とした**角間峠**に着く。あずまやもあるので休憩によい。

角間峠からは、小笹、シャクナゲなどの低木が茂り、やや急な登りを1時間で**湯ノ丸山北峰**に着く。山頂は岩場になっていて、大小の岩の間に三角点がある。すぐ南の尾根の先に南峰が見える。

広い尾根を、展望を楽しみながら進むと、広々とした**湯ノ丸山南峰**に着く。視界をさえぎるものがなく、３６０度の大展望を満喫できる。すぐ目の前に烏帽子岳が望

■鉄道・バス
往路・復路＝ＪＲ北陸新幹線佐久平駅か、しなの鉄道小諸駅からタクシーで旧鹿沢温泉へ。

■マイカー
上信越自動車道東部湯の丸ICか、小諸ICで下りて、県道94号を湯の丸高原に向かう。地蔵峠から群馬県側に少し下って、旧鹿沢温泉の駐車場まで行く。嬬恋村方面からは国道１４４号の田代交差点から県道94号に入り、旧鹿沢温泉へ。

■登山適期
新緑の5月中旬ごろから、紅葉の10月まで、いつでも花と展望が楽しめる。6月中旬のレンゲツツジが咲くころが特によい。

■アドバイス
▽レンゲツツジの咲く時期は、多くの観光客やハイカーが訪れるため、早い時間に登山を開始したい。
▽東御市新張から旧鹿沢温泉まで、一番から百番まで約１００メートルおきに観音像が置かれている。地蔵峠の登山口には八十番観音がある。

■問合せ先
東御市役所商工観光課☎0268・62・1111、嬬恋村観光協会☎0279・97・3721、佐久小諸観光タクシー☎0267・65・8181（佐久）、☎0267・22・2424（小諸）

■２５０００分の１地形図
嬬恋田代

め、足をのばす人も多い。

下りは、眼下の湯の丸牧場の牧柵を目標に下山する。正面に浅間山や篭《かご》ノ登山《とやま》を見ながら、露岩と灌木帯を下る。すべりやすい岩場もあるので注意して下りよう。やがて道標がある**鐘分岐**に着く。この一帯はつつじ平（コンコン平）とよばれ、レンゲツツジの群生地であり、初夏には赤橙色に染まる。

分岐を左にとり、牧柵を越えると牧場内に入る。湯ノ丸山を左側に高山植物の花を愛でながら平坦な道を歩くと、やがて混成林となり、不明瞭な箇所がある道をジグザグに下ると**広い草原**に出る。90番観音と角間峠への分岐もあり、そのまままっすぐ進むと、林を抜け、車道に出る。少し車道を歩くと**村営駐車場**だ。

（稲見浩和）

CHECK POINT

1 登山口の手前右手に「雪山賛歌」の歌碑がある。隣に由来の説明板もある

2 角間峠への分岐は「ちよだ・つま恋の森」の看板を左に行く。まっすぐ行かないように

3 広々とした明るい角間峠。あずまやもあり、休憩に最適。右へ進むと角間山だ

4 北峰頂上は360度見わたせる。眼前に烏帽子岳、遠く北アルプスの山並みを望む

5 北峰から広い尾根を進むと南峰に着き、こちらも360度の大展望が得られる

6 鐘分岐。つつじ平とよばれる一帯は、シーズンにはレンゲツツジが咲き乱れる

地蔵峠から烏帽子岳へ

地蔵峠の土産物店横からコースがはじまり、キャンプ場をすぎるとつつじ平を分ける中分岐に出る。平坦な道を進むと、ほどなく烏帽子岳と湯ノ丸山を分ける**鞍部**に出る。背後に湯ノ丸山を見ながら明るい笹道を登ると、稜線に出る。右に進んで最初のピークはニセ烏帽子とよばれる。ここを越えたら大展望を見ながらやや下り、岩場を登ると**烏帽子岳**山頂に着く。360度のパノラマを楽しもう。

36

家族で登れる、浅間山展望のコース

浅間隠山

あさまかくしやま
1757m

日帰り

歩行時間＝2時間30分
歩行距離＝4・1km

技術度
体力度

コース定数＝11

標高差＝422m

累積標高差 499m 499m

浅間隠山は東吾妻《ひがしあがつま》町や中之条《なかのじょう》町から見ると、浅間山を隠してしまうことからつけられた山名だ。

円錐形の美しい山で、日本二百名山に選ばれている。登山口の標高が1335メートルほどあるので標高差は422メートル。標準のコースタイムで、登り1時間30分。往復で2時間30分ほどなので、ファミリー登山にも最適である。

↑浅間隠山山頂に咲くヤマツツジ越しに浅間山を望む

←角落山から見ると均整の取れた山容を望むことができる。

浅間隠山登山口から涸れた沢に沿ってカラマツの樹林帯を登っていく。かなり急な道が続くが15分ほどで**尾根**に出る。道標にしたがって左折する。ブナ林や笹原の登山道が続き、よく整備されていて歩きやすい。木立の間から浅間隠山の山頂が見え隠れする。やがて青地に白文字で「浅間隠山こちら」と書かれた案内板があるので右折する。ここからササと低木の平らな道を歩くと、ほどなく「北軽井沢への分岐」の道標がある。

その先で進路を大きく右に変えると、しだいに傾斜が増してきて、カラマツからツツジ、雑木林へと

■鉄道・バス
往路・復路＝JR高崎駅からタクシーで1時間10分。

■マイカー
関越自動車道高崎ICで降り、県道27号、354号経由、国道406号を右折、国道406号を行く。高崎市倉渕町権田の信号で県道54号に入り、「浅間隠山登山口」へ。

■登山適期
5月中旬ごろからドウダンツツジやシャクナゲが咲く。6月中旬にはレンゲツツジ、7〜8月はマツムシソウやノアザミの花が見られる。10月中旬から11月上旬は紅葉が美しい。

■アドバイス
▽登山口から県道54号を車で15分ほど下ったところに「はまゆう山荘」がある。日帰り入浴もできるので帰りに疲れをいやしたい。

▽倉渕町権田の東善寺には小栗上野介の墓がある。作家司馬遼太郎は『明治という国家』の中で、日本近代化につくした小栗上野介の業績をたたえ、「明治の父」と語っている。

■問合せ先
高崎市倉渕支所☎027・378・3111、上信ハイヤー☎027・322・1212、はまゆう山荘☎027・378・2333、東善寺☎027・378・2230

■25000分ノ1地形図
浅間隠山

変わり、主稜線の鞍部（1538㍍）に出る。ここからしばらくは背丈を越えるササの間の急登となるが、道は明瞭なのでゆっくり登る。最後の急坂を登ると**わらび平への分岐**に着く。ここが南峰で、わらび平方面への道は荒れている。下の方に浅間隠山の小さな看板があるので左に進む。平らな道で、やがて木がなくなり、笹原の間につけられた稜線の道が頂上に向かってのびている。この付近には夏にはマツムシソウやノアザミが咲く。

斜面を登っていくと周囲が開け、浅間山を左手に見ながら急登をひと登りすると**浅間隠山**山頂である。りっぱな標識と三角点、山座同定盤、石の祠がある。石の祠は浅間山を背に逆方向の東吾妻町や中之条方面を見守っている。正面に大迫力の浅間山、西側に水《みず》ノ塔山《とやま》、篭《かご》ノ塔山《とやま》、その奥に北アルプスの山々、北側に草津白根山《くさつしらねさん》、谷川岳《たにがわだけ》、日光白根山《にっこうしらねさん》、男体山《なんたいさん》、東に榛名山《はるなさん》、赤城山《あかぎやま》、南に鼻曲山《はなまがりやま》、角落山《つのおちやま》、妙義《みょうぎ》山《さん》、西上州《じょうしゅう》、秩父《ちちぶ》の山々、その奥に富士山、八《やつ》ヶ岳《たけ》など数えきれない。360度の大展望をゆっくり楽しもう。

下山は往路を戻り、**浅間隠山登山口**に下る。

（荒井　光）

CHECK POINT

1 浅間隠山登山口。二度上峠の1㌔ほど手前に「浅間隠山まで90分、2.1㌔」の標識がある。標高1335㍍

2 涸れ沢沿いに樹林の道を登り、尾根に出て少し歩くと浅間隠山への標識がある

3 主稜線鞍部からしばらくの間は、ササの茂った斜面をジグザグに登っていく

4 最後の急坂を登るとわらび平方面との分岐に出る。踏跡が北東方面にのびているが荒れている

5 ササの間につけられた山頂へのびる稜線の道。夏はマツムシソウやノアザミが咲く

6 浅間隠山山頂には山名表示、三角点、山座同定盤、石の祠がある

37

奇岩が林立する日本三奇勝

表妙義・中間道

日帰り

歩行時間＝4時間15分
歩行距離＝8・0km

おもてみょうぎ・ちゅうかんどう
852m（第4石門）

技術度

体力度

コース定数＝19

標高差＝455m

累積標高差 865m 865m

妙義カントリークラブより妙義山全景を望む（右より白雲山、金洞山、金鶏山）

妙義山は赤城山《あかぎやま》、榛名山《はるなさん》とともに上毛《じょうもう》三山に数えられる名峰である。切り立つ絶壁が鋸型の峰をつくり、中腹は奇岩、怪石に富み、日本三奇勝のひとつになっている。

登山道は体力と経験が必要な山頂縦走の上級登山道、「関東ふれあいの道」となっている一般道、一部中級登山道もある。ここでは一般道の中間道を紹介する。

妙義神社下にある**妙義神社参道入口**より大鳥居に向かう。国の重要文化財の妙義神社はぜひ参拝しよう。本社左手から登山道に入る。スギの大木の中を急登すると**第1見晴**に着く。金鶏山《きんけいざん》や関東平野が眺められる。数《メー》ｍ《トル》ほどの落差で水を落としている大黒《だいこく》の滝をすぎ、しばらく行くと**第2見晴**に着く。金鶏山、筆頭岩《ひっとういわ》、金洞山《こんどうさん》、相《そう》馬岳《まだけ》、天狗岳《てんぐいわ》が一望できるが、岩場なので注意したい。ここから高巻きし、さらに進むと自然石の**本読みの僧**がある。この地点は自然探勝路の中間点である。登り下りを繰り返しながら雑木林の中を行くと**あずまや**に出る。ここから金鶏橋に下山できるが一般道ではない。一般道は右に向かう。

やがて約170段の鉄階段で岩稜を登る。手すりがあるので慎重に行動すれば心配はない。まもなく金洞山直下の岩の下を通っていくと大砲岩《たいほういわ》への分岐に着く。ここ

日暮しの景（第4石門の岩場より）

■**鉄道・バス**
往路・復路＝JR信越本線松井田駅からタクシーを利用（約10分）。

■**マイカー**
上信越自動車道松井田妙義ICより登山者用駐車場まで約5分。

■**登山適期**
おすすめはサクラと紅葉の時期だが年間を通して楽しめる。サクラは4月中旬～5月上旬、紅葉は10月下旬～11月下旬。

■**アドバイス**
▽雨天時や凍結時はすべりやすいので要注意。
▽妙義山南面の山麓に広がる「さくらの里」は45種5000本のサクラが植えられていて、4月中旬から1ヶ月間、時期をずらして咲く。
▽第2見晴付近の鉄階段および第4石門入口から大砲岩分岐範囲内の通行止めは解除されている。詳細は群馬県自然環境課☎027・226・2871へ。
▽妙義神社は時間をかけて拝観したい。4月上旬、境内、参道のシダレザクラはみごとである。

■**問合せ先**
富岡市役所観光交流課☎0274・73・2585、富岡市観光協会☎0274・62・6001、ツバメタクシー☎027・393・1181

■**2万5000分ノ1地形図**
松井田・南軽井沢

からは別世界である。奇岩、怪石が林立し、自然の偉大さ、不思議さ、美しさに圧倒される。日の暮れるまで見ていてもあきないことから、「日暮らしの景」ともよばれている。**第4石門**を通して見える大砲岩とゆるぎ岩は絶好の撮影ポイントになる。第4石門下は広場になっていて、あずまややベンチがあるのでゆっくりと大自然の造形美を楽しもう。

第3石門は往復、第2石門から第1石門は岩場なので自信のない人は第2石門前で安全な道で下る。**石門入口**からは車道、一本杉入口、金鶏橋、車道を通って**妙義神社参道入口**に戻る。（須加照代）

CHECK POINT

妙義神社のシダレザクラは樹齢200年あまりの古木。4月上旬に花を咲かせる

黒漆塗権現造りの荘厳な妙義神社本社。唐門、総門と並び国の重要文化財

自然探勝路の中間地点にある本読みの僧

あずまやから大人場、金鶏橋へと下山できるが転石が多くすべりやすいので注意

鉄階段は、手すりを持ちながら登れば安心だ

長年の風化、浸食によってできた自然の石門。石門の窓からは大砲岩とゆるぎ岩が見える

「たてばり」とよばれる第二石門。自信のない人は第二石門には行かず、安全な道を下ろう

石門入口。石門めぐりのクサリ場は春・秋の週末・祝日などは渋滞になることがある

さくらの里きのこ館より望む金洞山

38 荒船山

荒波を行く船のような特異な山容で人気を集める山

あらふねやま
1423m（経塚山）

日帰り

歩行時間＝3時間40分
歩行距離＝8・5km

技術度 ▲▲
体力度 ●

コース定数	=18
標高差	=363m
累積標高差	↗864m ↘864m

群馬県と長野県の県境にある荒船山は、山頂部が平らで船のような特異な山容をもち、西上州の山々の中からもすぐに見つけ出すことができる。近寄ると、そそり立つ岩壁に圧倒され、険しい山道を想像するが、登山道はよく整備され、思いのほか歩きやすい。

内山峠登山口は広い駐車場の奥に大きな案内板があり、登山道は下りからはじまる。小さなアップダウンを繰り返して登っていくと、上部がせり出した大きな岩が現れる。鋏岩《はさみいわ》修験道場跡だ。さらに進むと登山口から約1時間で**一杯水**《いっぱいみず》の水場に着く。水場にかかる橋を渡るとそこから上は岩場となっていて、危険箇所が続く。すべりやすいので慎重に足を運ぼう。笹原が広がりはじめたら、そこはもう頂上台地だ。左側は危険なので登山道をはずさないようにしよう。少し歩けば艫岩《ともいわ》の大展望が待っている。

方位盤のある**艫岩展望台**は北側が開け、正面に大きな浅間山《あさまやま》が、空気が澄んでいれば北アルプスも見わたせる。眼下の曲がりくねった国道254号が箱庭のようで手をのばしたくなるが、展望台は切り立った絶壁の上なので、くれぐれも足もとには注意のこと。

展望を楽しんだら経塚山《きょうづかやま》を目指そう。艫岩のそばのあずまやをすぎるとすぐに相沢口《あいざわぐち》分岐となるが、そのまま平坦な道を直進する。途

↑国道254号の群馬県側、内山トンネル手前から見上げた艫岩の大岩壁

←稲含山の駐車場から見た荒船山。右端が艫岩、左端が経塚山。船のような山容がよくわかる

■鉄道・バス
往路・復路＝上信電鉄下仁田駅から町営バスで市野萱バス停下車。内山峠まで徒歩3時間となるため下仁田駅からタクシーかマイカー利用が便利。

■マイカー
マイカーの場合、下仁田ICを降りて国道254号を佐久方面へ向かう。内山トンネル手前の神津牧場の案内板を右へ。登りきったT字路を左へ行くと内山峠登山口の駐車場。

■登山適期
4月下旬〜5月上旬の新緑のころはヤマザクラやツツジが、初夏にはズミやクリンソウなどが咲く。10月下旬〜11月初旬は紅葉が美しい。

■アドバイス
▽人気の山なので登山シーズンは広い駐車場が満車になる。
▽山中にトイレはないので、用をすませてから入山してほしい（内山峠登山口に仮設トイレあり）。

■問合せ先
下仁田町役場商工観光課☎0274・82・2111、佐久市役所観光課☎0267・62・2111、上信ハイヤー☎0274・82・2429、成和タクシー☎0274・82・2078、荒船の湯☎0274・67・5577

■2万5000分ノ1地形図
荒船山・信濃田口

中左手に「皇朝《こうちょう》最古《さいこ》修《しゅう》武之地《ぶのち》」の石碑があり、古からの伝承が刻まれている。平坦な道にあきてくるころ、鱸岩から約30分で星《ほし》尾《お》峠分岐へ着く。ここから経塚山へは急坂をひと登りだ。石祠のある**経塚山**山頂は木立に囲まれ、残念ながら展望はあまりよくない。ひと休みしたら来た道をゆっくり下山しよう。

なお、近くに世界文化遺産の荒船風穴があるので、時間が許せば寄ってみたい。また、下仁田町の荒船の湯で汗を流すのもよい。

（田部井悦子）

↑初夏、頂上台地に咲くクリンソウ

←鱸岩展望台から見た浅間山と国道254号。紅葉のころは特に美しい

CHECK POINT

鋏岩修験道場跡。大きく張り出した岩の下は少し広くなっていて休憩によい。登山道は右へ行く

一杯水（水場）の橋を渡ると岩場となり、危険箇所が続く。慎重に通過しよう

鱸岩展望台。正面の浅間山が特に美しい。切り立った崖の上なので足もとに充分注意する

相沢登山口分岐を直進する。しばらく平坦な道を行く

登山道の左手に「皇朝最古修武之地」のりっぱな石碑がある

経塚山山頂。祠のある山頂は木立に囲まれていて、残念ながら展望はあまりよくない

概説

埼玉県の山

——打田鍈一

埼玉県に森林限界を超える高峰はない。北アルプスのようにアルペン的な岩稜や高山植物などの華やかさには縁遠いが、多彩な樹相と清冽な渓流、樹林から抜き立つ岩峰、歴史を刻んだ峠道や昔日を思わす山村、季節感豊かな花々と、親しむほどに愛着が湧く。首都圏から日帰りできる山が多く、ファミリーからマニアまで広く楽しめるのも大きな特徴だ。

最高峰は２４８４㍍の三宝山《さんぽうざん》で、周辺はトウヒ、コメツガなどの針葉樹林に覆われた亜高山帯だ。付近の山々は山梨、長野、群馬との県境をなし、かつて原全教、小暮理太郎、田部重治ら山の大先達は好んで歩いていた。

しかしそれらの山々は埼玉県全体の中では少数派。東へ高度を下げる山稜は、なだらかにあるいは鋭く起伏を連ね、関東平野へと広がり消える。穏やかな尾根、開けた谷は人々の暮らしに具合よく、古くから山奥にも人々が住み、林業や鉱業など産業も発達した。のどかな山村風景、生活や産業の要路でもあった峠道、信仰と伝説に彩られた山々と、それを今に伝える石宮や石碑など……。自然と人とが一体となり、歴史と民俗の深みに満ちた山々が県内に多い

●山域の特徴

本書では埼玉県の山々を山域別に5つに分けた。行政、山系、水系、アクセスなどの明瞭な境界はないが、大まかにまとめることで山々の位置関係と全体のイメージをつかめると考えたからだ。また、県内で目立つ山が3つある。異色の岩山・両神山《りょうかみさん》、山体を削られ人工的鋭鋒となった武甲山《ぶこうさん》、未掲載だが、双耳の一峰に電波塔の立つ城峯山《じょうみねさん》だ。この3山は別の山域にあり、山岳展望の目印になるので、覚えておくと便利だ。

●奥秩父　埼玉県を貫流し、東京湾に注ぐ荒《あら》川の源流を取り囲む、県内で最も奥まった山域だ。先にあげた大先達の著書を通じて山域名は広まり定着した。県内最高部分にあり、針葉樹林にサルオガセがからむ風情は、幽邃な深山の雰囲気にあふれている。多くは長野県、山梨県との県境をなしているが、埼玉県側から登る道の少ないことが残念だ。一方群馬県との県境には道不詳の岩稜が連なり、その一脈は異形の名山、両神山をそそり立てている。

●秩父　現在の秩父《ちちぶ》市はかつて「大宮郷」とよばれた秩父盆地の中心地。荒川の河岸に開けた盆地には、縄文時代から人が住み、日本武尊や畠山重忠にからむ伝説が多い。西国三十三番、坂東《ばんどう》三十三番と並ぶ秩父三十四番の観音霊場は日本百観音をなし、札所めぐりの巡礼者が多い。秩父夜祭で名高い秩父神社とともに、遠方へもおよぶ民間信仰の中心地だ。その秩父盆地をとりまく山々をここに入れた。武甲山は石灰石採掘で大きく山容を損なっているが、今でも秩父を象徴する名山だ。

●北秩父　秩父市の北、荒川左

春の両神山。小鹿野町にて

城峯山からの両神山(右)と奥秩父主脈の山々、山懐にひそむ石間川沿いの集落

岸の山々をこうよぶが、「北武蔵《むさし》」の呼称も聞かれる。明治17年、松方財政による不況にあえいだ農民は、隣接する群馬県、長野県の農民らとともに、減税や借金棒引きを要求し、秩父国民党を結成、下《しも》吉田《よしだ》の椋《むく》神社で蜂起した。しかし官憲には勝てず数日で鎮圧、壊滅させられた。世にいう秩父事件で、その舞台となった山域だ。往時に思いをはせつつ、山村と峠道の風情をじっくり味わいたい。しかし山深くまで車道が発達し、アクセスをマイカーに頼ることが多い山域でもある。

●外秩父　「外秩父七峰縦走コース」で、「外秩父」は山域名として定着した。東武東上《とうじょう》線東武竹《たけ》沢《ざわ》駅を起点に、官《かん》ノ倉山《くらやま》、笠山《かさやま》、白石《しらいし》峠、大霧山《おおぎりやま》、登谷山《とやさん》と縦走し、寄居《よりい》駅へ下る全長約42キロのコースが設定され、随所に「七峰縦走」の道標が明確だ。コースの縦走大会が毎年4月に開催され、「脚試し」に挑む参加者は数千人にのぼる。アクセスは東武東上線が主体で、バスも利用しやすい山が多い。

●奥武蔵　奥秩父、東京都の奥《おく》多《た》摩《ま》と並び、古くから親しまれている山域名だ。「奥武蔵」は西武鉄道の前身である武蔵野鉄道が名づけ親だ。同鉄道終点の吾野《あがの》駅周辺とその奥を「奥武蔵」として観光誘致を図った。だから「武蔵」は武蔵国や武蔵野ではなく、武蔵野鉄道なのだ。余談だが、現在も西武鉄道では吾野駅までが池袋《いけぶくろ》線、その奥は秩父線だ。西川《にしかわ》材とよばれる木材供給地ゆえにスギやヒノキの植林が多いが、それだけに明るく開けた場所に出るとうれしくなる。伊豆《いず》ヶ岳《たけ》、棒《ぼう》ノ折山《おれやま》、関八州《かんはっしゅう》見晴台《みはらしだい》など、アクセスが便利で人気の山々が多い。

●四季の魅力と心がまえ

ウメ、モモ、コブシ、レンギョウ、サクラ、ツツジ、フクジュソウ、カタクリ、イチリンソウ……。花々と輝く新緑が山と里を彩る春。繁る木立が日差しをさえぎり、緑風が樹間を吹き抜ける尾根道、涼味満点の沢道に都会の猛暑を忘れる夏。カエデ、コナラ、クヌギなどの紅葉が青空に映え、路端にヒガンバナやツリフネソウが華やぐ秋。葉を落とした木肌が艶やかに輝き、明るい木立越しに雪化粧の遠い山々を眺められる冬。

埼玉県の山は、身近にあって、四季折々の魅力に満ちている。しかし山歩きは危険と隣り合わせ。というより「危険」という要素も山の魅力の大きなひとつと考えるべきで、「危険」のない山はあり得ない。「危険」を回避して登るからおもしろいのだ。そのためには自身の体力、読図をはじめとした知的能力、動物的勘、経験など、総合的な力量を冷静に把握し、目的の山に見合っているかを慎重に考慮する必要がある。埼玉県の山の多くを占める低山では、道迷いによる遭難が多発している。本書で山の情報を100パーセント伝えることは不可能だが、地形図による予習をはじめ、積極的な勉強によって危険を予測回避し、埼玉県の山を存分に楽しんでいただきたい。

大霧山頂雪景色

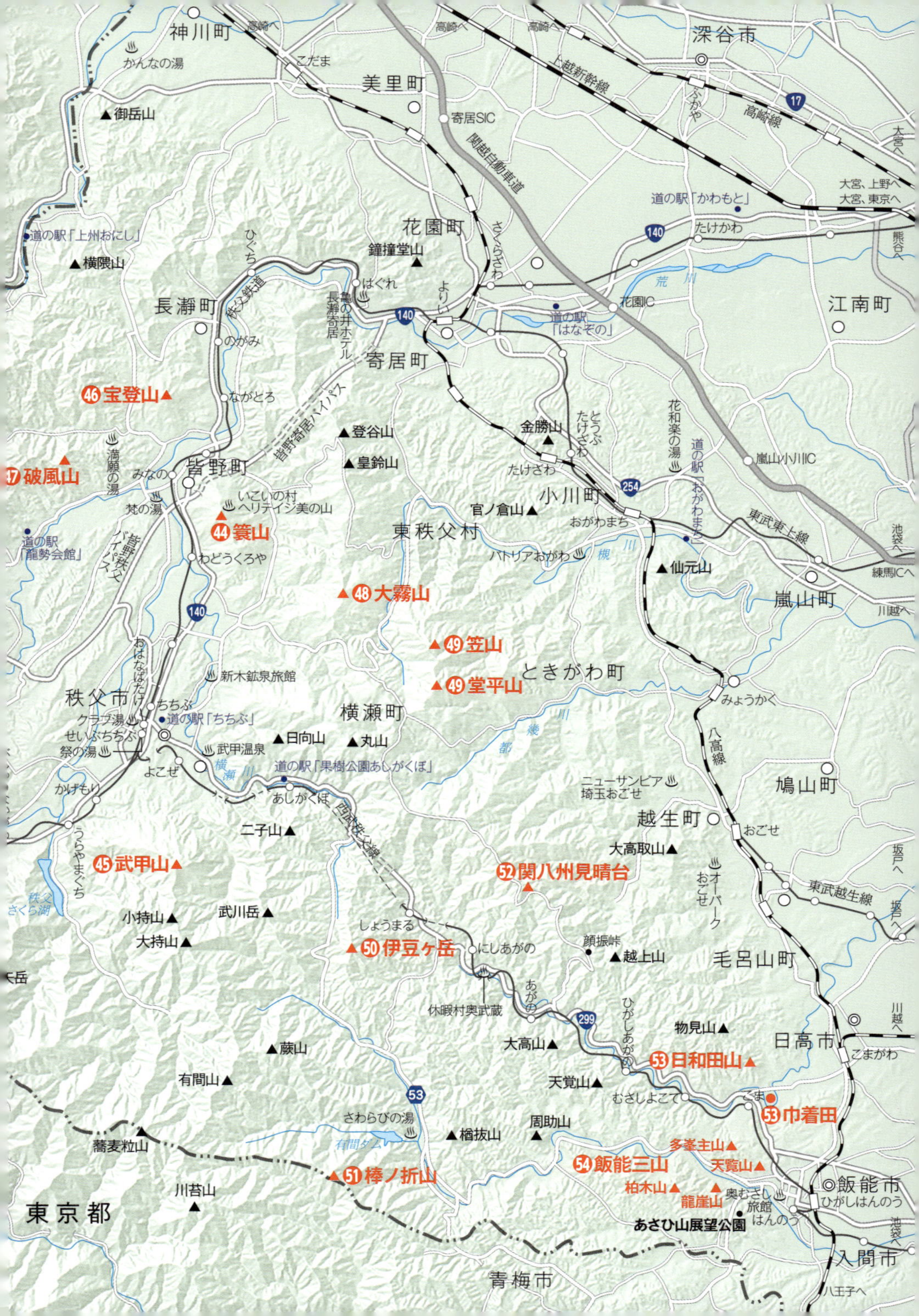

神川町
深谷市
美里町
上越新幹線
高崎線
関越自動車道
花園町
長瀞町
寄居町
江南町
道の駅「かわもと」
道の駅「上州おにし」
道の駅「はなぞの」
鐘撞堂山
御岳山
横隈山
46 宝登山
47 破風山
44 簑山
48 大霧山
49 笠山
49 堂平山
皆野町
小川町
東秩父村
ときがわ町
秩父市
横瀬町
嵐山町
鳩山町
越生町
毛呂山町
日高市
飯能市
入間市
青梅市
東京都
登谷山
皇鈴山
金勝山
官ノ倉山
仙元山
日向山
丸山
二子山
45 武甲山
小持山
大持山
武川岳
蕨山
有間山
蕎麦粒山
川苔山
50 伊豆ヶ岳
52 関八州見晴台
大高取山
越上山
物見山
大高山
天覚山
周助山
53 日和田山
53 巾着田
54 飯能三山
多峯主山
天覧山
柏木山
龍崖山
あさひ山展望公園
51 棒ノ折山
橋抜山
道の駅「ちちぶ」
道の駅「果樹公園あしがくぼ」
道の駅「龍勢会館」
東武東上線
八高線
東武越生線
西武秩父線
秩父鉄道
皆野寄居バイパス
皆野秩父バイパス
荒川
槻川
都幾川
横瀬川
秩父さくら湖
有間ダム

埼玉県の山 全図

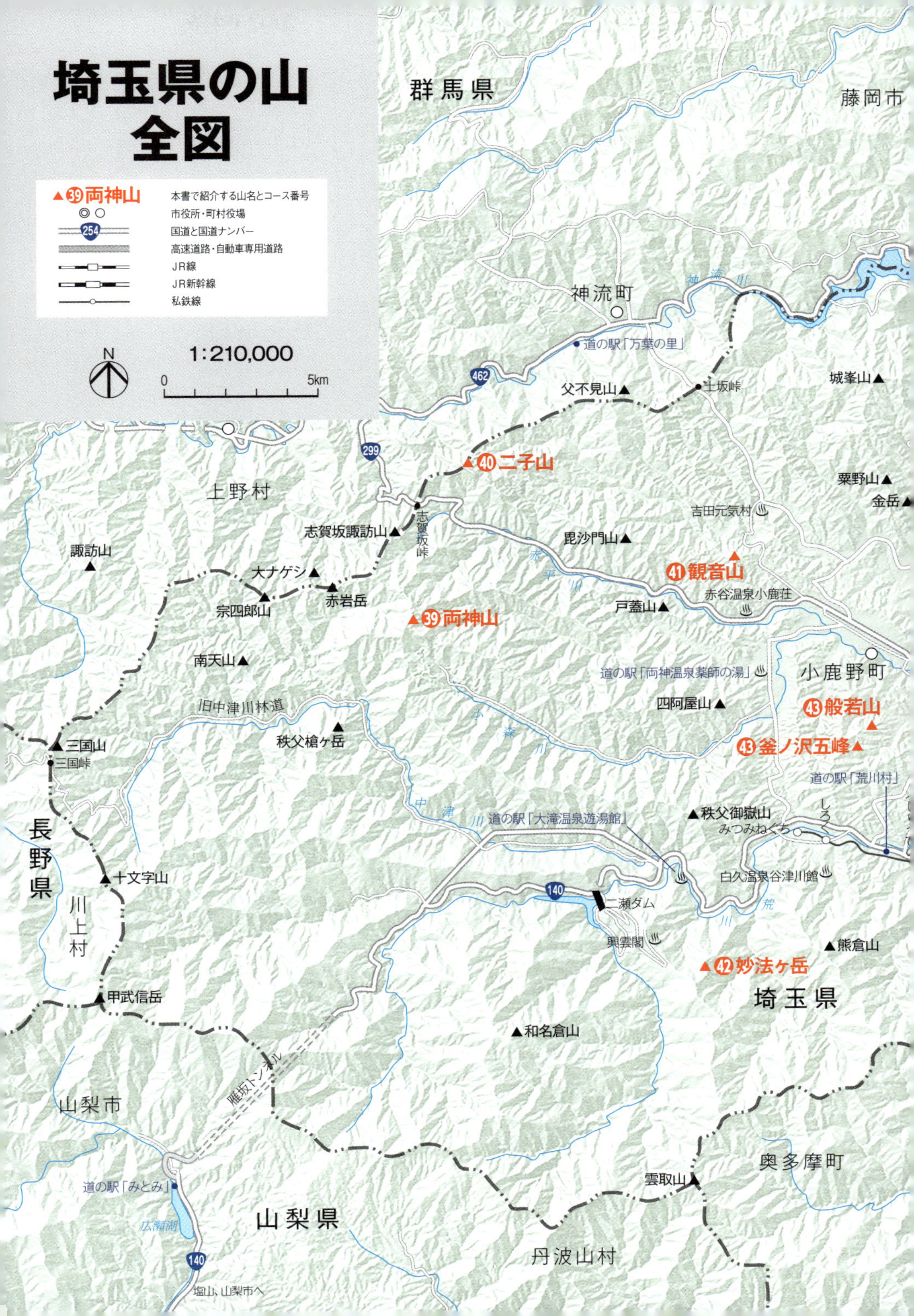
▲39両神山 本書で紹介する山名とコース番号
◎ ○ 市役所・町村役場
254 国道と国道ナンバー
高速道路・自動車専用道路
JR線
JR新幹線
私鉄線
N
1:210,000
0
5km
群馬県
藤岡市
神流川
神流町
道の駅「万葉の里」
462
父不見山
土坂峠
城峯山
299
40二子山
上野村
粟野山
金岳
吉田元気村
志賀坂諏訪山
志賀坂峠
毘沙門山
諏訪山
赤平川
41観音山
大ナゲシ
赤岩岳
宗四郎山
赤谷温泉小鹿荘
戸蓋山
39両神山
小鹿野町
南天山
道の駅「両神温泉薬師の湯」
43般若山
四阿屋山
旧中津川林道
秩父槍ヶ岳
小森川
43釜ノ沢五峰
三国山
三国峠
道の駅「荒川村」
中津川
道の駅「大滝温泉遊湯館」
秩父御嶽山
みつみねぐち
しろく
長野県
十文字山
白久温泉谷津川館
140
二瀬ダム
荒川
川上村
興雲閣
熊倉山
42妙法ヶ岳
甲武信岳
埼玉県
和名倉山
雁坂トンネル
山梨市
奥多摩町
雲取山
道の駅「みとみ」
広瀬湖
山梨県
140
丹波山村
塩山、山梨市へ

39

県内唯一の「日本百名山」へ代表コースを登る

両神山

日帰り

りょうかみさん
1723m（剣ヶ峰）

歩行時間＝6時間45分
歩行距離＝13・0km

技術度
体力度

コース定数＝35

標高差＝1088m

累積標高差 1403m 1403m

　両神山は奥秩父の北端、群馬との県境間近にそびえる岩山だ。秩《ちち》父《ぶ》古生層の古く固い岩質からなる山体は独特の鋸歯状を呈し、風化に強いチャートの岩石がいたるところに切り立った岩壁を立ち上げ、険悪な峡谷を刻んでいる。周囲から抜き出た独立峰で、深田久弥著『日本百名山』の中でも他県と接しない純然たる埼玉県の山は両神山だけだ。

　里に近く、しかも峻険で秀でた山容は、山岳信仰の対象にふさわしい。古来から行われていた雨乞い信仰、自然崇拝、山岳崇拝にはじまり、中世の修験道、近世の講中登山と、秩父地方の霊山として多くの登拝者を迎えてきた。

　両神山の山名起源には諸説ある。日本武尊がイザナギ、イザナミの二神を山頂に祀ったから両神山、あるいは日本武尊が東征の折、この山を八日間見ながら郡中を通ったから、筑波山《つくばさん》から八日間この山を遠望し続けたから「八日見山」などだ。

　そして現在も八丁《はっちょう》尾根の一峰に龍頭《りょうかみ》神社が祀られるように、雨乞いの象徴としての「龍頭山」でもある。八日見はヤオカミとも発音し、オカミは大蛇のことで、すなわち八日見とは八岐の大蛇とも考えられる。「八日見山入口」の石標が龍頭神社の登山口・尾《お》ノ内《うち》に残っているが、険悪な支流を多数擁する尾ノ内沢を、八岐の大蛇に見立てたのだろうか。大蛇の頭が龍というわけだ。山中・山麓の神社には計6対の山犬石像が祀られ、ご眷属信仰も盛んであった。山犬とは狼であり、大神に通じる。

■鉄道・バス
往路は西武秩父線西武秩父駅から小鹿野町営バスを利用、薬師の湯乗り換えで日向大谷口下車。所要約1時間40分。復路は往路を引き返す。

■マイカー
圏央道狭山日高ICから国道299号を秩父市街を経て、小鹿野へ。県道279号で日向大谷口まで約70キロ、1時間40分。バス停の少し下に2ヶ所の無料駐車場が計30台、バス停の隣と登山口直近に有料駐車場がある。トイレは2ヶ所で、バス停下

宗教登山の遺構がそこここに

山頂に抜ける最後のクサリ場を登る

小鹿野市街地から抜き立つ両神山を望む

リョウカミ、ヨウカミ、ヤオカミ、オオカミと、そのいわれと表記漢字はさまざまであっても、結果的に極めて似通った音で呼称されることは興味深い。いずれにせよ、山岳信仰に深い関わりをもつ山であることを証明する山名といえよう。

登山道は古来から多くあったが、廃道となった道も少なくなく、新設された部分もある。そのほか、両神山にはバリエーションルートというべき尾根、沢が無数にある。しかしいずれも経験と技術、装備を備えた者のみの世界だ。本書では、両神山の数多いコースの中から、代表的なコースである日向大谷《ひなたおや》からの表参道を紹介する。これを登り、近年整備された七滝沢道を下るが、上級向き。一般的には往路を戻ることになる。

バスの場合は、**日向大谷口バス**と登山口直下にある。

■登山適期

5月上旬のアカヤシオ、10月下旬の紅葉時がベスト。冬はロングスパッツ、アイゼンが必要。夏でも意外に涼しい。

■アドバイス

▽帰りも表参道にすると、技術度は1ランク下がって2となる。

▽登山口の民宿両神山荘（☎0494・79・0593）に泊まれば余裕がもてる。

▽清滝小屋は避難小屋のため、利用する場合は、食料、炊事用具、寝袋などが必携。

▽小鹿野町営バス乗換地点に両神温泉薬師の湯（☎0494・79・1533）があり、食事もできる。

両神温泉薬師の湯

■問合せ先

小鹿野町観光協会（☎0494・75・5060／町営バスも）

■2万5000分ノ1地形図

両神山

両神山山頂から赤岩尾根や西上州の山々を望む

停から目前の石段を登ると、民宿両神山荘の前が**表参道登山口**だ。表参道にはさまざまな石像や石碑、丁目石が現れる。**会所**《かいしょ》で帰路の七滝沢道を右に分けると、薄《すすき》川を渡り返しながらの登りとなる。

道が右手斜面に移ると、大頭羅《だいずら》神王《しんのう》の石像が立つ**八**《はっ》**海山**《かいさん》だ。木立の急斜面を登ると弘法ノ井戸を過ぎ、休憩所とトイレのある**清滝**《きよたき》**避難小屋**に着く。

清滝小屋から木立の斜面を急登すると、**鈴**《すず》**ヶ坂**《さか》で帰路の七滝沢道を合わせる。産泰尾根はすぐ先で、正面に両神山頂・剣ヶ峰が意外に近い。クサリや階段の続く急な尾根道は、横岩を通り**両神神社**に登り着く。

奥に続く御嶽《おんたけ》神社の前を過ぎ、尾根から北山腹となった道が再び尾根に出ると、急登わずかで主稜線だ。右に進み、2㍍ほどの岩稜を左に越えると10㍍ほどのクサリ場で、これを登れば**両神山**頂上に躍り出る。

二等三角点が埋まる山頂・剣ヶ峰は、武甲山《ぶこうさん》、奥秩父、御座《おぐら》

山頂より赤岩尾根と西上州の山並み

山頂から八ヶ岳、御座山方面の展望

山《さん》、八《やつ》ケ岳《たけ》、浅間山《あさまやま》、北アルプス、西上州《にしじょうしゅう》などの大展望がすばらしい。

帰りは来た道を**鈴ケ坂**まで戻り七滝沢道へ。産泰尾根を左にからみ、木橋を渡るとクサリの連続する急な下りとなる。湿って滑りやすく、滑落死亡事故も起きている道だ。

養老《ようろう》の滝、霧降《きりふり》の滝など険悪な滝場を眺め、小尾根から山腹道になると、ベンチとテーブルの置かれた小平地。ここは**赤滝《あかたき》入口**で、道標にしたがい落ち口から見下ろすと、身震いするような恐怖感に襲われる。

ジグザグの急降で沢床に下り、対岸に渡れば穏やかな道となる。振り返れば両神山の主稜線がはるかに高い。小尾根を越えて、雑木林から杉林に変わるとほどなく**会所**で往路に合流する。山腹道から鳥居を抜ければ、**表参道登山口**の日向大谷が目前に広がる。　（打田鍈一）

アカヤシオに埋もれる５月上旬の山頂

岩場の安全対策が進む表参道

CHECK POINT

1

日向大谷の表参道登山口。公衆トイレ、民宿両神山荘の有料駐車場がある

2

歩きはじめは薄川を高巻く山腹道だ。季節感豊かな雑木林が心地よい

3

薄川を渡り返しながら進むが、河原の道は不明瞭で目印テープが頼りになる

4

道が左岸高みになると、大頭羅神王の石像が祀られる八海山に着く

5

白藤ノ滝への道が左に分かれる。薄川が絞られる滝へは往復30分ほどだ

6

弘法ノ井戸は弘法大師の伝説にまつわる水場だ。水を補給しよう

7

沢奥に立つ清滝小屋は緊急対応の避難小屋だ。周囲にテント場もある

8

産泰尾根に出ると山頂の剣ヶ峰が目前だ。春にはアカヤシオが絢爛と彩る

9

ジグザグの急登で両神神社に出てホッと一息。すぐ奥には御嶽神社が建っている

10

主稜線を右折し2メートルほどの岩稜を左に越える。この先のクサリを登れば山頂だ

11

日本百名山の山頂は登山者で賑わう。展望図盤があり全周に近い展望がみごと

12

七滝沢道のクサリを下りきると赤滝入口。赤滝を見下ろすと恐怖感に身が縮む

＊コース図は140～141ページを参照。

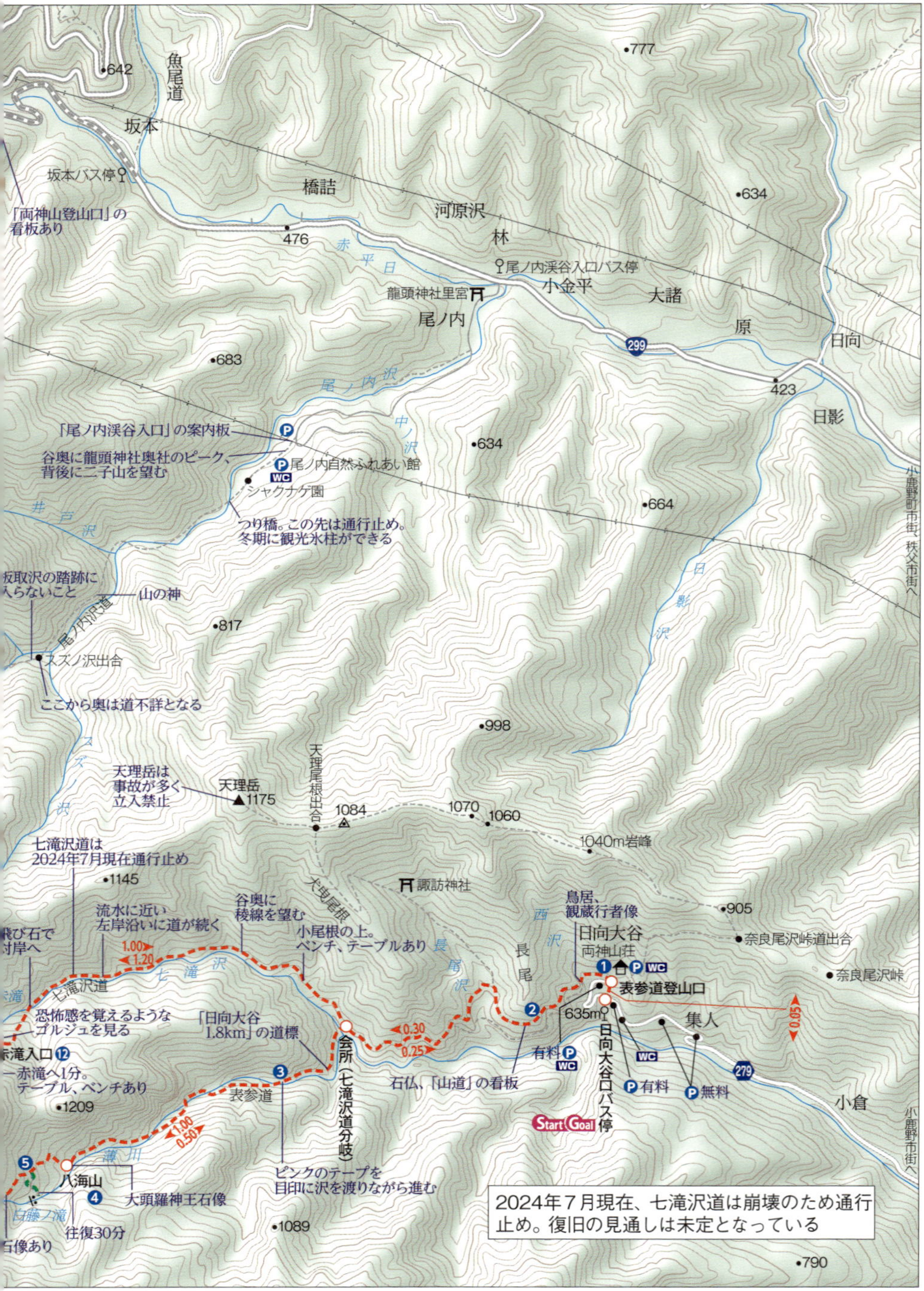

642
魚尾道
坂本
坂本バス停
「両神山登山口」の看板あり
橋詰
476
赤平川
河原沢
林
尾ノ内渓谷入口バス停
龍頭神社里宮
小金平
大諸
尾ノ内
777
634
原
日向
299
423
日影
683
尾ノ内沢
中ノ沢
「尾ノ内渓谷入口」の案内板
谷奥に龍頭神社奥社のピーク、背後に二子山を望む
尾ノ内自然ふれあい館
シャクナゲ園
634
664
つり橋。この先は通行止め。冬期に観光氷柱ができる
井戸沢
小鹿野町市街、秩父市街へ
板取沢の踏跡に入らないこと
山の神
尾ノ内沢道
817
スズノ沢出合
ここから奥は道不詳となる
日影沢
998
スズノ沢
天理岳は事故が多く立入禁止
天理岳
1175
天理尾根出合
1084
1070
1060
1040m岩峰
七滝沢道は2024年7月現在通行止め
1145
諏訪神社
犬戻尾根
905
鳥居、観蔵行者像
日向大谷
両神山荘
奈良尾沢峠道出合
奈良尾沢峠
流水に近い左岸沿いに道が続く
谷奥に稜線を望む
小尾根の上。ベンチ、テーブルあり
西沢
長尾沢
長尾
飛び石で対岸へ
1.00
1.20
七滝沢
七滝沢道
表参道登山口
635m
集人
0.05
恐怖感を覚えるようなゴルジュを見る
「日向大谷1.8km」の道標
会所（七滝沢道分岐）
0.30
0.25
有料
日向大谷口バス停
赤滝入口
一赤滝へ1分。テーブル、ベンチあり
石仏、「山道」の看板
有料
無料
279
小倉
1209
表参道
Start Goal
1.00
0.50
薄川
八海山
大頭羅神王石像
ピンクのテープを目印に沢を渡りながら進む
小鹿野町市街へ
2024年7月現在、七滝沢道は崩壊のため通行止め。復旧の見通しは未定となっている
白藤ノ滝
往復30分
石像あり
1089
790

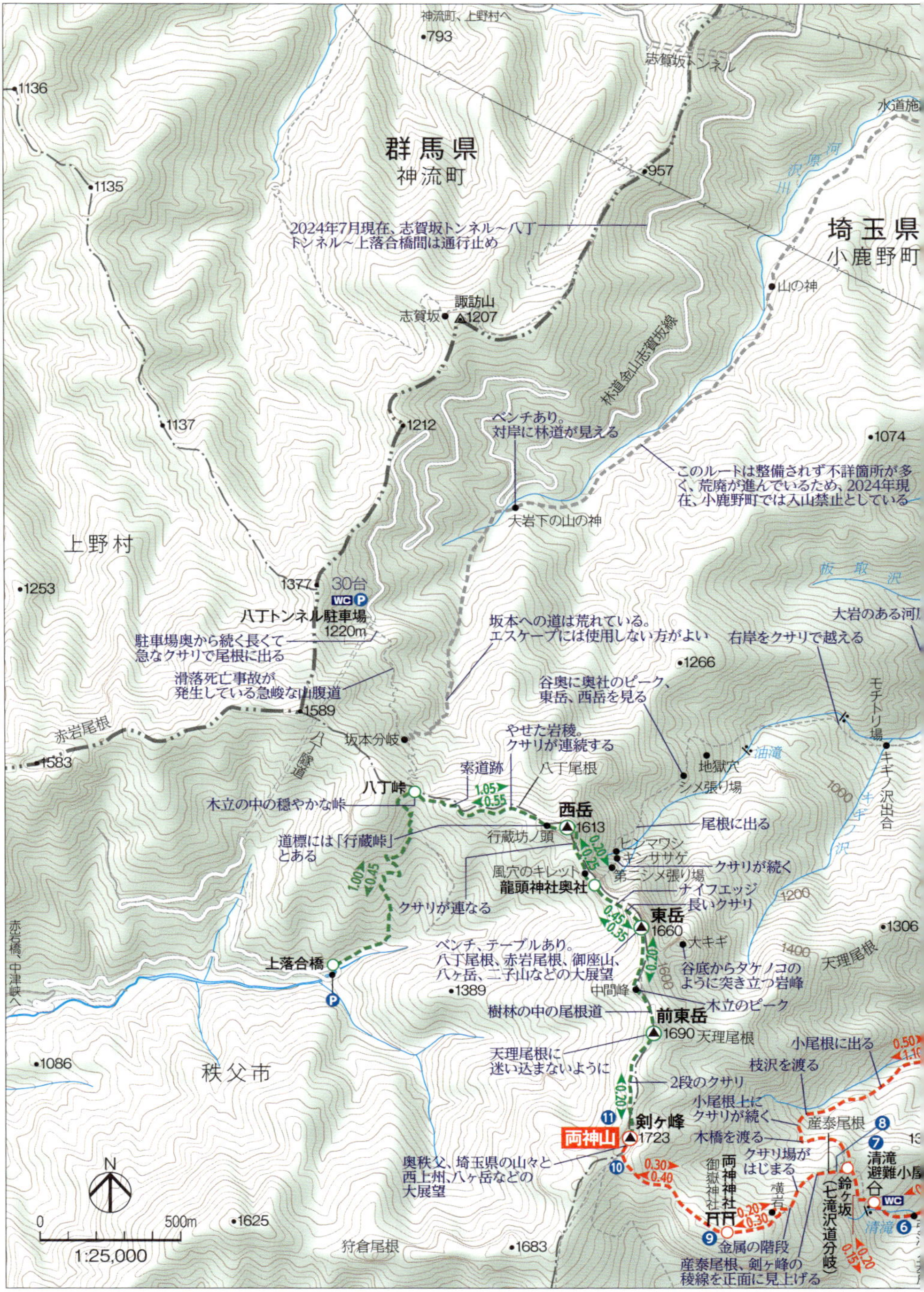

群馬県
神流町
埼玉県
小鹿野町
上野村
秩父市
2024年7月現在、志賀坂トンネル～八丁トンネル～上落合橋間は通行止め
志賀坂トンネル
諏訪山
1207
志賀坂
林道金山志賀坂線
ベンチあり。対岸に林道が見える
大岩下の山の神
このルートは整備されず不詳箇所が多く、荒廃が進んでいるため、2024年現在、小鹿野町では入山禁止としている
30台
八丁トンネル駐車場
1220m
駐車場奥から続く長くて急なクサリで尾根に出る
滑落死亡事故が発生している急峻な山腹道
坂本への道は荒れている。エスケープには使用しない方がよい
坂本分岐
赤岩尾根
八丁峠
木立の中の穏やかな峠
道標には「行蔵峠」とある
索道跡
やせた岩稜。クサリが連続する
八丁尾根
西岳
1613
行蔵坊ノ頭
風穴のキレット
龍頭神社奥社
クサリが連なる
谷奥に奥社のピーク、東岳、西岳を見る
地獄穴
シメ張り場
尾根に出る
ヒンマワシ
ギンササゲ
第二シメ張り場
クサリが続く
ナイフエッジ
長いクサリ
東岳
1660
大キギ
谷底からタケノコのように突き立つ岩峰
中間峰
木立のピーク
ベンチ、テーブルあり。八丁尾根、赤岩尾根、御座山、八ヶ岳、二子山などの大展望
上落合橋
樹林の中の尾根道
前東岳
1690
天理尾根
天理尾根に迷い込まないように
2段のクサリ
剣ヶ峰
両神山
1723
奥秩父、埼玉県の山々と西上州、八ヶ岳などの大展望
小尾根に出る
枝沢を渡る
小尾根上にクサリが続く
産泰尾根
木橋を渡る
クサリ場がはじまる
両神神社
御嶽神社
横岩
金属の階段
産泰尾根、剣ヶ峰の稜線を正面に見上げる
鈴ヶ坂
(七滝沢道分岐)
清滝避難小屋
清滝
右岸をクサリで越える
大岩のある河原
モチトリ場
キキノ沢出合
油滝
坂取沢
天理尾根
赤岩橋、中津峡へ
神流町、上野村へ
水道施
狩倉尾根
1:25,000
500m

40 天空を切り裂く岩稜を行くスリルと展望の一日

二子山

ふたごやま 1166m

日帰り

歩行時間=6時間
歩行距離=7・0km

技術度 体力度

コース定数=22

標高差=666m

累積標高差 804m 804m

国道から見上げる春の二子山

いよいよクライマックス

奥秩父と西上州の境にある二子山は、西岳と東岳の2峰が並ぶ石灰岩の岩山だ。薄い岩稜のどこを登るのかととまどうが、ホールドは豊富でフリクションも頼もしい。西峰、中央峰、東峰と連なる西岳を縦走し、東岳を往復しよう。岩場のスリルと大展望が待っている。

坂本《さかもと》バス停から仁平《にへい》沢沿いの山道を登るが、今は通る人が少なく道標もない。車道に出て右に**坂本登山口**を分けると、次のカーブが**西岳登山口**だ。植林から雑木林に変われば**送電線鉄塔**で、二子山を間近に仰ぎ見る。山腹道から尾根に出たところで**ローソク岩への道**を右に分け、直進すれば岩場となる。岩間を縫い、7ﾒｰﾄﾙほどのクサリを登ると稜線の**坂本下降点**だ。

ここからは両端が切れ落ちた岩稜となる。フェイス、リッジ、ルンゼ、チムニーと多彩な岩場にグイグイと高度を上げる爽快な登りは、緊張感もあって疲れを感じさせない。石灰岩採掘で頭を白く

■鉄道・バス
往路・復路=西武秩父線西武秩父駅から西武観光バス、小鹿野役場乗換で終点坂本へ（西武観光バス☎0494・22・1635）。

■マイカー
圏央道狭山日高ICから国道299号を約60ｷﾛ、1時間30分で坂本登山口。路肩に数台の駐車スペースとトイレがある。

■登山適期
4〜12月。冬の積雪は少ないが、わずかな雪と岩の凍結でスリップの危険が高まる。

■アドバイス
▽岩場がダメな人、高所恐怖症の人、ストックが必要な人はNGのコース。
▽悪天候時はすべりやすく滑落の危険が高まる。入山してはならない。
▽マイカーで坂本登山口から林道を奥に入り、倉尾登山口からローソク岩経由で周回すれば、短時間で二子山のエッセンスを楽しめる。
▽岩稜直下の岩壁には登攀中のクライマーがいるので落石は厳禁。また登攀を終えたあとにクライマーがたどった踏跡が多く、それに迷い込んでの重大事故も発生している。

■問合せ先
小鹿野町観光協会☎0494・75・5060

■2万5000分ノ1地形図
両神山

平坦にされた叶山《かのうさん》を背後に、いつしか西峰を越えれば鋭い中央峰が目前だ。展望広がるやせた岩稜を注意深く登れば、三角点の埋まる**中央峰**に躍り出る。南の両神《りょうかみ》山《さん》、北の御荷鉾《みかぼ》山《やま》などの大展望を楽しもう。

東へ岩稜を行き、東峰の手前で左へ稜線をはずれて一般コースを下る。北面の山腹だが、急峻でクサリも数ヶ所ある。傾斜が緩むと**股《また》峠**だ。

東岳《ひがしだけ》へは直進し、岩根沿いに左へ登る。右手の岩稜に出ると中間テラスで、突き立つ西岳が大迫力だ。正面の岩場を右手から慎重に登り、岩稜を小さく上下すれば**東岳**。両神山がいっそう近い。

帰りは途中から北面にまわり、クサリで下る。**股峠**から南に下れば沢沿いの樹林帯となるが道は荒れ気味なので注意。**坂本登山口**で林道に出ると往路はすぐ右下だ。

（打田鍈一）

CHECK POINT

1 雑木林を抜けたところの送電線鉄塔でひと息入れる。目前の二子山が鬼気迫る迫力で行く手に立ちはだかる

2 坂本下降点からは岩稜登降の連続となる。落ち着いて岩を見れば、手がかり足がかりは豊富だ

3 西岳最高点の中央峰に到着。三角点があり大展望が開ける。南の岩壁はクライマーがいるので落石厳禁

4 東峰を越える上級コースは主にクライマーの下降路だ。一般コースもクサリが次々現れ気を抜けない

5 股峠に到着。南に坂本へ、北に群馬へと越えていた道が下る。東岳へは直進し、岩壁下を左寄りに登る

6 中間テラスから上は下が切れ落ちロープで確保したい。北面にまわればクサリで登れるルートがある

7 岩稜を登降し背後に西岳が高まると、東岳頂上はじきだ。山頂からは両神山がさらに間近い

8 股峠から坂本へ仁平沢沿いに下る。台風被害で荒れているので慎重にルートを読んで下ろう

41 観音山

札所めぐりで最も険しい寺の背後に切り立つ尖峰に遊ぶ

日帰り

かんのんやま
698m

歩行時間＝4時間
歩行距離＝9・0㎞

技術度

体力度

コース定数	＝17
標高差	＝418m
累積標高差	650m / 650m

山頂西端の岩棚から、両神山（左奥）、毘沙門山（中右）、二子山（右端）を眺める

観音山は小鹿野《おがの》町と秩父《ちちぶ》市吉田《よしだ》の境界近くにそびえる小さな岩峰だ。山腹には岩窟中に鎮座する札所三十一番観音院《かんのんいん》があり、参拝客でにぎわうが、疎林の山頂は静寂の中だ。往古の城趾、峠道と合わせて楽しみたい。

地蔵寺は水子地蔵が壮観だ

栗尾《くりお》バス停から北西へ岩殿《いわどの》沢沿いの車道を行く。谷が開けると赤い前垂れをかけたお地蔵様の大群落が目を奪う。1万数千体もの水子地蔵が祀られる地蔵寺《じぞうじ》だ。観音山トンネルをくぐると**観音院駐車場**で、観音山への登山口となる。

一本石造り仁王像の祀られる山門（仁王門）から296段の石段を登ると鷲窟山《しゅうくつさん》観音院で、正面に本堂を抱く大岩窟が圧巻だ。本堂右脇を行き、分岐を右に入れば東奥の院に着く。奇岩に囲まれた観音院を見わたし、その背後に観音山が高い。石仏が並ぶ馬の蹄跡洞窟を通り、先ほどの分岐を右へ。地蔵寺への道を右に分けると**牛首《うしくび》峠分岐**となる。

右に木立の中を急登すれば稜線で、**観音山**は左にわずかだ。疎林の山頂だが、西端の岩棚からは、両神山《りょうかみさん》、毘沙門山《びしゃもんやま》、御荷鉾山《みかぼやま》な

■**鉄道・バス**
往路・復路＝西武秩父線西武秩父駅から西武観光バス約50分で栗尾バス停。

■**マイカー**
東京方面からは国道299号で小鹿野市街地を抜け、栗尾バス停から北へ岩殿沢沿いに行く。国道から約3キロの車道終点が観音院駐車場。無料。トイレあり。

■**登山適期**
通年可能。新緑とミツバツツジの5月上旬、紅葉の10月下旬がベストシーズン。

■**アドバイス**
▽観音院とその周辺は岩石が崩れやすく、西奥の院など立入禁止となっている箇所もある。
▽途中で分かれる地蔵寺への道、北面の日尾へ下る道など本コース以外の道は荒れ気味だ。
▽小鹿野町には名物わらじカツ丼の安田屋（☎0494・75・0074）があるが、場所はわかりにくい。

■**問合せ先**
小鹿野町観光協会☎0494・75・5060、西武観光バス☎0494・22・1635

■**2万5000分ノ1地形図**
長又

どの展望がよい。

牛首峠分岐に戻り、北西への山腹道を進む。左に西奥の院への道を分けるが、ここは崩壊危険のため通行止めとなっている。道が尾根に出ると日尾《ひお》への道を右に分けて、手すりのある崖上を行く。クサリで8㍍ほど下り、日尾城址分岐を直進すると、石碑と石祠が祀られる日尾城址に着く。分岐に戻り、西へ下れば、巨岩を立ち割ったような**牛首峠**だ。吉田川沿いの倉尾《くらお》、赤平《あかびら》川沿いの栗尾の両集落を結ぶ峠だが、それらを経て上州や信州と秩父を結ぶ交易路のひとつでもあったのだろう。

峠から南へ下る沢沿い道は荒れ気味だが滝入口を2ヶ所すぎ、歩きよくなれば**観音院駐車場**は近い。（打田鉄一）

東奥の院からは、観音山が間近に高い

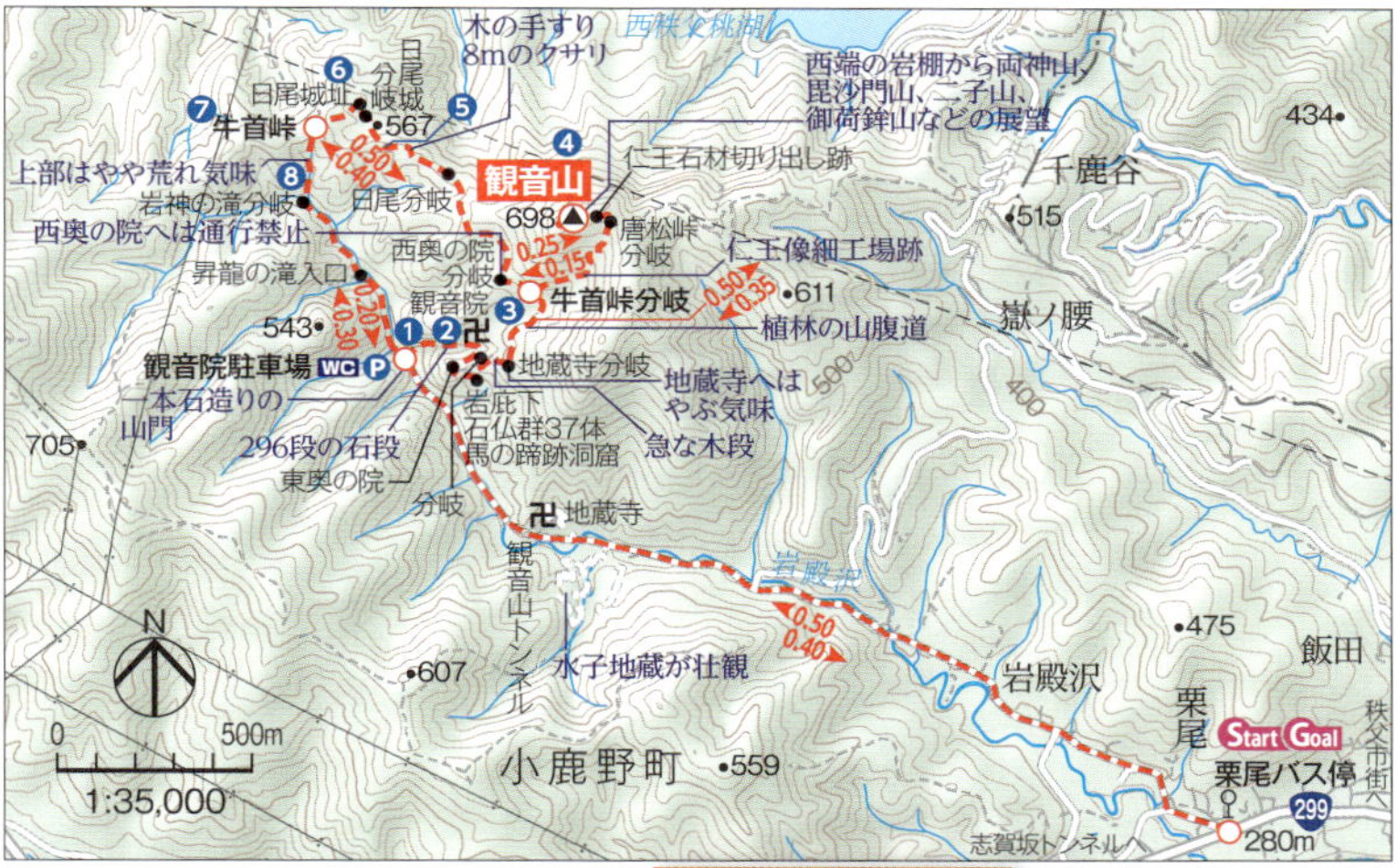

CHECK POINT

1 車道終点の観音院駐車場から山門をくぐり登る。山門には一本石造りで日本一の仁王像が祀られる

2 巨大な岩窟の中に本堂が祀られる鷲窟山観音院。西奥の院、滝の上洞窟石仏などは崩壊危険で立入禁止だ

3 牛首峠への道と分かれ、右へ観音山へと急登する。仁王像の加工場をすぎると唐松峠分岐の尾根に出る

4 観音山頂上は三角点奥の西端で両神山から御荷鉾山方面の展望が開ける。ここから西への尾根は下れない

5 牛首峠分岐からの尾根道は、日尾への道を分けて8㍍のクサリを下る。日尾城址分岐はすぐ先だ

6 日尾城址は木立の中に土塁が残る。石祠が日尾を向いて祀られ、そちらの山城であったことが偲ばれる

7 日尾城址分岐から西へ植林の平地を下り、岩稜を左に外れると巨岩を立ち割ったような牛首峠に出る

8 牛首峠から観音院へ戻る沢沿いの道は荒れ気味だが、滝への道を2ヶ所分けると歩きやすくなる

42

妙法ヶ岳

みょうほうがたけ
1320m
（最高点＝1329m）

三峯神社奥宮を祀る岩峰へ、表参道から裏参道へ周回

日帰り

歩行時間＝6時間35分
歩行距離＝13・0㎞

技術度
体力度

コース定数＝30
標高差＝949m
累積標高差 ↗1375m ↘1375m

↑下山口からは妙法ヶ岳がことさらにりっぱだ

←妙法ヶ岳から望む両神山と浅間山（右奥）

奥秩父《おくちちぶ》の三峰山《みつみねさん》は、雲取山《くもとりやま》、白岩《しらいわ》山《やま》、妙法ヶ岳の総称だ。三山が連なる尾根の北端にある三峯神社は、日本武尊の東征伝説にはじまり、修験道を経てお犬様（狼）信仰に広がり、講中登山などで多くの登拝者を迎えていた。その登った道が表参道、下り道が裏参道で、後者は神社への物資輸送路としても使われた傾斜の緩い道だ。1939年、ロープウェイの開通で裏参道は物資輸送の役割を終え、表参道も登拝者は激減。しかし起点の大輪《おおわ》集落はロープウェイによる観光客、登山者の増加で倍旧の隆盛をみる。

そのロープウェイも、三峯神社への車道整備、バス便の普及などにより、2007年、68年間の役割を終えた。多くの登山者もバス利用となったが、表参道は健在で、裏参道も近年再整備されている。

大輪バス停から鳥居をくぐり、表参道に入る。登拝者が水垢離をした**清浄《せいじょう》の滝**をすぎると、尾根上の登りで**薬師堂跡**に着く。尾根道が民家をすぎると**奥宮遥拝殿**で、妙法ヶ岳が厳めしく神々しい。随身門手前の車道を左に行けば、三峰山博物館の先で雲取山への縦走路に出る。

雲取山に向かってしばし、トイレ

■鉄道・バス
往路・復路＝西武秩父線西武秩父駅から西武観光バスに乗り、大輪下車。

■マイカー
関越道花園ICから国道140号を皆野寄居バイパス経由約45㌔、1時間で大輪バス停。大輪にはかつての茶店の駐車場（有料）が数ヶ所ある。

■登山適期
通年可能だが、12〜3月は軽アイゼン、ロングスパッツが必要だ。

■アドバイス
▽大輪バス停、下山口にトイレはあるが、冬期は閉鎖。下りは三峯神社バス停から西武秩父駅までバス利用もできるが、本数は少ない。
▽三峰山博物館（☎0494・55・0241）では三峰山、神社などに関する信仰を中心にした資料、宝物などが展示されている。その前にある大島屋（☎0494・55・0039）は、通年営業（不定休）の茶店。

大島屋は冬でも営業

■問合せ先
秩父市大滝総合支所地域振興課☎0494・55・0861、西武観光バス☎0494・22・1635

■2万5000分ノ1地形図
三峰・雲取山

のある**奥宮第一分岐**、登山届ボックスがある第二分岐、続いて**第三分岐**で、雲取山への道から左にはずれて鳥居をくぐる。さらに東北へ派出する尾根上へ「奥宮」の鳥居を2つくぐると岩稜になる。クサリのある岩場を登れば**妙法ヶ岳**頂上だ。三峯神社奥宮が祭られ、雲取山、白岩山、和名倉山《わなくらやま》、両神山《りょうかみさん》などの大展望が広がる。

帰りは来た道を戻り、茶店の前で往路を右に分けて直進する。鳥居の立つY字路を右へ。「神庭《かにわ》・岡本《おかもと》バス停」を示す道標を目印に、「シャクナゲ園」の看板のある地点が**裏参道下山口**。ここで裏参道に入る。時折妙法ヶ岳を見上げる穏やかな道だ。神庭集落から**国道**に出たら、**大輪**までは車道を歩く。

（打田鍈一）

CHECK POINT

1 登竜橋を渡り、石碑の立ち並ぶ坂道を登ったところが表参道登山口で、ロープウェイの駅があった場所だ

2 沢沿いの山腹道が尾根をからむと上品な風情の清浄の滝に着く。あずまやが建ち付近には石碑が多い

3 明るい尾根に出た地点が薬師堂跡で、あずまやが建ち、対岸にそびえる妙法ヶ岳を眺めて休憩するのによい

4 奥宮遥拝殿をあとにすると正面に随身門が登拝者を迎えるように立つ。ここが表参道であることの証明だ

5 雲取山への縦走路から第三分岐で分かれ、左に「奥宮」の額がかかる鳥居をくぐるとひと気が少なくなる

6 岩まじりの小ピークを越え、クサリのある岩場を登ると三峯神社奥宮の祀られる妙法ヶ岳頂上に出る

7 狭い妙法ヶ岳山頂は奥宮だけでいっぱいだが、雲取山、白岩山、和名倉山、両神山などの展望が広大だ

8 三峯神社南面の舗装路を登るとロープウェイ駅跡にある裏参道下山口だ。「シャクナゲ園」の看板が立つ

43

般若山・釜ノ沢五峰

登山者に縁薄い山域にあるスリルと展望のミニ岩峰めぐり

はんにゃさん・かまのさわごほう
590m
（中ノ沢ノ頭）

日帰り

歩行時間＝6時間
歩行距離＝11・0㎞

技術度

体力度

コース定数＝22

標高差＝350m

累積標高差 810m 810m

やせた岩稜上に祀られるお船観音

亀ヶ岳展望台からは武甲山方面の大観も広がる

小鹿野《おがの》町に「般若」という地域がある。大般若心経を写経した高僧にちなむ地名で、登山者には縁薄いが、ミニ岩峰が隠れている。

長若《ながわか》中学校前バス停から車道を西へ。**法性《ほうしょう》寺《じ》分岐**を右に行けば札所三十二番**法性寺**に着く。石段を登り、右に観音堂を見上げて岩間の道に入る。

沢沿い道から右に龍虎岩《りゅうこいわ》を見上げ、突き当たる石仏群を右に行けば明るい岩稜だ。右へ馬ノ背状の岩稜を行けば、武甲山《ぶこうさん》や城峰《じょうみね》山《さん》などが広がり、末端に**お船観音**が祀られる。

戻って、西の岩上に大日如来を見上げ、尾根上を登ると**三角点**に出る。南に向かいすぐ東への尾根を下り、鉄塔の先で右に沢を渡れば**亀《かめ》ヶ岳《たけ》展望台**に着く。左に亀ヶ岳が近く、武甲山方面が広大だ。

樹林に入り、右に雨乞岩洞穴を見れば、**長若山荘**の裏に出る。右手の沢沿い道に下りると植林の斜面を登り返し一ノ峰に着く。さらに行き、「子兵重岩」への道標で左に登ると二ノ峰だ。「子兵重岩」はその別名だが、石標の三ノ峰は間違いだ。

熊倉山方面の展望を眺めてクサリで下り、登り返せば**三ノ峰**だ。元は「兵重岩」とよばれ、展望はさらに大きい。

四ノ峰をすぎると穏やかになり、五ノ峰先の**鉄塔**付近で両神《りょうかみ》山《さん》と二子山《ふたごやま》を眺めて左折。布沢《ぬのさわ》峠をすぎ、モミの巨木を見上げれば**中《なか》ノ沢《さわ》ノ頭《あたま》**に着く。本コースの最高点で、帰路が東に下るが、樹林の地味なピークだ。

南へわずか下れば金精神社のある**文殊《もんじゅ》峠**で、峠上のミニ天文台付近は両神山などの展望が広大だ。

中ノ沢ノ頭へ戻って東へ下ると**竜神山《りゅうじんやま》**を越える。賽《さい》の洞窟《どうくつ》を見て登り返した**兎岩《うさぎいわ》**が本コースのクライマックス。クサリの手すりで岩稜を下り、樹林を抜ければ林道の**文殊峠登山口**に下り着く。北へたどり、**長若山荘**の前を通れば、往路へはじきだ。

（打田鉄一）

CHECK POINT

1 法性寺の山号は般若山。般若の面が掛かる本堂の背後には、奇岩にお堂や石仏などが祀られる

2 中央の岩上に祀られる大日如来へはクサリで登る。岩上は城峰山などの展望が大きいが足もとには注意

3 亀ヶ岳展望台からは亀のような亀ヶ岳が目前だが、亀ヶ岳へ登る道はない。東に武甲山方面が広がる

4 右に雨乞岩洞穴をすぎると長若山荘の裏に出る。右折し左の沢に下りれば釜ノ沢五峰への道に合わさる

5 「三ノ峰」の石標は2ヶ所あるが手前は二ノ峰で間違い。ここが正しい三ノ峰で兵重岩とよばれた

6 中ノ沢ノ頭から直進し文殊峠に出れば天文台が建つ。ドーム背後からは両神山などの大展望がすばらしい

7 林道への下降路を右に分けて竜神山へ。四等三角点が埋まる灌木のピークで、越えると賽の洞窟がある

8 兎岩は馬の背状の岩稜にクサリの手すりがつけられている。二ノ峰から見下ろすとやせ岩稜が顕著だ

■鉄道・バス
往路・復路＝西武秩父線西武秩父駅から小鹿野町営バス28分で長若中学校前バス停下車。

■マイカー
東京方面からは国道299号、140号、県道209号で長若交差点を左折すれば法性寺分岐。法性寺の駐車場が利用できる。

■登山適期
通年可能。冬でも雪は少ないが、スリップには注意。5月上旬、10月下旬がベスト。

■アドバイス
▽般若山という名のピークはなく、法性寺背後の山々全体の呼称だ。
▽釜ノ沢五峰は民宿長若山荘（☎0494・75・1496）の主人が個人で整備した道だ。同民宿に泊まれば余裕をもてる。

民宿長若山荘

▽小さな山だが、切り立った岩場が多く、ミスは死亡事故につながるので慎重に。

■問合せ先
小鹿野町観光協会・小鹿野町営バス ☎0494・75・5060

■2万5000分ノ1地形図
秩父

44

簑山

みのやま
582m

日帰り

絶品の花と新緑！ 静かな尾根道から展望とにぎわいの頂へ

歩行時間＝2時間45分
歩行距離＝6・0㎞

技術度

体力度

コース定数＝12

標高差＝427m

累積標高差 461m 439m

観光客でにぎわう簑山頂上。ザックは一人だけ！

簑山は荒川の右岸、秩父《ちちぶ》市と皆野《みなの》町の境界にもっそりとそびえる独立峰だ。山頂付近は県立美の山公園として整備され、サクラ8000本、ヤマツツジ3500本、アジサイ4500本などが植樹され、4～6月には華やかだ。マイカーで山頂まで登れるので観光客が多いが、歩けば静かで季節感豊かな山の表情を味わえる。

親鼻《おやはな》駅構内の踏切を渡り、国道を横断して左前方の萬福寺《まんぷくじ》へ。境内手前から左に戻るような舗装路に入れば、右へ稲荷神社の鳥居をくぐって登山道となる。急登で登り着いた富士《ふじ》嶽《たけ》大神《おおみかみ》の祀られるピークは仙元山《せんげんやま》で、このコース名の由来だ。

↑下り着いた下山集落は花の里

←和銅遺跡に立ち寄る

わずか下り、心地よい雑木林の尾根道を行けば、車道を横切る。山腹道と変わり、次の**車道**に出れば、左にいこいの村ヘリテイジ美の山が間近だ。

車道を右に行き、すぐ

■鉄道・バス
往路＝秩父鉄道親鼻駅。
復路＝秩父鉄道和銅黒谷駅。

■マイカー
縦走なのでマイカーは不向きだが、皆野町役場に駐車できることもある。事前に観光協会へ問合せること。ここから秩父鉄道を利用する。

■登山適期
通年可能だが、4月中旬、桜と新緑の時季がベスト。5月のツツジ、6月のアジサイ、10月下旬の紅葉もよい。

■アドバイス
▽本コース以外には皆野駅から登る表参道、高原牧場入口バス停から登り、本コースと並行して萬福寺に下る関東ふれあいの道などの登山道がある。
▽和銅黒谷駅は旧称黒谷駅なので、道標は黒谷駅のままが多い。
▽和銅黒谷駅から徒歩15分の所にゆの宿和どう（☎0494・23・3611）があり入浴できる。14時まで（事前に問合せを）。

■問合せ先
皆野町観光協会☎0494・62・1462、秩父観光協会☎0494・21・2277

■2万5000分ノ1地形図
皆野

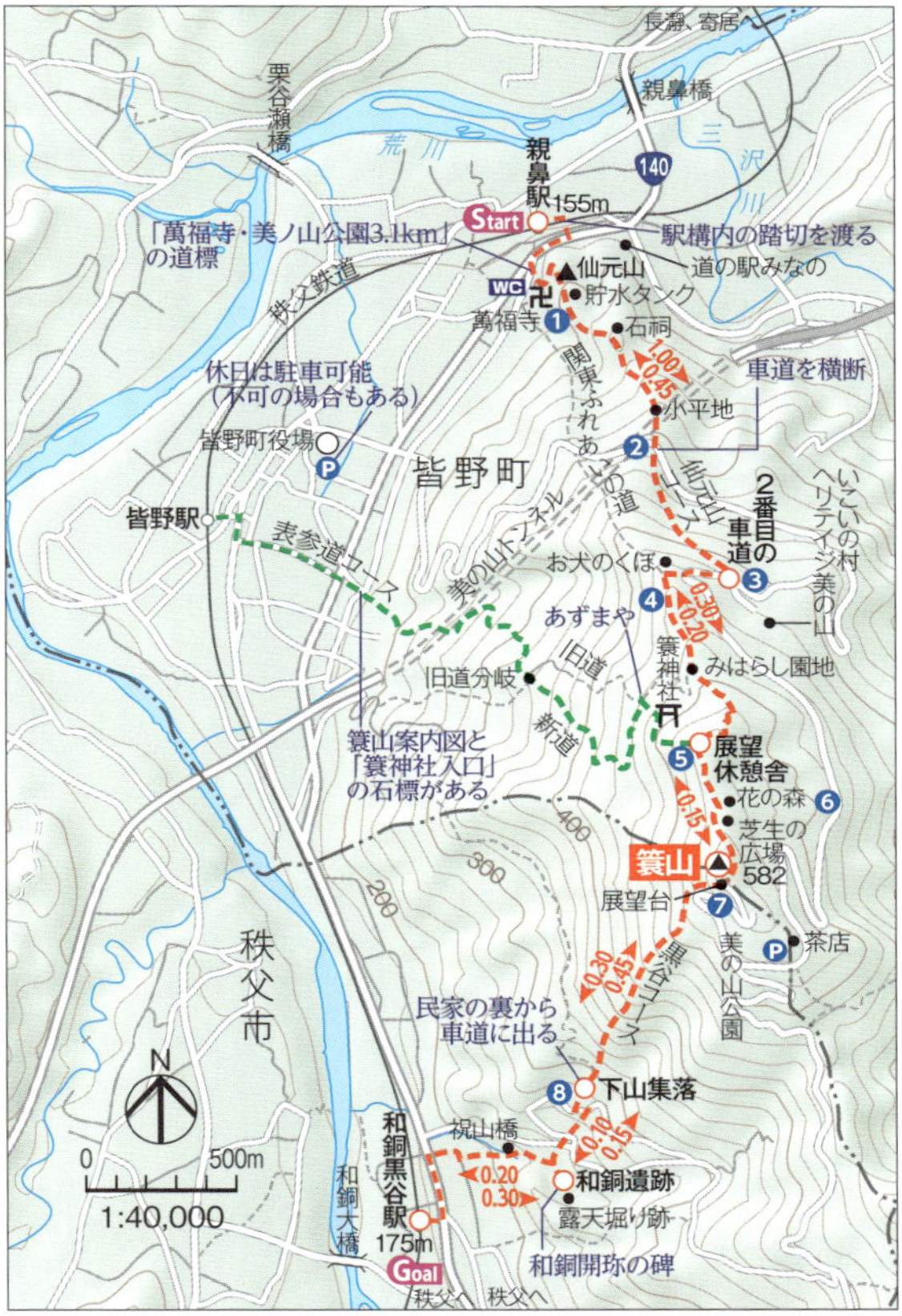

先で右の山道に入れば、お犬のくぼの先で関東ふれあいの道に合わさる。石段道からみはらし園地に出ると舗装路だ。トイレ跡をすぎ、急登すると、西から表参道の合わさる**展望休憩舎**に着く。平坦になった尾根の東斜面には花の森が艶やかだ。

コンクリートの展望台がある**簑山頂上**はすぐ先で、時計塔などのある広場は、花の時季には一大観光地の様相だ。展望台上には三角点が埋まり、武甲山《ぶこうさん》、奥秩父、両《りょう》神山《かみさん》、釜伏山《かまぶせやま》などの大観が広がる。

帰りは展望台の下から西へ和銅《わどう》黒谷《くろや》駅を目指す。まばらな雑木林の尾根道は、しだいに傾斜を増し、民家の裏から**下山《しもやま》集落**に出る。里道を道標にしたがい、静かな谷間の**和銅《わどう》遺跡**に立ち寄ろう。元の道に戻り、祝山橋を渡り切り通しを越えれば国道に出る。左折すると信号の右奥が**和銅黒谷駅**だ。（打田鍈一）

CHECK POINT

春には登山口の萬福寺も花盛りとなる。登山道は左後方へ戻るように墓地脇から稲荷神社へと登る

車道を横切って登るが、サクラが頭上に、スミレ、イチリンソウなどが足もとに艶やかな道だ

次の車道に出ると、左にはいこいの村ヘリテイジ美の山が間近だ。車道を右に行き、また山道に入る

お犬のくぼをすぎると、ほどなく関東ふれあいの道に合流。道は広くなり、やがてみはらし園地に出る

皆野駅から簑山神社経由の表参道が合わさる展望休憩舎。城峰山方面を望み、山側に榛名神社が鎮座する

稜線の東斜面には花の森が広がり、オオシマザクラ、エドヒガンなどがソメイヨシノのあとに開花する

簑山頂上の展望台からは両神山、武甲山、秩父盆地、登谷山などが広がり、台上には三角点が埋まる

和銅黒谷駅へ向かい尾根道を下ると下山集落に出る。春爛漫、桃源郷のような山村風景に溶け込むようだ

45

武甲山

ぶこうさん
1304m

石灰岩採掘で姿を変えたが今も威厳を保つ秩父の名山

日帰り

歩行時間＝5時間15分
歩行距離＝9・5km

技術度
体力度

コース定数＝21
標高差＝779m
累積標高差 851m 1126m

秩父盆地を見下ろすようにそびえる武甲山。左は横瀬二子山

武甲山は秩父を象徴する名山だ。秩父盆地からいっきにそびえ立つその山容は、農事、産業、宗教、学芸など、あらゆる面で山麓の文化に強い影響を与えてきた。残念ながら大正初期からはじまった石灰岩採掘は拡大し、標高と風貌は大きく損なわれた。しかし今でも秩父の人々の心の山であることは変わらない。

生川《うぶかわ》沿いの車道からは、行く手に武甲山が威圧的だ。**一の鳥居**前で直進する妻坂《つまさか》峠への道を分け、右の表参道へ。左にシラジクボへの道を分け、広い道が左へ橋を渡ると**登山道入口**だ。左岸の山道に入ると、5㍍ほどの不動滝を見る。杉林の急登が緩むと**大杉の広場**で、貫禄充分な大杉が枝を広げる緑陰の休憩適地となっている。

尾根道から左へ山腹の登りになると、**山頂分岐**に着く。北に御嶽神社が祀られ、春にはカタクリなどの乱舞する平坦地だ。御嶽神社の背後へ登れば**武甲山**山頂の第一展望所。展望図盤が置かれ、北アルプス、浅間山《あさまやま》、西上州の山々、榛名山《はるなさん》、日光方面、赤城《あかぎ》山と、広大な展望がすばらしい。5月上旬には眼下に芝桜の丘がピンクに染まる。東方には外秩父の山並みが広大だ。

南へ下り、武甲山の肩から奥武

春の山頂から見下ろす芝桜の丘

■鉄道・バス
往路＝西武秩父線横瀬駅からタクシー約10分で一の鳥居。
復路＝秩父鉄道浦山口駅。

■マイカー
圏央道狭山日高ICから国道299号経由で一の鳥居まで約42㌔、1時間。約70台の無料駐車場がある。

■登山適期
通年。冬は軽アイゼンが必要。5月上旬、10月下旬がベスト・シーズン。

■アドバイス
▽橋立鍾乳洞（☎0494・24・5399）は3〜12月上旬のオープン。洞長約140㍍。鍾乳石、石筍、石柱などを鑑賞できる。
▽近くに日帰り専門の武甲温泉（☎0494・25・5151）がある。

■問合せ先
横瀬町役場振興課☎0494・25・0114、秩父観光協会☎0494・21・2277、秩父ハイヤー☎0494・24・8180、秩父鉄道☎048・523・3313

■2万5000分ノ1地形図
秩父

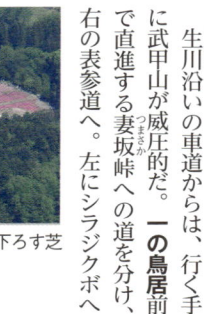

蔵、奥多摩の山々を眺めたら、西へ、カラマツ林の橋立《はしだて》コースを下る。両神山《りょうかみさん》を眺め、尾根に出たところが**長者屋敷ノ《ちょうじゃやしき》頭《あたま》**で、左に小持山《こもちやま》が高い。露岩交じりのやせ尾根を注意深く下れば、道は左に尾根をはずれる。植林の急斜面をジグザグに下って**橋立コース登り口**へ。

沢沿いの道を下り、橋を渡れば林道終点だ。林道を行くと現れる大岩壁に橋立鍾乳洞があり、秩父札所二十八番石龍山橋立堂が祀られる。

舗装路を下り、橋の下でY字路を左へ。里道で秩父鉄道の線路をくぐれば**浦山口駅**はすぐ左だ。

（打田鍈一）

CHECK POINT

登山口となる一の鳥居の前後には計80台ほどの駐車場とトイレがある。トイレの右から登山道がはじまる

林道は左へ橋を渡るが、武甲山へは左岸通しの登山道を行く。じき右手に5㍍ほどの不動ノ滝を見る

杉木立の中にひときわりっぱな大杉が立つ大杉の広場。暑い時期には特にうれしい休憩適地だ

尾根道から山腹道と変わり、稜線に出たところが山頂分岐。御嶽神社はすぐ右で、その裏が第一展望所だ

武甲山頂上と記された第一展望所からは北アルプスや浅間山、西上州、日光方面の山々などの展望が広がる

武甲山の肩から橋立コースは急な山腹をジグザグに下るが、長者屋敷ノ頭で尾根道になると傾斜は緩む

尾根から植林の急斜面を下り橋立コース登り口に着けば、すぐ下に橋立川の清流が心地よい

橋立鍾乳洞まで来ると観光客の車でにぎわっている。浦山口駅へは橋の下を左に下ればもうじきだ

長瀞駅前から見上げる宝登山

46 宝登山

ほどさん
497m

「宝の山」に登り、季節感豊かな雑木林の尾根道を縦走

日帰り

歩行時間＝3時間35分
歩行距離＝8・5km

技術度
体力度

コース定数＝14
標高差＝357m
累積標高差 ↗469m ↘469m

ロウバイ

宝の山に登るとはなんともめでたい山名だ。しかし本来は「火止《ほど》山《さん》」だった。日本武尊は東征の折この山に登拝したが、猛火に襲われた。それを山犬（＝狼）が助け火止山と名づけたが、後年宝登山に変わったという。山麓には宝登山神社が祀られ、神武天皇、大山祇神とともに火を制御する火産霊《ほむすびの》神《かみ》も祀られる。三峯神社、秩父神社とともに秩父三社とよばれ、山頂の奥宮に鎮座する狛犬は野性的迫力満点の狼だ。

宝登山はロープウェイで山頂近くまで登れ、1～2月にはロウバイ、3～4月には梅林と、冬場でも観光客を引きつける。山頂から北へ下る尾根は長瀞《ながとろ》アルプスとよばれ、四季の表情豊かな雑木林が美しい。

長瀞駅から表参道で宝登山に登り、長瀞アルプスへと縦走しよう。行く手に宝登山を見上げて車道を登る。宝登山神社を右に見て、正面の表参道へ。ロープウェイ山麓駅を左に分けると広い道となるが、車は通らない。背後に釜《かま》

■鉄道・バス
往路＝秩父鉄道長瀞駅下車。
復路＝秩父鉄道野上駅から乗車。

■マイカー
関越自動車道花園ICから寄居皆野バイパスに入らず、国道140号を約1時間で長瀞駅。長瀞駅前に有料駐車場あり。帰りは野上駅からひと駅間だけ電車に乗る。野上駅にも有料駐車場がある。

■登山適期
通年。冬は軽アイゼンを用意するほうが安心だ。

■アドバイス
▽奈良沢峠は舗装林道の屈曲点だが、左手を注意して歩くこと。長瀞アルプスは私有地を好意で整備している。料金箱に協力金を。
▽ロープウェイを利用すれば、登りを1時間以上短縮できる（ロープウェイ宝登山麓駅☎0494・66・0258）。
▽長瀞駅間近の岩畳は国指定天然記念物。広く荒々しい岩棚が清流に張り出す奇景に立ち寄りたい。

■問合せ先
長瀞町観光協会☎0494・66・3311

■2万5000分ノ1地形図
鬼石

伏山《ふせやま》や登谷山《とやさん》方面の山並みが高まると、ロープウェイ山頂駅を左に見てロウバイ園に入る。すぐ先が木立の**宝登山**山頂で、奥宮は東面に祀られる。

山頂から北西に下る裏参道は急な木段が約300段連続し、登りだと「心臓破りの木段」になる。舗装の林道を右へ10分ほど下り、**奈良沢《ならさわ》峠**から左へ長瀞アルプスに入る。雑木林の山稜は穏やかに起伏し歩きよいが、小鳥《ことり》峠、野上《のがみ》峠、ともにこれを越える峠道は廃道だ。道はほとんど尾根通しだが、304メートル峰は東を、御嶽《みたけ》・天狗山《てんぐやま》は西を巻く。道標は控えめなので見落とさぬよう注意したい。尾根を右にはずれ、沢から里道に出ると**萬福《まんぷく》寺**に着く。

田園風景の車道を南に向かえば、歩いたばかりの長瀞アルプスが右手に好ましい。道が左にカーブすれば**野上駅**は正面だ。

（打田鉄二）

CHECK POINT

広い表参道を登りロープウェイ山頂駅に近づくと、背後に釜伏山や登谷山方面の山並みが広がってくる

宝登山山頂直下のロウバイ園は1月上旬～2月下旬、少し下の梅百花園は2月上旬～3月下旬が見ごろとなる

宝登山頂上は樹林の中だが西に開けて両神山を望める。南には秩父盆地と武甲山も大きく広がっている

裏参道は急な木段の下り。これを登りにとると「心臓破りの木段」となるので逆コースはすすめられない

舗装の林道から左の尾根に入ると、これまでと大きく変わり、四季の表情美しい雑木林の世界となる

宝登山を背後に長瀞アルプスの尾根道を行く。尾根を越える峠道は廃道が多いが、氷池へは下れる

290メートル峰で宝登山を振り返り小休止。葉の落ちた冬は木肌が艶やかに輝き、陽光の暖かさに満ちている

尾根道が沢に下ると里道になる。独特の低い塀が続く萬福寺からは、長瀞アルプスを見上げて野上駅へ

大前山からは両神山を遠く眺める急な下りだ

47

日帰り

破風山

日帰り温泉を起点の展望とちょっぴりスリルのミニ縦走

はっぷさん
627m
(コース最高点＝653m／大前山)

歩行時間＝3時間50分
歩行距離＝6・5km

技術度
体力度

コース定数＝**15**
標高差＝448m
累積標高差 580m 510m

破風山は、秩父盆地の北方に屋根形の山稜を遠慮がちにそばだてている。西には秩父札所三十三番菊水寺《きくすいじ》と三十四番水潜寺《すいせんじ》を結ぶ札《ふだ》立《たて》峠があり、往時は巡礼者でにぎわった。南の桜《さくら》ヶ谷《や》集落からの登山者が多いが、北面の温泉センターを起点に、西へのびる静かな岩尾根を縦走しよう。

秩父温泉前バス停から橋を渡り温泉の建物背後の車道へ。丁字路を右折し、道なりに進む。左から落ちる尾根の端が登山口だ。

木立の尾根を登り、風戸《ふと》集落の車道を行けば「風戸の鏡肌」をすぎる。あずまやの広場から山道となり、小尾根に出れば光あふれる雑木林の山稜だ。東に皆野《みなの》駅へ下る尾根道を分け、西へ登ると**猿岩**《さるいわ》に着く。尾根は南に曲がり、雑木林が広がればあずまやの立つ稜線だ。反対側より桜ヶ谷からの道を合わせ、西へ木立のやせ尾根を行けば、明るい**破風山**頂上に躍り出る。三角点があり、石祠の祀られる山頂は南に開け、武甲山《ぶこうさん》、秩父市街地、武川岳《たけかわだけ》、丸山《まるやま》などが広大だ。

破風山頂上から武甲山と秩父の町並み。手前は長尾根

■鉄道・バス
往路＝秩父鉄道皆野駅から皆野町営バス18分で秩父温泉前バス停下車。復路＝同バス秩父華厳前バス停から27分で皆野駅へ。

■マイカー
関越自動車道花園ICから国道140号、皆野寄居道路、県道44号など約30㌔、20分で秩父温泉満願の湯裏のふれあい広場駐車場(無料・トイレあり)。

■登山適期
通年可能。ツツジと新緑の5月上旬、紅葉の11月上旬がベストだが、冬枯れの雑木林も美しい。冬の積雪は少ないが、軽アイゼンとロングスパッツは用意する。

■アドバイス
▽如金さまから先は岩稜となるので岩場が苦手なら、札立峠から水潜寺へ下ればよい。
▽秩父温泉満願の湯(☎0494・62・3026)は滝を望む4つの露天風呂が魅力の日帰り温泉で、疲労回復によい。食堂のメニューは豊富だ。隣接する満

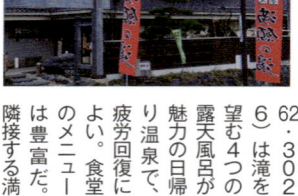

CHECK POINT

登山道は風戸の山村に出ると車道となる。断層による露頭の鏡肌を眺め、高原状の里道をのんびり登る

植林の登山道が尾根に出ると、一転して明るい雑木林の世界となる。東に皆野駅からの山靴の道が合わさる

尾根道を行くと猿岩に突き当たる。上を向いた猿の顔に見えなくもない。コースはここから南に曲がる

南面に大展望が広がる破風山頂上に到着。石宮が祀られ、武甲山や奥秩父の山々、秩父盆地を見わたせる

札立峠は今でも残る巡礼道。岩場の苦手な人はここから北の水潜寺へ下ろう。札所三十四番の結願寺だ

如金さまの岩峰を巻いて登山道は西へのびる。この先は岩場で、やせ岩稜やクサリでの登降が多くなる

頭の欠けた石像の立つ大前山からは、いちばん長く急なクサリの下りだ。右手に巻道もある

大前集落に出るが、右折して再び山道を下る。植林の斜面からバス道に出れば秩父華厳前バス停は左だ

願ビレッジ（☎0494・62・4726）は、トレーラーハウスやコテージなど設備の整ったキャンプ場だ。

■問合せ先
皆野町観光協会（町営バスも）☎0494・62・1462

■2万5000分ノ1地形図
皆野

下山は、西へ雑木林を急下降すると、木立の中に往時の石標が立つ**札立峠**に着く。尾根上を行き、「富士浅間神社」の石碑をすぎると如金《にょっきん》さまの岩峰が突き立つ。

クサリが現れるとスリリングな岩稜のはじまりだ。クサリで岩場を登り、南面が切れ落ちたやせ尾根を行くと武蔵展望台。武甲山や奥秩父の展望が広がる。なおもクサリは続き、**大前山**《おおまえやま》に立てば両神《りょうかみ》山《さん》がいかめしい。

急なクサリで下り着いた鞍部の大前下降点から右へ。樹林の道を沢沿いに下れば**大前集落**に着く。集落内で右折し、直進する植林の山道を下ると、橋を渡ってバス道に出る。左へ5分ほどで**秩父華厳**《ちちぶけごん》**前バス停**だ。滝へは5分ほどで、近くには茶屋もある。（打田鍈一）

48

大霧山《おおぎりやま》

767m

山村と峠道の風情、山頂の大観を楽しむライトハイク

日帰り

歩行時間＝3時間55分
歩行距離＝9・0km

技術度

体力度

コース定数＝16

標高差＝532m

累積標高差 606m 611m

入山集落から振り返る大霧山

大展望の大霧山頂上

笠山《かさやま》、堂平山《どうだいらやま》とともに比企《ひき》三山とよばれる大霧山は、その南北に定峰《さだみね》峠、粥仁田《かゆにた》峠が越えている。

かつては秩父と江戸を結ぶ要路として多くの旅人が行き交い、山裾には今でも山村が健在だ。歴史を刻む山村と峠道にいにしえを想い、山頂の大展望を楽しみたい。

定峰バス停から少し戻り、石標の示す「左 大河原《おおがわら》道」へ進む。舗装路を登り、定峰神社をすぎれば右手に丸山《まるやま》方面の展望が広がって、春には花咲き乱れる定峰集落に入る。**時計つき道標**、定岳寺《じょうがくじ》とすぎて県道を横断。すぐ上で同じ県道に出たら右へ。左奥に堰堤の見える沢の左岸が登山口だが、道標が小さいので注意したい。

すぐ上で林道を右に分ければ、昔日を彷彿とさせる峠道となる。植林の尾根をジグザグに登り、小尾根をからむと**旧定峰峠**に着く。杉林の峠から北へ急な木段の尾

■鉄道・バス
往路＝西武秩父線西武秩父駅から西武観光バス約30分で定峰バス停下車。
復路＝同バス高原牧場入口から約35分で西武秩父駅。

■マイカー
西武秩父駅付近の有料駐車場に停めてバスを利用する。

■登山適期
通年可能。冬の雪は少ないがロングスパッツは用意すること。4月下旬～5月上旬、10月下旬～11月上旬がベスト。

■アドバイス
▽定峰集落から登山口への途中、2つ目の県道に出ると直進する踏跡があるが、コースではない。
▽西武秩父駅には西武秩父駅前温泉「祭の湯」（☎0494・22・7111）がある。隣接してフードコート「呑喰処 祭の宴」、物販エリア「ちちぶみやげ市」も。

■問合せ先
秩父観光協会☎0494・21・2277、皆野町観光協会☎0494・62・1462、西武観光バス☎0494・22・1635

■2万5000分ノ1地形図
安戸

根を登る。ベンチの置かれたピークで右に曲がれば、周囲は雑木林に変わり、右手に牧草地を前景にした笠山、堂平山がおおらかだ。わずかに下り急登を登り返すと、**大霧山**頂上に躍り出る。北から西南に大きく開けた山頂からは、ひときわ目立つ両神山、武甲山《ぶこうさん》、城峯山《じょうみねさん》、御荷鉾山《みかぼやま》、浅間《あさま》山《やま》、簑山《みのやま》、宝登山《ほどさん》などの山々が遠近に展開する。

北へ急な木段を下れば雑木林の尾根道となり、高原牧場入口バス停への道が左に分かれる。粥仁田峠はすぐ先だが、車道の越えるこの峠は敬遠し、**分岐**をバス停方向へ下ることにしよう。

雑木林の美しい道は牧柵沿いとなり、植林に入る。小尾根から沢を渡ればじきに**車道**だ。入山《いりやま》集落で背後に大霧山を見上げ、行く手には簑山山腹に広がる山村風景が郷愁を誘う。バス道に出たところが**高原牧場入口バス停**だ。

（打田鉄一）

CHECK POINT

旧定峰峠への入口には元禄九年の石標が立つ。「大河原」とは現東秩父村役場があるあたりの旧村名だ

定峰集落には時計つきの道標がある。通りすぎるだけの者への暖かい思いやりを深く感じる山村風景だ

旧定峰峠は秩父と小川町を結ぶ峠のひとつ。石祠が祀られ、ダイダラボッチの伝説もほほえましい

旧定峰峠から樹林の尾根道を行くと、右手に笠山（左）、堂平山（右）が牧草地の向こうに姿を現す

樹林の小ピークに立つと大霧山が行く手をはばむようにそびえ立つ。下りはロープのある急斜面だ

大霧山頂上から粥仁田峠へ向かい、雑木林の尾根道を下る。立木を頼りのザレた急下降の後で傾斜はゆるむ

高原牧場入口バス停への分岐。粥仁田峠はすぐ先だが車道の越える峠は敬遠してここから西へと下る

高原牧場入口バス停へ向かい、雑木林の尾根道を行く。下部は植林道となり、林道から入山集落に出る

49

花の山村、雑木の尾根道、展望の頂と、低山の魅力満載

笠山・堂平山

かさやま 837m
どうだいらさん 876m

日帰り

歩行時間＝4時間15分
歩行距離＝10・5km

技術度
体力度

コース定数＝21
標高差＝661m
累積標高差 923m 785m

バス道から見上げる笠山はなかなかの貫録だ

川越市《かわごえ》あたりから西の空を望むと、山並みの右端に乳房形の山が目立つ。比企《ひき》のおっぱい山と親しまれる笠山だ。その左の鈍重な山が堂平山で、天文台ドームの小突起が特徴だ。大霧山《おおぎりやま》とともに比企三山とよばれている。

皆谷《かいや》バス停先で左の舗装路に入ると、登山道は車道を縫ってのびる。松ノ木平《まつのきだいら》展望台では朝日《あさひ》根《ね》集落や大霧山の展望が大きい。あずまやが建つT字路を右折し、地蔵様の分岐を左に下れば萩平《はぎだいら》T字路で、すぐ先が**笠山入口**だ。

溝状にえぐれた登山道は林道を2度横切り、枝道を分けつつ高度を上げる。植林帯から穏やかな雑木林に変われば頂上は近い。

右に堂平山への縦走路を分けると**笠山西峰**だが、灌木に囲まれ展望は乏しい。東の笠山神社が祀られる**東峰**は、遠くから眺めた乳首にあたる岩峰だ。

西峰に戻り、分岐から南へ木立の尾根を下る。林道に出たら左に進み、これと分かれて正面の尾根道へ。目前に堂々とそびえる堂平山を眺めて下る。左に林道が近接するところが**笠山峠**だ。

右に下り、白石《しらいし》車庫への道を右に分け林道を横断。堂平山へは右前方の尾根道へ。雑木林を抜けた芝草の広大な斜面は、パラグライダースクールの私有地だ。この先

■鉄道・バス
往路＝東武東上線、JR八高線小川町駅からイーグルバス25分で皆谷バス停下車。
帰り＝白石車庫バス停から同バス35分で小川町駅へ。

■マイカー
関越自動車道嵐山小川ICから国道254号、県道11号などで皆谷バス停先のヤマメの里親水公園の駐車場（無料）を利用。約19㌔、30分。帰路は白石車庫からバスで皆谷バス停に戻る。この間を歩く場合は3・2㌔、35分前後。

■登山適期
通年可能。3月下旬～4月上旬は春爛漫の山里と芽吹き前の雑木林が秀逸。紅葉の11月中旬もよい。冬はロングスパッツ、軽アイゼンが必要。

■アドバイス
▽星と緑の創造センター（☎080·2373·8682）は旧国立天文台堂平観測所を利用した天体観察施設で、各種宿泊設備もある。3～12月に開設。

■問合せ先
東秩父村産業観光課☎0493·82·1223、ときがわ町役場商工観光課☎0493·65·1521、イーグルバス☎0493·65·3900

■2万5000分ノ1地形図
安戸・正丸峠

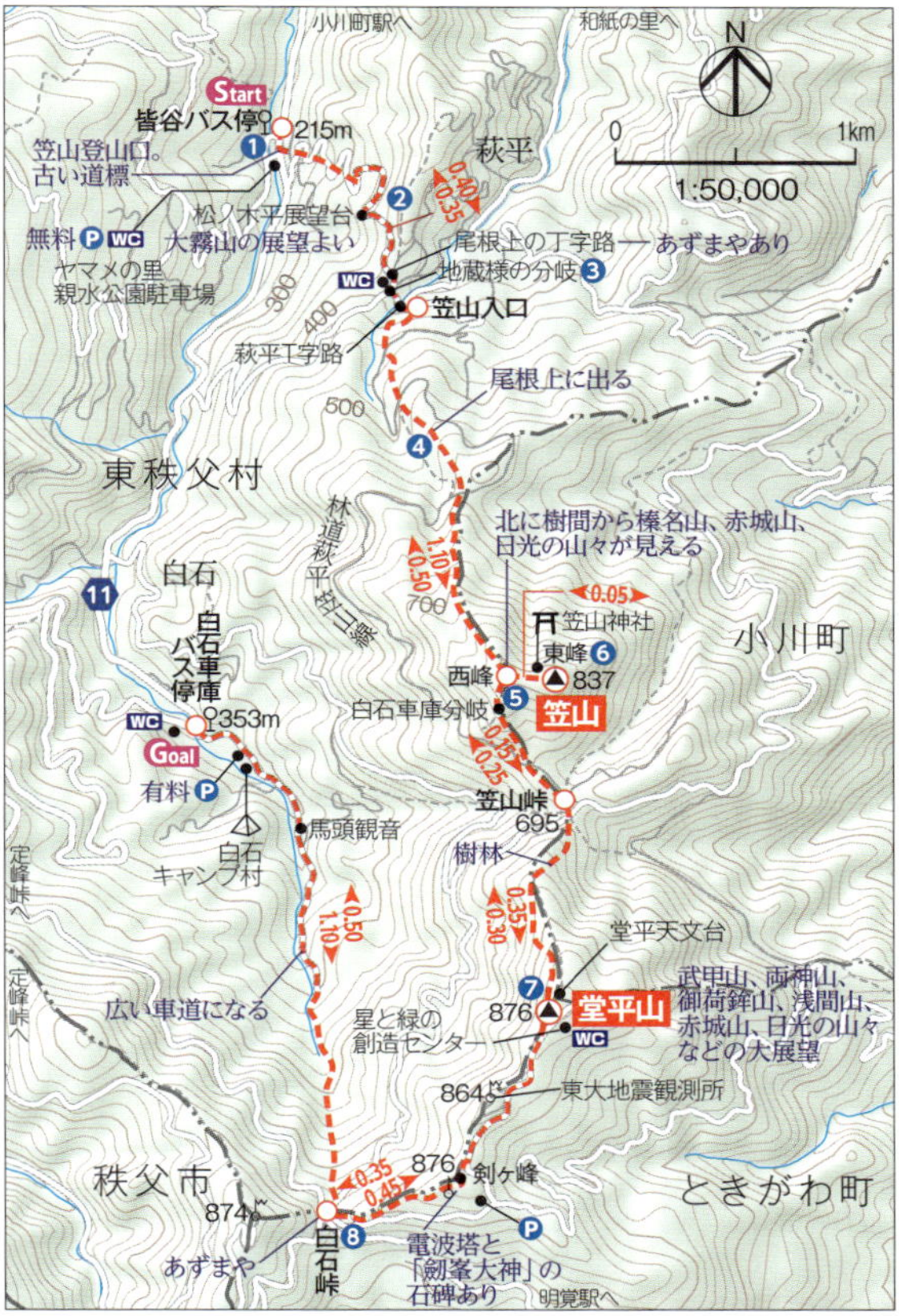

花盛りの春の山里

が**堂平山**頂上で、天文台ドームを中心とした「星と緑の創造センター」となっている。マイカーで登れる山頂で、展望は360度だ。三角点を通って車道に下り、七峰縦走コースの道標で右に登れば剣《けん》ヶ峰《みね》に着く。コース最高峰だが、電波塔が占拠し展望絶無。「剱峯大神」の石碑が寂しげだ。西へ尾根をたどると、あずまやの立つ**白石峠**。**白石車庫バス停**へは右に沢沿いの道を淡々と下る。駐車場の少し先がバス停だ。（打田鍈一）

CHECK POINT

笠山登山口は、皆谷バス停とヤマメの里親水公園駐車場のほぼ中間だ。トイレはヤマメの里駐車場にある

里道の登りから振り返れば、大霧山が槻川の対岸にせりあがる。このあたり、春には爛漫の山里風景が広がる

尾根に出たら右へわずか、お地蔵さんの分岐で左に下り、萩平T字路を直進して笠山入口へ

雑木林の登山道は四季折々の表情が豊かで心やわらぐ。こずえ越しに笠山が優美なたたずまいだ

堂平山への縦走路を右に分けると笠山西峰だ。要所に立つ「外秩父七峰縦走」の道標は明瞭で心強い

笠山東峰には笠山神社が祀られ、東側からの登拝路が合わさる。社殿西端の岩棚は休憩によいところだ

天文台の立つ堂平山頂は一等三角点、展望図盤が置かれ、360度の大展望を楽しめる。コースは南へ直進

電波塔の立つ剣ヶ峰を西に下ると車道の白石峠に着く。白石車庫バス停へはあずまやの手前から右に下る

伊豆ヶ岳より、川崎横浜方面のビルの向こうに東京湾が光る。その奥は房総半島

50 伊豆ヶ岳《いずがたけ》 851m

樹相豊かで起伏も激しい奥武蔵随一の縦走路

日帰り

歩行時間＝5時間25分
歩行距離＝12・5km

技術度
体力度

コース定数＝**25**

標高差＝551m

累積標高差 1051m 1166m

伊豆ヶ岳は奥武蔵《おくむさし》で人気の高い山だ。駅から直接登ることができ、スリリングなクサリ場と広大な展望、樹相豊かな尾根道と、魅力は多い。足腰の神様・子ノ権現《ねのごんげん》まで縦走しよう。

正丸駅《しょうまる》から右へ斜めの石段を下り、ガードをくぐって大蔵山集落へ。**馬頭尊**から左へ沢沿いの登山道に入ると、右に名栗げんきプラザへの道を分ける。木の根が露出したすべりやすい泣き坂《なきざか》を急登し、支稜を西へ登れば**五輪山**《ごりんやま》に着く。南に伊豆ヶ岳北面の岩壁が目前だ。

伊豆ヶ岳より東方を俯瞰する。中央奥は大高山、その右は天覚山

高さ約50㍍、傾斜約40度の岩壁は男坂《おとこざか》とよばれ、クサリで登るスリルが楽しい。しかし落石や滑落の危険があり、「通行自粛」の掲示がされている。岩上からは北に丸山《まるやま》、榛名山《はるなさん》、上越国境方面の展望が大きい。続く樹林の岩稜を抜ければ、山頂はじきだ。一般的にはクサリ場の手前を右へ入り、迂回路を登って、岩稜先で男坂に合流する。

伊豆ヶ岳頂上は東面に開け、飯《はん》能《のう》方面の市街地、スカイツリー、東京湾や房総半島まで眺められる。南には奥多摩の大岳山《おおだけさん》が顕著だ。稜線を南に下り、登り返した**古御岳**《こみたけ》はあずまやが建つ雑木林の

■**鉄道・バス**
往路＝西武秩父線正丸駅で下車。復路＝西武秩父線吾野駅で乗車。

■**マイカー**
圏央道狭山日高ICから国道299号を約26㌔で正丸駅。正丸駅の有料駐車場に停めて、下山後に吾野駅から正丸駅へ西武秩父線で戻る。

■**登山適期**
通年。5月には岩場でアカヤシオを、11月には随所で紅葉を楽しめる。冬は軽アイゼン、ロングスパッツが必要。

■**アドバイス**
▽クサリ場は岩礫がクサリではじかれる落石が多い。ゴム引き軍手はクサリに有効だ。
▽縦走コースは長く、途中で下る道はあるが、下ってからの里道歩きが長いので注意したい。
▽浅見茶屋（☎042・978・0789）は昭和7年創業の茶店で、手打ちうどん、各種スイーツが豊富。

■**問合せ先**
飯能市観光・エコツーリズム課☎042・973・2124

■**2万5000分ノ1地形図**
正丸峠・原市場

美しいピークだ。急下降のあと、ベンチのある**高畑山**《たかはたやま》をすぎ、中《なか》ノ沢《さわ》ノ頭《あたま》で尾根は左に曲がる。北面の巻道は露岩でのスリップに要注意だ。**天目指峠**《あまめざす》の車道を横切り、ピークをいくつか越えると、竹寺《たけでら》からの道が右側から合わさる。左に伊豆ヶ岳と古御岳を眺めれば子ノ権現は目前だ。

大きな鉄わらじが奉納される**子ノ権現**をあとに左へ石段を下り、車道を突っ切るように山道を下る。赤い降魔《こうま》橋を渡ると、古民家カフェの**浅見茶屋**《あさみ》だ。車道を下り、国道へ渡る橋の手前を右へ。線路を見下ろす道から、鉱山脇の車道に出て踏切を渡る。左へ線路をトンネルでくぐれば**吾野**《あがの》**駅**に着く。（打田鍈一）

CHECK POINT

正丸駅から大倉山集落へ行き、里道が正丸峠へ右に曲がるところが馬頭尊。左へ沢沿いの登山道に入る

沢沿いの道は右岸に渡ると木の根が露出した泣き坂の急登となる。登り出た尾根を右に行けば五輪山に着く

伊豆ヶ岳のシンボルとも言える約50㍍のクサリ場。死亡事故があったことから自粛となっている

春の伊豆ヶ岳頂上はヤマザクラとミツバツツジに彩られる。東に展望が開け、好天なら房総半島も見通せる

雑木林が美しい古御岳は登り下りとも急だ。伊豆ヶ岳との鞍部から西吾野駅へエスケープルートが下る

高畑山は植林の中にベンチの置かれる落ち着いたピーク。ここから子ノ権現まで激しい登降が続く

竹寺からの道を合わせると子ノ権現に着く。足腰の神様で大わらじが祀られ、鐘楼で鐘撞きができる

浅見茶屋は三代目（左端）が当主の家族的な古民家カフェ。木〜土曜の11〜14時営業

51

棒ノ折山

スリリングな渓谷沿いの道を登り、展望の山頂へ

ぼうのおれやま 969m

日帰り

歩行時間＝4時間30分
歩行距離＝8・5km

技術度 体力度

コース定数＝21
標高差＝719m
累積標高差 888m 888m

水量が多いとびしょ濡れになる

この沢最大の白孔雀ノ滝を見下ろす

棒ノ折山は東京都との都県境にあり、埼玉県側の白谷《しらや》沢道は険悪なムードの峡谷を行くユニークな登山道だ。次々に現れる滝の脇やゴルジュのただ中を登るスリルがたまらない。

山頂付近はかつて山村生活のための草刈り場であった。本来「ボウ」とは「茫」で「草ぼうぼう」の「ぼう」。そして山の高いところは「尾根」。だから「草刈をする山の高いところ」の意味で「ボウノオネ」とよんでいた。それが「ボーノオレ」となまって「棒ノ折」と書かれた。さらに発音は「ボーノーレ」から「ボーノレー」と変化し、それに「棒ノ嶺」と当てられたのが地形図にある山名だが、「ぼうのみね」と読まれるのが一般化している。しかし語源に最も近いのは「棒ノ折山」だろう。

ノーラ名栗・さわらびの湯バス停から車道を名栗《なぐり》湖へ登る。有間《ありま》ダム上で

■鉄道・バス
往路・復路＝西武池袋線飯能駅から国際興業バスでノーラ名栗・さわらびの湯下車。

■マイカー
圏央道狭山日高ICから県道28号、70号経由約25キロ、45分でさわらびの湯。無料駐車場、トイレがある。

■登山適期
通年可能だが、冬の白谷沢道は凍結で滑落の危険が高まる。低山だが、夏でも涼感満点。

■アドバイス
▽白谷沢道は大雨後には増水するので注意。
▽さわらびの湯（☎042・979・1212）は日帰り天然温泉で、BBQ、サウナ、グランピングなどを楽しめるリゾート施設のノーラ名栗（☎042・978・5522）が隣接する。

■問合せ先
飯能市観光・エコツーリズム課☎042・973・2124、国際興業バス飯能営業所☎042・973・1161

■2万5000分ノ1地形図
原市場

右岸に移り、白谷橋を渡ると**登山口**だ。左岸通しの道から優美な藤《ふじ》懸《かけ》ノ滝を見下ろすと、道は沢に下り、沢を渡りながらの遡行となる。左右の岩壁が迫った第一ゴルジュを抜け、天狗滝を左から越えれば第二ゴルジュだ。水際を行き、正面の岩壁を右へ石段で登れば、この沢最大の**白《しろ》孔雀《くじゃく》ノ滝**上に出る。

渓相が穏やかになると林道だ。これを突っ切り、左へ山腹道を登ると**岩茸石《いわたけいし》**に着く。南西へ木段まじりの急登で**権次入《ごんじり》峠**に着けば、そこは都県境尾根。西へわずかで**棒ノ折山**に登り着く。

あずまやが建つ山頂は広くなだらかで、周辺の草地はかつて一面カヤトの原だったことを彷彿とさせる。北面に大きく開け、武甲山《ぶこうさん》、伊豆《いず》ヶ岳《たけ》など奥武蔵の山々、榛名山《はるなさん》、赤城山《あかぎやま》、日光方面の山々も望まれる。

帰りは**岩茸石**まで戻り、直進して滝《たき》ノ平《ひら》尾根へ。林道を3回横切り、緩傾斜の植林となれば河又集落は近い。橋を渡り左へ坂道を登れば**さわらびの湯**に着く。

（打田鍈一）

CHECK POINT

白谷沢道登山口。左岸を高まく道が続くが左側は切れ落ちている。滑落しないよう慎重に足を運びたい

道が沢に下りると第一ゴルジュ。不気味な雰囲気だが滑落の危険はやわらぐ

天狗滝で第二ゴルジュを出たら、正面右手の岩壁をクサリ付きの石段で登る。これで白孔雀ノ滝上に出る

白孔雀ノ滝からなお沢沿いに登り、林道大名栗線に出てホッとひと息。林道を横切って直進する

山腹道から岩茸石で尾根に出る。権次入峠へは一直線の急登だ。帰りは岩茸石の左から滝ノ平尾根を下る

権次入峠は都県境尾根だ。棒ノ折山山頂は西へわずかで、東へは黒山から小沢峠への尾根がのびる

棒ノ折山頂上にはあずまやが建ち、北面に展望が開ける。南へ樹林中に川井駅への道が下っている

帰りの滝ノ平尾根は、植林が多く林道を横切りながらの道だが、急な部分もあり慎重に下りたい

52

由緒ある古刹と展望の山頂をめぐる静寂の道

関八州見晴台

かんはっしゅうみはらしだい
760m

日帰り

歩行時間＝4時間50分
歩行距離＝10・5km

技術度

体力度

コース定数	＝**20**
標高差	＝515m
累積標高差	↗ 794m ↘ 794m

関八州見晴台より、武甲山（左）、両神山（右奥）を望む

武蔵《むさし》の高幡《たかはた》不動尊《ふどうそん》、下総《しもうさ》の成田《なりた》不動尊とともに関東の三不動とよばれる高山《たかやま》不動尊は、山奥に巨大な堂宇を誇る真言宗の古刹。その奥の院が関八州見晴台だ。奥武蔵の中央部、高麗《こま》川と越辺《おっぺ》川を分ける尾根上のピークで、展望はすばらしい。相模《さがみ》、武蔵《むさし》、安房《あわ》、上総《かずさ》、下総、常陸《ひたち》、上野《こうづけ》、下野《しもつけ》の八州を見晴らせるかどうか、確かめにいこう。

大イチョウは乳イチョウともよばれ、安産、子育てに霊験あるそう

西吾野駅《にしあがの》から北川《きたがわ》沿いの車道を北へ。右にパノラマコースを分け、住宅街への橋を渡るところが**登山口**だ。急坂を登り、最奥の民家脇から左に入れば、竹林を抜けて植林の尾根道となる。

萩《はぎ》ノ平《だいら》茶屋跡をすぎると、石仏のたたずむパノラマコース合流点だ。山腹道から尾根に出て、関八州見晴台への直登コースを左に分けると**高山不動尊**に着く。荘厳さに圧倒される堂宇は、車道などない時代、山中にかくも巨大な建物をと

■鉄道・バス
往路・復路＝西武秩父線西吾野駅を利用。

■マイカー
圏央道狭山日高ICから国道299号を行き、西吾野駅まで約24㌔、40分。西吾野駅付近に駐車場はないが、パノラマコース入口先に有料駐車場がある。飯能市内東飯能駅付近の有料駐車場に停め、電車を利用すれば安心。

■登山適期
通年可能。好展望の冬は、雪は少ないが、ロングスパッツ、軽アイゼンは用意したい。

■アドバイス
▽パノラマコースは、作業道から急な尾根を登る静かな道だ。
▽下山地点には休暇村奥武蔵（☎042・978・2888）があり、入浴、食事ができる。利用客は西武池袋線吾野駅への無料の送迎バスに乗車できる。以前は奥武蔵あじさい館という名称だったので、道標には旧称が残っていることがある。

■問合せ先
飯能市観光・エコツーリズム課☎042・973・2124

■2万5000分ノ1地形図
正丸峠・原市場

驚くほどだ。

あずまやから北へ登れば車道を横切る。茶店跡の建物先で左の尾根道に入り、もう1本車道を横切ると背後が開けてくる。登り着いた**関八州見晴台**は中央にお堂があり、富士山、奥武蔵、奥多摩、両神山《りょうかみさん》、関東平野などの展望がすばらしい。

往路を戻り、南へ下る車道から右に入ると、先ほどの**不動尊**前に出る。石段を下り、正面の大イチョウを見上げれば、乳房を想わす多数の気根が圧巻だ。

帰りは左へ出て車道を登り、右へ志田《しだ》・大窪《おおくぼ》への樹林の尾根道に入る。南へ下る道は左に八《やっ》徳《とこ》集落への道を分け、「志田近道」へ。山腹から沢沿いとなると志田の一軒家で、すぐ先で右に**わたど橋**を渡る。山腹道を進むと大窪集落だ。車道を横切って民家脇の峠道を行き、大窪峠を越えると休暇村が眼下に近い。**国道**を右に行けば**西吾野駅**に戻る。

（打田鍈一）

CHECK POINT

北川沿いの車道から右の住宅街へ。橋を渡り急坂を登って最上部の人家前で左に入れば登山道となる

植林の尾根道を登ると左に関八州見晴台へ直接登る道が分かれるが、右手の高山不動尊でひと息入れよう

高山不動尊の堂宇はこの山中によくぞと驚く壮大さ。あずまや、トイレがあるので小休止によい場所だ

車道を２本横切って着いた関八州見晴台は、高山不動尊の奥の院が祀られる。大展望に期待しよう

高山不動尊に戻り大イチョウ下を左に。車道を左に登って右へ「吾野駅」を示す道標で樹林の尾根道を下る

一軒家の前を直進するのは吾野駅への道。右にわたど橋を渡り、静寂な山腹道を大窪集落へ向かう

大窪集落で車道を横切る。大窪峠へは民家の敷地に入らせてもらい、建物手前を左折すれば峠道となる

植林の山腹道を登れば岩間の大窪峠を越える。樹林の峠道が明るく開けると休暇村奥武蔵は目前だ

53

日和田山・巾着田

岩場のスリルと展望、豊かな季節感を短時間で楽しむ

ひわださん 305m きんちゃくだ

日帰り

歩行時間＝2時間40分
歩行距離＝6・0㎞

技術度

体力度

コース定数＝9

標高差＝191m

累積標高差 251m 251m

4月上旬の巾着田は、サクラと菜の花を前景にした日和田山がすばらしい

巾着田のマンジュシャゲは9月下旬が見ごろ

金刀比羅神社からは巾着田が巾着形に見下ろせる

西武池袋線の高麗《こま》駅ホームから、北に山頂少し下に露岩の目立つ山がそびえる。日和田山で、露岩は金刀比羅神社の台地だ。その下にはスリリングな岩場歩きが隠れている。山麓にはマンジュシャゲで全国的に名高い巾着田が広がり、四季折々の表情が豊かだ。短時間で変化にあふれ、子連れでも存分に楽しめる山だ。

高麗駅前を左に進み、踏切を渡って国道を横断。台《だい》の高札場《こうさつば》跡を右に入り、県道を右へ。鹿台《ろくだい》橋を渡り、**高麗本郷《ほんごう》信号**を左へ。さらに左折すると**日和田山登山口**だ。

木立の登山道は尾根に出ると鳥居が立ち道は二分する。右の女坂と分かれ、左の男坂へ。手水場の先で右に岩道を急登。木の根が露出した

■鉄道・バス　往路・復路＝西武池袋線高麗駅を利用する。

■マイカー　圏央道狭山日高ICから県道262、30、15号を約9㌔、20分で日和田山登山口。登山口と巾着田に有料駐車場、登山口上にトイレあり。

■登山適期　通年可能。4月のサクラと菜の花、9月のマンジュシャゲとコスモスの時季がベスト。

■アドバイス　▽男坂は子供の喜ぶ岩場が続くが、離れぬよう注意。

▽日和田山頂上から物見山へ縦走し、小瀬名集落から武蔵横手駅へ下るコースも人気。山頂から約2時間。

▽高麗郷古民家（☎042・989・2111／日高市産業振興課）、高麗郷民俗資料館（☎042・985・7383・見学無料）はこの地の歴史を感じる興味深いスポットだ。

▽ファミリーなら巾着田での水遊びもよい。

▽駅近くにある手打ちうどんのしょうへい（☎042・982・0071）で空腹を満たせる。

■問合せ先　日高市観光協会☎042・989・2111

■2万5000分ノ1地形図　飯能

先は樹林の中ながらスリリングな岩場となり、露岩の感触が楽しい。

空が開けると**金刀比羅《ことひら》神社**の台地に躍り出る。鳥居越しに見下ろす巾着田はその名のとおり巾着形で、富士山や丹沢、奥多摩の山々のパノラマにひたろう。

社殿の裏に露岩の道は続き、Y字路を右に登れば**日和田山**頂上だ。ベンチが置かれ、宝篋印塔の立つ山頂は、東に展望が開ける。

西へ岩道を下り、物見山への道と分かれ、左の日向《ひなた》方向へ。富士見岩を右から巻き下り、雑木林の尾根道を左にはずれる。クライマーでにぎわう岩壁を見上げて沢沿いに下れば、日向集落の**自治会館**前で車道に出る。この車道を左に行けば県道に出て往路の**高麗本郷信号**で県道を東へ。左に豪壮な高麗郷古民家を眺めると、遊歩道で左から天神橋をくぐる。

抜け出たところが巾着田だが、左へ、あいあい橋を渡り、**高麗郷民俗資料館**に寄り道したい。あとは四季の彩り豊かな巾着田と日和田山を眺め、高麗川沿いに湾曲する遊歩道を行けば**高麗本郷信号**に戻り着く。

（打田鍈一）

CHECK POINT

1 高麗駅前には韓国版道祖神のチャンスンが建ち、大陸からの教示が多かったこの地の来歴を物語る

2 日和田山登山口から尾根上の鳥居までは斜面を直登したり、右から緩く巻き登る道などがあり気分で選べる

3 手水場の先から右に登る男坂は、岩場が連続するスリル満点の道で、好展望の金刀比羅神社に躍り出る

4 日和田山頂上には宝篋印塔が立ち、東に展望が開ける。狭いが、登山者でにぎわっており大休止には不適だ

5 「チャートの小径」の道標で尾根をはずれると、クライマーでにぎわう男岩・女岩を見上げ沢沿い道を下る

6 県道に面した高麗郷古民家は巾着田からも気になる豪壮な建物だ。国登録有形文化財で見学・利用もできる

7 県道から遊歩道を左に下り、橋をくぐって巾着田に入る。巾着形の流れに沿って進めば往路に戻り着く

8 左へ寄り道し、あいあい橋を渡ると高麗郷民俗資料館がある。郷愁を誘う数々の展示品が魅力的だ

54

飯能三山

奥武蔵入口の展望三山をひと巡り。短時間コースもOK

はんのうさんざん

303m（柏木山）

日帰り

歩行時間＝6時間25分
歩行距離＝14・2km

技術度

体力度

コース定数＝22

標高差＝196m

累積標高差 725m 725m

柏木山からスカイツリーなど都心のビル群を望む

奥武蔵《おくむさし》の玄関口・飯能《はんのう》の街に近い多峯主山《とうのすやま》、柏木山《かしわぎやま》、龍崖山《りゅうがいさん》を飯能三山とよんでいる。コース入口の天覧山《てんらんざん》は、由緒あふれ地元で親しまれているが、途中の一山の印象だ。全コース踏破はロングコースだが、バス利用で分割できる。

飯能駅北口から飯能銀座《ぎんざ》商店街を抜け、天覧山を目指す。ここに池の脇から中段を経て、十六羅《ら》漢《かん》、岩道と登れば**天覧山**頂上で、富士山《ふじさん》や奥多摩《おくたま》の山々、飯能の街並みや都心のビル群も見渡せる。

市民会館から見上げる天覧山

北へ木段道を下り天覧入《てんらんいり》の沢道から**見返《みかえ》り坂**の登りとなる。木立の尾根道は分岐を右にとれば石段を登って**多峯主山**頂上に躍り出る。西に武甲山《ぶこうさん》など奥武蔵の山々、南には遠く丹沢《たんざわ》山塊が見える。

南へ下る道はトイレを通り御嶽《みたけ》八幡《はちまん》神社に出る。奥多摩の山々が顕著だ。雑木林の尾根道を下り、畑道を行くと鳥居をくぐってバス道に出る。右に行けば**永田大杉《ながたおおすぎ》バス停**で、バスで飯能駅に戻れる。

永田大杉バス停から南に進むと人家の庭先を通り、吾妻峡《あづま》を**ドレミファ橋**で渡る。峡谷ムードがさわやかだ。対岸を上流に向かい登り出た車道を右へ。Y字路を左折

■鉄道・バス
往復＝西武池袋線飯能駅、JR八高線東飯能駅から歩く。または、飯能駅から東飯能駅経由国際興業バス約10分で永田大杉バス停。

■マイカー
圏央道狭山日高ICから国道299号経由約10分で飯能駅。駅周辺の有料駐車場を利用。マップも参照を。

■登山適期
通年可能。4月上旬のサクラに続くツツジの時季が美しい。

■アドバイス
▽飯能駅のビル改札階にある山道具店・ひだまり山荘（☎042・974・1988）では、飯能三山をイチ推ししている。

▽飯能駅北口近くの中国料理王記（☎042・978・8705）は味とボリュームで登山者に人気。小部屋もある。

■問合せ先
飯能市観光エコツーリズム課☎042・973・2124、国際興業バス飯能営業所☎042・973・1

CHECK POINT

天覧山登山口のにこにこ池と発酵食品のテーマパーク「OH!!!」。レストラン、カフェのほか、お土産も購入できる

天覧山中腹に祀られる十六羅漢。このために天覧山が羅漢山とよばれる時代もあった

天覧山の頂上にはコンクリート製の展望台がある。奥多摩の山越しに富士山を眺める

多峯主山頂上。テーブルやベンチがあるので休憩していこう。展望もすばらしい

多峯主山からの下りの途中にある御嶽八幡神社から望む（左から）富士山と大岳山、御前山

柏木山へと続く百年ナラ尾根には、名前のとおりナラの大木が並んでいる

赤根峠への峠道は、季節感豊か。かつて飯能と青梅を結んでいた歴史ある道だ

山城跡の龍崖山頂上からは、先ほど歩いた多峯主山がすぐ北側に望むことができる（左奥は日和田山）

ドレミファ橋で渡る入間川の吾妻峡は峡谷ムードにあふれる

龍崖山から西には武甲山（右）と大持山（左）方面を見渡せる

すると、右に駐車場のある**あかね尾根道コース入口**だ。柏木山へは茜台《あかねだい》自然広場へ向かう。

柏木山は飯能市有地だが、登山道整備はボランティアによる。行きは左の尾根末端から百年ナラ尾根へ。急登わずかで尾根に出ると隣に龍崖山が高い。ナラの古木が数本立つ尾根道は、**四辻**で茜台自然広場から来るホタル谷と合わさる。ゴルフ場のフェンス沿いに進み、木立を抜けると**柏木山**頂上だ。いきなりの大展望に歓声が上がる。丹沢、富士山、奥多摩と、足もとが急斜面なだけに開放感も大きい。

南へカモシカ新道を下り、一軒家から左へ沢沿いに登れば**赤根峠**《あかね》に着く。左へ雑木林の山腹道を行き、**四辻**からホタル谷を下れば茜台自然広場だ。車道を戻ると龍崖山登山口の**八耳堂**《はちじどう》が現れる。

ロープの急登は三四《さんし》郎平《ろうだいら》をはさんで続き、**龍崖山**頂上に着く。北に多峯主山と日和田山《ひわだやま》、西に武甲山方面、東に飯能市街地など、ここも展望が大きい。

南へ下る道はピークを二つ越えて**龍崖山公園下駐車場**に着く。車道を左に下り、地図にしたがえば赤い割岩《わりいし》橋を渡り、**飯能駅**に戻り着く。

（打田鍈一）

161
2万5000分ノ1地形図
飯能

＊コース図は172〜173ジペを参照。

多峯主山
271
黒田直邦の墓
雨乞池
御嶽八幡神社
大里屋本店
永田大杉バス停
ドレミファ橋
兜岩
金蔵寺
八耳堂
女坂分岐
三四郎平
沢の源頭を渡る
クサリの手すりがある急坂
堰堤を行く
ベンチのあるピーク
ロープあり
龍崖山公園下駐車場
飯能市
公園頂上。日時計がある富士山、大岳山などの奥多摩、武甲山など奥武蔵の山々、筑波山、スカイツリーなども見える大展望
あさひ山展望公園
久須美
ローソン
美杉台ニュータウンバス停
住宅街の車道を行く
ベンチ、看板あり
ゆうひ山
ベンチあり。北面の展望よし
木立の尾根道
もみじ橋
ゆうひ山公園登り口
下畑
青梅へ
115
石段コース
尾根道分岐
雨乞池分岐
高麗駅分岐
尾根道
配水場分岐
見返り坂
天覧入分岐
高麗峠分岐
五差路
十六羅漢
あずまや
天覧山
197
中段
配水場
能仁寺
天覧山登山口
飯能市
中平河原
岩根橋
T字路
大河原
植林の尾根道
受水場
大河原木材
三吉稲荷神社
(車道経由)
(飯能河原経由)
カールヴァーン橋
割岩橋
キリスト教会
車両通行不可の車道
飯能市立博物館
市民会館
茶店
観音寺
おみやげ処
そば櫟庵
久下木橋
飯能河原
子供図書館
飯能河原交差点
広小路交差点
入浴可
奥むさし旅館
飯能銀座商店街
伊勢屋
英国屋
飯能駅
107m
Start Goal
美杉台
美杉台中学
あずまや展望あり
飯能大橋
入間川の奥に天覧山、多峯主山が見える
高麗駅、西武秩父駅へ
吾野駅へ
高麗峠へ
ほほえみの丘
天覧山分岐
メッツァ外周コース
西武線の高架下をくぐる
原町
西武池袋線
山手町
本町
八幡町
仲町
稲荷町
南町
矢颪
征矢町
前ヶ貫
ひかり橋バス停
スーパーアルプス
144
213
178
西武バス車庫
飯能市クリーンセンター
あかね公園
茜台

まだある、飯能のお手軽展望スポット

あさひ山展望公園

飯能の街並み近くにあさひ山展望公園がある。住宅街のてっぺんで車椅子でも登れる標高213㍍の公園は、北面を除く270度の大展望が特長だ。南に対をなすゆうひ山と結んで約2時間の展望散歩を楽しもう。

飯能駅南口の大通りを南へ。谷奥に天覧山や多峯主山を望み、ひかり橋バス停をすぎるとゆうひ山登り口の**もみじ橋**に着く。木立の尾根道から住宅地脇をすぎると**ゆうひ山**だ。北にあさひ山展望公園を見上げる。

西へ下り、ゆうひ山公園を通って住宅街を北へ。右に西武バス車庫を見ればすぐ奥が**あさひ山展望公園**だ。階段を登った頂上は家族連れも多い。

あさひ山展望公園入口

富士山をはじめ、丹沢、奥多摩、奥武蔵の山々、筑波山にスカイツリーと、山岳展望を存分に楽しもう。

あずまやから北へ登り、尾根のT字路を左折。三角点をすぎて樹林の尾根道から急な道をクサリの手すりで下ると、車道の**T字路**だ。右へ行き大河原木材の十字路を左折すると飯能河原に出る。正面の赤い割岩橋へスロープで登って渡り、直進すれば**飯能駅**に戻り着く。

概説

千葉県の山

中西俊明

千葉県の自然といえば、だれもが南房総《みなみぼうそう》や九十九里浜《くじゅうくりはま》をイメージするだろう。周囲の大部分が太平洋と東京湾に接しているため、海との関係は極めて深いものがある。それだけに、山との関わりは希薄だと思われがちである。

たしかに千葉県には「山」とよべるほどの山地はなく、地理学上でも「山地」ではなく「丘陵」に分類されている。千葉県の最高峰である愛宕山《あたごやま》が４０８㍍で、これは全国都道府県の最高峰の中で最も低い。

その愛宕山をはじめ、標高が高い丘陵は千葉県南部の房総半島に集中している。この房総の山々は複雑かつ起伏にとんだ地形と、温暖な気候、多雨の影響で、うっそうとした樹林に覆われている。

したがって、千葉県には高い山こそないものの、山深い樹相を見ることは充分にできる。一歩山に足を踏み入れると、動植物など豊富な自然が残されていることにも気づくことだろう。

冬に房総の山々を訪れると、海沿いのお花畑には菜の花やキンセンカ、スイセンの花が咲き、ひと足早い春の花を楽しむことができる。また海岸線に近い山々では、磯の香りと冬の日差しを肌で感じながら、気軽に山登りやハイキングが楽しめる。

房総の山、千葉県の山は、花と海が特徴の素朴な山々がいくつも存在することを、本書を通じて知っていただければと思う。

●千葉県の山系

県内の代表的な山には、鋸山《のこぎりやま》や清澄山《きよすみやま》、鹿野山《かのうざん》（未掲載）、富《とみ》山《さん》、三石山《みついしやま》、高宕山《たかごやま》、烏場山《からすばやま》、高《たか》塚山《つかやま》などがある。いずれも山頂に寺院、祠が安置され、地元の人に古くから「信仰の山」として崇められ、登られてきたことがわかる。

房総の山々は、清澄山系を核の山塊として、半島を東西に横切る主稜が中心になっている。主稜から何本かの支稜が北に派生し、主稜の東端は太平洋に面したおせんころがしである。内浦山《うちうらやま》県民の森（未掲載）、清澄山、元清澄山《もときよすみやま》、安《あ》房高山《わたかやま》（未掲載）へと進み、鋸山が西端となっている。この主稜は標高が３００～３５０㍍で、東西約36㌔の長さである。

主稜の清澄山・麻綿原《まめんばら》高原から北に派生する支稜には石尊山《せきそんざん》や大《だい》福山《ふくざん》（ともに未掲載）が房総の中部山稜を形成し、東京湾へのびている。この山域は養老《ようろう》川と小櫃《おびつ》川にはさまれ、登山者の多い山域だ。

また、主稜の三郡山《みこおりやま》（未掲載）付近からはもう1本の支稜が北に、小糸《こいと》川と湊《みなと》川の間にのびている。この支稜は山深く、野生ザルの生息地・高宕山、マザー牧場がある鹿野山など、特徴的な山が多い。

清澄山系の主稜と並行して、南側には嶺岡《みねおか》山系がある。明るく牧歌的な嶺岡浅間《せんげん》（未掲載）や、県内最高峰の愛宕山などがある。さ

伊予ヶ岳から双耳峰の富山と山麓田園風景を見る

らに、嶺岡山系の西方には、県内では数少ない鋭い岩峰の伊予《いよ》ヶ岳《たけ》や、里見八犬伝ゆかりの富山など、人気のある山々が連なる。
渓谷は新緑や紅葉が美しい養老渓谷をはじめ、落差30メートルで壮大な景観の粟又《あわまた》の滝などがある。

●山々の四季

気候が温暖な房総の山々は、晩秋から春にかけてベストシーズンだ。11月下旬から12月中旬にかけて山々が紅葉し、美しい光景を見せてくれる。養老渓谷や梅《うめ》ヶ瀬《せ》渓谷（未掲載）などは、これが千葉の山かと目を疑うほど色鮮やかな紅葉を楽しむことができる。1～2月は大気が澄み、鋸山や富山の山頂からの眺望がよいところから、「十二州一覧台」「十州一覧台」とよばれ、東京湾越しに三浦《みうら》半島や富士山、南アルプスの白峰《しらね》三山の絶景が展開する。また、南房総市の高塚山や鋸南《きょなん》町の山里では、キンセンカやスイセン、菜の花が咲き乱れる。7～9月は暑いだけにあまり歩かれないが、アジサイの咲く麻綿原高原や渓流遊びが楽しい養老渓谷は、7月中旬～8月上旬がベストシーズンとなる。

菜の花越しに望む高塚山。房総を代表する景観のひとつ

房総一を誇る名瀑・粟又の滝。紅葉もすばらしい

●登山上の注意点

標高が低く、山に入ると特徴的な尾根がないことで、自分の位置の特定が難しいことが、本県の特徴のひとつ。遊歩道や道標が整備されているコースがある一方で、整備が行き届かないコースも多く、道標があっても見落としそうな小さなものばかりのコースもある。道迷いを防ぐには、道標を見落とさないこと、そして踏跡に迷いこまないように注意したい。

白間津のお花畑

房総半島南東部や麻綿原高原、清澄山周辺の日が差さない湿った林床にはヤマビルが生息している。主に4月から11月にかけて活動するので、この時期に登る際は吸血されないよう、万全の態勢で入山したい。また、スズメバチやマムシなどにも要注意。

2019年9月の台風19号や近年のゲリラ豪雨は、各所の登山道に崩壊や大量の倒木など、大きな被害をもたらした。2024年時点では大部分のコースで修復整備が進み通行が可能になっている一方、高宕山の一部などでは復旧が進んでいないコースもある。計画にあたっては、コース状況を関連部門に問合せてから出かけること。

また、千葉の山は地元の人の生活圏にあるだけに、マイカー登山の際は、通行の妨げにならないよう配慮して車を停めること。

千葉へ
袖ケ浦市
館山自動車道
姉崎袖ケ浦IC
ひがしよこた
木更津北IC
圏央道
木更津東IC
JR久留里線
まくた
おびつ
くるり
小櫃川
五井へ
養老川
うまたて
かずさうしく
笠森観音
409
市原市
かずさつるまい
たかたき
高滝湖
小湊鉄道
いたぶ
つきざき
かずさおおくぼ
ようろうけいこく
かずさかめやま
市原鶴舞IC
297
長柄町
長南町
茂原市
茂原長南IC
千葉へ
もばら
長生村
やつみ
128
一宮川
九十九里有料道路
かずさいちのみや
一宮町
睦沢町
とらみ
たいとう
ちょうじゃまち
夷隅川
大多喜町
おおたき
いすみ鉄道
こやまつ
くによし
465
おおはら
いすみ市
JR外房線
なみはな
▲大福山
養老渓谷・55
粟又の滝
かずさなかの
▲三條大塚山
房総スカイライン
▲石尊山
56三石山・元清澄山
60高宕山
清和県民の森
57麻綿原高原・清澄山
清澄寺
内浦山県民の森
御宿町
おんじゅく
▲三郡山
▲安房高山
勝浦市
かつうら
うばら
八幡岬
あわあまつ
あわこみなと
かずさおきつ
なめがわアイランド
鴨川市
▲嶺岡馬ノ背
▲嶺岡浅間
59愛宕山・二ツ山
あわかもがわ
入道ヶ岬
58魚見塚・鴨川松島
▲高鶴山
66烏場山・花嫁街道
ふとみ
経塚山
えみ
JR内房線
わだうら
太平洋

千葉県の山 全図

▲56三石山 本書で紹介する山名とコース番号
市役所・町村役場
16 国道と国道ナンバー
高速道路・自動車専用道路
JR線
JR新幹線
私鉄線
N
1:300,000
0
10km
東京湾
川崎へ
東京湾アクアライン
そでがうら
木更津市
きさらづ
木更津南JCT
木更津南IC
きみつ
あおほり
君津IC
君津市
富津岬
16
465
富津市
127
おおぬき
さぬきまち
JR内房線
鹿野山
富津中央IC
湊川
かずさみなと
たけおか
富津竹岡IC
富津金谷IC
はまかなや
61鋸山
嵯峨山
三浦三良山
ほた
鋸南保田IC
津森山
あわかつやま
鋸南富山IC
62伊予ヶ岳
鋸南町
63富山
いわい
64御殿山・大日山
南房総市
とみうら
富浦IC
海老敷金比羅山
なこふなかた
館山湾
128
たてやま
館山市
ここのえ
洲崎
房ノ大山
平砂浦
高塚山65
410
野島崎
浦賀水道
東京湾フェリー
横須賀市
観音崎
うらが
横須賀線
くりはま
けいきゅうくりはま
神奈川県
134
相模湾
みさきぐち
京浜急行
三浦市
剱崎
城ヶ島

55

房総随一の渓谷美と名瀑を結ぶコース

養老渓谷・粟又の滝

ようろうけいこく
あわまたのたき
100~135m

日帰り

歩行時間＝3時間40分
歩行距離＝10.0km

技術度
体力度

コース定数＝**14**

標高差＝54m

累積標高差 434m 403m

房総《ぼうそう》半島を横断する養老川は、清澄《きよすみ》山地を源にして東京湾に注いでいる。全長75キロで、千葉県4番目を誇り、上流では房総一の名瀑・粟又の滝や渓谷美の養老渓谷を見ることができる。おすすめは11月下旬~12月上旬の紅葉期。渓谷沿いのモミジが真っ赤に染まり、豪快な滝と清流の組み合わせがすばらしい。この時期が最もにぎわうが、5~6月の新緑の季節にも訪れたい。

養老渓谷と粟又の滝周辺は滝めぐり遊歩道が整備され、誰でも気軽に彩り豊かな渓谷美を楽しむことができる。ここでは養老渓谷と粟又の滝を結ぶコースを歩いてみよう。コース途中の禅宗の古刹・水月寺《すいげつじ》ではイワツツジ、フィナーレの滝見苑《たきみえん》ではおいしい食事を楽しむことができる。

小湊《こみなと》鉄道**養老渓谷駅**前を右に進み、踏切を渡る。清流が見下ろせる宝衛《ほうえい》橋の先では、道標にしたがって、二分する道を左に緩く登る。直進すると大福山《だいふくざん》、梅ヶ瀬《うめせ》渓谷方面に行くので、間違えないようにしよう。

舗装された味気ない道を進むと、白鳥《しらとり》橋への分岐が現れる。大

人気スポットの粟又の滝は豪快で美しい

■**鉄道・バス**
往路＝JR内房線五井駅から小湊鉄道に乗り換え、上総中野、養老渓谷行きに乗る。午前中は7時以降3便のみ、五井駅から養老渓谷駅まで所要時間は1時間5分ほど。乗車券はフリー乗車券を購入すると、往路・復路で別々に購入するより安い。
復路＝粟又の滝バス停から養老渓谷駅、上総中野駅行きの小湊バスを利用する。
日曜・祝日とお盆、11月下旬の平日に、上総中野駅~粟又の滝~粟又・ごりやくの湯間に探勝バスも運行。

■マイカー
養老渓谷駅前付近に駐車場（約40台・有料）があるので利用できる。紅葉シーズンの週末は養老渓谷、粟又の滝方面は渋滞する。

■登山適期
4月の桜、新緑から紅葉が散った12月中旬までが登山適期である。最も美しい時期は渓谷が紅葉に彩られる11月下旬～12月上旬。

■アドバイス
▽共栄橋から水月寺付近まで車道を約3・8㌔歩くので車に注意のこと。
▽滝めぐり遊歩道と粟又の滝を楽しむ場合は、小沢又、粟又の滝付近の駐車場を利用して周回すると核心部のみを効率よく楽しめる。
▽滝めぐり遊歩道は大雨直後には崩壊で通行止めになることがある。
▽紅葉がベストな時期は12月上旬で、渓谷に太陽の光が差す午前中の時間帯がおすすめ。
▽粟又の滝から養老渓谷駅、上総中野駅行きのバス便は土・日曜、祝日と平日で便数が異なるので事前に調べておくとよい。

■問合せ先
大多喜町商工観光課☎0470・82・2111、小湊鉄道☎0436・21・6771、小湊バス大多喜車庫☎0470・82・2821

■2万5000分ノ1地形図
大多喜・上総中野

＊コース図は182～183㌻を参照。

滝めぐり遊歩道では美しい紅葉が楽しめる

きくカーブする道を下れば、養老渓谷の清流にりっぱな橋がかけられている。白鳥橋を渡って養老温泉郷に入り、右手に赤い**観音**《かんのん》**橋**を見ながら渓谷沿いに車道を進む。旧養老館手前から渓谷に下り、人工の「飛び石」で対岸に渡る。渓谷では水遊びや釣りなどを楽しむ人の姿が多い。

　中瀬《なかせ》キャンプ場から中瀬遊歩道をたどれば、清流に沿って渓谷が美しさを増し、養老渓谷の核心部へ入っていく。新緑と紅葉の季節は感動するほど美しい。「飛び石」伝いに進むと、正面に2つの向き合った断崖が現れる。これが弘文《こうぶん》洞《どう》跡で、養老渓谷のシンボルになっている。

　再び「飛び石」伝いに清流を渡り、遊歩道を沢沿いに進んで**共栄**《きょうえい》**橋**を渡る。車が多くなった車道を30分ほどで老川《おいかわ》十字路に着く。再

岩壁を彩る紅葉も養老渓谷の秋の魅力

↑例年11月下旬～12月上旬が渓谷の紅葉の見ごろ

←両岸を断崖ではさまれた弘文洞跡は養老渓谷の核心部

び車道脇の紅葉を見ながら粟又の滝方面に向かう。紅葉の時期はいつも渋滞する。6月には道沿いにアジサイが咲き、12月は紅葉に彩られた房総の山村風景を見ながら歩ける。

やがて、水月寺方面の道標が現れる。**水月寺**は禅宗の名刹で、新緑の季節はキヨスミミツバツツジやイワツツジが美しい。

水月寺の先で養老川に向かって下りはじめる。整備された階段を下れば**滝めぐりの遊歩道**だ。渓谷の左岸沿いに歩きやすい道が約2・5キロ、粟又の滝まで整備されている。

さっそく養老川に沿って上流を目指そう。対岸にはモミジが多く、12月上旬には真っ赤に紅葉する。はじめて訪れた人は房総の紅葉の美しさに感動することだろう。

清流と、対岸の新緑や紅葉を楽しんでいるうちに粟又の滝が見えてくる。新緑のころは水量が多く、全長100メートル、落差30メートルの名瀑がひときわみごとである。また、秋には水量は少ないが、周辺の紅葉が美しい。房総の名瀑・粟又の滝はぜひカメラで撮影しよう。

房総一の名瀑を充分に楽しんだら、渓谷の流れを渡り、急な階段を登る。車道に出たところが**粟又の滝バス停**だ。道の反対側には温泉宿の滝見苑がある。（中西俊明）

水面に映る紅葉の彩り

CHECK POINT

1 養老渓谷駅。ここが養老渓谷方面へ向かうハイキングの起点になる

2 赤い宝衛橋で養老川を渡る。コースは二分する道を左に緩く登っていく。直進する道は梅ヶ瀬渓谷へ

3 出世観音への赤い観音橋は渡らずに、橋を右に見て、渓谷沿いの車道をそのまま進む

4 紅葉に彩られた中瀬遊歩道を進んでいくと、やがて養老渓谷の核心部に入っていく

5 コンクリート製の「飛び石」伝いに養老川を渡る。脇見をしてると踏み外してしまうので、慎重に

6 老川十字路。車道歩きが続くので車に注意。紅葉シーズンの週末はとりわけ交通量が多い

7 水月寺の先で階段を下っていけば「滝めぐり遊歩道」となる

8 美しい紅葉を楽しみながら、右に千代ノ滝を見て粟又の滝目指して進んでいく

市原市
養老渓谷駅
102m
Start
宝衛橋
白鳥橋
出世観音
観音橋
養老温泉
中瀬遊歩道
美しい渓谷に沿って歩く
養老渓谷のシンボル。切り立った断崖と清流が美しい
弘文洞跡
養老渓谷
共栄橋
中瀬キャンプ場
旧養老館の前を右に入り、対岸に渡る
道路沿いに複数の有料駐車場がある
単調な車道を歩く
朝生原トンネル
戸面
朝生原
石神
葛藤
塚越
千葉夷隅GC
小湊鉄道
畜産団地
五井駅・上総大久保駅へ
上総中野駅へ
大福山へ
日高邸跡へ
1:00
0:20

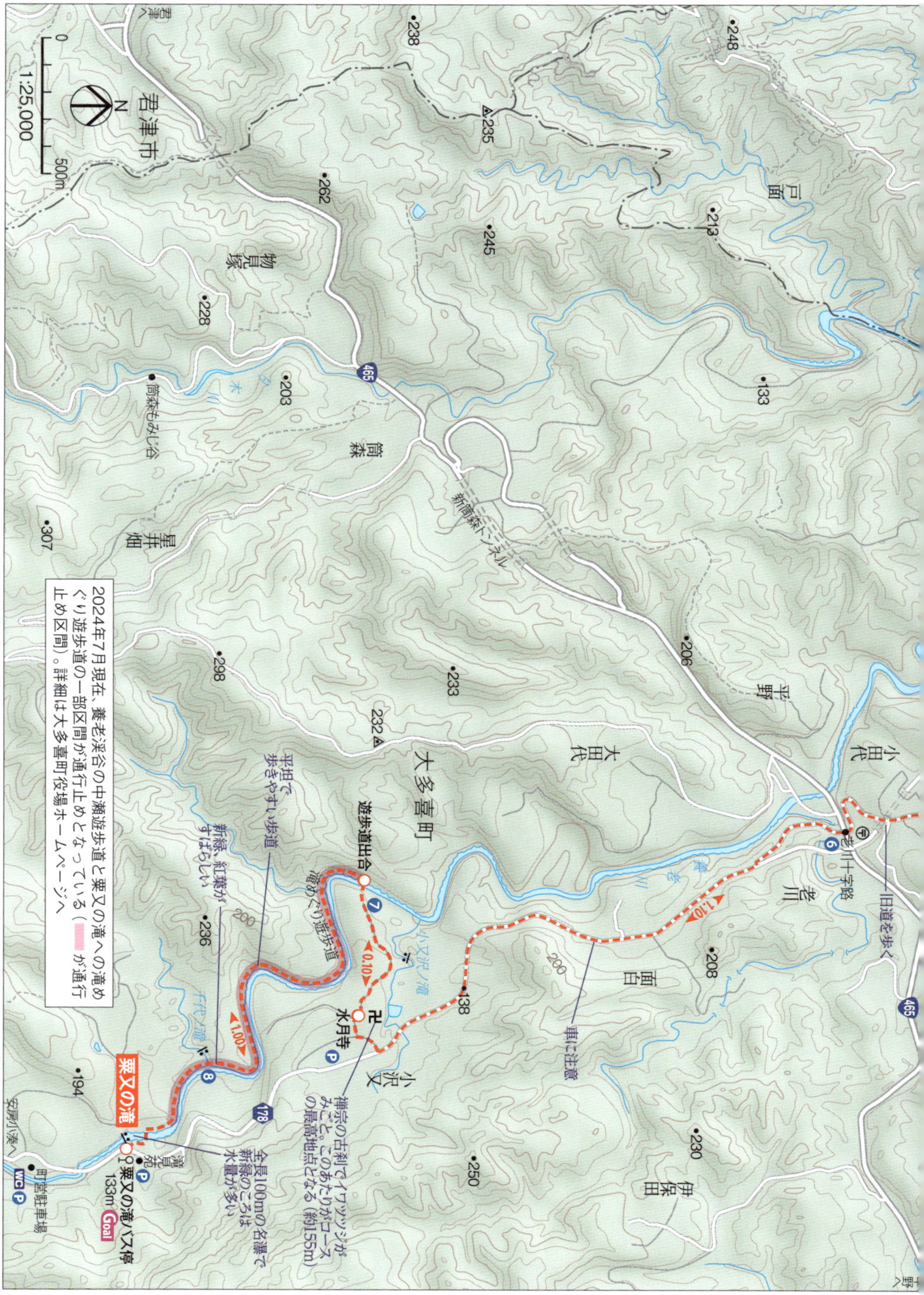

君津市
君津へ
1:25,000
0
500m
N
戸面
•248
•213
•133
平野
小田代
旧道を歩く
老川十字路
6
老川
養老川
1.10
•208
面白
•230
伊保田
•206
大田代
車に注意
200
•235
•245
新筒森トンネル
•233
•138
•250
•238
大多喜町
小又沢ノ滝
小沢又
465
筒森
232
遊歩道出合
7
0.10
水月寺
P
禅宗の古刹でイワツツジがみごと。このあたりがコースの最高地点となる（約155m）
•262
•203
滝めぐり遊歩道
平坦で歩きやすい歩道
178
全長100mの名瀑で新緑のころは水量が多い
物見塚
夕木川
•298
200
1.00
新緑、紅葉がすばらしい
•236
千代ノ滝
8
•228
筒森もみじ谷
星井畑
滝見苑
P
粟又の滝
粟又の滝バス停
133m
Goal
2024年7月現在、養老渓谷の中瀬遊歩道と粟又の滝への滝めぐり遊歩道の一部区間が通行止めとなっている（　が通行止め区間）。詳細は大多喜町役場ホームページへ
•194
•307
町営駐車場
WC P
安房小湊へ
野へ

56

三石山・元清澄山

房総では珍しいモミやツガの原生林を歩く

みついしやま　282m
もときよすみやま　344m

日帰り

歩行時間＝5時間45分
歩行距離＝14・0km

技術度
体力度

QRコードは187ページコース図内に記載

コース定数＝25
標高差＝210m
累積標高差　↗880m　↘968m

三石山展望広場からの眺望。房総の山々を見ることができる

元清澄山山頂の石祠。現在の清澄寺（清澄山）が昔ここにあったことが山名の由来

三石山観音寺《かんのんじ》から尾根通しに元清澄山に登り、金山《かなやま》ダムに抜けるロングコースを紹介しよう。金山ダムから元清澄山を経て三石山観音寺に向かうこの道は、昔、鴨川《かもがわ》方面の人たちが三石観音への参拝に使った道である。

起点となる**道の駅「きみつふるさと物産館」バス停**から片倉《かたくら》ダムまで少し戻り、ダムの堤体を渡り、林道片倉三石線に入る。1時間あまりの緩い坂道を登りきると三石山観音寺参道入口に到着する。

まず三石山展望広場に立ち寄ろう。遠く東京湾越しに横浜の街並みなど神奈川県方面の風景のほか、富士山を見ることもできる。冬季の空気の澄んでいるときには、はるかに筑波山《つくばさん》も見える。

参道入口に戻ったら、右に入ればすぐに**三石山**山頂だ。周囲に大きな3つの石があることから「三石山」とよばれるようになったと伝えられるだけに、巨岩をくぐって山頂に立つと、房総の山々が眼前に広がる。

眺めを満喫したら、三石山観音

寺に参拝していこう。1420年に開山されたと伝わる由緒ある寺院である。

　参道入口に戻り、鳥獣供養塔脇から階段を登り、尾根道を行く。1時間あまり歩くと、標識のある三差路の**地蔵峠**に着く。ひと休みしていこう。

　峠からは尾根を忠実に南下し、石の祠やモミの大木や茶色の大きな標識を通りすぎると清澄山分岐は近い。分岐の手前は左に巻かず、尾根道を登っていく。

　清澄山分岐からは、右に郡界標識に沿って元清澄山方面に向かう。途中、一部林道を歩くが、すぐにまた登山道に戻る。さらに進むとやせ尾根となる。注意して歩こう。30分ほどで**元清澄山**頂上だ。休憩スペースがあるので、適宜休んでいくとよい。山頂一帯はシカの個体数が多く、いたるところにシカ道が横切っており、足跡や休んだ痕跡を観察することができる。

水が豊富な時期の片倉ダム。夏は緑が多くて清々しい

　ところで、歩いてきた郡界尾根周辺で見られるモミやツガは、氷河期にこの地方を覆っていた木々が現在まで生き残っているものといわれている。千葉県特有の植物分布の寸詰り現象を観察することができ、氷河期の植物の名残として、貴重なものだ。

この階段を登れば金山ダムはもうすぐだ

　ひと息ついたら、下りに入ろう。このあたりは山が深く、とても300メートルほどの山とは思えないほどである。登山道は、やせ尾根や鎖場もあるので、雨上がりや子供連れの場合は、スリップしないように注意して行動しよう。40分ほどで**黒塚**《くろづか》**番所跡**に着く。分岐を左に、金山ダムへのコースを下る。整備された関東ふれあいの道なので安心だ（24年現在倒木あり）。

　指導標にしたがって歩けば、1時間ほどで金山ダムの湖畔に出る。さらにダム湖にかかる赤い橋を渡り、10分ほど進めば**金山ダムバス停**だ。

（伊藤哲哉）

■**鉄道・バス**
往路＝JR総武本線千葉駅（JR蘇我駅経由）始発の高速バス「カピーナ号」がおすすめ。所要は1時間20～40分。

復路＝金山ダムからの鴨川市コミュニティバスは本数が少ないので、安房鴨川駅までタクシー利用か徒歩の方がよい。
■**マイカー**
三石山展望広場の駐車場とトイレが利用できる。鳥獣供養塔の脇にもトイレ。

＊コース図は186ページを参照。

CHECK POINT

1 道の駅「きみつふるさと物産館」。ここが出発点となる

2 片倉ダム堤体を振り返る。水が豊富な時は、放水の音も大きい

3 三石展望広場。晴天であれば、富士山や横浜の街を望むことができる

4 三石山観音寺。登山の安全を祈願していこう

5 鳥獣供養塔の階段。石を削った階段をひとつずつ登っていこう

6 地蔵峠で小休止。東大演習林の道は春秋の公開日以外は通行禁止

7 清澄山分岐。右に元清澄山へ向かう

8 山頂手前の鎖場。ここは鎖に頼らない方がバランスがとりやすいので、慎重に歩こう

9 三角点のある元清澄山山頂

10 元清澄山からの下山道。森林浴を楽しみながら歩こう

11 黒塚番所跡の分岐。注意していないと通過してしまう

12 金山ダム湖にかかる赤い橋を渡る。トンネルからは金山バス停も近い

イレがある。

■登山適期

晩秋の紅葉期から新緑のころがよい。特に三石山観音寺の桜の開花時期やキヨスミミツバツツジの咲くころがおすすめ。

■アドバイス

▽4～11月ごろまでは、休憩時にダニに気をつけること。ヤマビルにも注意したい。

▽途中に水場はない。

▽秋にはマムシにも注意。

▽時間に余裕があれば、きみつふるさと物産館から鴨川方面に向かって濃溝の滝、亀岩の洞窟を訪れることもできる。

▽三ツ石山参道入口から三ツ石山展望広場まで往復約10分。

■問合せ先

君津市観光協会亀山支部☎0439・39・2535、君津市経済振興課☎0439・56・1325、鴨川市観光協会☎04・7092・0086、鴨川市商工観光課☎04・7093・7837、日東交通鴨川営業所（高速バス・鴨川市コミュニティバス）☎04・7092・1234、千葉中央バス（高速バス）☎043・300・3611、鴨川タクシー☎0120・02・1216、さくらタクシー☎0439・70・7000

■2万5000分ノ1地形図

坂畑・鴨川

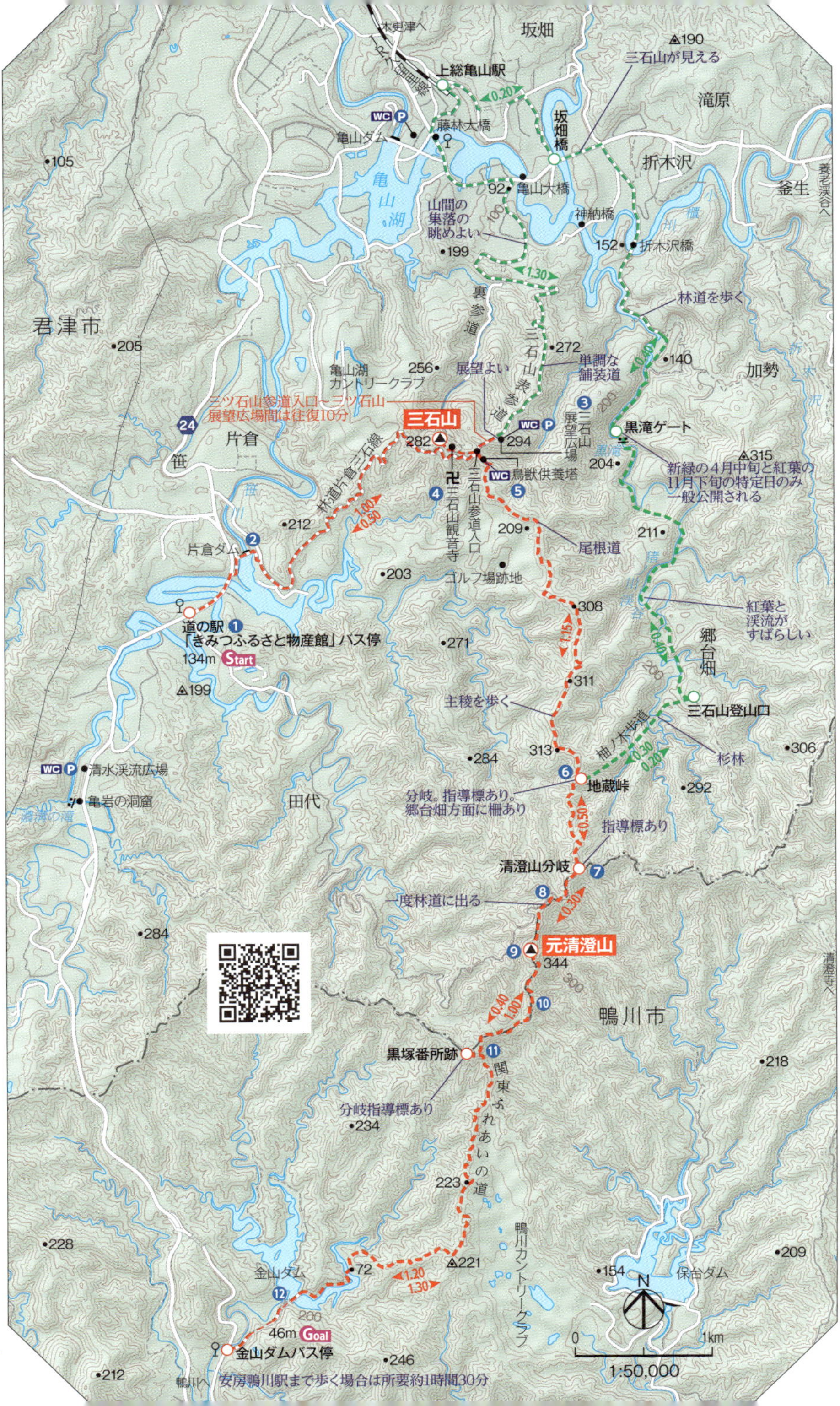

上総亀山駅
坂畑
滝原
三石山が見える
坂畑橋
亀山ダム
藤林大橋
亀山湖
亀山大橋
神納橋
折木沢
折木沢橋
釜生
養老渓谷へ
山間の集落の眺めよい
林道を歩く
裏参道
三石山表参道
単調な舗装道
展望よい
亀山湖カントリークラブ
君津市
三ツ石山参道入口～三ツ石山展望広場間は往復10分
三石山
片倉
笹
林道片倉三石線
三石山展望広場
黒滝ゲート
新緑の4月中旬と紅葉の11月下旬の特定日のみ一般公開される
加勢
三石山観音寺
三石山参道入口
鳥獣供養塔
尾根道
片倉ダム
ゴルフ場跡地
道の駅「きみつふるさと物産館」バス停
134m Start
紅葉と渓流がすばらしい
郷台畑
主稜を歩く
三石山登山口
柚ノ木歩道
杉林
清水渓流広場
亀岩の洞窟
濃溝の滝
田代
地蔵峠
分岐。指導標あり。郷台畑方面に柵あり
指導標あり
清澄山分岐
一度林道に出る
元清澄山
鴨川市
清澄寺へ
黒塚番所跡
分岐指導標あり
関東ふれあいの道
鴨川カントリークラブ
金山ダム
保台ダム
46m Goal
金山ダムバス停
鴨川へ
安房鴨川駅まで歩く場合は所要約1時間30分
1:50,000

57

名刹とアジサイの名所をめぐる

麻綿原高原・清澄山

日帰り

歩行時間＝3時間5分
歩行距離＝9・5㎞

技術度
体力度

まめんばらこうげん　360m
きよすみやま　377m（妙見山）

QRコードは左ﾍﾟｰｼﾞコース図内に記載

コース定数＝14

標高差＝45m

累積標高差　541m　541m

鴨川市《かもがわ》にある日蓮宗の大本山・清澄寺《せいちょうじ》は広い境内を有し、本堂をはじめ、国の天然記念物に指定されている千年杉や日蓮聖人の銅像が立つ旭《あさひ》が森《もり》など、見どころがたくさんある。時間があればぜひ境内の散策もプラスしたい。清澄山（妙見山《みょうけんざん》）は清澄寺の北側にあり、県内では3番目の高さを誇る。妙見宮のある場所が山頂で、ツガなどの樹木が生い茂っている。清澄寺を基点に、林道を歩いて麻綿原高原を往復するルートを紹介しよう。アジサイが咲く6月下旬から7月上旬に訪れるのがおすすめだ。

←天拝園遊歩道入口から高台にある展望台へ向かう。遊歩道沿いにアジサイが咲く季節に訪れたい

←天拝園の高台から房総の山々と、遠く太平洋を望む

清澄寺まではJR外房《そとぼう》線安《あ》房天津《わあまつ》駅からタクシーで10分。車の場合は市営の無料駐車場が利用できる。**清澄寺バス停**から参道を進むと、**清澄寺**の仁王門に出る。本堂や中門、千年杉、**仏舎利塔**などを一巡

■鉄道・バス
往路・復路＝JR外房線安房天津駅から清澄寺への鴨川市コミュニティバス清澄ルートは24年現在休止中のため、安房天津駅からタクシー（要予約）で清澄寺に向かう。

■マイカー
館山自動車道君津ICから房総スカイライン、国道128号、県道81号で清澄寺へ。県道から少し入ったところに鴨川市営駐車場あり。

■登山適期
麻綿原高原入口のアジサイは6月末から7月中旬が見ごろ。4～5月の新緑、10～12月の晩秋の季節も歩きやすく、おすすめ。

■アドバイス
▽アジサイの季節は駐車場から天拝園へ通じる道が一方通行になるので注意。天拝園の散策だけなら妙法生寺から粟又方面への車道途中にある大多喜町営駐車場を利用する。

■問合せ先
鴨川市商工観光課☎04・7093・7837、大多喜町商工観光課☎0470・82・2111、日東交通鴨川営業所（鴨川市コミュニティバス）☎04・7092・1234、鴨川タクシー☎0120・02・1216、きょうほタクシー☎0120・02・2351

■2万5000分ノ1地形図
上総中野・安房小湊

したら麻綿原高原入口を目指す。

　参道からさらに先へ直進すると、車両の進入が禁止されている一杯水《いっぱいみず》林道となる。コースは関東ふれあいの道の一部になっていて、道標が整備されているので安心だ。車を気にせずに歩けるのもいい。林道の両側はアカマツやアカガシ、杉などが茂っているが、時折り東側の展望が開ける。

　林道が車道に出合ったところが**麻綿原高原入口**で、道標にしたがって麻綿原高原方向へ左折する。車道をさらに進むと粟又《あわまた》からの道に出合う。ここから展望台まで、道の両側にアジサイが植えられ、花の咲く時期には大勢の観光客が訪れる人気スポットとなる。このあたりは妙法生寺《みょうほうしょうじ》境内の庭園で、展望台に通じる散策路を歩く。山の斜面に咲くアジサイを鑑賞しながら進むと、太平洋が見える**展望台**に到着する。看板には「初《はつ》日山《ひやま》」と書かれている。

　散策路を下りると、車道の向かい側がパワースポットの天拝壇《てんぱいだん》だ。急な坂道を上がると、お釈迦様が祀られたお堂と、小休止にちょうどよいベンチがある。太平洋を見わたす展望を満喫したい。

　帰路は往路をそのまま**清澄寺**まで戻る。

（田口裕子）

CHECK POINT

1 清澄寺バス停で下車。ロータリー近くに商店とトイレがある

2 本堂から10分ほど奥にある仏舎利塔。手入れされたユリの庭園もある

3 清澄寺の広い境内をのんびり歩いて本堂へ。千年杉は国の天然記念物

4 車は通行止めになっている一杯水林道を麻綿原高原入口へ進む

5 天拝園の入口。園内のアジサイは5万本を超える

6 散策路を上がっていくと展望台に着く。晴れると眺めのいい場所だ

58

日帰り

太平洋の雄大な大海原を眺望する散策コース

魚見塚・鴨川松島

うおみづか 104m
かもがわまつしま 40m

歩行時間＝2時間10分
歩行距離＝3・7km

技術度 1/5
体力度 1/5

コース定数＝6

標高差＝75m

累積標高差 ↗115m ↘105m

↑黎明の鴨川松島。太平洋から昇る太陽が感動的である

←鴨川漁港から見た浅間山。漁港の町として栄えたことがうかがえる風景だ

魚見塚の名は、昔、漁師たちが沖合にくる魚の群れを見張っていたことに由来する。魚見塚にある展望台は、別名「誓いの丘」ともよばれ、女神像「暁風《ぎょうふう》」の前で恋人同士が愛を誓い、その証として鍵をかけると願いがかなうと伝えられている。

一戦場《いっせんば》公園は、石橋山の合戦で敗れた源頼朝が安房に上陸した際、この場所で地元の豪族と争い、勝利したという歴史のある場所だ。鴨川松島は、荒《こう》

■鉄道・バス
往路＝東京駅から安房鴨川駅までは、特急「わかしお」で約2時間。JR外房線安房鴨川駅から日東交通バスを利用し、八岡バス停で下車する。復路＝大浦バス停から日東交通バスで安房鴨川駅へ。

■マイカー
安房鴨川駅から国道128号を館山方面に走り、一戦場公園に向かう。一戦場公園には無料駐車場がある。トイレは、一戦場公園、魚見塚展望台、弁天島への橋付近にある。

■登山適期
通年楽しめるコースだが、気温が高い盛夏の日中は避けた方がよいだろう。春は桜を楽しむことができる。

■アドバイス
▽高低差があまりないので、ファミリーハイキングにも向いている。
▽弁天島に入ると厳島神社の赤い鳥居があり、しばらくすると社殿が見えてくる。普段は塀の扉が閉じられていて、中の様子はほとんど見ることができない。
▽荒島の橋は鉄製であり、雨の日はすべりやすいので注意すること。子供が橋の欄干から落ちないよう目を離さないこと。

■問合せ先
鴨川市観光協会☎04・7092・0086、魚見塚一戦場公園センターハウス☎04・7093・1678、

島、弁天《べんてん》島、鵜《う》島、雀《すずめ》島、波涛根《はっとね》島、猪貝《いがい》島、海獺《あしか》島の7つの島々からなる。弁天島と荒島には、橋を歩いて渡ることができる。

ここで紹介するコースは、主に整備された車道を歩くハイキングコースである。JR外房線安房鴨川駅からバスを利用し、**八岡《よおか》バス停**で下車する。太海《ふとみ》方面へ歩くとすぐに標識が見えてくる。標識に沿って緩やかな坂道を登ると一戦場公園にたどり着く。春は桜がきれいで、家族連れも多い。センターハウスを横に見ながら歩みを進めると、すぐに魚見塚展望台が目に入る。

魚見塚展望台で眺望を満喫したあと、鴨川松島のひとつである弁天島を目指そう。魚見塚展望台から浅間《せんげん》山《やま》山頂にある浅間神社を経て大浦《おおうら》バス停へ下る。途中、階段や山道を下り、八《や》雲《くも》神社を経てさらに進むと妙昌寺《みょうしょうじ》が見えてくる。その入口に着けば、すぐそばに**大浦バス停**がある。

バス停から鴨川駅方面へ歩き、鴨川漁港と弁天島への標識に沿って進むと、左に漁協卸売市場が目に入る。漁港に並ぶ漁船と優雅に飛んでいるカモメやウミネコの姿がとても印象的だ。

橋を渡ると**弁天島**にたどり着く。西の方角に目を向けると浅間山とその奥に魚見塚が見える。時間に余裕があれば、荒島にも行ってみよう。帰りは、**大浦バス停**まで戻る。（伊藤哲哉）

日東交通鴨川営業所☎04・7092・1234
■2万5000分ノ1地形図
鴨川

CHECK POINT

魚見塚展望台への標識。グローバル対応もできている

多くの恋人同士の願いがこめられている。鍵は数えきれないほどかけられている

浅間山山頂の浅間神社。ご神徳には縁結びもある

弁天島と弁天橋。海景と波の音が印象的だ

59

一度は立ちたい千葉県の最高峰
愛宕山・二ツ山

あたごやま　408m
ふたつやま　376m

日帰り

歩行時間＝5時間20分
歩行距離＝17・2km

技術度
体力度

コース定数＝21
標高差＝356m
累積標高差　610m　604m

全国の都道府県の最高峰の中で最も標高が低いのは千葉県の最高峰である。それでも最高峰なる山には立ってみたいもの。長狭《ながさ》平野や安房高山《あわたかやま》方面から見ると、山上に白いレーダードームをのせて、ひときわ目立つ山が千葉県の最高峰・嶺岡《みねおか》愛宕山だ。

↑長狭方面から望む千葉県の最高峰・愛宕山

←家族連れでにぎわう嶺岡牧場

嶺岡は日本酪農発祥の地としても知られたところであり、愛宕山の南麓に広がる嶺岡牧場の千葉県酪農のさとは、家族連れやハイカーが多く訪れる。このコースは、ここをスタートとする。

愛宕山の山頂は、航空自衛隊峯岡山分屯基地内にあるため、入山には許可が必要となる。定められた手続きをしっかりとったうえで登山をしたい。動物とふれあえる**酪農のさと**で許可された時間を調整したうえで出発しよう。

いったん国道410号を北に200㍍ほど戻り、大井分岐から左に林道嶺岡中央1号線を登る。しだいに右手の長狭方面が開けてくると基地ゲートである。**基地の正門**で手

■鉄道・バス
往路＝JR外房線安房鴨川駅から日東交通バスでみんなみの里へ。またはJR内房線木更津駅西口から日東交通バスで長狭中前へ。みんなみの里へは徒歩約300㍍。
復路＝富山国保病院から南房総市営バス富山線でJR内房線岩井駅へ。

■マイカー
富津館山道鋸南保田ICから県道34号（長狭街道）、国道410号、林道嶺岡中央1号線経由で航空自衛隊嶺岡分屯基地の駐車場へ。

■登山適期
通年。特に春は林道脇の桜やスミレ、また、シャガの群落もみごとである。嶺岡牧場の桜の時期もよい。

■アドバイス
▽愛宕山三角点へは2週間前までに基地の許可が必要。申込みには以下の項を連絡のこと。①見学予定日（見学可能日：毎週月・水・金曜の12～13時で定員20人・先着順）、②代表者または団体名、③見学者全員の住所、氏名、年齢、④代表者連絡先（電話番号）、⑤車の場合は車種およびナンバー。見学の際には身分を証明できるものを提示する。連絡先は南房総市丸山平塚2－564　第44警戒隊総括班広報係（☎0470・46・3001）。

■問合せ先
南房総市観光プロモーション課☎0

二ツ山山頂から西方の眺望。遠く富山と伊予ヶ岳が見える

続きをとろう。愛宕山の山頂までは基地隊員が同行してくれる。石段を上がり、鳥居をくぐって登ると408㍍《メートル》の3等三角点がある**愛宕山**の山頂である。

二ツ山へは基地のゲートまで戻り、嶺岡林道を左に進む。1・5㌔《キロ》ほど歩くと、右側に小さな標識が二ツ山を案内している。わずかな登りで広々とした**二ツ山**南峰に着く。

東星田《とぼしだ》へは再び嶺岡林道に出て、西に進む。大《おお》田代《たしろ》からの林道を合わせ、さらに西谷《にしだに》への林道を左に分け、アンテナのポールを右に見て、左手のガードレールが切られたところに石積みがある。ここが東星田に下りる**尾根の入口**である。はじめは踏跡程度で心細いが、やがて山道は明瞭な尾根を下る。東房子嶺《とぼしれい》のそばを通って別荘地帯を抜け、五差路を右折して県道に出る。**東星田**からは山里を楽しみながら平群《へぐり》の**富山国保病院バス停**に向かう。（植草勝久）

CHECK POINT

1 「みんなみの里」から南に歩き嶺岡牧場「酪農のさと」へ。資料館では酪農資料が展示されている

2 千葉県の最高点、嶺岡愛宕山山頂。基地ゲートで手続きをして登りはじめる。往復30分ほどだ

3 二ツ山へは中央林道からわずかな登りで着く。山頂にある善右衛門君遺功碑

4 東星田へ下りる尾根の入口。林道からの入口を慎重に確認しよう

470・33・1091、日東交通鴨川営業所☎04・7092・1234、南房総市営バス☎0470・33・1001、鴨川タクシー☎0120・02・1216、鋸南タクシー☎0470・55・0239、酪農のさと☎0470・46・8181

■2万5000分ノ1地形図
鴨川・金東

60

房総丘陵の核心部を縦走する展望コース

高宕山

たかごやま 330m

日帰り

歩行時間＝5時間25分
歩行距離＝11・0km

技術度

体力度

コース定数＝21

標高差＝252m

累積標高差 805m 778m

標高240メートルでも開放感ある石射太郎

石射太郎と高宕山を結ぶ縦走コースは、房総《ぼうそう》半島の山深い雰囲気を堪能できる。千葉県の山の中では歩きごたえのある長めのルートがとれて、しかも眺望は抜群。高宕観音や岩をくり抜いたトンネルなど見どころもたくさんあって、実におもしろいルートである。ニホンザルが生息する地域なので、動物との出会いがあるかもしれない。杉や桧などの針葉樹の森と、カエデやクヌギ、コナラなどの落葉樹の緑濃い森が広がり、新緑や紅葉の季節にぜひ訪れてみたい。

木更津《きさらづ》駅から亀田《かめだ》病院行きの急行バスに乗り**清和中《せいわちゅう》バス停**で下車。国道を南へ進み、じきに右手に分岐する道に入る。またはひとつ先の東《ひがし》日笠《ひかさ》バス停で下車し、少し戻って西《にし》日笠方面に進んでもよい。こちらの方が近い。

蛇行する小糸《こいと》川を渡り、君津市コミュニティバスの**植畑上郷《うえはたかみごう》バス停**から関東ふれあいの道を歩く。のどかな山村風景を見ながら50分ほど歩くと、トンネルが見えてくる。**高宕第一トンネル**手前が石射太郎への登山口だ。近くには駐車スペースもある。

階段を上がって登山道に進も

巨岩の下に建つ源頼朝の伝説にまつわる高宕観音

高宕観音の先にある石のトンネルはなんとも不思議な雰囲気

■鉄道・バス
往路＝JR内房線木更津駅から日東交通の急行バス亀田病院行きで清和中バス停または東日笠バス停下車。
復路＝下の台バス停から日東交通の急行バスで木更津駅へ戻る。

■マイカー
館山自動車道君津ICから県道92号、国道410号経由で清和県民の森方面へ。駐車スペースは石射太郎の登山口、高宕第一トンネル付近と国道410号奥畑バス停付近にある。

■登山適期
4〜6月の新緑のシーズンと11〜12月の紅葉の時期がおすすめ。

■アドバイス
▽途中にトイレや水場はない。
▽急行バスを利用する際は、コンビニエンスストアや商店が近くにないので、食糧と水はあらかじめ用意しておくこと。
▽高宕山のニホンザルは昭和31年に天然記念物に指定されている。
▽奥畑から国道を南下すればロマンの森共和国に立ち寄り湯「白壁の湯」（☎0439・38・2211）がある。ここからも木更津駅に戻れる。
▽下山は高宕山から大滝を経由して高宕林道を戻れば石射太郎の登山口に出る。近年はマイカーでアクセスし周回するこのルートが人気だ。

■問合せ先
清和県民の森☎0439・38・22

う。杉林とシダに覆われた道を上がっていくと、やがて稜線に出る。東側が切れ落ち、すばらしい眺望が広がっている。ここが**石射太郎**だ。これから進む高宕山や八良塚《はちろうづか》が見わたせ、気分も盛り上がってくる。

眺望を楽しんだら、尾根道を先に進もう。しばらく明るい広葉樹の森の中の尾根歩きが続く。高宕観音下まではアップダウンも少なく、道に迷う心配もない。杉林に入ると高宕観音は近い。狛犬と仁王像をすぎ、石段を上がっていくと赤い屋根の観音堂に到着する。ここからの眺めもいい。しばらく休憩してから高宕山の山頂を目指すことにしよう。

観音堂の先は岩場になっていて、岩を丸くくり抜いたトンネルをくぐって先に進む。このトンネルくぐりは、ここまで歩いて来なければ味わえない、房総丘陵の隠れた名所といえるだろう。

高宕山山頂直下分岐を右に入り、急坂を上がると岩に突き当たる。この岩上が**高宕山**の山頂だ。

下山は**分岐**に戻り、奥畑《おくはた》方面へ進む。樹林帯の中の道を進み、平坦地に出ると**八良塚との分岐**がある。時間と体力に余裕があれば八良塚を往復してもいいが、ここでは分岐を見送り、歩きやすい遊歩道を下っていく。国道に出ると君津市コミュニティバスの**奥畑バス停**がある。バス停の向かい側は駐車スペースになっている。

木更津行きのバスに乗るには国道を豊英《とよふさ》ダム方面へ約20分の**下**《しも》**の台**《だい》**バス停**へ向かう。（田口裕子）

22、君津市経済振興課☎0439・56・1325、日東交通鴨川営業所☎04・7092・1234
■2万5000分ノ1地形図
鬼泪山・坂畑

CHECK POINT

1 のどかな田園風景を見ながら、登山口を目指す

2 石射太郎への登山口。階段を上がって山中へ進む

3 ベンチのある石射太郎の山頂。かつては石の切り出し場であった

4 高宕観音直下の階段。狛犬と仁王像が迎えてくれる

5 高宕山に到着。展望は抜群。房総丘陵の山並みを見ながら小休止

6 片側の切れ落ちた狭い登山道を歩く。手すりがあるので安心

7 舗装路に出たところ。下の台バス停まであと2.2キロの案内表示

8 奥畑のバス停に出たら、国道を下の台バス停まで歩いていく

＊コース図は196～197ページを参照。

木更津へ
木更津東ICへ
Start
清和中バス停
78m
東日笠
175
釜場
清和小
山村風景が美しい
植畑上郷バス停
71
73
木更津からの急行バスが停まる
東日笠バス停
二入
93
175
上ノ台
関東ふれあいの道
0.40
0.45
西日笠
二入
106
穴原
辻森
465
410
房総スカイライン
谷間の林道
175
新道
休所
100
90
大岩
三島ダム
梅ノ木台
三島小
三島湖バス停
98
172
君津市
三島神社
宿原バス停
正木
三島湖
208
140
森林監視所
森林監視所分岐
八良塚登山口
0.10
0.10
怒田沢
0.30
下村
三島大橋
怒田沢三差路
青年館
90
奥米隧道
林道高宕線
0.45
0.50
0.40
見晴らしのよい尾根
203
大滝
八良塚コース
0.45
0.35
179
189
長倉台
旅名
高宕山山頂直下分岐
大滝コース
0.40
1.00
林道を歩く
200
奥米
ベンチがある。鹿野山方面の見晴らしよい
展望台
金吊
関東ふれあいの道に合流する
0.30
奥米台
Goal
105m
下の台バス停
109
下村
216
奥米台隧道
高宕山
330
315
0.30
0.25
300
豊英ダム
清和県民の森
倉沢
志組分岐
342
八良塚
259
上の台バス停
149
奥畑
0.20
0.25
0.15
0.20
寂光不動
151
郡界尾根分岐
0.10
0.20
0.30
0.30
八良塚分岐（奥畑分岐）
関東ふれあいの道
奥畑バス停
24年7月現在閉鎖中
豊英湖
157
木和田
木和田橋
0.45
0.35
138
26
「高宕山」と書かれた小ピーク
指導標あり
2024年7月現在災害により通行止め。高宕山からは往路を戻るか、山頂直下の分岐から大滝に下り、高宕林道経由で高宕第一トンネルに戻る
ロマンの森共和国
214
273
222
148
三郡山、ロマンの森へ
鴨川へ

N
0
500m
1:35,000
本村
諸崩
152
苗割
182
95
166
151
田倉
132
136
エンゼルカントリークラブ
164
49
465
新田
140
芹
238
法木
144
123
台倉
平田
144
上総湊へ
高宕川
トンネル手前が
高宕山の登山口
高宕第一トンネル
42
高溝
字藤原
38
69
石射太郎
240
231
56
大田和
高宕山、八良塚の
展望がよい
森林監視所
富津市
126
新緑や紅葉時に
静かな山歩きが
楽しめる
関尻へ
37
207
大田和
歩きやすい道が
続く
大塚山
199
84
100
204
石段を登る
トンネル
小畑
132
221
221
神徳
御代原
88
48
高宕山のサル生息地
166
林道終点
関豊駅バス停
高宕山自然動物園
廻田沢橋
青柳橋
志組林道
指導標あり
181
志組
100
214
豊岡橋
豊岡
小倉
鴨川へ
0.25
0.15
1:10
0.15
1:10
0.25

観月台手前から東京湾と浜金谷港を見る

61

鋸山

東京湾の大パノラマと切り立った岩壁が魅力

日帰り

のこぎりやま
329m
（コース最高地点＝282m／地獄のぞき）

歩行時間＝2時間40分
歩行距離＝5・5km

技術度
体力度

コース定数＝**11**
標高差＝275m
累積標高差 325m 323m

百尺観音は巨大で、見上げると首が痛くなるほどだ

鋸山は清澄山《きよすみやま》、鹿野山《かのうざん》とともに千葉を代表する山のひとつである。垂直に切り立った岩壁は恐ろしいほどの高度感にあふれ、東京湾に面しているため、三浦《みうら》半島や伊豆《いず》半島、富士山が大パノラマだ。

大気が澄んだ冬は富士山や白峰《しらね》三山がはっきりと眺められる。山頂付近までロープウェイがかけられ、観光地化されてしまっているが、観月台コースには房総《ぼうそう》の自然が豊富に残されている。また、日本寺《にほんじ》には露座の大仏や百尺観音《ひゃくしゃくかんのん》、千《せん》五百羅漢《ごひゃくらかん》など見どころが多い。初夏にはアジサイが咲き、初夏の彩りを添えてくれる。

JR内房《うちぼう》線浜金谷《はまかなや》駅前から関東ふれあいの道の標識に導かれて鋸山に向かう。金谷川を渡り、内房線の下をくぐる。**登山口**には鋸山ハイキングコースの道標が設けられ、樹林の小尾根には石段が整備されている。海岸に近いため、房総の潮の香りが肌で感じられる。コース途中の樹間からは富士山や浜金谷港が見わたせる。

階段の急登が終るとコンクリートの休憩舎が建つ**観月台**に着く。正面に鋸歯状の山容を眺めながら石段をいったん下り、再び登る。コースはよく整備され、迷う心配はない。**観月台分岐**で鋸山三角点へ続く関東ふれあいの道を見送り、

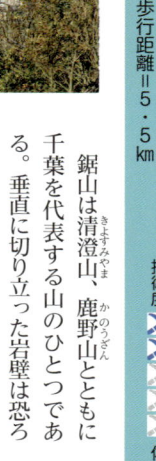

朝の太陽を浴びて、樹林に囲まれた登山道を観月台目指して登る

樹林の密度が濃くなったコースを登り返して桟橋を渡る。岩壁直下に出て、振り返れば浜金谷の町並みや東京湾が眼下に一望できる。

鋸山の山頂部は日本寺の境内になっているので、北口管理所で拝観料を支払って入る。完成までに6年の歳月を費やした百尺観音が現れる。まっすぐ進むと稜線に出る。右は十州一覧台《じゅっしゅういちらんだい》とロープウェイ山頂駅方面だ。左に整備された石段を進むと、**地獄のぞき**に着く。足もとが切れ落ちた展望台で、恐ろしいほどの高感度が満喫できる。空気が澄んでいる季節には、遠く富士山や三浦半島が眺望できる。また、富山《とみさん》、伊予《いよ》ヶ岳《たけ》など、房総の山々も視界に入ってくる。

山頂部での眺望を充分に楽しんだら保田《ほた》側に下る。はじめに千五百羅漢が洞窟に安置された光景を拝観しよう。千態万状の尊像は実に興味深い。広々とした参道を進むと、高さ31・5メートルの大仏の前に出る。アジサイが咲く季節はことのほか美しい。

大仏をあとに、頼朝蘇鉄や心字池、観音堂を見て、表参道をゆっくりと下る。車道に出て、内房線手前の**表参道入口**を左に折れる。内房線に沿ってお花畑を楽しみながら**保田駅**へ向かう。要所に道標が置かれているので迷う心配はないだろう。

（中西俊明）

地獄のぞきは下から見上げても恐ろしい

■**鉄道・バス**
往路＝JR内房線浜金谷駅下車。復路＝JR内房線保田駅を利用。

■**マイカー**
富津館山道路富津金谷ICから金谷港付近へ。金谷海浜公園の駐車場が利用できる（無料）。

■**登山適期**
大気が澄んだ晩秋から冬の季節は、東京湾側の大パノラマが感動するほどすばらしく、富士山、三浦半島、東京の高層ビル群などが一望できる。おすすめは10～2月。また、4～6月にかけては萌えるような新緑と鋸山の山容が美しい。

■**アドバイス**
▽観月台分岐から鋸山の山頂を往復するのもよい（約2時間）。分岐を左に進んで関東ふれあいの道に入る。右に江戸時代の石切り場跡を見て車

＊コース図は201ページを参照。

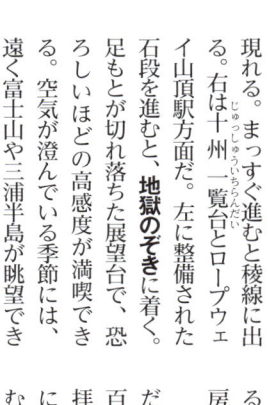

保田海岸には6月にハマヒルガオが咲き、鋸歯状の鋸山（右奥）が眺められる

CHECK POINT

1 浜金谷駅が鋸山登山の起点になる

2 中央の階段が観月台コースの登山口

3 観月台手前から富士山と浜金谷港を見る

4 晩秋の日差しを浴びて平坦な道をたどる

5 地獄のぞきはスリル満点だ

6 田園風景が広がる道を保田駅に向かう

力道を左に分けると急な階段があり、これを登ると鞍部に出る。右に行けば東京湾を望む展望台がある。鞍部からは東へ続く尾根を進む。テレビ中継所をすぎてひと登りで1等三角点が置かれた鋸山山頂に着く。

▽地獄のぞきなど、鋸山山頂周辺は日本寺の境内のため、北口管理所で拝観料を支払って入ること。

▽日本寺は1300年前に開かれた名刹である。百尺観音や千五百羅漢、大仏など見るべきポイントは多い。大仏は31・5メートルの高さで、江戸時代の1783年に大野甚五郎英令らにより、3年の年月をかけて彫られたもの。

▽保田漁協直営の食事どころ「ばんや」がおすすめ。朝獲れた新鮮な魚介料理が味わえる。

▽菱川師宣記念館が保田駅から安房勝山方面に20分ほど歩いたところにある。師宣の浮世絵をはじめ、多くの作品が展示されている。

■問合せ先

富津市観光協会☎0439・80・1291、鋸南町まちづくり推進室☎0470・55・1560、鋸南町観光協会保田観光案内所☎0470・55・1683、菱川師宣記念館☎0470・55・4061、ばんや☎0470・55・4844

■2万5000分ノ1地形図

保田

木更津駅へ
富津金谷IC
富津竹岡ICへ
富津市
JR内房線
浜金谷港
フェリー乗り場
7m Start
浜金谷駅
金谷川
ひかり藻が見られる洞窟
沢コースは台風被害のため
2024年7月現在通行止め
素掘りのトンネル
沢コース
金谷海浜公園
観月台道登山口
車力道入口
132
樹林に囲まれた苔むした道を登る
観月台
階段状の登り。
浜金谷港が
見える
106
山麓駅
正面に鋸山が見える
関東ふれあいの道
車力道
急な階段
観月分岐台
車力道上部分岐
鋸山
329
鋸山ロープウェイ
スリルに満ちた展望台
北口管理所
百尺観音
石切り場跡
東京湾を望む展望台
千葉テレビ中継所
一等三角点
不動岩
十州一覧台
262
地獄のぞき
山頂駅
西口管理所
千五百羅漢道
74
大仏
東口管理所
日本寺
日本寺境内は
歩道が整備
されている。
富津館山道路
鋸山トンネル
明鐘岬
仁王門
90
日本寺参道
表参道入口
鋸南町
ツブネ島
元名平島
お花畑をのんびり歩く
25
元名
東京湾
26
ガードをくぐる
保田駅
9m Goal
鋸南富山ICへ
本郷浜
館山へ
館山駅へ
鋸山山頂部拡大図
観月台分岐
車力道上部分岐
石切り場跡
関東ふれあいの道
鋸山
329
千葉テレビ中継所
北口管理所
百尺観音
山頂展望台
285
282
地獄のぞき
306
東京湾を望む展望台
東京湾を望む展望台／山頂展望台／
地獄のぞきの標高数値はGPS機器に
よる実測値を換算したものです。
N
0
5km
1:10,000

62

房総唯一の岩峰から印象的な富山を眺める

伊予ヶ岳《いよがたけ》

336m（北峰）

日帰り

歩行時間＝1時間55分
歩行距離＝3・3km

技術度 体力度

コース定数＝7
標高差＝275m
累積標高差 280m 280m

平群天神社付近から見る満開の桜と伊予ヶ岳の岩峰はみごとだ

伊予ヶ岳は房総《ぼうそう》の山では珍しく、鋭い岩峰の頂をもち、「安房《あわ》の妙義山《みょうぎさん》」とよばれている。鋭い岩峰に立つと、双耳峰の富山《とみさん》がひときわ印象深く眺望できる。眼下には箱庭のように房総の里山が広がり、背後には東京湾が印象的に眺められる。登山口の平群天神社《へぐりてんじんしゃ》参道には樹齢1000年とも伝えられる夫婦クスの大木がある。

西側の車道から望む伊予ヶ岳北峰（左）と南峰（右）

JR内房線《うちぼう》岩井《いわい》駅から南房総《みなみぼうそう》市デマンドバスを利用し、**天神郷《てんじんごう》バス停**で下車する。

バス停のすぐ横に立つ白い大鳥居が伊予ヶ岳の登山口だ。鳥居をくぐると御神木のクスの木がある。手前が女木、奥が男木で樹周が4㍍以上のみごとな大樹だ。平群天神社の背後に伊予ヶ岳の岩峰が顔を見せている。平群天神社は菅原道真公の一代記「平群天神縁起絵巻」が保存されていることで知られている。

天神社の左手の道をたどり、伊予ヶ岳へ向かう。細い山道に入り、梅林がほのかな香りを漂わせるころは、梅の花と伊予ヶ岳の組み合わせが絵を見るように美しい。

シイやクヌギの雑木林から杉林へと緩い山道が続く。富山方面の分岐を左に見送り、杉林の急登をジグザグに登る。尾根の一角に出ると、ベンチが置かれた展望台だ。

■鉄道・バス

往路・復路＝JR内房線岩井駅から南房総市営バス富山線に乗り天神郷へ。東京方面からは東京駅八重洲南口、バスタ新宿から館山・安房白浜方面行きの高速バス「房総なのはな号」（要予約）に乗り、1時間25分ほどで「ハイウェイオアシス富楽里」に着く。「富楽里」で南房総市営バスに乗り換え、天神郷に出る。南房総市営バスの富山国保病院～天神郷間は、平日は乗車30分前までに電話予約が必要（予約先は「問合せ先」参照）。

■マイカー

富津館山道路鋸南富山ICから県道184号、89号で約8㌔、天神社境内に登山者も利用できる駐車場がある。トイレも併設されている。

■登山適期

スイセンが山里に咲き、梅の花がほころぶ1月から、新緑の5月と、大気が澄み遠くまで眺められる秋から初冬（10～12月）までが伊予ヶ岳の登山シーズンである。7月から9月にかけての夏期は暑いだけで登山には適さない。

■アドバイス

ひと息入れて、この先の登りに備えたい。

展望台から岩まじりの急斜面をロープ伝いに慎重に登ると、10分ほどで**伊予ヶ岳南峰**に着く。伊予ヶ岳は南峰と北峰に分かれている。鎖で囲まれた露岩の南峰からは360度の眺望が得られ、双耳峰の富山が箱庭のようだ。

北峰へは、若干道が荒れているが、踏跡はしっかりとついている。**北峰**から見る南峰は、特徴的な鋭い山容をしている。晩秋から冬期にかけては大気が澄んでいるため、336メートルの頂上とは思えない光景が楽しめる。

下山は**南峰**まで戻り、急な岩場を滑落に注意して下ったら、富山方面への分岐を右へ。「ふるさと自然のみち」を下り、ソーラーパネルを過ぎると**車道**に出て、**天神郷**に戻る。（中西俊明）

CHECK POINT

1 天神郷の登山口から大鳥居をくぐって山頂を目指す

2 樹林に囲まれた急な登りがしばらく続く

3 南峰直下の急斜面はロープを使って登る

4 伊予ヶ岳南峰山頂は切り立った岩場から大パノラマが広がる

▽天神郷バス停左手に食事や宿泊ができるHEGURI HUB（☎0470・58・0312）がある。

▽歩き足りない人は伊予ヶ岳と富山（204ページ）とを結んで計画しよう。安房の名山を1回の山行で効率的に登ることができる。山頂から下山時に富山方面の分岐を右に折れ、山間風景を楽しみながら富山の南峰・北峰鞍部を目指す。要所に道標が置かれている。コース途中からは富山の双耳峰と伊予ヶ岳の鋭い岩峰がすばらしい。富山北峰からの下山後は伏姫ノ籠窟方面に下るとよい。

▽平群天神社は南北朝時代に京都の北野天神を勧請したものといわれ、菅原道真公を祀っている。県指定文化財の「平群天神縁起絵巻」3巻が保管されている。10月下旬には山車が市内を練り出し、煙火が打ち上げられる。

▽温暖な気候を利用した地元の味覚、ビワやミカン狩りが楽しめる。

■問合せ先

南房総市観光プロモーション課☎0470・33・1091、南房総市営バス☎0470・33・1001（予約☎0470・20・4144）、JRバス関東高速バス案内センター☎0570・048905、鋸南タクシー☎0470・55・0239

■2万5000分ノ1地形図

金束

63 富山

「八犬伝」発祥の名山に登り、浪漫の里を眺望

とみさん
349m（北峰）

日帰り

歩行時間＝3時間15分
歩行距離＝9・0km

技術度

体力度

コース定数＝15

標高差＝329m

累積標高差 495m 495m

御殿山から眺める富山。双耳峰が美しく見える

双耳峰が美しい富山は『南総里見八犬伝』ゆかりの山として人気があり、中腹には面影が漂う「伏《ふせ》姫《ひめ》ノ籠窟《ろうくつ》」が残っている。整備された富山北峰からは東京湾をはじめ、鋸山《のこぎりやま》など房総《ぼうそう》の山々の大パノラマが広がる。早春にはスイセンや菜の花が咲き、訪れるハイカーを迎えてくれる。福満寺《ふくまんじ》からのハイキングコースは危険なところがなく、ファミリーハイキングにおすすめのコースだ。JR岩井《いわい》駅を起点に紹介されることが多いが、東京方面から便利な高速バス「房総なのはな号」を利用したコースを紹介しよう。

道の駅「富楽里《ふらり》とみやま」のバス停「ハイウェイオアシス富楽里」で下車する。高速道路の下を通り、最初の道を右に折れる。周辺はのどかな山村風景が広がり、**富山《とみやま》学園**の脇道を抜け、県道を進むと**福満寺の入口**に着く。

山門前を緩く登っていき、一合目をすぎるころから登山道らしくなる。急登が終ると左からの道に

五合目付近には真っ赤なカエデがある

■鉄道・バス
往路・復路＝バスタ新宿または東京駅八重洲口南口から発車する「房総なのはな号」を利用。詳細は62伊予ヶ岳を参照のこと。JR内房線岩井駅から徒歩で福満寺入口に行くこともできる（約40分）。

■マイカー
道の駅「富楽里とみやま」の駐車場（無料）が利用できる。食事施設や特

CHECK POINT

スイセンが咲く道から富山を目指す

福満寺の山門前から富山を目指す

樹林に囲まれた二合目を登る

階段を登ると荒廃した観音堂が建つ

富山北峰は広々として展望台がある

門をくぐって伏姫ノ籠窟へ

合流し、緩い山道が続く。1月下旬にはスイセンを見ながら登るので、あきることがないだろう。

三合目の石柱が現れると、晩秋には落ち葉を踏み、冬はスイセン、春は芽吹きと、季節に応じた小さな発見がある。緩く下った鞍部が五合目だ。

シイの巨木に囲まれた登山道は階段道の急登となり、しばらくの間はがんばりが要求される。要所にベンチが置かれているので、無理をせず、自分のペースで登っていこう。

七合目を経てさらに登ると**仁王《におう》門《もん》跡**に出て、ようやく急登が終わる。左手に上がっていく石段は観音堂や富山の南峰へと続くが、道が手入れされておらず、パスしたほうがよいだろう。

富山北峰からは鋸山と東京湾が一望できる

富山北峰入口に桜が咲く

北峰を目指していくと、右から舗装道が合流した地点に休憩舎が建ち、東京湾が望める。ここは里見八犬士終焉の地でもある。さらに北に進むと**富山北峰**に着く。東京湾から大島《おおしま》、富士山など、すばらしい眺望だ。広々とした山頂には展望台が設けられている。

下山は往路を戻り、休憩舎の先で右に細い急な登山道を下る。杉林や竹林を抜けると舗装された車道に出る。合《ごう》戸《ど》ノ堰《つつみ》から伏姫ノ籠窟入口へ向かう。白壁の山門をくぐって5分ほどで**伏姫ノ籠窟**だ。

下山は、籠窟入口に戻り、**富山学園**の横を通って出発点の**道の駅「富楽里とみやま」**を目指す。

（中西俊明）

産品の売店、トイレなどが整っているので便利。駐車場はほかに富山学園南の県道沿いに登山者用の無料駐車場もある。

■登山適期

スイセンが山里に咲く1月から、新緑の5月と、大気が澄み、遠くまで眺められる秋から初冬（10〜12月）までが登山シーズン。7〜9月の梅雨時や夏期は暑く、登山には不適。

■アドバイス

▽富山北峰は展望に恵まれ、昼食に最適の場所である。

▽富山北峰から西へ続く尾根（西尾根）はアップダウンや急傾斜のロープ場の通過などがあり、上級者向け。

▽『南総里見八犬伝』は江戸時代に滝沢馬琴により書かれた長編小説である。安房の国、里見義実の娘、伏姫と飼犬の八房にまつわる不思議な一大スペクタルで、伏姫の死により「仁義礼智忠孝悌信」の8つの玉が八方に散る。それぞれの玉をもって生まれた八犬士が城主・里見氏を守るため、苦難にあっても協力して活躍する物語だ。伏姫ノ籠窟は伏姫と飼犬の八房が住んだと伝えられる籠窟である。

■問合せ先

南房総市観光プロモーション課☎0470・33・1091

■2万5000分ノ1地形図

保田・金束

64

御殿山・大日山

ごてんやま 364m
だいにちやま 333m

ツバキのトンネルをくぐり、ヤマトタケルゆかりの山へ

日帰り

歩行時間＝4時間20分
歩行距離＝9・5km

技術度
体力度

コース定数＝17

標高差＝269m

累積標高差 610m 610m

↑早朝の御殿山山頂から、赤く染まる富山と津野辺山、富士山が美しい

←伊予ヶ岳から見る御殿山の稜線

御殿山から大日山の稜線は嶺岡《みねおか》山系に属し、標高300ｍ《メートル》前後の、房総《ぼうそう》では珍しく奥深い山である。「御殿山」の山名は、ヤマトタケルが東征し、安房《あわ》地方を平定したおり、一望できるこの地を根城としたことから、と伝えられている。

JR内房《うちぼう》線岩《いわ》井《い》駅で下車、タクシーで登山口に向かう。バス利用の場合は南房総市営バス（要予約）で登山口最寄りの山田中へ。土・日曜・祝日は手前の天神郷までバスの予約が不要のため、天神郷から徒歩で登山口に向

■鉄道・バス
往路・復路＝JR内房線岩井駅からタクシーで高照禅寺へ。南房総市営バス富山線で山田中へ（バスは乗車30分前までに要予約。予約先＝☎0470・20・4144）。

■マイカー
富津館山道路鋸南富山ICから県道184・89号で高照禅寺へ。県道沿いに駐車場とトイレがある。

■登山適期
特にツバキの咲くころとヤマザクラが花開き、木々がいっせいに芽吹くころがよい。冬の空気が澄んでいる季節は眺望がさらにすばらしい。

■アドバイス
▽途中水場はないので注意。
▽御殿山登山後に山海料理隠れ屋敷「典膳」（☎0470・46・4137）で食事をするプランを立てるのもよい（要事前予約）。

■問合せ先
南房総市観光プロモーション課☎0470・33・1091、南房総市営バス☎0470・33・1001、鋸南タクシー☎0470・55・0239

■2万5000分ノ1地形図
安房古川・金束

かう方法もある（約40分）。登山口となる**高照禅寺**《こうしょうぜんじ》には、駐車場とトイレが設けられている。

川を渡り、伊予《いよ》ヶ岳《たけ》を眺めながら標識に沿って歩くと「御殿山遊歩道」の大きな看板が出てくる。ここからは整備された歩きやすい道である。桜並木を抜けると**大黒様**を祀った展望のよい地点に出る。

お参りをすませてひと息ついたら、杉林の尾根道を進む。大日如来像の碑が右に現れ、下ると東星《とぼし》田《だ》への分岐（2024年7月現在通行止め）となる。まっすぐ5分ほど行くと再び分岐になり、直登コースと巻道コースに分かれる。

直登コースを急登すると**御殿山**山頂に着く。あずまややベンチが置かれ絶好の休憩地である。展望もすばらしく、西に富山《とみさん》、伊予ヶ岳、東に太平洋が望める。南にはこれから向かう鷹取山《たかとりやま》や宝篋印塔山《ほうきょういんとうやま》の稜線が遠望できる。

休憩をすませたら、次の目的地に向かおう。ツバキのトンネルの中の階段を下り、登り返すと**鷹取山**となる。ツバキの茂る山頂からは、大沢《おおさわ》林道から犬掛《いぬかけ》への下山路が右に下っている。ハイキングコースの標識に沿って尾根をまっすぐに進む。後方に御殿山、左に愛《あ》宕山《たごやま》が姿を見せる。少し行くと大

CHECK POINT

1 駐車場付近にある高照禅寺の入口。安全を祈願して登ろう

2 道路脇の標識。このコースは標識がよく整備されている

3 登山道にある大黒様。展望もすばらしい

4 御殿山山頂に祀られる祠。苔むす姿に歴史を感じる

5 「典膳」の案内板。登山道に食事処の案内があるのも珍しい

6 宝篋印塔山付近の急坂。団体での登山は会話も弾み、楽しそうである

7 宝篋印塔山の石塔。日陰の中で静かにたたずんでいる

8 大日山山頂の大日如来様。春先にはスイセンの花も咲く

近隣の信仰を集める高照禅寺

春先の登山道に落ちたツバキの花。鷹取山付近にはツバキのトンネルがある

きな崩壊地脇の金網から右に富山や伊予ヶ岳が見える。

林道畑塩井戸《はたしおいど》線が左に見え隠れする中を南西に進む。途中、道は二分するが、**宝篋印塔山**で合流する。マテバシイの下に少し傾いた宝篋印塔が立つ山頂の林を抜けて尾根をたどると、海軍航空機墜落慰霊碑がある。

林の中を下り、登るとすぐに**大日山**の山頂だ。ヤマザクラやスイセンが植栽された明るい山頂で、大日如来石像が祀られている。太平洋から東京湾まで一望でき、富士山を望むこともできる。

展望を楽しんだら、往路を引き返そう。約2時間で登山口の**高照禅寺**に下山できる。（伊藤哲哉）

高塚山の麓に広がるお花畑から山頂方面

65 高塚山《たかつかやま》 216m

山麓のお花畑からマテバシイに囲まれた頂へ

日帰り

歩行時間＝2時間10分
歩行距離＝4・0km

技術度
体力度

コース定数＝8
標高差＝205m
累積標高差 237m 237m

房総《ぼうそう》半島南端の南《みなみ》房総市千倉《ちくら》町は、黒潮の恩恵を受けて冬でも暖かく、海辺のお花畑はキンセンカなど早春の花に彩られる。そのお花畑とマテバシイに覆われた高塚山を結ぶコースは、冬の陽だまりハイキングに絶好である。216メートルの山頂には高塚不動尊奥ノ院が祀られ、爽快な大海原や海辺の街並みを一望する道の駅「潮風王国」などもある。登山口周辺にはいくつも駐車場が整備されているので、マイカー利用のハイキングに最適。

高塚山の一角から澄んだ太平洋が望める

JR内房線千倉駅から**大川**《おおかわ》までは安房白浜《あわしらはま》行きのバスに乗る。高塚不動尊の標識を見て家並みの間を進む。潮風を肌で感じながら、高塚山を目指して進む。まずは**高塚不動尊**でハイキングの無事を願ってから出発しよう。

高塚不動尊から奥ノ院が祀られた山頂までの距離はおよそ880メートルで、墓地の間から山頂を目指す。大海原を背に山里の農道を進み、房総半島特有のマテバシイの樹林帯へ。この先、山頂まで眺望は期待できない。階段状に整備されたハイキング道をゆっくりと登る。

■鉄道・バス
往路＝JR内房線千倉駅から安房白浜行きのバスに乗り、13分で大川へ。午前中3便と少ないので事前に調べること。千倉駅からタクシー利用も考慮したい。
復路＝白間津お花畑バス停から日東交通バスで千倉駅へ。

■マイカー
南房千倉大橋公園の駐車場（無料）が利用できる。トイレの設備が整い、大川まで15分ほど。

■登山適期
白間津から七浦付近のお花畑が美しく彩られる1月下旬から2月中旬がおすすめ。

■アドバイス
▽国道410号沿いにはお花畑が広がっていたが、近年、お花畑はめっきり少なくなった。
▽白間津お花畑バス停前は色鮮やかなお花畑が広がり、その奥には太平洋の大海原が望める。花摘みをして早春の彩りをお土産にするのもよい。
▽海岸沿いに道の駅「ちくら潮風王国」がある。新鮮な海産物のお土産を購入できる。

■問合せ先
南房総市観光プロモーション課☎0470・33・1091、日東交通館山営業所☎0470・22・0111、白浜タクシー☎0470・44・1525

心地よい汗が流れるころ、ベンチが置かれた地点に着く。さらに、富士浅間神社と富士山登山の記念碑を左に見送り、傾斜が緩くなった歩きやすい道が続く。

やがて高塚山と露地花《ろじはな》の里《さと》コース入口、汐《しお》の香《かおり》コース入口との**分岐**に出て、高塚山方面へ進む。苔むした石段を上がり、鳥居をくぐる。左から右へと曲がりくねった道が続き、左側に地元の剣豪が住んだと伝えられる洞窟があったが荒廃している。階段を登ると**高塚山**に着く。マテバシイで囲まれた山頂には高塚不動尊奥ノ院が祀られている。東側の一角が開け、キラキラ輝く太平洋と海岸沿いの町並みが見わたせる。

展望を楽しんだら、石段を下って**分岐**まで戻り、標識の「汐の香コース入口」の方向へと進む。照葉樹《しょうようじゅ》の森《もり》コースを15分ほど下ると、**合有戸**《がゆど》**溜池**に出る。

山麓に下り立ったら、**長性寺**《ちょうしょうじ》**入口**、**高皇産霊**《たかむすび》**神社**を経て、海辺の家並みとの間に広がる畑のあぜ道を右に折れる。暖かい日差しを浴び、お花畑が少なくなった田畑の間を抜けて**白間津**《しらまづ》**お花畑**《はなばたけ》**バス停**に向かう。途中のお花畑には、キンセンカ、ポピー、ストック、菜の花などの花が彩り豊かに咲いている。

（中西俊明）

■2万5000分ノ1地形図
千倉

CHECK POINT

高塚不動尊の前に高塚山の登山口がある

マテバシイの樹林を進み、石段を登れば山頂は近い

山頂には高塚不動尊奥ノ院が祀られている

登山口になっている合有戸溜池脇に下る

66

鳥場山・花嫁街道

からすばやま 266m はなよめかいどう

花嫁が歩いた道を展望の頂へ

日帰り

歩行時間＝5時間
歩行距離＝13・5km

技術度 体力度

コース定数＝19

標高差＝254m

累積標高差 684m 684m

早春には花嫁街道入口に向かう途中に菜の花が咲く

南房総《みなみぼうそう》市和田《わだ》地区は、温暖な気候に恵まれ、花の産地として知られている。海沿いの南斜面には菜の花、キンセンカ、ヤグルマソウなどのお花畑が広がり、12月から花の彩りが楽しめる。紹介する鳥場山はJR内房《うちぼう》線和田浦《わだうら》駅から4・4キロ北に位置する266メートルの低山で、マテバシイの純林、山頂からの眺望、黒滝《くろたき》など、見るべきポイントが多い。

紹介する鳥場山・花嫁街道は千葉県でもっとも人気があるハイキングコースのひとつで、「花嫁街道」の名前に誘われて訪れるハイカーも多いようだ。地元の和田浦歩こう会（現・花嫁街道保存会）の尽力で登山道や道標が整備され、迷うことなく歩くことができる。

かつて、山に囲まれた村から暖

■鉄道・バス
往路・復路＝JR内房線和田浦駅が起・終点となる。

■マイカー
富津館山道路富浦ICより約19キロ。花嫁街道入口手前に、10台ほどの駐車スペースとトイレがある。

■登山適期
晩秋から春にかけてがおすすめのシーズン。特に冬から早春は南房総の特徴が肌で感じられるベストシーズンだ。お花畑には菜の花、キンセンカ、ポピーなどが咲き、春になるとヤマザクラやスミレなどが訪れたハイカーを迎えてくれる。7～9月は暑いのでおすすめできない。

■アドバイス
▽東京駅から和田浦駅までは内房線特急さざなみ号、外房線特急わかしお号を利用する。いずれを利用しても君津駅や安房鴨川駅で普通列車に乗り換えて和田浦駅に出る。所要時間は2時間30分から3時間ほど。
▽コースはよく整備され、道標があちこちにあるので迷う心配がない。
▽南房総の花栽培のパイオニア、間宮七郎平が昭和初期につくった抱湖園（花木園ともよばれる）では、1月下旬から2月中旬にかけて寒桜が咲くので、ぜひ見ておきたい。
▽マテバシイの純林は独特の雰囲気が漂っている。照葉樹林のマテバシイは房総の山々に多く自生している。

かい海辺の村に花嫁が嫁いだ道が、今日では烏場山に登るコースとして歩かれるようになった。コ

烏場山から北西麓の五十蔵集落と富士山

第一展望台付近から烏場山の山容が望める

▽和田浦は全国的に有名な生花の産地。田宮虎彦の小説『花』の舞台になったところで、12月の菜の花にはじまり、キンセンカなどが次々に咲く。

▽和田町は国内有数の捕鯨基地のひとつ。名産品に鯨肉を干した「鯨のタレ」がある。

■問合せ先

南房総市観光プロモーション課☎0470・33・1091、南房総市観光協会☎0470・28・5307

■2万5000分ノ1地形図

安房和田

↑第二展望台付近の美しいマテバシイの純林

↑幽玄な雰囲気が漂う黒滝

ースの要所で昔の面影を感じながら登れることが魅力になっている。おすすめの時期は麓の畑に菜の花が咲き、コースにヤマザクラが咲きはじめる季節がよいだろう。

和田浦駅から内房線に沿って鴨川方面に向かう。道標にしたがって左に折れ、温室の間を通って、**花嫁街道入口**へ。しばらくは凹地の急斜面が続く。尾根に出るとアップダウンが少なく、20分ほどで樹間から烏場山が眺められる第一展望台に着く。

シイの巨木やヤブツバキが咲く道は歩きやすい。小ピークをいくつか越えると第二展望台だ。続いて不思議な光景のマテバシイの純林を抜ければ、シイの巨木が岩を抱きこんだ**経文石**《きょうもんいし》が現れる。

続いて600メートルほどで落人伝説にまつわる地名のじがい水《すい》に着く。カエデやミズナラなどの広葉樹が続き、新緑、紅葉のころに美しい光景を見せてくれる。

駒返《こまがえ》しの先で鋭く東に折れる。南側の展望が開けたカヤ場は「見《み》晴台《はらしだい》」ともよばれている地点。北に五十蔵《ごじゅうくら》方面の分岐を見送れば

CHECK POINT

1

起点となる内房線和田浦駅

2

花嫁街道の登山口。烏場山を目指す

3

冬の暖かい日差しが心地よいカヤ場

4

烏場山は樹林に囲まれた小ピーク

5

見晴台は太平洋が望める休憩地

6

明るく開けたはなその広場から和田浦駅に向かう

第三展望台で、五十蔵集落が箱庭のように眺められる。

展望台から階段状の道を一歩一歩登れば、花嫁の地蔵が置かれた**烏場山**に立つ。ヤブツバキの咲く山頂には三角点が置かれ、樹間から伊予ヶ岳《いよたけ》、高宕山《たかごやま》、清澄山《きよすみやま》、太平洋などを望むことができる。

下山は花婿《はなむこ》コースに入る。旧烏場展望台までは10分ほどだ。整備された尾根道を見晴台へ。さらに金毘羅山《こんぴらさん》から急下降すれば林道に出て、**はなその広場**に着く。ここから黒滝コースに入り、**抱湖園**《ほうこえん》で花と太平洋の光景を眺めながら**和田浦駅**に戻る。

（中西俊明）

概説

東京都の山

渡邉 明博（山岳写真ASA会長）

東京都は東西に長く、東京湾から続く平野部が多くの面積を占めながらも、西には緑をたたえる丘陵地帯が広がっている。地図を都心から北西にたどれば、山梨県、埼玉県、神奈川県と県境を接し、JR中央《ちゅうおう》本線が起点となり、多摩《たま》川沿いにJR青梅《おうめ》線が、秋《あき》川沿いJR五日市《いつかいち》線が通じている。この2路線を取り囲むように、「日本百名山」の雲取山《くもとりやま》を主峰とした奥多《おくた》摩《ま》の峰々とその前衛の丘陵地帯、そして都民のオアシスともいえる高尾山《たかおさん》周辺の山々が集まっている。また、本書では未掲載だが、火山島が連なる伊豆《いず》諸島の山も、東京都の山として忘れてはならない存在である。

●山域の特徴

●奥多摩の山々　秩父《ちちぶ》多摩甲斐《かい》国立公園に属する奥多摩は、多摩川源流の山域と、支流の秋川流域の山域に分けられる。まず多摩川源流の山は、東京都最高峰の雲取山（2017㍍）を筆頭に、鷹《たか》ノ巣山《すやま》（未掲載）、六《む》ツ石山《いしやま》がある。いずれも多摩川に並行する石《いし》尾根に連なる山々で、比較的標高の高い山が多い。この石尾根と多摩川支流の日原《にっぱら》川を挟んで対峙する山々の連なりが、埼玉県境でもある長沢《ながさわ》背稜《はいりょう》だ。本書で取り上げていないが、西谷山《とりだにやま》、天目山《てんもくざん》（三《み》ツドッケ）、蕎麦粒山《そばつぶやま》などが続く。埼玉県境の尾根はさらに川苔山《かわのりやま》、棒《ぼう》ノ折山《おれやま》（「埼玉県の山」に掲載）、高水三山《たかみずさんざん》と標高を下げながら続いている。

秋川流域の山々には、「奥多摩三山」に数えられる三頭山《みとうさん》、御前山《ごぜんやま》、大岳山《おおだけさん》をはじめ、御岳山《みたけさん》、日《ひ》の出《で》山《やま》、笹《ささ》尾根、浅間嶺《せんげんれい》、戸倉《とくら》三山（御岳山と浅間嶺以外は未掲載）などがある。いずれも1000㍍近くあり、眺望がよいのが特徴だ。

また、奥多摩は名瀑も多く、百《ひゃく》尋《ひろ》ノ滝や三頭大《おお》滝、払沢《ほっさわ》の滝、栃《とち》寄《より》大滝などは有名だ。その圧巻の眺めを楽しむ登山コースも整備されており、一度は訪れてみたい。

森の中では猿や鹿などの姿を見かけることも多いが、近年は猪や熊の出没もあるので気をつけたい。

登山道はおおむねよく整備されているが、起伏に富み、急登やクサリ場、石灰岩の露岩も多く、雨にぬれるとすべりやすいので注意が必要だ。

●高尾山周辺の山　都民に最も親しまれている高尾山、そして高尾山から陣馬山《じんばさん》（「神奈川県の山」に掲載）にいたる山稜は、いずれも1000㍍に満たない低山だが、都心から1時間というアプローチのよさと高尾山のケーブルカーやリフトのおかげで登りやすく、ミシュランの三つ星にも選ばれたこともあり常ににぎわっている。一年を通じて家族連れや、老若男女の幅広い年齢層の人々が訪れ、まさに都民の憩いの山、癒しの場にふさわしい山域だ。

高尾山一帯に自生する植物は1600を超え、まさに植物の宝庫といえる。一方、高尾山周辺でも北山稜や南山稜は標高が低いながらも起伏に富み、訪れる人も少な

世界一年間登山者数（約250万）が多い山としてギネスに載る高尾山（写真＝渡邉明博）

く静かな山歩きが楽しめる。

●四季の魅力

東京都の山の魅力のひとつが四季の変化。比較的ゆっくりと季節が進むので、長い期間にわたり楽しめるのが大きな特徴だ。雲取山から高尾山では標高差が1500メートルもあり、新緑、紅葉ともに、その進行度の幅は大きい。低山では秋の気配だが、雲取山では降雪となり雪山装備が必要なことも。

東京都最高峰にして日本百名山の雲取山（写真＝大倉洋右）

春—低山では4月に芽吹きとともに新緑がはじまり、5月下旬にかけ雲取山など標高の高いエリアに上っていく。スミレやサクラ、ミツバツツジにシャクナゲと華やかな季節になる。生藤山（「神奈川県の山」に掲載）のサクラや御前山のカタクリが有名だ。

夏—初夏を彩るレンゲツツジや8月の御岳山のレンゲショウマは見応えがある。高尾山にはビアガーデンがあり、プラスαの楽しみ方もできる。ただし雲取山以外の大半の山が蒸し暑く、熱中症などに気をつけなければならない。

秋—紅葉は雲取山からはじまり、約2か月をかけ高尾山などの低山に降りてくる。四季の中でも、最も長く彩りを楽しめるのが秋である。もみじ、コナラ、ブナなどの色づきがみごと。リンドウやアザミなど、秋に咲く花も多く見られる。

冬—冬晴れで澄みわたる日が多くなり、日だまりハイクが人気を集める。ただし時として南岸低気圧が進んでくると大雪になり、高尾山でも積雪が50センチを超えることもある。とくに雲取山の稜線は雪の量が多くなるため、本格的な冬山装備が必要になる。冬至の頃に見られる高尾山のダイヤモンド富士は師走の一大イベントだ。

●登山前の心構え

東京都の山は身近なぶん、安易な行動計画や、装備面での不足が多いように見受けられる。北や南アルプスに比べれば簡単に登れるイメージをもつ人が多いが、時間のかかるロングコースもある。また、登山道の踏み外しによる滑落や道迷いによる遭難も、近年、件数が増えている。時間がかかるということでは、奥多摩の長沢背稜はアップダウンがきつく下山ルートも限られるので、余裕のある山行計画が必要だ。点在する避難小屋に宿泊しながら歩く登山者も増えているが、避難小屋によっては、連休の時などは混み合って泊まれないこともあるので要注意。このエリアは大雨や台風のあとには、登山道が一変することもある。

奥多摩には急登も多いが、下る際にすべって怪我をしないように注意をしたい。冬の日だまりハイクでも、凍結しているところでは軽アイゼンは必携となる。

最新の登山道の状況や熊の出没情報などは奥多摩ビジターセンターのホームページで確認できるので、参考にするといいだろう。

このように、登山エリアや季節により装備や登山スキル、計画日数も異なるので、油断せず的確な判断で準備を進めていただきたい。

JR奥多摩駅。各登山口へのバスの発着のほか、直接駅から登れる山もある（写真＝塩田諭司）

東京都の山 全図

▲67雲取山 本書で紹介する山名とコース番号
市役所・町村役場
20 国道と国道ナンバー
高速道路・自動車専用道路
JR線
JR新幹線
私鉄線
N
1:200,000
0
6km
毛呂山町
もろ
高麗川
物見山
日高市
こまがわ
299
あがの
埼玉県
西武池袋線
八高線
こま
飯能市
ひがしはんのう
はんのう
入間市
入間IC
かねこ
青梅IC
いくさばた
ふたまたお
青梅市
おうめ
ひがしおうめ
首都圏中央連絡自動車道
所沢市
ところざわ
16
みやのひら
瑞穂町
狭山湖
にしところざわ
羽村市
東京都
はむら
ひがしむらやま
東村山市
多摩湖
多摩川
武蔵村山市
東大和市
日の出町
411
むさしますこ
日の出IC
あきがわ
ふっさ
福生市
おがわ
さしいつかいち
五日市線
ひがしあきる
西武拝島線
小平市
あきる野市
あきる野IC
はいじま
昭島市
秋川
あきしま
国分寺市
今熊山
くにたち
刈寄山
たちかわ
立川市
小金井市
国立市
道の駅「八王子滝山」
八王子IC
こみや
たちかわ
府中市
八王子北IC
八王子市
ひの
中央自動車道
浅川
国立府中IC
ふちゅう
20
日野市
たかはたふどう
にしはちおうじ
とよだ
京王線
美女谷温泉
八王子城山
はちおうじ
景信山
八王子JCT
たかお
京王高尾線
きたの
極楽湯
はちおうじみなみの
多摩市
たかおさんぐち
ながやま
75高尾山
16
横浜線
弁天島温泉
高尾山IC
草戸山
京王相模原線
たまセンター
からきだ
あいはら
412
津久井湖
はしもと
相模原市
さがみはら
町田市

140
秩父湖
興雲閣
三峯神社
妙法ヶ岳
熊倉山
秩父市
矢岳
大持山
しょうまる
伊豆ヶ岳
和名倉山
酉谷山
有間山
名栗川
白岩山
天目山
蕎麦粒山
小川谷
天祖山
さわらびの湯
67 雲取山
69 川苔山
棒ノ折山
名栗温泉
飛龍山
七ツ石山
鷹ノ巣山
日原川
本仁田山
70 高水三山
三条の湯
おくたま
しろまる
はとのす
青梅線
こり
かわい
高水
68 六ツ石山
奥多摩町
松乃湯温泉
麻葉の湯
もえぎの湯
丹波山村
倉戸山
つるつる温泉
411
丹波川
道の駅「たばやま」
のめこい湯
71 御岳山
日の出山
奥多摩湖
72 御前山
71 大岳山
139
奥多摩周遊道路
道の駅「こすげ」
小菅の湯
小菅村
73 三頭山
数馬の湯
74 浅間嶺
檜原村
槇寄山
南秋川
臼杵山
甲武トンネル
市道山
生藤山
権現山
鶴川
山梨県
陣馬山
(陣場山)
堂所山
上野原市
扇山
陣馬の湯
上野原IC
相模原市
相模湖IC
20
やながわ
しおつ
中央本線
うえのはら
ふじの
桂川
相模湖
神奈川県
調布飛行場
東京
羽田空港
横浜
東京湾
相模湾
熱海
大島
下田
利島
新島
神津島
天上山
三宅島
御蔵島
太平洋
八丈島
八丈富士
三原山

67

平将門迷走伝説のルートをたどり、東京都の最高峰へ

雲取山

くもとりやま
2017m

一泊二日

第1日 歩行時間＝5時間50分 歩行距離＝10・9km
第2日 歩行時間＝5時間55分 歩行距離＝14・2km

技術度
体力度

コース定数 ＝53

標高差 ＝1481m

累積標高差 ↗2321m ↘2290m

↑七ツ石山から雲取山へと続く石尾根を望む

→東京都の最高点・標高2017メートルの雲取山山頂。雲の奥に富士山が頭を出している

東京都、埼玉県、山梨県の3都県にまたがる雲取山への数あるコースのうち、本コースは登山道がしっかり整備されているうえ、登山口へのアクセス、下山口からの帰路にも恵まれていて、はじめて雲取山に登る人におすすめだ。

第1日 奥多摩《おくたま》駅からバスで**鴨沢《かもさわ》バス停**下車、国道を丹波《たば》方面にわずかに進む。右手に折れて坂道を少し上がり、案内看板にしたがい分岐を左手に進む。なだらかな登り傾斜の道を20分ほど歩くと、2017（平成29）年にバイオトイレが新設された**丹波山《たばやま》村村営（小《こ》袖《そで》）駐車場**に出る。駐車場から舗装された林道を約5分進んだ左手に**登山道入口**がある。

最初は植林された針葉樹林帯の中を進む。しばらくすると広葉樹林が入り混じった様相に変わる。緩やかに登る道すがら、石祠や石垣がある。それらを歩きすごして、登山口から1時間ほどで水場方向を示す目印に出会う。水場は登山道を左手に少し登った木立の中にある。水場入口から数十メートル先に、休憩に適した**広場**がある。ここからもなだらかな登りが続く。

風呂《ふろ》岩や**堂所《どうどころ》**といった将門《まさかど》迷走伝説ゆかりの場所を経て40分ほど進むと、七《なな》ツ石山《いしやま》にいたることを示す道標が現れ、登山道が90度以上右に折れる。この道標の前後の場所からは晴れて空気の澄んだ日には、南西方面に富士山《ふじさん》を望むことができる。

道標からはやや登り傾斜がきつくなる。30分ほど登ると、七ツ石山を巻いて雲取山にいたる道と、

七ツ石山小屋手前の登山道

明るく開けた石尾根を雲取山へと登っていく（前方の建物は雲取山避難小屋）

七ツ石山山頂を経由して雲取山にいたる道との分岐に着く。

分岐を右にとり、七ツ石山山頂方面に進む。ここから七ツ石小屋までもやや急な登りが続く。**七ツ石小屋**には売店やトイレ、水場がある。

七ツ石小屋を出るとすぐ分岐に出るが、ここは七ツ石山の山頂方面に進む。石《いし》尾根に出るまでは急登だが、その先はなだらかになり、まもなく展望のよい**七ツ石山**の山頂に着く。

新緑がまぶしい堂所への登山道を行く

七ツ石山から**ブナ坂**までは急坂を下る。ブナ坂から雲取奥多摩小屋跡まではなだらかな登りで、富士山や大菩薩嶺《だいぼさつれい》を眺めながらの心地よい山歩きが堪能できる。

雲取奥多摩小屋跡から**小《こ》雲取山**までは急登が続き、また、雲取山避難小屋の手前も短い急登がある。避難小屋をすぎるとすぐに1等三角点のある**雲取山**山頂に出る。

雲取山の山頂から北面の雲取山荘までは最初急な下りだが、徐々に傾斜が緩まる。15分ほどで**雲取山荘**にいたる。

第2日　まずは**雲取山荘**から雲取山まで登り返す。**雲取山**の山頂からは飛龍山《ひりゅうさん》や七ツ石山など奥多摩の山々や富士山を見わたすことができ、ご来光を拝するのもよい。

山頂から避難小屋方向にわずかに進み、右手（西方向）の急坂を下っていく。しばらくすると、飛龍山方面と三条《さんじょう》の湯に向かう分岐がある**三条ダルミ**とよばれる平坦なところに出る。道標にしたがい三条の湯方面に向かう。

三条の湯へはひたすら下る道となる。登山道は狭く木橋のある箇

＊コース図は224〜225ページを参照。

七ツ石山からの東面の眺め。中央やや右の高みは飛龍山、左奥は冠雪する南アルプス

所もあるが、特段の危険はない。ただし、道の一部が崩落している箇所があったりするので注意したい。

青岩《あおいわ》鍾乳洞（閉鎖）への分岐をすぎて沢のせせらぎが聞こえてきたら、**三条の湯**は間近である。三条の湯は鉱泉のある宿泊施設で、登山客の宿泊も可能だ。

三条の湯からは沢沿いの整備された道を下り、30分ほどすると**後《うしろ》山《やま》林道の終点**に出る。幅が広く歩きやすい林道をひたすら下り、**塩《しお》沢《ざわ》橋**を通過し**片倉《かたくら》橋**まで行くと、車輛通行止めのゲートがある。

片倉橋から40分ほどで終着点の**お祭《まつり》バス停**に到着する。

（鈴木弘之／山岳写真ASA）

年間1万人の登山者が訪れる雲取山荘

■鉄道・バス

往路＝JR青梅線奥多摩駅から西東京バスで鴨沢へ。

復路＝お祭から西東京バスで奥多摩駅へ。国道411号を東の鴨沢西バス停まで歩けば若干便数が多い。

■マイカー

圏央道日の出ICから都道、国道411号などで小袖乗越の丹波山村村営駐車場（約50台・無料。トイレあり）へ。下山後はお祭バス停から前述のバスで鴨沢バス停まで戻る。駐車場は新緑や紅葉の時期は日の出の時刻から満車になる。

■登山適期

雲取山荘は通年営業のため、一年を通じて登山が可能。とくに5月中旬から6月上旬の新緑の時期や、10月下旬から11月上旬の紅葉の時期がおすすめ。

■アドバイス

アセビが咲く三条の湯への下山道

CHECK POINT

1

鴨沢バス停から丹波方面に進み、右上の小袖への道に入る

2

小袖林道にある丹波山村村営駐車場。広い駐車場やトイレがある

3

駐車場から林道を5分ほど行くと雲取山への登山道入口がある

4

堂所への登りに置かれている石祠。手を合わせていこう

5

登山口から1時間ほどで水場への分岐に出る。水場は左に少し登る

6

七ツ石山手前の巻道との分岐。七ツ石小屋へは右へ、雲取山へは左へ進む

7

標高1600㍍地点に建つ七ツ石小屋。素泊まりで、テント場もある

8

好展望の七ツ石山。目指す雲取山方面もよく見える

9

ブナ坂では右から唐松谷からの道、左から七ツ石小屋手前の巻道が合流する

10

素泊まりの雲取奥多摩小屋。小屋前にはテント場もある（現在は閉鎖）

11

小雲取山手前にある富田新道との合流点

12

雲取山荘のそばにある奥秩父先縦者・田部重治氏のレリーフ

13

山頂からやや急な道を下ると、平地の三条ダルミに出る。ここで稜線を離れる

14

三条の湯への下りは急な傾斜や足場の悪い木橋などがあり、やや注意を要する

15

後山林道上にある片倉橋のゲート。お祭バス停まではあと40分ほど

16

お祭バス停。国道を東へ約20分歩いた鴨沢西バス停の方がバスの本数は多い

▽逆コースの場合、1泊目を三条の湯にして早朝に出発して雲取山に登り、鴨沢まで下山する。

▽三条の湯からは長い林道歩きとなるので、雨の日は傘があるとよい。

▽七ツ石小屋（収容10人）、雲取山荘（収容88人）、三条の湯（収容30人）はいずれも通年営業（ただし七ツ石小屋は素泊まりのみ）。雲取奥多摩小屋は2019年3月に閉鎖され、テント場も使用できない。

三条の湯。近くでとれた山菜や野菜でつくられた食事が人気。テント泊や入浴のみの利用もできる（600円）

■問合せ先

奥多摩町観光産業課☎0428・83・2111、丹波山村地域創造課☎0428・88・0211、奥多摩ビジターセンター☎0428・83・2037、西東京バス氷川支所☎0428・83・2126、七ツ石小屋☎090・8815・1597、雲取山荘☎0494・23・3338、三条の湯☎0428・88・0616

■2万5000分ノ1地形図

雲取山・丹波

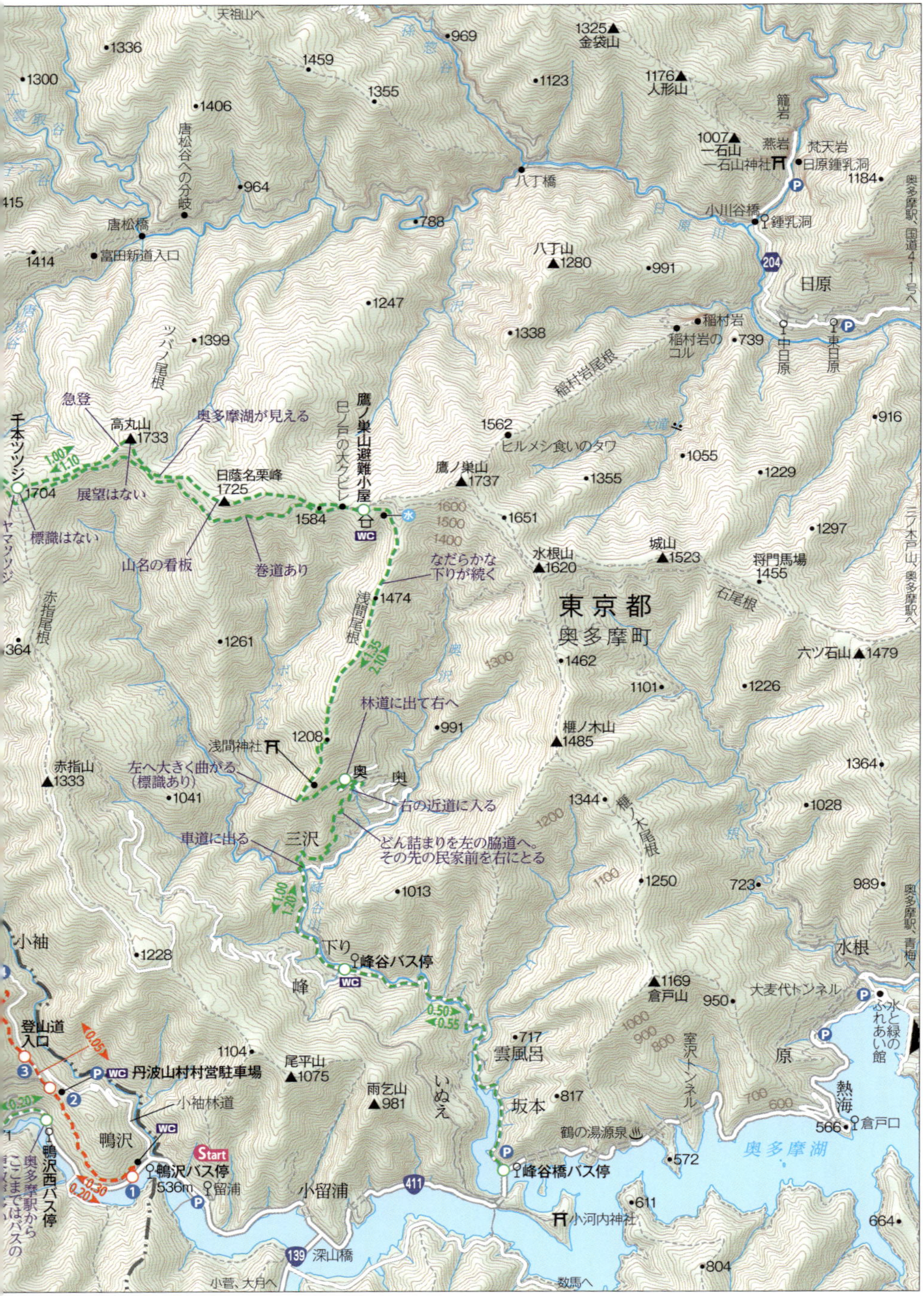
天祖山へ
1336
1300
1459
1406
1355
969
1325
金袋山
1123
1176
人形山
唐松谷への分岐
964
籠岩
1007
一石山
燕岩
梵天岩
一石山神社
日原鍾乳洞
1184
奥多摩駅、国道411号へ
八丁橋
415
唐松橋
788
小川谷橋
鍾乳洞
富田新道入口
1414
八丁山
1280
991
204
日原
1247
稲村岩
1338
稲村岩のコル
739
中日原
東日原
1399
ツバノ尾根
稲村岩尾根
急登
高丸山
1733
奥多摩湖が見える
鷹ノ巣山避難小屋
巳ノ戸の大クビレ
1562
ヒルメシ食いのタワ
916
千本ツツジ
1704
展望はない
日蔭名栗峰
1725
1584
鷹ノ巣山
1737
1355
1055
1229
標識はない
1651
1297
山名の看板
巻道あり
なだらかな下りが続く
水根山
1620
城山
1523
将門馬場
1455
ヤマツツジ
赤指尾根
1474
浅間尾根
東京都
奥多摩町
石尾根
三ノ木戸山、奥多摩駅へ
364
1261
1462
六ツ石山
1479
1101
1226
林道に出て右へ
991
榧ノ木山
1485
浅間神社
1208
赤指山
1333
左へ大きく曲がる（標識あり）
1041
奥
1364
右の近道に入る
1344
榧ノ木尾根
1028
車道に出る
三沢
どん詰まりを左の脇道へ。その先の民家前を右にとる
1250
723
989
1013
小袖
1228
下り
峰谷バス停
峰
水根
奥多摩駅、青梅へ
1169
倉戸山
950
大麦代トンネル
水と緑のふれあい館
登山道入口
717
雲風呂
原
1104
尾平山
1075
室沢トンネル
丹波山村村営駐車場
雨乞山
981
いぬえ
坂本
817
熱海
566
倉戸口
小袖林道
鶴の湯源泉
鴨沢
572
奥多摩湖
Start
鴨沢西バス停
鴨沢バス停
536m
留浦
峰谷橋バス停
奥多摩駅からここまではバスの
小留浦
411
611
小河内神社
664
139
深山橋
804
小菅、大月へ
数馬へ

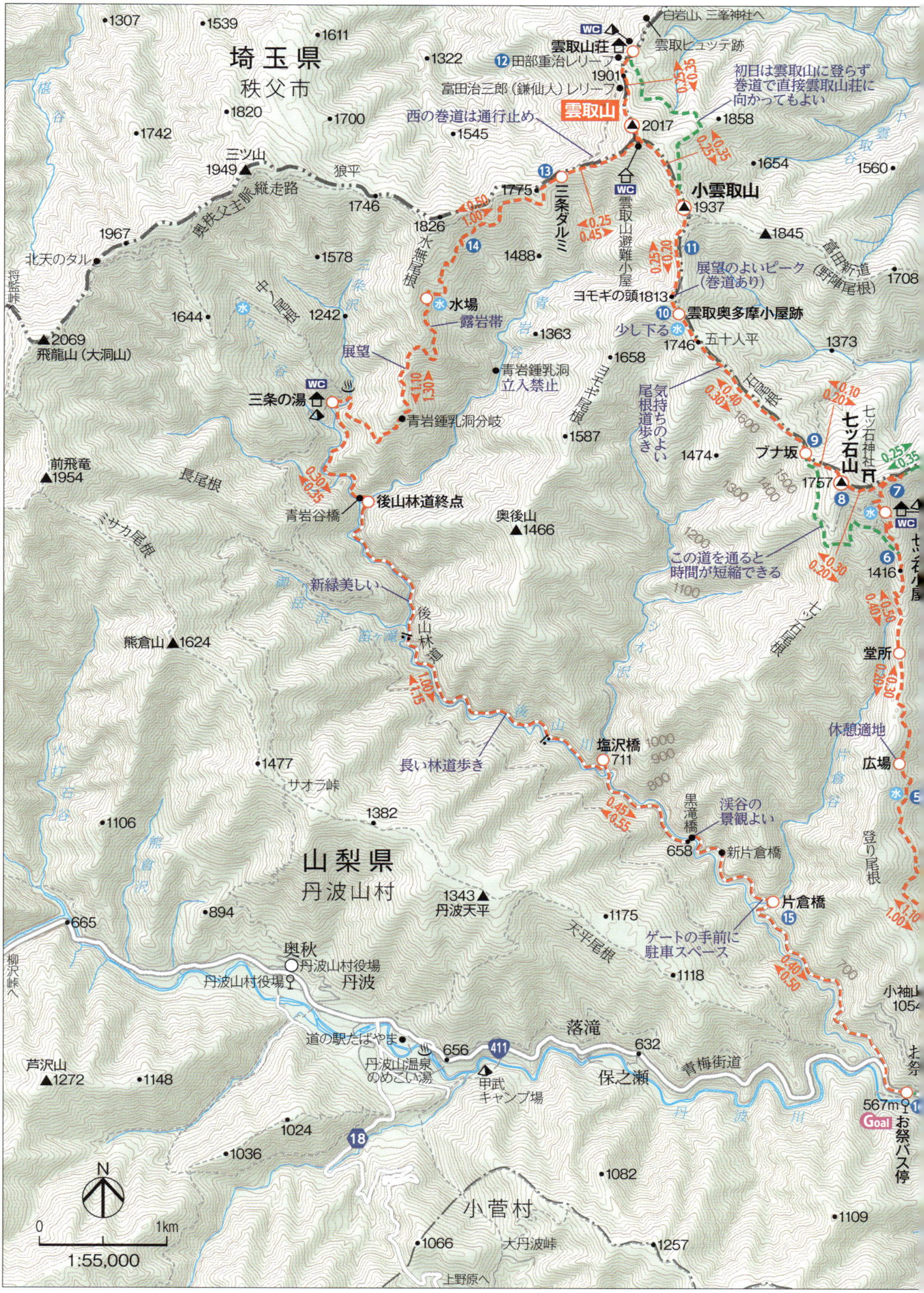

埼玉県
秩父市
山梨県
丹波山村
小菅村
雲取山
2017
雲取山荘
雲取ヒュッテ跡
白岩山、三峯神社へ
田部重治レリーフ
富田治三郎（鎌仙人）レリーフ
初日は雲取山に登らず巻道で直接雲取山荘に向かってもよい
西の巻道は通行止め
雲取山避難小屋
小雲取山
1937
ヨモギの頭1813
展望のよいピーク（巻道あり）
富田新道（野陣尾根）
雲取奥多摩小屋跡
少し下る
五十人平
尾根道気持ちのよい根道歩き
ブナ坂
七ツ石山
1757
七ツ石神社
この道を通ると時間が短縮できる
七ツ石尾根
堂所
休憩適地
広場
登り尾根
小袖山1054
567m
Goal
お祭バス停
三条ダルミ
水場
露岩帯
展望
三条の湯
青岩鍾乳洞分岐
青岩鍾乳洞立入禁止
後山林道終点
青岩谷橋
新緑美しい
後山林道
長い林道歩き
塩沢橋
711
黒滝橋
658
渓谷の景観よい
新片倉橋
片倉橋
ゲートの手前に駐車スペース
奥後山
1466
三ツ山
1949
狼平
奥秩父主脈縦走路
北天のタル
飛龍山（大洞山）
2069
将監峠
前飛竜
1954
長尾根
ミサカ尾根
熊倉山
1624
サオラ峠
天平尾根
丹波天平
1343
奥秋
丹波山村役場
丹波
道の駅たばやま
丹波山温泉のめこい湯
甲武キャンプ場
落滝
保之瀬
青梅街道
411
18
芦沢山
1272
柳沢峠へ
大丹波峠
上野原へ
N
0
1km
1:55,000

68

六ツ石山

むついしやま
1479m

植林の急登をこなし、心地よい草原の尾根道を楽しむ

日帰り

歩行時間＝5時間45分
歩行距離＝10・6km

技術度

体力度

コース定数＝25

標高差＝960m

累積標高差
1095m
1274m

石尾根縦走路の防火帯の急斜面（背後の山は御前山）

広い六ツ石山山頂

登山口からスギの植林帯を行く

雲取山から東にのびる石《いし》尾根は長大な尾根で、防火帯が尾根筋を貫いている。防火帯とは山火事の延焼を防ぐ目的で樹木を計画的に刈ったもの。石尾根は防火帯があることで道が広くなり、ガスや雪でも迷いにくい。また眺望も楽しめる。新緑の頃は緑の並木道となり、秋は紅葉の並木道となる。

六ツ石山はこの石尾根の東側に位置し、奥多摩《おくたま》駅からも奥多摩湖バス停からも取り付きやすい山で石尾根の入門に適している。

水根《みずね》バス停で下車し、大麦代《おおむぎしろ》トンネル手前の水根沢に沿った車道に入る。**登山口**までは3箇所の分岐を通過するが、道標があるので見逃さずに歩こう。

六ツ石山登山道は山に向かい直登している。ここからすでに急登のはじまりだ。水根からのハンノキ尾根登山道は奥多摩三大急登のひとつと紹介する人もいるほどだ。

民家の裏を抜けると、すぐに植

■鉄道・バス
往路＝JR青梅線奥多摩駅から水根へ。トイレの充実したひとつ先の奥多摩湖バス停（水根へ徒歩5分）まで利用する登山者も多い。
復路＝JR青梅線奥多摩駅。

■マイカー
奥多摩駅周辺の有料駐車場を利用する。水根バス停横の水根駐車場、奥多摩湖のふれあい館隣接駐車場を利用することも可能だが、下山後にバスで駐車場まで戻ることになる。

■登山適期
通年可能だが、とくに5月上旬～下旬の新緑の頃、10月中旬～11月下旬の紅葉の頃がおすすめ。

■アドバイス
▽三ノ木戸山の西側は粘土質の土がえぐられ樹林の根が露出しすべりやすいので、スリップや転倒に注意。また、稲荷神社付近の木橋は老朽化のため使用不能、通過は要注意。
▽1500㍍近い標高のため、冬は軽アイゼンやストックなどの装備が必要。

■問合せ先
奥多摩町産業観光課☎0428・83・2111、奥多摩ビジターセンター☎0428・83・2037、西東京バス氷川支所☎0428・83・2126

■2万5000分ノ1地形図
奥多摩湖

樹帯に入る。水根産土《うぶすな》神社通過後の植樹帯の登りは単調だが、ここはふんばりどころだ。傾斜が緩んだ標高９８９㍍地点に小さな間伐場があり、小休止ができる。

　植樹林が落葉広葉樹に変わると道は明るくなる。そして道が尾根を右に外れ、巻くようになるとすぐに**ハンノキ尾根分岐**（トオノクボ）に到着する。ここから防火帯の道だ。まだまだ急斜面に変わりはないが、気分は開放されるだろう。尾根の上部は傾斜も緩くなる。山頂前に小ピークがあり、登り返すと**六ツ石山**山頂に着く。山頂周辺はこんもりとした広場になっており、南西方面の展望がいい。山頂での休憩後は北側へ下り、石尾根縦走路に合流する。石尾根の下りの急斜面では、正面に御前山《ごぜんやま》が見える。

三《さん》ノ木《き》戸《ど》集落への分岐では「絹《きぬ》笠《がさ》をへて」の方向を選ぶ。三ノ木戸山の西側は一部すべりやすい道になっている。自然林の林から植樹林が多くなるとやがて絹笠集落（廃村）の稲荷《いなり》神社の横を通過する。道はいったん車道に出るが、農指《のうさす》集落で再び山道に入る。すると平将門《たいらのまさかど》ゆかりの羽黒三田《はぐろみた》神社に出る。ここまで来ると駅への案内が要所に出ている。**奥多摩駅**はもうすぐだ。

（山下 仁／山岳写真ＡＳＡ）

CHECK POINT

1 登山道入口。車道から山に向かって集落を突っ切るように登っていく

2 ハンノキ尾根との合流点、トオノクボ。ここから防火帯の道だ

3 開放的なハンノキ尾根の防火帯を行く

4 三ノ木戸集落への分岐道標は「絹笠をへて奥多摩駅へ」の方向を選ぶ

5 稲荷神社から下るといったん車道に出る。ここから600㍍ほど車道を歩く

6 平将門ゆかりの羽黒三田神社。登山道は神社の横を抜けている

広々とした台地のような川苔山の山頂は展望にも恵まれている

69 王道コースの逆で山頂に立ち、名瀑をゆっくり楽しむ

川苔山

かわのりやま 1363m

日帰り

歩行時間＝6時間15分
歩行距離＝12・6㎞

技術度 体力度

コース定数＝29

標高差＝1042m

累積標高差 1305m 1205m

奥多摩《おくたま》町中心部の北に位置する川苔山（地形図では「川乗山《かわのりやま》」）。山名は、この山の清流から川海苔《のり》が採れたことからとされる。澄んだ水の流れと名瀑を有し、豊かな緑に包まれた魅力あふれる山だ。

最もポピュラーなのは川乗橋から百尋《ひゃくひろ》ノ滝を経て山頂に立ち鳩《はと》ノ巣《す》へ下るコースだが、今回紹介するのは、その逆コース。駅から歩いて登れるアプローチのよさと、午前中は混み合う百尋ノ滝を、空いている時間帯に堪能できるということで人気も増している。

スタートはJR青梅《おうめ》線の**鳩ノ巣駅**。ホリデー快速おくたまは停車しないので注意してほしい。

改札を出ると右手にベンチとトイレがあるので、身支度を整えて出発する。すぐに踏切があり、渡ったら車道を道なりに歩く。舗装路を10分ほど登ると左に**登山道入口**があり、土の感触が柔らかい山道に入る。少し先の熊野《くまの》神社への分岐を右に折れ、樹林の中を心地よく登っていく。30分ほどで小さな祠が現れる。ここが**大《おお》根山《ねのやま》の神《かみ》**で、祠の先が広場となっている。西川《にしかわ》

舟井戸の先でみごとな紅葉に遭遇

■鉄道・バス
往路＝JR青梅線鳩ノ巣駅。
復路＝川乗橋から西東京バスでJR青梅線奥多摩駅へ。

■マイカー
圏央道日の出ICから都道、国道411号などで鳩ノ巣駅へ。駅近くの公営駐車場に駐車して登山に臨む。下山後は川乗橋バス停からバスで奥多摩駅へ向かい、JR青梅線で鳩ノ巣駅に戻る。

■登山適期
オールシーズンおすすめではあるが、4月中旬～5月中旬の新緑と、10月中旬～11月上旬の紅葉時期がとくにいいだろう。百尋ノ滝は夏場も涼しく気持ちがよいが、滝以外は蒸し暑いことを覚悟して出かけよう。

■アドバイス
▽鳩ノ巣駅にはホリデー快速おくたまは停車しないので、各駅停車の時刻を確認して早立ちを心がける。
▽鳩ノ巣駅は売店がなく駅前にコンビニもないので、食料・飲料は事前に準備する。
▽鳩ノ巣駅と登山道に入る手前にトイレはあるが、山中にはないことを頭に入れておこう。細倉橋にあったトイレは撤去されたため、トイレは奥多摩駅まで行く必要がある。
▽登りの危険箇所は少ないが、下りはすべりやすいところがあるので気をつけたい。冬の日だまりハイクで

東の肩から山頂へは緩やかに登って10分ほどだ

名瀑・百尋ノ滝をひとり占め。午後の光が滝の上部に入り美しい

正面にエビ小屋山を見ながら紅葉の道を緩やかに登る

林道の終点でもあり、瘤高《こぶたか》山《やま》、大《おお》ダワへ向かう道の分岐ともなっている。

ひと息ついたら広場の右手の道をいったん下り、舟《ふな》井戸《いど》を目指す。石段から登山道に入ると、目の前にエビ小《こ》屋山《やま》の端正な山容が見える。しばらく緩やかな登りとなるが、途中、東京都水道水源林という看板があり、水を蓄える森の豊かさを実感できるだろう。しばらく進んで沢を渡り、右に折れるように道なりに行くと、休憩にちょうどよいスペースが現れる。ベンチがあるので、ここで小休止していこう。

その先は樹林の中の急登を行く。**大ダワへの分岐**をすぎ、急勾配の斜面をつづら折れに高度を上げていくと、視界が急に開けて**舟井戸**に到着する。よく見ると船底のような窪みになっていて、その名のいわれがわかるだろう。

舟井戸からは稜線を歩くが、すぐ先の曲《まがり》ヶ谷《がたに》北峰《ほっぽう》への分岐をすぎると水場の標識がある。左手の急斜面を下った沢に水場があるので必要に応じて補給するとよい。そこから川苔山の**東**《ひがし》**の肩**《かた》を経て20分ほどで**川苔山**の頂に着くが、そこは広々とした台地のようで多くの登山者でにぎわっている。東側以外の展望が開けていて雲取山《くもとりやま》や富《ふ》士山《じさん》を見わたせるので、昼食をとりながら休憩しよう。

展望を楽しみ腹ごしらえがすんだら、来た道を戻り、**東の肩**を道標にしたがい左に折れて百尋ノ滝へ下る。新緑や紅葉の頃には木々の色づきが美しい。**足毛岩**《あしげいわ》**への分岐**をすぎ、沢を渡ってしばらく進むと急降下注意の看板がある。百尋ノ滝までは岩場やハシゴ、補助ロープもある下りとなるので、慎重に行動する。

下りきると、目の前に落差40メートルの**百尋ノ滝**がその全容を現す。午後の時間帯は人がまばらで、滝を見上げる写真を撮ったり、手で清流の冷たさを実感したりと名瀑をひとり占めする気分を味わえる。

＊コース図は231ページを参照。

は軽アイゼンなどのすべり止めを携行しよう。

■問合せ先
奥多摩町産業観光課☎0428・83・2111、奥多摩ビジターセンター☎0428・83・2037、西東京バス氷川支所☎0428・83・2126

■2万5000分ノ1地形図
奥多摩湖・武蔵日原

滝を楽しんだら、渓流沿いに小さな橋をくり返し渡って細倉《ほそくら》橋を目指す。柔らかい光に輝く木の葉や水面、水の音に癒されながら、今日の山旅の印象を心に刻みながら歩きたい。

登山道が終わり**細倉橋**で林道に出れば、あとは**川乗橋バス停**まで下っていくだけだ。やがてゲートが見え、その向こうにバスを待つ登山者たちが並んでいる。

（庄内春滋／山岳写真ＡＳＡ）

写真協力＝渡邉明博（山岳写真ＡＳＡ）、上野玲奈

川苔山山頂からの石尾根方面の眺め

CHECK POINT

1

鳩ノ巣駅の地図で今日のコースを確認してスタート

2

駅のすぐそばの踏切。ここを渡って右奥の方向に進む

3

駅からの舗装路が終わり、本格的な登山道に入る

4

小さな祠のある大根山の神。この先が広場になっている

5

大ダワへの分岐をすぎた先のベンチのあるスペースでひと息入れる

6

⑤の先で急登がはじまる。ここから舟井戸までは頑張りどころ

7

舟井戸に到着。写真の手前が井戸のように窪んでいる

8

水場の標識を下ると沢沿いに水を汲める場所が見つかるはずだ

9

水場の先をひと登り。ここをクリアすれば東の肩に到着する

10

下山路も木々の色づきが美しい。しばらくは緩やかに下る

11

途中で沢を渡る。昔はこのあたりで川海苔が採れたのだろうか

12

通行注意の看板からは、いっきに百尋ノ滝まで下っていく

13

滝をすぎてからもハシゴやロープがあるので慎重に通過する

14

沢沿いの細い登山道を進むと、細倉橋はもうすぐだ

15

細倉橋にあったトイレ。2023年に撤去されている

16

川乗橋バス停に到着。週末ともなれば多くの登山者がバスを待っている

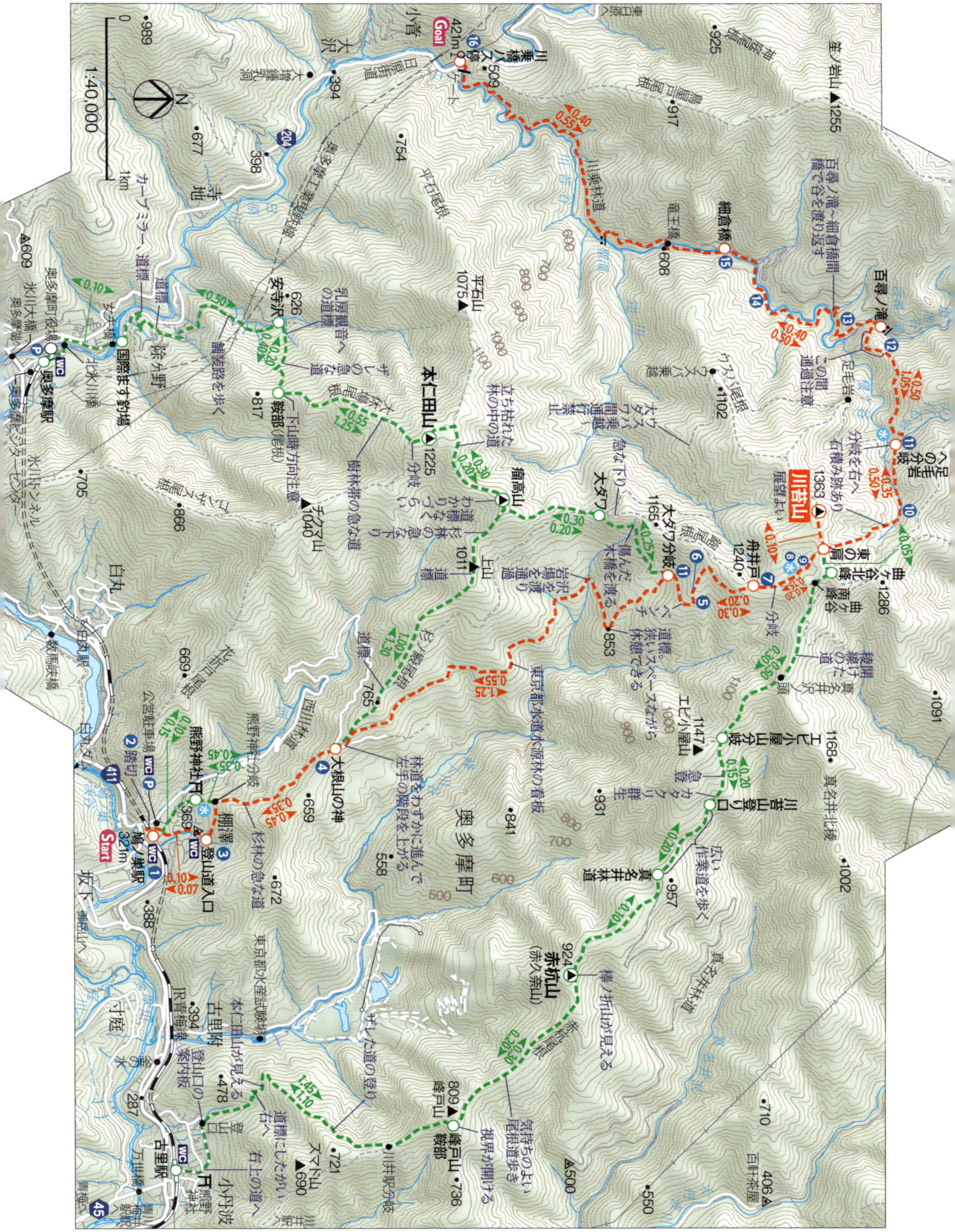
1:40,000
1km
川苔山
1363
展望よい
百尋ノ滝
細倉橋
竜王橋
川乗林道
川乗橋バス停
421m
Goal
日原街道
大沢
小菅
本仁田山
1225
瘤高山
平石山
1075
安寺沢
鞍部
大休場尾根
奥多摩駅
国際ます釣場
奥多摩町役場
除ケ野
大根山の神
熊野神社
鳩ノ巣駅
321m
Start
棚澤
登山道入口
大ダワ
大ダワ分岐
舟井戸
曲ケ谷北峰
曲ケ谷南峰
東の肩
足毛岩への分岐
エビ小屋山
エビ小屋山分岐
川苔山登り口
真名井林道
赤杭山
（赤久奈山）
924
峰戸山
809
古里駅
古里附近
スマド山
690
東京都水道水源林の看板
奥多摩町
白丸
坂下
寸庭
小丹波

70 高水三山

交通アクセスのよい奥多摩登山の入門コース

たかみずさんざん

759m（高水山）
793m（岩茸石山）
756m（惣岳山）

日帰り

歩行時間＝4時間20分
歩行距離＝9・6km

技術度
体力度

コース定数＝20
標高差＝553m
累積標高差 ↗921m ↘923m

惣岳山付近からの岩茸石山〜高水山（右）の稜線

高水三山は、御岳《みたけ》渓谷の北岸にある惣岳山《そうがくさん》、岩茸石山《いわたけいしやま》、高水山《たかみずさん》の総称である。いずれも標高が800〜《メートル》に満たないが、歴史ある寺社や山頂からの展望、新緑や紅葉が登山者の目を楽しませてくれる。

御嶽《みたけ》駅から青梅《おうめ》街道を青梅方向に少し戻ると高水三山の登山口へと導く道標がある。道標にしたがって進み青梅線の踏切を渡ると慈恩寺《じおんじ》があり、境内の左手に惣岳山への登山口がある。はじめは針葉樹林の中の登山道を登っていく。

紅葉の高水山常福院

しばらくすると1本目の送電線の鉄塔が現れ、それをすぎるとやや急な登りとなる。途中**大きな石**を経てさらに登っていき、2本目、ついで3本目の鉄塔を通過すると、やがて「**しめつりのご神木**」と名付けられた枝ぶりが立派な巨木に出会う。その木には結界を示すしめ縄が張ってあり、いかにも信仰の山という雰囲気が感じられる。

さらに進むと祠が現れる。その先はやや急な登りになるが、まもなく青《あお》滑《い》神社の社がある**惣岳山**の山頂に到着する。山頂は樹林の中にあり展望はないが、平坦で休憩には適している。

■鉄道・バス
往路＝JR青梅線御嶽駅。
復路＝JR青梅線軍畑駅。
■マイカー
圏央道日の出ICまたは青梅ICから国道411号などで御嶽駅へ。駅周辺に御岳交流センター有料駐車場（16台）や御岳苑地有料駐車場（53台）などがある。下山後は軍畑駅からJR青梅線で御嶽駅に戻る。
■登山適期
通年。4月下旬から5月中旬、御岳渓谷に新緑が芽吹く頃がおすすめ。高水山の紅葉や岩茸石山からの展望を楽しむなら大気が澄む11〜12月が適期。

高水三山最高点・岩茸石山山頂

惣岳山からはすぐ急な岩場の下りとなり、下り終えると西方に赤《あか》杭山《ぐなやま》や川苔山《かわのりやま》を望む展望地、さらに進むと東方にこれから登る高水山が望める場所に出る。**ベンチ**をすぎてしばらくすると急坂が現れ、登りきると**岩茸石山**の山頂だ。山頂からは北から西に棒《ぼう》ノ折山《おれやま》や川苔山、鷹《たか》ノ巣山《すやま》、そして遥かに雲《くも》取山《とりやま》が、振り返ると東方に高水山と東京の街が展望できる。

岩茸石山から高水山へは尾根伝いの樹林の中の道で、眺望は期待できない。最初はやや急な下りでその後平坦になり、高水山山頂手前で急登となる。**高水山**山頂は展望がないが、付近にベンチやあずまや、トイレがある。周囲にはカエデの木々があり、春は新緑、晩秋に紅葉が楽しめる。

高水山からは常福院《じょうふくいん》の山門をくぐり、右手の軍畑《いくさばた》駅方面に向かう。登山道の所々にある分岐には道標が付けられ、道迷いの心配はない。

針葉樹林の道を下り抜けるあたりにベンチがあり、抜けきると**分岐**となる高台に出る。そこから少し下ると沢沿いの登山道に変化する。しばらくして、砂防ダムの堰堤が見えるとまもなく**下山口**だ。

この先は平溝川《ひらみぞ》沿いの舗装道を歩いていく。春にはサクラが咲き誇る高源寺《こうげんじ》を経て平溝通りを南下し、成木《なりき》からの**都道**に合流する。青梅線の高架の手前を右に入り、踏切を渡るとまもなく**軍畑駅**だ。

（鈴木弘之／山岳写真ＡＳＡ）

■アドバイス

▽軍畑駅からの逆コースは、登山の難易度に差はない。▽登山口から高水山までトイレはない。また、水場がないため水は用意していくこと。惣岳山山頂手前の祠に湧水があるが、飲用には適さない。▽高水山の山頂部にある常福院では、毎年4月上旬に古式獅子舞が披露される。

■問合せ先

奥多摩町産業観光課☎０４２８・83・２１１１、青梅市観光協会☎０４２８・24・２４８１

■２万５０００分ノ１地形図

武蔵御岳

CHECK POINT

1 登山道入口の慈恩寺。境内に入り左手に登山口がある

2 木々の間から射す光にあふれる登山道。登山口からしばらくは針葉樹林を登る

3 しめつりのご神木。2本の巨木が合わさったような形をしている

4 青渭神社が建つ惣岳山山頂。広場になっていて休憩場所として適している

5 惣岳山から岩茸石山への登山道は所々で落葉広葉樹林の中を進む

6 岩茸石山から東方展望。高水山の先には東京都心の高層ビルが遠望できる

7 高水山山頂。展望は利かないが、複数のベンチがあるので休憩していこう

8 高水山からの下山道では、山頂への距離の目安となる一丁石を所々で見かける

9 高源寺の山門。春にはサクラの花が山門を飾る。近くにはトイレがある

10 高源寺から平溝通りを下り、成木からの都道193号に合流。軍畑駅を目指す

＊コース図は234〜235㌻を参照。

1:35,000
0
500m
N
棒ノ折山
969
権次入峠
893
黒山
842
岩茸石
分岐
林道
登山道入口
清東橋バス停
白谷橋
有間ダム
名栗湖
有間林道
ノーラ名栗・さわらびの湯バス停
河又名栗湖入口
名栗川橋バス停
名栗温泉大松閣
立ち寄り入浴可
湯基入
長久保山
689
雨沢山
841
馬乗馬場
776
関東ふれあいの道
小沢峠
456
小沢トンネル
上成木バス停
上日向バス停
奥多摩町
埼玉県
飯能市
清東園キャンプ場
百閒茶屋キャンプ場
奥茶屋キャンプ場
ワサビ田
小さな祠
急登
木の根が張り出した道
埼玉県側の展望よい
旧道は通行止め
林道横切る
倒木多い
柳沢両面通行止め
成木
赤沢
鹿ノ戸
黒指
久林
小沢
桐木平
中西
大仁田山
505

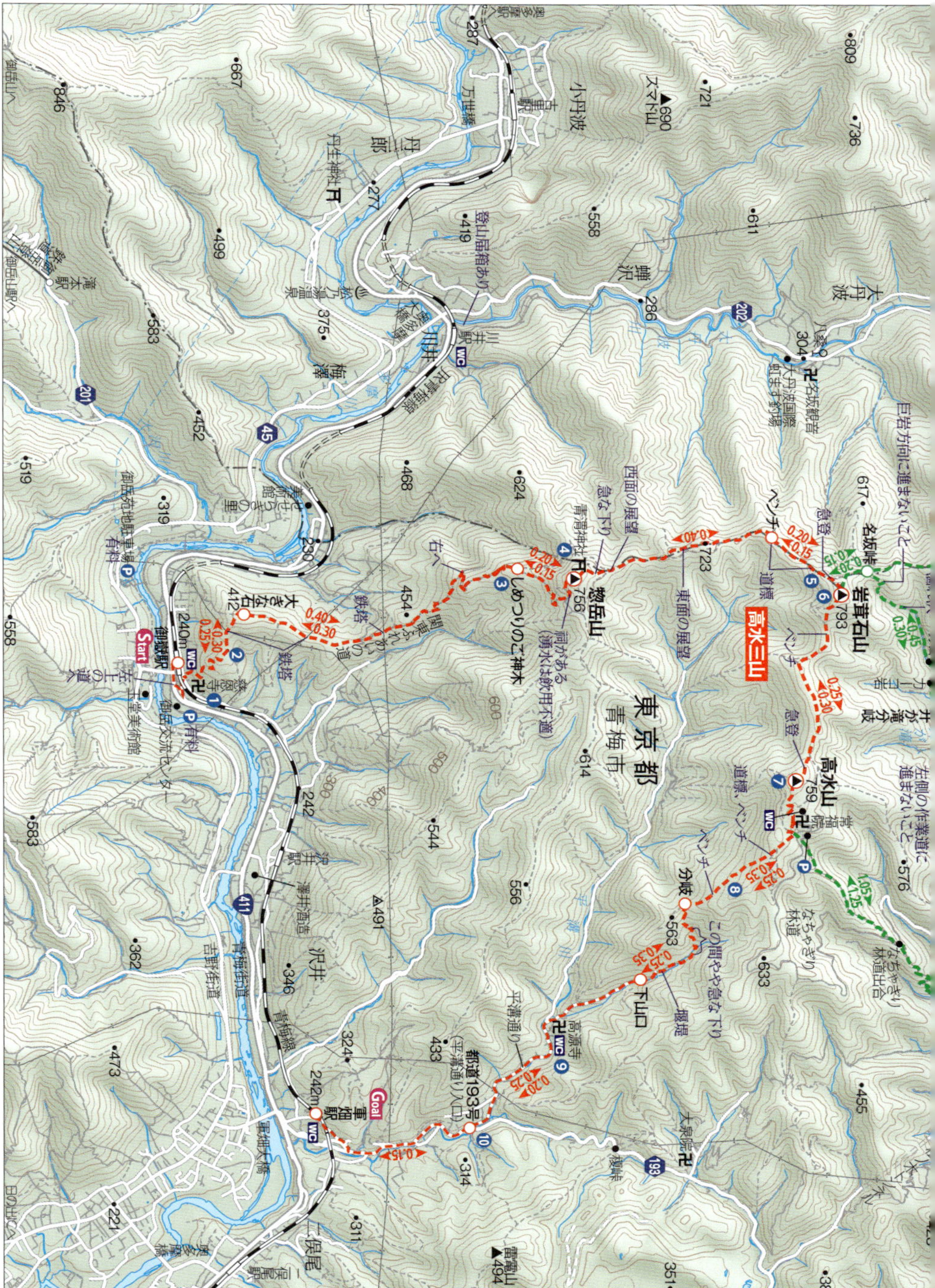

高水三山
東京都
青梅市
岩茸石山
793
高水山
759
惣岳山
756
名坂峠
御嶽駅
240m
Start
軍畑駅
242m
Goal
大きな岩
412
しめつりの神木
青渓神社
常福院
高源寺
都道193号（平溝通り入口）
下山口
分岐
ベンチ
急登
道標
道標、ベンチ
西面の展望
東面の展望
急な下り
この間やや急な下り
祠がある（湧水は飲用不適）
関東ふれあいの道
鉄塔
右へ
堰堤
平溝通り
なちゃぎり林道
ガガ滝分岐
巨岩方向に進まないこと
左側の作業道に進まないこと
登山届箱あり
川井駅
古里駅
沢井駅
二俣尾駅
鳩ノ巣駅
小丹波
大丹波
丹三郎
梅沢
沢井
吉野街道
青梅街道
青梅線
軍畑大橋
大丹波国際虹ます釣場
名坂観音
大泉院
榎峠
雷電山
494
スマド山
690
御岳渓谷遊歩道
沢井酒造
玉堂美術館
慈恩寺
丹生神社
川井キャンプ場

71

日帰り

御岳山・大岳山

富士山と奥多摩の山々を一望。日本二百名山

みたけさん 929m
おおだけさん 1266m

歩行時間＝5時間40分
歩行距離＝11・0km

技術度

体力度

コース定数＝**22**

標高差＝446m

累積標高差 810m 1282m

大岳山山頂から笹尾根越しに富士山を望む（写真＝菊地弘幸／山岳写真ASA）

御岳山山頂の武蔵御嶽神社（写真＝菊地弘幸／山岳写真ASA）

大岳山は奥多摩《おくたま》山地の最東部に位置し、東京都で唯一日本二百名山に数えられるとともに、花の百名山にも名を連ねる名山である。登山口にアクセスしやすく、数多くの登山ルートや近くにユニークな岩が連なるロックガーデンなどがあり、季節を問わず多様なハイキングを楽しむことができる。ここでは、山頂に武蔵《むさし》御嶽《みたけ》神社が建つ霊山・御岳山とセットで登るコースを紹介する。

御岳山《みたけさん》ケーブルを**御岳山駅**で降り、身支度を整えたら舗装された参道を**神代《じんだい》ケヤキ**まで上がり、参道の商店街を抜けると三の鳥居前の広場に出る。長い石段を登って**御岳山**山頂の武蔵御嶽神社に参拝すると、裏手からはこれから向かう奥《おく》の院《いん》の特徴的な山頂が見える。

山頂から石段を下る途中で右に進み長尾平《ながおだいら》へ。この先の**天狗《てんぐ》の腰掛杉《こしかけすぎ》**で右の登山道に入り、奥の院へのやや険しい山道を登っていく。5月なら**奥の院**の山

■鉄道・バス

往路＝JR青梅線御嶽駅から西東京バスでケーブル下へ。そばの滝本駅から御岳登山鉄道（ケーブルカー）で御岳山駅へ。

復路＝大岳鍾乳洞入口から西東京バスでJR五日市線武蔵五日市駅へ。

■マイカー

圏央道日の出ICから都道、国道411号などで御嶽駅へ。駅の近くや対岸の都道45号沿い、ケーブルカー駅近くに有料の駐車場があり、ケーブルカー利用でピストンの場合は便利。

■登山適期

新緑が美しくツツジの花が咲く5〜6月、大岳沢の渓流沿いが紅葉に染まる10月から11月がとくによい。

■アドバイス

▽大岳山までは全般に整備された歩きやすい道だが、山頂付近の岩場は狭いので、混雑時にはゆずりあって慎重に通過したい。

▽大滝への下りは所々急な部分もあるので、しっかりとした登山靴を着用し注意して歩く必要がある。

▽山頂からの富士山をきれいに見るためには、太陽が南へ回りこむ前の午前中に到着するようにしたい。春や夏より空気の澄んだ冬期が適期。

▽下山後、帰りのバスの運行本数が少ないので事前に時刻を調べること。

■問合せ先

奥多摩町観光産業課☎0428・83

奥の院のシロヤシオは5月初旬から中旬が見ごろ

頂付近では、ミツバツツジやシロヤシオが目を楽しませてくれるだろう。少し急な奥の院からの下りから**鍋割山**《なべわりやま》へ登り返し、**芥場**《あくば》**峠**へ下りて長尾平からの道と合流して大岳山へ向かう。

岩場のトラバースを慎重に越えて少し歩くと閉鎖中の**大岳山荘**に着く。トイレのある展望所からは富士山《ふじさん》を眺められる（2024年現在立入禁止）。ここで少し休んだら、いよいよ大岳山の山頂を目指す。途中の岩場を慎重に通過し、大岳山荘から30分ほど登ると展望が開け、多くの登山者でにぎわう**大岳山**山頂に着く。

山頂からは、晴れていれば南西方向に富士山や南アルプスの峰々を望むことができ、また御前山《ごぜんやま》など周囲の山々の展望も楽しめる。平らな山頂に腰を下ろし、景色を楽しみながらゆっくりと昼食をとりたいところだ。

帰りは東面の上養沢《かみようざわ》方面へ下りる。いったん**大岳山荘**前まで戻り、ここから馬頭刈《まずかり》尾根方面へ進む。

大岳沢に懸かる落差30メートルの大滝

谷の斜面のトラバースした道を少し進み、右から大岳山頂を迂回してきた鋸山方面からの道と合わせ、左の馬頭刈山方面へ進む。草むらの中の細道を進んで15分ほどの**白倉**《しらくら》**方面への分岐**を直進し、さらに数分で**大滝**《おおたき》**方面への分岐**が現れるのでこれを左に下りていく。

ほどなく勾配が強くなり、大岳沢と出合って交差しながら歩くようになるが、ここからがこのルートのハイライト。午後の光が沢筋に美しく反射し、岩を覆う苔や草花をスポットライトのように照らす。所々小さな滝が現れたり、階段状に流れ下ったりと、沢の景色の変化も面白く、歩くのが楽しい。

1時間あまり下ると**大滝**に着く。大滝は途中の「垂《た》る」も含めると3段に分かれていて、写真のよい題材になるが、近くにあまり広い足場はないので、注意して撮影しよう。

大滝をあとに数分歩くと登山道が終わり、車の通れる林道に出る。途中に大岳鍾乳洞などのレクリエーション施設を見ながら30分ほど林道を下ると**大岳鍾乳洞入口バス停**に到着する。

ここからバスで武蔵五日市《むさしいつかいち》駅へ出ることができるが、バスの本数は少ないので、事前に調べておきたい。（宮川 正／山岳写真ASA）

＊コース図は239ページを参照。

・2111、あきる野市観光まちづくり推進課☎042・558・1111、御岳ビジターセンター☎0428・78・9363、西東京バス氷川支所☎0428・83・2126（往路）、同五日市営業所☎042・596・1611（復路）、御岳登山鉄道☎0428・78・8121

■2万5000分ノ1地形図
武蔵御岳

新緑とヤマザクラに映える春の大岳山(浅間嶺から)

CHECK POINT

御岳山駅でケーブルを降りたら準備をして出発する

武蔵御嶽神社入口。神社に立ち寄りお参りしていくのもよい

天狗の腰掛杉の右側から奥の院への道に進む

小さな祠と道標がある奥の院山頂。ここから鍋割山を経て芥場峠へ

芥場峠で長尾平方面からの道と合流する

芥場峠〜大岳山荘間のクサリのある岩場のトラバース道

大岳山荘跡付近にはトイレや展望できる場所がある(展望所は2024年現在立入禁止)

大岳山荘から鋸山との分岐間はトラバース気味の細い道をたどる

大滝への分岐を左へ下っていく

大滝へ下る道は最初は広々して緩やかだが、やがて細く急になる

大滝をすぎ、木橋を渡ると登山道が終わり林道歩きとなる

時間があれば大岳鍾乳洞を見学するのも楽しい(600円)

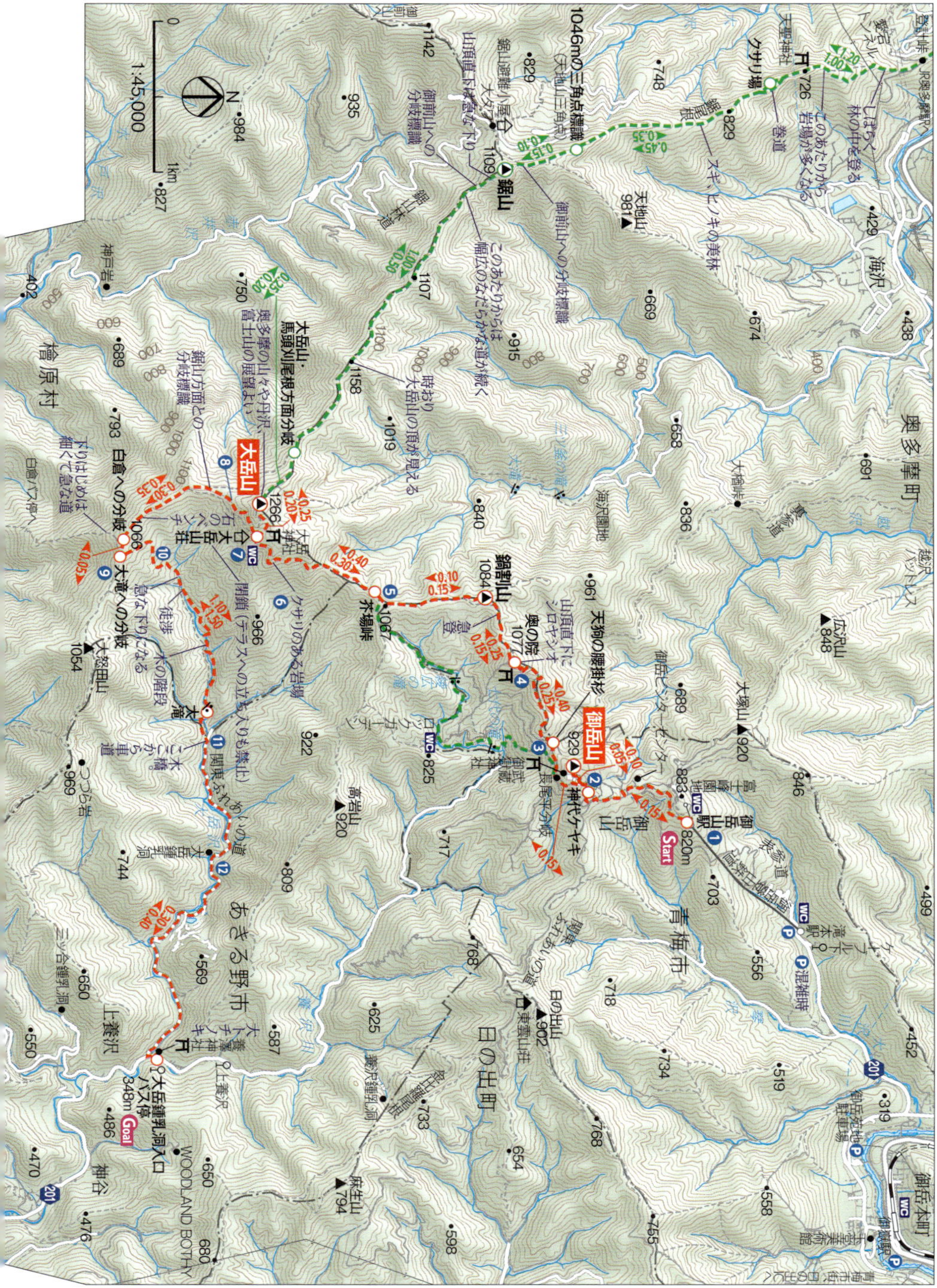
1:45,000
御岳山駅
820m
Start
御岳山
929
神代ケヤキ
天狗の腰掛杉
奥の院
鍋割山
1084
芥場峠
1067
大岳山
1266
大岳山荘
大岳神社
ロックガーデン
大滝
大岳鍾乳洞
大岳鍾乳洞入口バス停
348m
Goal
鋸山
1109
天地山
奥多摩町
青梅市
あきる野市
日の出町
檜原村
日の出山
高岩山
920
大塚山
920
広沢山
848
馬頭刈尾根方面分岐
白倉への分岐
大滝への分岐
WOODLAND BOTHY

72 御前山 ごぜんやま 1405m

日帰り

カタクリと広葉樹、渓谷が美しい人気コース

歩行時間＝5時間
歩行距離＝9・5㎞

技術度 ★☆☆☆☆

体力度 ★★☆☆☆

コース定数＝22

標高差＝973m

累積標高差 ↗992m ↘1159m

↑山頂部に咲くカタクリ。見ごろは4月中旬

←コゴメウツギが咲く御前山の山頂

御前山はその雄大な山容から、三頭山《みとうさん》、大岳山《おおだけさん》とともに奥多摩《おくたま》三山に数えられる山である。4月は奥多摩湖のサクラを見ながら山頂ではカタクリの花を愛で、11月になればブナやカエデの紅葉がすばらしく、四季折々で楽しむことができる。ここで紹介するのは、奥多摩湖畔から雑木林の尾根道をたどり山頂へ。奥多摩「体験の森」を経て、最後に栃寄《とちより》沢を下り境橋《さかいばし》バス停までを歩くコースである。

JR青梅《おうめ》線奥多摩駅からバスを20分ほどで**奥多摩湖バス停**に着く。トイレを済ませ、小河内《おごうち》ダムの左側遊歩道を回る。登山口は「奥多摩湖いこいの路」ゲート手前の左側広場の奥にある。

石の階段を上がり、尾根上の分岐を左に登っていく。ちなみに右は頂上広場となっていて、満々と水を貯めた奥多摩湖を眼下に眺められる。ここから木の根っこが露出した急登となり、いっきに高度を稼いでいく。斜面が緩やかになったところでサス沢山《さわやま》に着く。ここからは奥多摩湖から倉戸山《くらどやま》、鷹《たか》ノ巣山《すやま》、雲取山《くもとりやま》へ続く石《いし》尾根を見わたすことができ、展望を楽しみながらひと息つこう。

サス沢山からの大《おお》ブナ尾根は岩がゴロゴロと露出した急登となっているが、ブナの大木などがあり新緑のころはとても気持ちがよい。惣岳山《そうがくさん》手前はすべりやすい急坂

■鉄道・バス
往路＝JR青梅線奥多摩駅から西東京バスで奥多摩湖へ。
復路＝境橋から西東京バスで奥多摩駅へ。
■マイカー
圏央道日の出ICから都道、国道411号で奥多摩湖へ。湖の周辺に無料駐車場が整っている。下山口の境橋から駐車場までのバス時刻を調べておくとよい。
■登山適期
4月中旬頃はカタクリの花がみごとである。その頃は奥多摩湖畔のサク

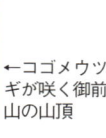

サクラが咲く春の奥多摩湖畔から御前山（中央奥）を望む

となる。春はこのあたりからカタクリの群生地となり、大勢の登山客でにぎわう。小河内峠を経て月《つき》夜見山《よみやま》、三頭山方面への分岐となる**惣岳山**山頂は、展望はない。

　ここから御前山までは20分ほどだ。途中2箇所ほどベンチが設置されている見晴《みはらし》台があり、それぞれ北側・南側の展望を見ることができる。ひと登りで**御前山**山頂に到着する。

　山頂から木の階段を下り、湯《ゆ》久《く》保《ぼ》尾根との分岐を左に行けば御前山避難小屋に着く。水場はオーバーユースの問題で、シーズン中の飲用は不適である。トイレを済ませ、下りにかかる。

　避難小屋から下部は「体験の森」を下っていく。湧水の広場やカラマツ広場、シロヤシオ広場など体験学習用の広場がいくつもあるが、指導標が整備されているので安心して歩ける道だ。

　体験の森を半分すぎたあたりから、登山道と林道・車道をくり返していく。**体験の森入口**（トチノキ広場）には休憩舎やきれいなトラも美しい。また新緑や紅葉の頃もおすすめ。落ち葉を踏みしめて歩く晩秋もいい。

■アドバイス

▽惣岳山周辺から御前山にかけてカタクリの群生地となっている。4月の最盛期は東京都山岳連盟の自然保護委員がカタクリパトロールにあたっている。群生地には掲示板を掲げ、保護をよびかけている。

▽登りはじめ直後は高度差200㍍の急登。あせらずゆっくり登ろう。

▽御前山避難小屋の水場はきれいに保たれている。小屋脇の水場は、オーバーユースの問題でシーズン中の飲用は不適である。

▽栃寄沢は苔むした岩などで足もとがすべりやすいので、歩行に心配がある場合は体験の森から沢道へは下りず、そのまま舗装された車道を下る方が安全である。また沢道は増水時には注意が必要。

▽帰途、夕刻になると境橋からのバス本数は少なくなるので、事前に確認をしておくこと。

■問合せ先

奥多摩町産業観光課☎0428・83・2111、西東京バス氷川支所☎0428・83・2126、奥多摩都民の森（体験の森）管理事務所☎0428・83・3631

■2万5000分ノ1地形図

奥多摩湖

＊コース図は243㌻を参照。

イレがあり、小休止するのにはちょうどよい。

　体験の森から10メートルほど下った右側に、沢沿いに下りる階段がある。ここからが栃寄沢である。この道は数年の大規模整備工事を経て、２０１７年４月に通行止めが解除になった道である。左側の車道と並行する沢沿いの道だが、終点まで車道と交差することはない。苔むした岩の間を通過する箇所もあるので、足をすべらせないように注意しながら歩こう。

　歩きはじめはゴロゴロとした岩の間を縫うように進んでいく。木の橋を渡りつづら状に下っていくとだんだんと樹林が深くなり、右側には切り立った岩が現れる。このあたりを新緑の頃に見わたせば、美しい渓谷の緑と巨岩の神秘的な光景に目を奪われるはずだ。

　さらに岩に沿うように下っていくとしだいに水の音が大きくなり、栃寄大滝に出る。この滝は岩陰の奥にあり、少々わかりづらい。

　徐々に傾斜が緩くなり、沢の終点で車道（**栃寄登山口**）に出る。車道を20分ほど下ると多摩川の橋上にある**境橋バス停**に着く。

（青木貴子）

サス沢山からの奥多摩湖

深い渓谷の栃寄沢。鮮やかな緑が印象的

CHECK POINT

1

バス停からダム堤を歩くこと約10分で登山口に着く。登りはじめから急な登りを強いられる

2

サス沢山からは岩が露出した尾根道の登りとなる。ブナの大木がある

3

惣岳山の一角にある小河内峠との分岐。御前山へは距離にしてあと600メートルの登り

4

惣岳山〜御前山間のカタクリ群生地にある案内板。カタクリは東京都山岳連盟の手により守られている

5

御前山山頂から東に5分ほど下ると御前山避難小屋（収容15人）が建っている。ここから体験の森へと下る

6

体験の森・トチノキ広場の先で車道を離れ、右下への沢道に入っていく。ここからは栃寄沢沿いに進む

7

栃寄沢の岩壁沿いの道を進むと落差約10メートルの栃寄大滝が姿を現す

8

コース終点となる国道411号（青梅街道）上の境橋バス停。バスは1時間に1本程度

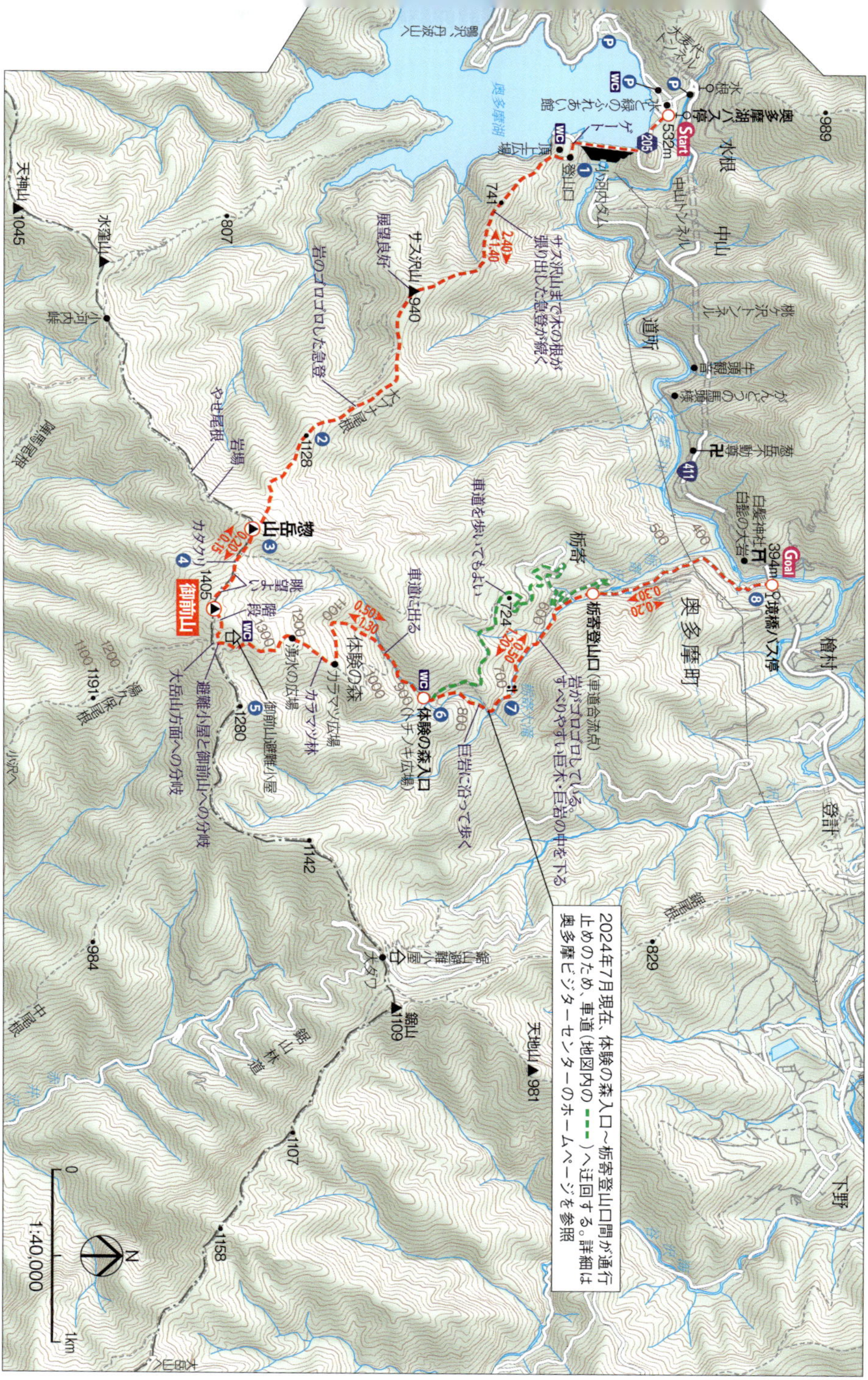

2024年7月現在、体験の森入口〜栃寄登山口間が通行止めのため、車道（地図内の ---）へ迂回する。詳細は奥多摩ビジターセンターのホームページを参照
Start
奥多摩湖バス停
532m
水と緑のふれあい館
奥多摩湖
湖上広場
登山口
小河内ダム
中山トンネル
水根
741
サス沢山まで木の根が張り出した急登が続く
サス沢山
940
展望良好
岩のゴロゴロした急登
大ブナ尾根
1128
岩場
やせ尾根
惣岳山
カタクリ
御前山
1405
眺望よい階段
避難小屋と御前山への分岐
大岳山方面への分岐
御前山避難小屋
1280
湧水の広場
カラマツ広場
カラマツ林
体験の森
車道に出る
体験の森入口
巨岩に沿って歩く
車道を歩いてもよい
724
栃寄
栃寄登山口（車道合流点）
岩がゴロゴロしている。すべりやすい巨木・巨岩の中を下る
奥多摩町
Goal
394m
境橋バス停
白髭神社
白髭の大岩
登計
下野
1142
大ダワ
鋸山
1109
鋸山林道
天地山
981
829
984
1107
1158
1:40,000

73

三頭山《みとうさん》

三頭大滝とブナ林を堪能し、山頂で富士山を望む

1531m（中央峰）

日帰り

歩行時間＝3時間40分
歩行距離＝6.3㎞

技術度 ▲▲▲▲▲
体力度 ♥♥♥♥♥

コース定数＝14

標高差＝535m

累積標高差 ↗638m ↘638m

三頭山西峰の山頂からは南西方向に富士山を望むことができる

　奥多摩《おくたま》三山の最高峰である三頭山は、西峰《せいほう》、中央峰《ちゅうおうほう》、東峰《とうほう》と山頂が3つに分かれていることから山名が付いた。西峰は富士山《ふじさん》の展望がよく、直下には立派な避難小屋もある。中央峰は標高こそ最も高いが、樹林に囲まれ展望はない。展望台がある東峰は、大岳山《おおだけさん》方面の視界が開けている。

　登山は東面の都民の森からの出発になる。下山も同じなのでマイカー利用も可能だ。都民の森は清潔なトイレをはじめ、軽食がとれる売店など設備が整っている。飲料水も汲めるので、登山前に補給しておこう。

　都民の森バス停がある駐車場を出発したらアスファルトの坂を登る。少し歩くと道が二分する。アスファルトの道は森林館へ続くが、左側の階段を上がる。階段を上がりきると**森林館前**に出て、このコースの場合は左に進む。

　傾斜が緩い坂を登ると、途中からウッドチップが敷き詰められた登山道になる。セラピーロード（大《おお》滝《たき》の路《みち》）とよばれ、木の香りがよく、鳥のさえずりも聞こえる、まさに癒しの道だ。道なりに歩くと見晴《みはら》し台があり、天気がよい時は遠望が利く。さらに進んで大きく曲がると**あずまや**があり、すぐに**滝見橋**《たきみ》に着く。ここから三頭大滝がよく見える。この橋は通り抜け

■鉄道・バス
往路・復路＝JR五日市線武蔵五日市駅から西東京バスで都民の森へ。直通の急行バス以外は数馬行きに乗車し、都民の森行きに乗り換える（ともに西東京バス）。

■マイカー
圏央道あきる野ICから国道411号、都道206号などで都民の森駐車場（約100台）へ。ゴールデンウィークや紅葉期などの満車時は奥多摩湖側に1キロ進んだ数馬第1駐車場（約80台）に車を停め、都民の森まで歩く（約15〜20分）。

■登山適期
ブナの新緑が美しい4月中旬から5月下旬、三頭大滝や沢沿いに歩くコースのため「涼」を楽しむ夏期、そして10月中旬〜下旬の紅葉に触れる時期がおすすめとなる。

■アドバイス
▽檜原都民の森には多くの散策路が整備されている。それぞれが楽しめるコースとなっているので、売店や森林館で園内の地図を入手し、四季それぞれ何度か訪れて楽しむとよい。

都民の森のコース詳細は案内板やパンフレット、ホームページで確認できる

東峰で展望を楽しんだらブナの路で鞘口峠を目指す

石山の路に入り歩きやすい登山道を進む

三頭山最高点・中央峰のベンチ

できないが、滝を眺めるには格好の場所だ。すぐ側には大滝休憩小屋があるので、ひと息入れよう。

休憩小屋を出て登山道を上がると道が二分する。直進すれば三頭山直下のムシカリ峠に向かうが、ここでは大回りとなるが、左の「石《いし》山《やま》の路」を行く。幅こそ狭いが、歩きやすい道だ。小さな沢を越えると、大木のシオジの木がある。この先は急登だが、木々に囲まれ快適に歩ける。目の前に稜線が見えたら急坂は終わる。

稜線に出たら右に曲がるが、標識があるので安心だ。ここからは登山道もしっかりしているので歩きやすい。クリやブナの木が多く、登山道に空の実が落ちている。途中にベンチもある。

すべりやすい木の根に注意しつつ少しずつ高度を稼いでいくと、大きく右に曲がる。ここから「**深《み》山《やま》の路**」となる。立派なブナの大木がある気持ちのよい登りだ。登りきると**ハチザス沢《ざわ》の頭《あたま》**で、西原《さいはら》峠からの笹《ささ》尾根と合流する。

標識にしたがい三頭山方面に進み、大沢山を越えて下っていくと三頭山避難小屋がある。30人ほどが入れる立派な建物で、トイレも

▽都民の森へのバスは12～2月は運休、3月も土・日曜・祝日のみにつき、タクシーを利用することになる。

▽檜原都民の森の施設は月曜（祝日の場合は翌日）および年末年始（12月29日～1月3日）は定休日のため、駐車場も利用できない。また、季節により利用時間も異なるので都民の森のホームページで確認すること。

■問合せ先

檜原村産業環境課☎042・598・1011、檜原都民の森☎042・598・6006、西東京バス五日市営業所☎042・596・1611、横川観光タクシー（武蔵五日市駅）☎0120・489・083

■2万5000分ノ1地形図

猪丸

ウッドチップが敷き詰められた大滝の路。森林セラピーロードに認定されている

＊コース図は247ジペーを参照。

きれいだ。さらに下るとベンチや案内板のある**ムシカリ峠**に着く。右下から上がってくる登山道は都民の森からのルートだ。

峠から三頭山に向けて登っていく。このあたりはブナ、ナツツバキの木が多い。やがて山頂直下の分岐に出る。右に行く道は巻道だ。直進し、階段状の急登を行くと三頭山**西峰**に着く。広い山頂からは富士山がよく見える。百蔵山《ももくらやま》や三《み》ツ峠山《とうげやま》も遠望できる。

西峰からいったん階段を下り御《み》堂《どう》峠へ、登り返すとすぐ中央峰だ。樹林に囲まれ展望は利かないが、テーブルとベンチがあり、静かなのでゆっくりランチをとるにはいい場所だ。3つ目のピーク**東峰**はここからすぐで、展望台からのすばらしい眺めが待っている。

眺めを楽しんだら東へのびる急坂を下る。この登山道は「ブナの路」とよばれる。道幅の狭い稜線をしばらく下ると、**見晴し小屋**に着く。ここでも大岳山方向の眺めが楽しめる。手前から分岐する巻道を使うと時間の短縮になるが、見晴し小屋には行かない。少し下ると巻道と合流する。

落差33㍍の三頭大滝。四季折々に表情を変える

CHECK POINT

1 スタート・ゴール地点の都民の森には売店もあるので安心

2 舗装路を上がっていくと右に「しゅらの橋」があるが、左手の階段を上がる

3 大滝休憩小屋。ベンチやトイレ、水場がある

4 石山の路に入り急坂を登りきると、ちょっと休めるベンチがある

5 登りを終えて縦走路上のハチザス沢の頭に到着。ここからは緩やかに進む

6 1482㍍の大沢山山頂。展望はないがベンチがあり休憩できる

7 広々とした三頭山避難小屋の内部。トイレが使えるのでうれしい

8 避難小屋から下るとすぐにムシカリ峠に着く。ここから三頭山西峰へ登る

9 東峰山頂の標柱と3等三角点。静かな山頂なのでここでのランチもおすすめ

10 下りはブナの路を通り再び都民の森のバス停を目指す

11 ブナの路途中の見晴し小屋は展望も楽しめる休憩スポットだ

12 急な下りもこ鞘口峠まで。右に折れて進むとゴールはもうすぐだ

写真協力＝渡邉明博

さらに急な稜線を、スリップに注意しながら下っていく。しばらく降りていくと**鞘口《さいぐち》峠**に着く。標識にしたがい右の都民の森バス停方面へ下る。すぐに炭焼《すみや》き窯《がま》方面の道と二分し、**森林館**方面に進む。ゴール地点まではもうすぐだ。（塩田諭司／山岳写真ＡＳＡ）

東峰展望台からは奥多摩三山のひとつ・大岳山がよく見える

74 浅間嶺《せんげんれい》

浅間尾根道の展望と名瀑のパワーを体感

903m（小岩浅間）

日帰り

歩行時間＝5時間30分
歩行距離＝11・5km

技術度

体力度

コース定数＝22

標高差＝286m

累積標高差 793m 1125m

サクラが咲く浅間嶺展望台からの御前山(左)と大岳山

昔、数馬《かずま》や人里《へんぼり》の里人が馬によって米や塩などの日用品を運び入れた生活道路であった浅間尾根の道。「甲州中道《こうしゅうなかみち》」とよばれ、江戸と甲州を結ぶ要路だった。今は関東ふれあいの道の「歴史の道」として親しまれている。ここでは当時の往来を偲びながら歩き、終点では払沢《ほっさわ》の滝のパワーをみやげに家路に着くコースを紹介する。

浅間尾根登山口バス停で下車。バス停から来た道を少し戻り、浅間坂・浅間湯の看板を左折し橋を渡る。舗装路を上がり、浅間坂の大きな看板を目印に左折。右側のそば屋の店先には水場がある。このあたりから登山道となる。

民家の手前を道標沿いに進み、林道を横切る。さらに樹林を進みベンチをすぎる。しばらく上がると**数馬分岐**に出て、徐々に南の笹《ささ》尾根や、北の湯久保《ゆくぼ》尾根など周辺の山々を眺められるようになる。

尾根道となり、緩い登り下りをくり返しながら進む。サル石や一《いっ》本《ぽん》杉など、昔の人が目印としたところを抜け、朽ちた木の橋を注意してすぎると人里峠の分岐に出る。明るいカヤトの尾根に出ると北側の展望が開け、御《ご》前山《ぜんやま》から大岳山《おおだけさん》の稜線が眺められる。ここから道標に沿って上がると、木に「小《こ》

別名「雨乞いの滝」ともよばれ村民に崇拝されていた払沢の滝

■鉄道・バス

往路＝JR五日市線武蔵五日市駅から西東京バスで浅間尾根登山口へ。復路＝払沢の滝入口から西東京バスで武蔵五日市駅へ。

■マイカー

圏央道あきる野ICから都道7・33号で払沢の滝入口の無料駐車場（約20台）へ。浅間尾根登山口へはバスかタクシーで移動する。

■登山適期

4月中旬〜5月初旬、山頂にサクラが咲く頃がとくにおすすめ。新緑や紅葉の頃も適している。11月中旬〜下旬の紅葉狩りもよい。また冬の日だまり山行にも格好のコースだ。

■アドバイス

▽古街道というだけあって比較的穏やかで歩きやすいので、入門コースには最適である。

▽峠の分岐が多く各方面の里へ下りる道も整備されているため、所要時間によりさまざまな登山計画を組むことができる。また体調不良や悪天時などはエスケープルートとしても利用できる。

▽武蔵五日市駅からは数馬行きのほかに都民の森行きも利用できるが、後者は月曜や冬期などに運休日があるので注意。

▽帰途、夕刻になるとバスの本数は少なくなるので事前に確認を。本宿まで車道を下れば（徒歩20分弱）、数

古の道らしく、浅間尾根沿いには道祖神が置かれている

岩《いわ》浅間」と書かれた札がある場所に出る。ここが浅間嶺の山頂になるが、残念ながら展望はない。少し下ると浅間神社祠が、そのすぐ先にトイレと休憩所がある。

広場の左奥にある木の階段を上がり、**浅間嶺展望台**に行こう。展望台には立派な標識とベンチのほか桜並木があるので春は多くのハイカーでにぎわい、サクラ越しに見る山々はいっそう美しい。いったん**広場**に戻り、下山にかかる。

広場からは3方向に分岐するが、右の時坂《とっさか》峠方面へ下山するコースを行く。自然林と杉植林の整備された緩い坂道を下る。右側に水車が目印のそば屋をすぎるとまもなく登山道は終了し、舗装道に出る。かつては瀬戸沢《せとざわ》宿として創業された峠の茶屋をすぎてそのまま進むと、やがて舗装された林道は二股になる。ここから左の中峰《なかみね》平《だいら》林道に入る。この林道は一般車両通行止めの林業用道路で、歩行者は通行できる。急カーブで、場所によっては傾斜がある上、落石崩土などの注意看板があるので、急ぎ足で通過する。10分ほど行くと時坂峠の分岐である。

道標沿いに下るとまもなく時坂のトイレに出る。ここからは時坂の集落を見ながら歩く里道となり、先ほど分かれた舗装道と何度か合流をくり返して下ると、払沢の滝の無料駐車場に出る。

駐車場の先のトイレ前を右に行けば**払沢の滝入口の分岐**となり、バス停からの道と合流する。ここから**払沢の滝**まではよく整備された遊歩道で、往復30分ほどの行程だ。東京で唯一「日本の滝百選」に選ばれている、落差およそ60メートルの4段の滝である。滝見物でパワーをもらったら**入口の分岐**に戻り、5分ほどで**払沢の滝入口バス停**に着く。

（青木貴子）

馬方面から合流するバスもある。
▽山頂は広々としていて桜並木があるので、4月中旬以降〜下旬はお花見山行も楽しい。

■問合せ先
檜原村産業環境課☎042・598・1011、檜原村観光協会☎042・598・0069、西東京バス五日市営業所☎042・596・1611、横川観光タクシー（武蔵五日市駅）☎0120・489・083

■2万5000分ノ1地形図
猪丸・五日市

CHECK POINT

1 起点の浅間尾根登山口バス停。バスの進行方向反対車線側にトイレがある

2 数馬分岐で浅間尾根に出る。ベンチがあるので休憩にちょうどよい

3 人里の手前にある朽ちた木の橋。スリップによる滑落に注意すること

4 浅間嶺の山頂となる小岩浅間。最高点だが、展望もなくひっそりとしている

5 小岩浅間から下ると浅間神社の祠がある。手を合わせていこう

6 浅間嶺展望台からは奥多摩の山々や富士山まで一望

7 木橋を渡った先にある水車が回るそば屋（2021年に閉店となった）

8 払沢の滝駐車場。マイカー利用の際はここに駐車し、バスかタクシーで登山口へ

＊コース図は250〜251ページを参照。

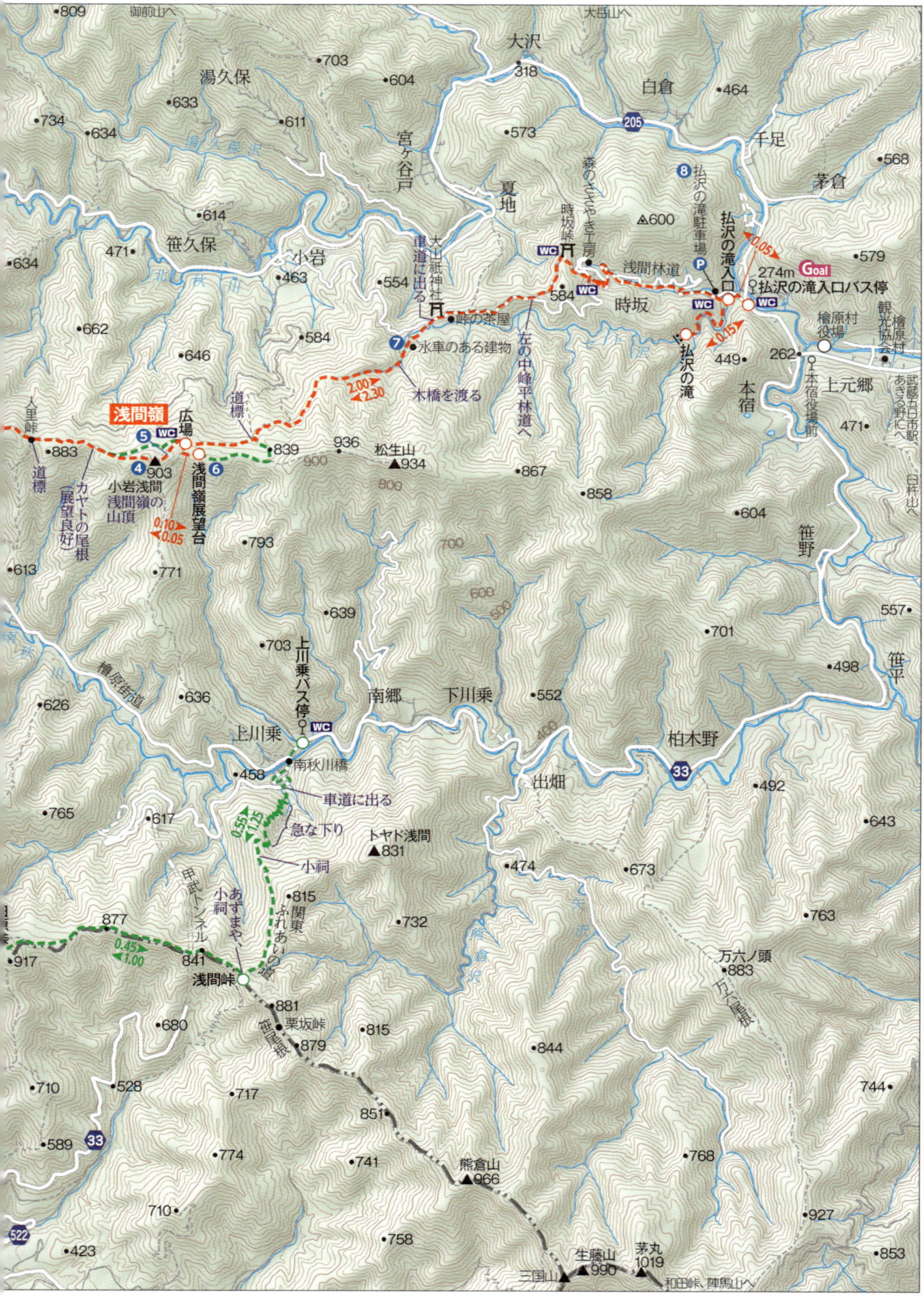
浅間嶺
広場
人里峠
小岩浅間
浅間嶺の山頂
カヤトの尾根（展望良好）
浅間嶺展望台
道標
松生山
934
水車のある建物
木橋を渡る
峠の茶屋
大山祇神社
車道に出る
時坂峠
森のささやき工房
浅間林道
時坂
払沢の滝
払沢の滝駐車場
払沢の滝入口
274m
Goal
払沢の滝入口バス停
檜原村役場
観光協会
本宿
本宿役場前
上元郷
左の中峰平林道へ
大沢
白倉
千足
茅倉
宮ヶ谷戸
夏地
小岩
笹久保
湯久保
上川乗バス停
上川乗
南秋川橋
車道に出る
急な下り
小祠
あずまや
小祠
関東ふれあいの道
甲武トンネル
浅間峠
栗坂峠
熊倉山
966
生藤山
990
三国山
茅丸
1019
和田峠、陣馬山へ
トヤド浅間
831
万六ノ頭
南郷
下川乗
柏木野
出畑
笹野
笹平
檜原街道
武蔵五日市駅、あきる野ICへ
2.00
2.30
0.10
0.05
0.05
0.15
0.55
1.25
0.45
1.00

奥多摩町
東京都
檜原村
山梨県
上野原市
槇寄山
田和峠
数馬峠
大羽根山分岐
藤尾分岐
笛吹峠
丸山
小棡峠
土俵岳
数馬分岐
浅間尾根登山口バス停
Start
数馬バス停
登山道入口
仲の平への分岐
近年整備された歩きやすい道
国定忠治遠見の木の標柱
東面の視界開ける
テレビ共同アンテナ
荒廃
樹林のトンネル
南西側に富士山を望む
大菩薩方面や富士山を望む
南側の視界開ける
アップダウンが少なく歩きやすい道が続く。峠など各分岐の道標はわかりやすい
笛吹・丸山への分岐
小棡への分岐
北面に大岳山を望む
林道横切る
民宿浅間坂
ベンチ
木庵（そば屋）
分岐を左へ
浅間石室
一本杉
朽ちた木の橋
檜原街道
数馬上
数馬下
蛇の湯温泉たから荘
檜原温泉センター数馬の湯
九頭竜神社
三頭山荘
九頭竜の滝
都民の森
檜原都民の森
鞘口峠
御林山
大羽根山
倉掛
茗荷平
藤原
日向平
笛吹
西原
田和
扁盃
藤尾
腰掛
初戸
小棡
坂本
芦瀬
沢渡
棡原
大垣外
1:45,000

高尾山で最もにぎわいを見せるのがパワースポットでもある薬王院だ

金比羅台からの都心方面の眺め

高尾山口駅前の登山案内板

75 高尾山

王道の1号路で山頂に立ち、東海自然歩道で相模湖へ

日帰り

たかおさん 599m

歩行時間＝4時間52分
歩行距離＝11.1km

技術度

体力度

QRコードは257ページコース図内に記載

コース定数＝**21**

標高差＝475m

累積標高差 ↗815m ↘808m

四季を通して多くのハイカーに親しまれている高尾山は、山頂へのコースが多彩だ。ケーブルカーやリフトを利用して行動範囲が広げられるのも魅力。ここでは、メインルートの1号路で山頂に立ち、縦走路を城山《しろやま》へ、東海《とうかい》自然歩道を神奈川県側の相模《さがみ》湖に下るコースを紹介する。豊かな自然と展望、起伏に富んだ山歩きを楽しもう。

高尾山口駅を出て右に5分ほど行くと、ケーブル清滝《きよたき》駅前の広場に出る。その右側から薬王院《やくおういん》への1号路（表参道《おもてさんどう》）を登っていく。左右に杉木立が続く車道は徐々に急になり、やがて右に大きくカーブして急登すると、金比羅台《こんぴらだい》の分岐がある。そのまま車道を進まずに、右手の山道を行く。階段を登りきれば、展望のよい**金比羅台**へ

■鉄道・バス
往路＝京王電鉄高尾線高尾山口駅。復路＝JR中央本線相模湖駅。途中の千木良バス停から相模湖駅へ神奈中西バスが30分〜1時間ほどの間隔で運行されている。高尾山口駅経由八王子駅行きの神奈中西バスもあるが、1日3便（うち平日の1本は高尾山口駅止まり）のみ。

■マイカー
中央道八王子ICから国道16・20号経由、または圏央道高尾山ICから国道20号経由で高尾山口駅へ。八王子市営山麓駐車場や高尾山薬王院祈祷殿駐車場のほか、混雑時は地元の私有地を駐車場として貸し出していることもある。料金は平日800〜1500円、土・日曜、祝日は1000〜2500円前後。

■登山適期
四季を問わないが、約40種ものスミレが花を咲かせる早春、ヤマザクラがみごとな春、紅葉が美しい秋がとくにおすすめ。

■アドバイス
▽1号路は舗装道がほとんどだが、高尾山頂から先は山道歩きとなるので、軽登山靴などの装備が必要。
▽何本ものルートが入り交じる山だけに、コース中にはわかりやすい標識が完備されている。その都度チェックし、違うルートへ進まないこと。

■問合せ先

↑城山からの下りにはオブジェのような木が立っている

←城山からは高尾山の全容が見える

着く。眼下に八王子《はちおうじ》市街や都心方面が見わたせる。

再び車道に戻り、緩く登っていく。左のリフト山上《さんじょう》駅をすぎれば、展望台があるケーブル**高尾山駅**と、霞台《かすみだい》に着く。ベンチに並んで双眼鏡が置かれたビュースポットだ。

しばらく平坦な道を、左に十一丁目茶屋やさる園・野草園、たこ杉を見て進み、**浄心門**《じょうしんもん》をくぐる。

やがて108段の階段が続く男坂《おとこ》と、緩く登っていく女坂《おんな》に分かれるが、すぐ上で合流する。さらに参道を進めば、**薬王院**に到着だ。

参拝をすませ、本堂左側の石段を登り権現《ごんげん》堂、さらに右奥の急な石段を登り奥《おく》の院《いん》に出る。木道を進み、やがて山小屋のようなトイレが見えてきたら、山頂はすぐだ。

広々とした**高尾山**の山頂には、ビジターセンターや茶屋、あずまやが並ぶ。奥の展望台からは富士山《ふじさん》や丹沢《たんざわ》の山々が一望でき、常に多くの登山者でにぎわっている。

展望を楽しんだら、城山へ向かう。展望台の右側から石段を下り、5号路と巻道を分け直進する。茶屋とベンチがある**もみじ台**をすぎ、

名前通り紅葉に彩られるもみじ台

丸太階段が続く広い尾根道を下る。やがて左に大垂水《おおだるみ》峠への道を分け、鉄塔の横をすぎるとサクラの名所、**一丁平園地**《いっちょうだいら》に着く。もうひと登りすると展望デッキがあり、丹沢方面の眺めが楽しめる。

さらに尾根道を進み、再び大垂水峠への道を分け、城山の山頂直下で二股になるが、ここは左の尾根道を入る。電波塔の横を通り、いま一度大垂水峠への道を合わせれば、**城山**山頂へ到着する。広い山頂は展望が開け、関東《かんとう》平野や相模湖、富士山などが望める。大きな茶屋を囲むようにテーブルとイスが置かれているので、名物のなめこ汁を味わっていこう。

ゆっくり休んだら、東海自然歩

八王子市観光課☎042・626・3111、高尾ビジターセンター☎042・664・7872、高尾山口観光案内所☎042・673・3461、高尾登山電鉄（ケーブルカー・リフト）☎042・661・4151、神奈川中央交通西（バス）☎042・784・0661

■2万5000分ノ1地形図
八王子・与瀬

CHECK POINT

清滝駅前の広場。金比羅台へは写真の右手の道へ

歩きはじめから1時間強でケーブル高尾山駅に着く

3号路と4号路との交点・浄心門は、薬王院の参道入口とされている

高尾山山頂のビジターセンター。ぜひ立ち寄りたい

城山へは丸太の階段がつけられた尾根道をたどる

一丁平園地から5分ほど行くと展望デッキがある

2軒の茶屋がある城山山頂。下りに備え休憩しよう

城山からの下りの最後はつづら折りの急下降が続く

急斜面を下り終えると富士見茶屋にたどり着く

国道20号から下るとトイレがある。弁天橋へは右へ

橋長72メートルの弁天橋は東海自然歩道として利用される

支援学校の前を通り、その先の広い車道を右に進む

富士山も見える高尾山山頂の展望台

相模湖に架かる相模湖大橋

道を相模湖方面へと下る。丸太階段と、やや岩がゴロゴロした樹林帯をジグザグに下っていくと、やがて眼下に集落が見えてくる。下り着いたところに**富士見《ふじみ》茶屋**があり、すぐ先の道標を右折すれば国道20号に出る。斜め右に神奈中バスの**千木良《ちぎら》バス停**があり、相模湖駅に出ることができる。

信号を渡り、向かいのそば店の右を入り、道標にしたがって進む。千木良公衆トイレの前を右折し、狭い道を入れば眼下に弁天《べんてん》橋が見えてくる。道なりに下っていき、この橋を渡る。公衆トイレを左に階段を登りきると、支援学校の前に出る。すぐ先の車道を右折して進み、**嵐山《あらしやま》の登山口**を左に見てその先で相模ダム上の築井《つくい》大橋を渡る。斜め右の階段を上がったら右折し、道なりに進むと国道20号と合流する。駅前交差点を右折すれば、**相模湖駅**に到着だ。

（文＝高梨智子／山岳写真ASA、写真＝渡邉明博／山岳写真ASA）

＊コース図は255、256〜257ページを参照。

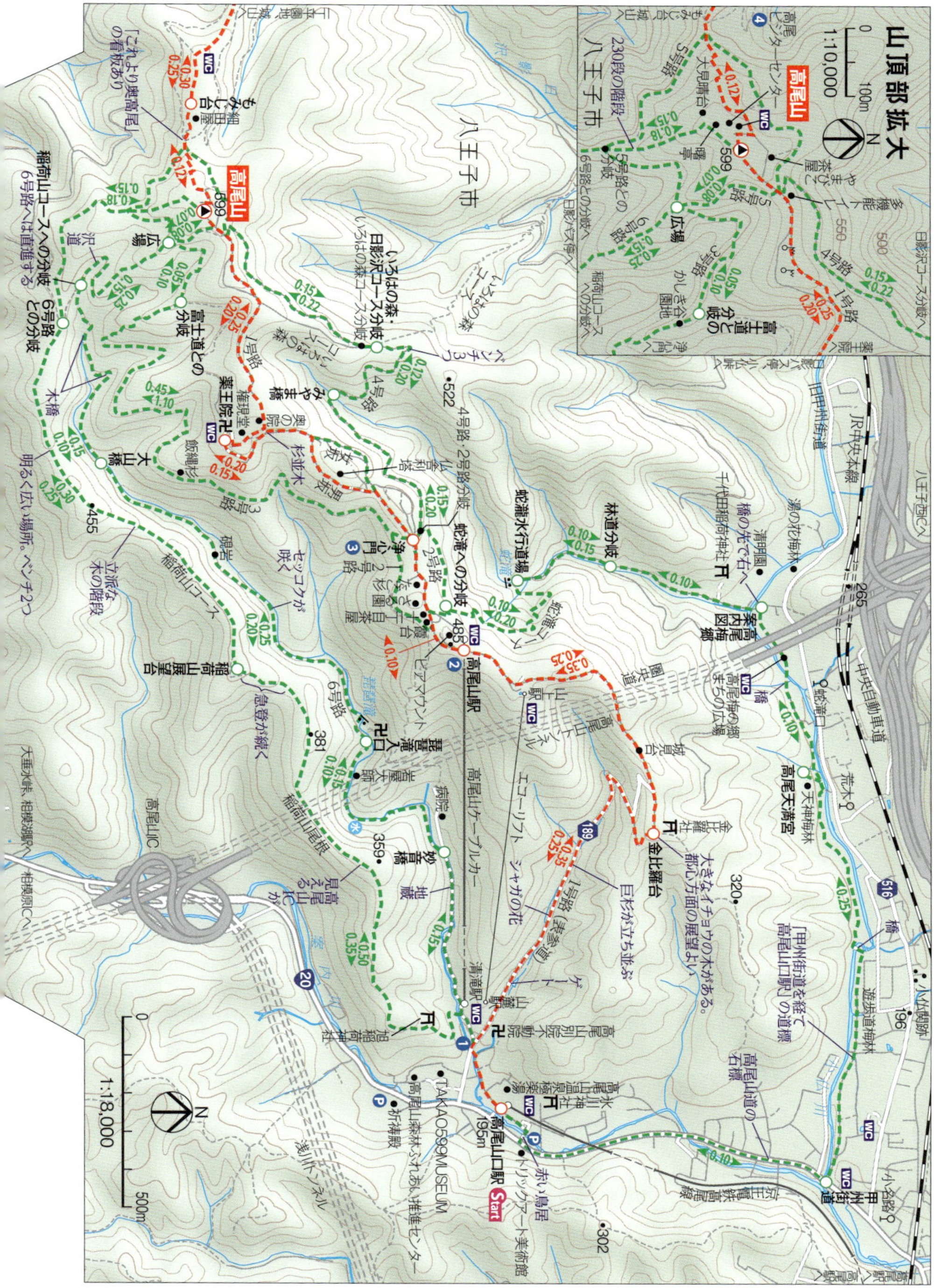

山頂部拡大
1:10,000
高尾山
599
八王子市
高尾ビジターセンター
大見晴台
もみじ台
細田屋
富士道との分岐
広場
5号路
6号路
1号路
3号路
4号路
いろはの森・日影沢コース分岐
みやま橋
薬王院
権現堂
奥の院
杉並木
浄心門
蛇滝への分岐
蛇滝水行道場
林道分岐
高尾山駅
十一丁目茶屋
霞台
ビアマウント
金比羅台
高尾山ケーブルカー
エコーリフト
清滝駅
山麓駅
高尾山口駅
195m
Start
TAKAO599MUSEUM
高尾天満宮
高尾梅郷
案内図
JR中央本線
中央自動車道
甲州街道
高尾山IC
琵琶滝入口
稲荷山展望台
稲荷山コース
大山橋
妙音橋
大きなイチョウの木がある。都心方面の展望よい
巨杉が立ち並ぶ
1:18,000
500m

東京都
八王子市
八王子城山
深沢山
446
高ドッケ
富士見台
548
大天守跡
荒井分岐
421
木下沢梅林
裏高尾町
梅の里入口バス停
高尾梅郷案内図
高尾天満宮
駒木野バス停
金比羅台
高尾山駅
485
蛇滝への分岐
浄心門
琵琶滝入口
稲荷山展望台
薬王院
高尾山
599
もみじ台
いろはの森コース日影沢分岐
日影沢キャンプ場
高尾山口駅
195m
Start
甲州街道
八王子城跡入口
八王子城跡入口バス停
霊園前
管理事務所
八王子城跡 土・日曜、祝日のみ
霞ヶ丘団地
元八王子町
城山手
廿里町
西津川町
高尾駅
JR中央本線
初沢町
狭間町
南浅川町
町田市
八王子JCT
高尾山IC
エコーリフト
ケーブルカー
清滝駅
山上駅
山麓駅
小仏関跡
3体の地蔵
すべりやすい岩の道
城山(御主殿)への分岐を右へ
分岐を左下へ
荒れた道
木の根の道
直進する
左へとる
長い階段の下り
富士見台園地
稲荷山コース
下恩方町
首都圏中央連絡自動車道
中央自動車道
京王電鉄高尾線
1:35,000
0
500m
N

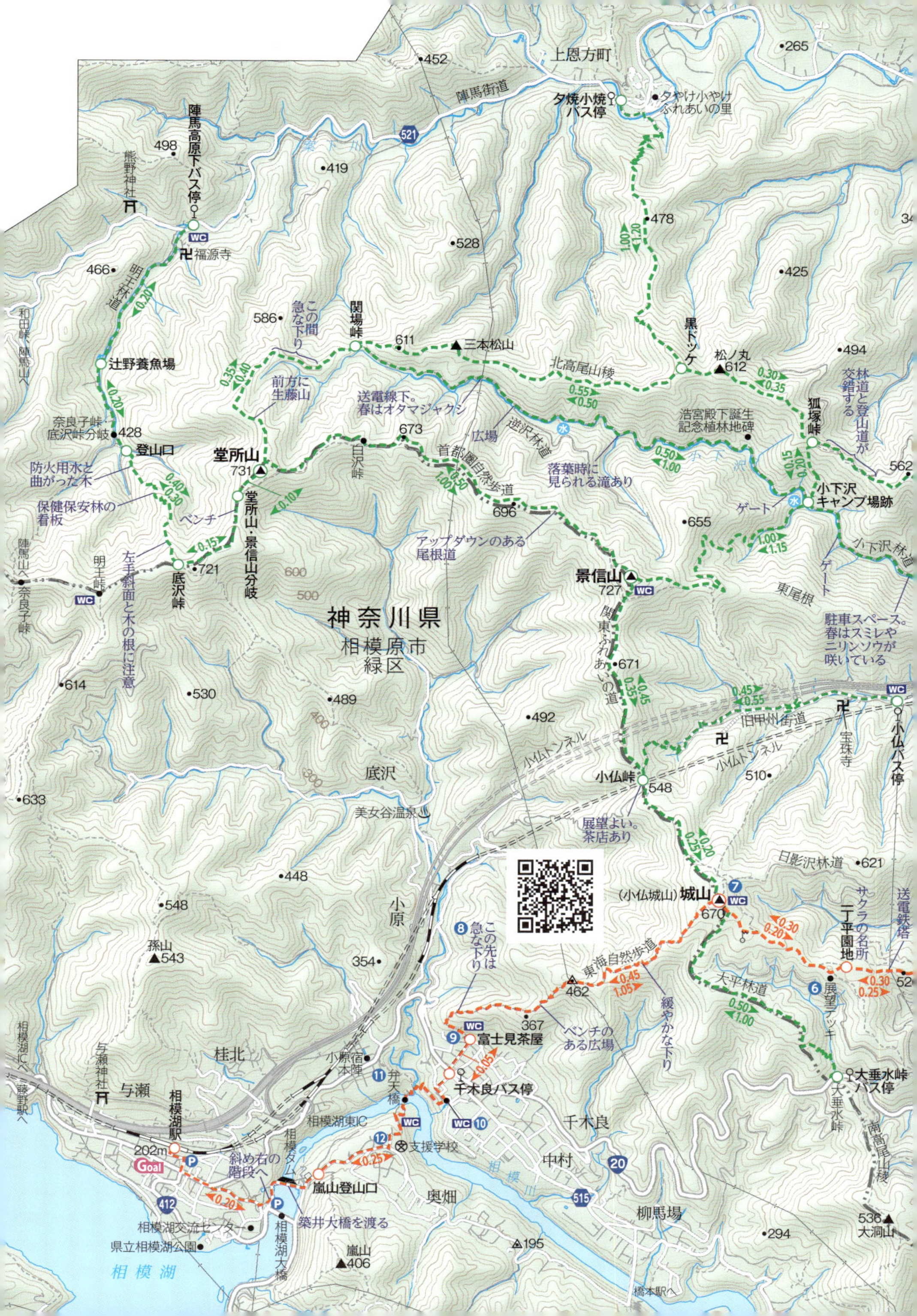

上恩方町
陣馬街道
夕焼小焼バス停
夕やけ小やけふれあいの里
陣馬高原下バス停
熊野神社
福源寺
明王林道
辻野養魚場
奈良子峠
底沢峠分岐
登山口
防火用水と曲がった木
保健保安林の看板
ベンチ
底沢峠
左手斜面と木の根に注意
明王峠
陣馬山・奈良子峠
和田峠・陣馬山へ
堂所山
堂所山・景信山分岐
前方に生藤山
この間急な下り
関場峠
三本松山
北高尾山稜
送電線下。春はオタマジャクシ
白沢峠
広場
逆沢林道
首都圏自然歩道
落葉時に見られる滝あり
アップダウンのある尾根道
黒ドッケ
松ノ丸
浩宮殿下誕生記念植林地碑
狐塚峠
林道と登山道が交錯する
小下沢キャンプ場跡
ゲート
小下沢林道
東尾根
駐車スペース。春はスミレやニリンソウが咲いている
景信山
関東ふれあいの道
神奈川県
相模原市
緑区
底沢
美女谷温泉
旧甲州街道
小仏トンネル
宝珠寺
小仏バス停
小仏峠
展望よい。茶店あり
日影沢林道
(小仏城山) 城山
サクラの名所
一丁平園地
展望デッキ
送電鉄塔
大平林道
東海自然歩道
緩やかな下り
ベンチのある広場
この先は急な下り
富士見茶屋
千木良バス停
大垂水峠バス停
大垂水峠
南高尾山稜
大洞山
千木良
中村
柳馬場
奥畑
嵐山
嵐山登山口
支援学校
相模湖東IC
弁天橋
小原宿本陣
小原
桂北
与瀬
与瀬神社
孫山
相模湖駅
Goal
斜め右の階段へ
相模ダム
築井大橋を渡る
相模湖大橋
相模湖交流センター
県立相模湖公園
相模湖
相模川
相模湖ICへ・藤野駅へ
橋本駅へ

概説　神奈川県の山

――原田征史・白井源三・清水充治

●山域の特徴

●丹沢　丹沢《たんざわ》山塊は神奈川県の屋根として南北20キロ、東西40キロに広がり、蛭《ひる》ヶ岳《たけ》（1673メートル）が神奈川県と丹沢山塊の最高峰だ。

丹沢は金山乗越《かなやまのっこし》を境にして、東丹沢と西丹沢に区分される。塔《とう》ノ岳《だけ》東側の表《おもて》尾根は、三《さん》ノ塔《とう》からヤビツ峠で高度を落とし、再び高度を上げて大山《おおやま》にいたる。

北には土山《つちやま》峠の牧馬《まきめ》・煤《すす》ヶ谷《や》構造線を隔てて、仏果山《ぶっかさん》から経《きょう》ヶ岳《たけ》へと続く礫岩の山稜が接している。

塔ノ岳南側の尾根は金冷《きんひや》シを経て、大倉《おおくら》尾根から秦野《はだの》盆地に消える。金冷シから西にのびる尾根を鍋割《なべわり》山稜とよび、西に雨山《あめやま》峠を経て、南西に檜岳《ひのきだけ》、伊勢沢《いせざわ》ノ頭《かしら》を越し、秦野峠で尾根は2つに分かれ、高松山《たかまつやま》と大野山《おおのやま》で終わる。

塔ノ岳北側の尾根は、丹沢山《たんざわやま》、丹沢三峰《たんざわみつみね》を経て宮《みや》ヶ瀬《せ》へ下る尾根と、東丹沢主脈に分かれ、最高峰・蛭ヶ岳から姫次《ひめつぎ》、焼山《やけやま》へ下る。姫次から西へは、袖平山《そでひらやま》から神《かん》ノ川へ落ちる。

西丹沢の盟主は檜洞丸《ひのきぼらまる》で、ブナ林に覆われた深山の雰囲気がある。南側の尾根は同角《どうがく》山稜と石棚《いしだな》ノ頭《かしら》を経て丹沢湖へ落ちる。北西の尾根は丹沢山塊の主稜線で、犬越路《いぬごえじ》を越え、大室山《おおむろやま》、加入道山《かにゅうどうやま》を越えて山梨県との県境を形成する。この一帯は丹沢山塊で最も静寂な山域で、ブナとカエデなどの原生林が茂る。途中、モロクボ沢《さわ》ノ頭《かしら》から南の尾根上に畦《あぜ》ヶ丸《まる》がある。

菰釣山《こもつるしやま》からの主稜線は、三国《みくに》山《やま》で東西に二分し、東へのびる尾根は静岡県との県境で、不老山《ふろうやま》のある丹沢湖に落ちる。（白井源三）

●箱根　箱根《はこね》は、今から約40万年前に火山活動がはじまり、いく度かの大爆発を繰り返して中央部が陥没し、外輪山として明星《みょうじょう》ヶ岳《たけ》、明神《みょうじん》ヶ岳《たけ》、金時山《きんときざん》、三国山《みくにやま》、箱根峠が連なる山稜となった。さらに約3万年前、箱根の最高峰である神山《かみやま》（1438メートル）、駒《こま》ヶ岳《たけ》、台《だい》ヶ岳《たけ》が火山活動で生まれ、約3100年前には神山の山腹が水蒸気爆発で崩壊、土砂が早《はや》川を堰き止めて芦《あし》ノ湖ができたとされる。

最近では大涌谷《おおわくだに》での水蒸気噴出、火山性ガスの発生もあって神山周辺のハイキングコースは閉鎖されているが、金時山や明神ヶ岳をはじめ、四季折々の景観を楽しませる日帰りハイキング地として多くのハイカーが訪れる。（原田征史）

●県央・県北　県央は宮ヶ瀬湖を隔てて、南山《みなみやま》と仏果山が対峙。県北には最北の生藤山《しょうとうさん》から茅丸《かやまる》、連《れん》行峰《ぎょうほう》、醍醐丸《だいごまる》、和田《わだ》峠へ。陣馬山《じんばさん》からは景信山《かげのぶやま》、小仏峠《こぼとけ》、小仏城《こぼとけしろ》山《やま》を下り、国道20号へ。大垂水《おおだるみ》峠から登った南高尾《みなみたかお》山稜は、大洞山《おおぼらやま》から泰光寺山《たいこうじやま》、峰《みね》ノ薬師《やくし》へと続く。相模《さがみ》湖の南に横たわる石老山《せきろうざん》など、古くから親しまれ、今はハイキングで多くの人が訪れる山々が連なる。（白井源三）

●鎌倉・三浦半島　源氏山《げんじやま》や三浦《みうら》富士《ふじ》などがあるこのエリアの山々は標高が低いうえ交通の便もよ

シロヤシオの名所、檜洞丸にて
（写真＝白井源三）

く、家族で楽しめるコースだ。

歩く時期は、なんといっても秋から冬がいちばん望ましい。冬枯れの樹林の中を、できれば平日に歩いて陽だまりで休んでいると、日常生活から離れた自分と出会えるだろう。（清水充治）

※山域の紹介に出てきた山の一部は、本書では未掲載のものがある。

蛭ヶ岳山頂より滝雲がかかった丹沢主脈を望む（写真＝白井源三）

●四季の魅力と心がまえ

春―丹沢の稜線では4月下旬から5月初旬に芽吹きがはじまり、マメザクラが新緑に彩りを添える。5月下旬から6月初旬は、丹沢の名花シロヤシオやトウゴクミツバツツジとブナの競演が見られる。

夏―低山が多く、熱中症に要注意。顔を覆う防虫ネットで煩わしい小虫や毒虫に備えるのもよい。山中ではバイケイソウやトリカブト、マルバダケブキが花をつける。

秋―ブナ、カエデ、ツツジの紅葉が美しい。登山路にリンドウやマツムシソウ、ノギク、岩場に咲くイワシャジンが秋を告げる。

冬―12月から3月の間が丹沢や箱根の冬だ。北斜面では思わぬ積雪があるので要注意。霧氷は冬山登山のごほうび。箱根、鎌倉《かまくら》、三浦や県北の山は、好展望の陽だまりハイクでにぎわう。

●登山状況

丹沢は昭和50年代後半から主稜線のブナの立ち枯れが目立ち始めた。京浜工業地帯の煤煙が相模湾に漂い、丹沢に酸性雨となって降り注いだこと、東名高速からの排気ガス、登山者増加による登山道の荒廃、シカの採食による植生の貧困化などの複合汚染によりブナが立ち枯れて山の保水力が低下した結果、山肌の流出につながった。現在は、神奈川県が丹沢山塊や大山で水源環境保全税を活用して木道や階段の増設、山頂広場の改修などを実施するほか、ボランティアによる登山道改善活動もある。

一方、県自然環境保全センターの登山者計測調査では、人気の山を中心に登山者が激増している。その結果、深刻化するオーバーユースによる登山道の崩壊が進んでいる。それを食い止めるためにも、木道や階段をはずれて歩かない、ストックのゴムをはずさないなど、登山者の協力も必要だ。

さらに2020年の県警察による県内山岳事故報告によると、70歳代が全体の35パーセント、60歳代21パーセント、50歳代18パーセントと、中高年者が圧倒的多数を占める。またマイカー登山による駐車のトラブルも多く、事前に自治体などに確認しておく。

箱根随一の人気を誇る金時山の山頂（写真＝原田征史）

●ヤマビル対策

ヤマビルは、丹沢山塊全体に拡大している。4月下旬から11月上旬にかけて活動期。警戒山域への冬季以外の入山の際は登山靴に塩を振っておくか、市販のヤマビル忌避スプレーを吹きつける。雨の日や雨後には枯葉の下、登山道の脇、林道の通過に注意。吸血されたら無理にはぎ取らず、塩や虫よけスプレーをかけて取り除く。（いずれも白井源三）

府中市
八王子IC
八王子市
はちおうじ
多摩市
稲城市
調布市
狛江市
しぶや
しながわ
東京IC
南武線
みぞのくち
東名川崎IC
246
むさしこすぎ
はしもと
さかみはら
相模原市
町田市
まちだ
16
東急田園都市線
横浜青葉IC
かわさき
川崎市
しんよこはま
ながつた
横浜線
横浜町田IC
相模原愛川IC
相模線
圏央道
129
12
中津川
座間市
大和市
圏央厚木IC
相模鉄道
東名高速道路
やまと
よこはま
横浜市
根岸線
厚木市
海老名市
海老名IC
厚木IC
綾瀬市
京浜急行線
1
横浜横須賀道路
伊勢原市
小田急線
海老名JCT
東海道新幹線
海老名南JCT
とつか
いそご
小田急江ノ島線
寒川町
おおふな
大丸山
平塚市
茅ヶ崎JCT
藤沢市
大平山
鎌倉天園
高麗山
ひらつか
ちがさき
東海道本線
ふじさわ
源氏山 87
かまくら
鎌倉市
衣張山
茅ヶ崎市
鷹取山
おおいそ
大磯町
江ノ島電鉄
よこすかちゅうおう
江ノ島
ずし
逗子市
横須賀線
よこすか
横須賀市
横須賀IC
仙元山
葉山町
畠山
16
観音崎
うらが
大楠山
きぬがさ
134
衣笠IC
くりはま
けいきゅうくりはま
武山 88
三浦富士 88
相模湾
つくいはま
みさきぐち
三浦市
城ヶ島

神奈川県の山 全図

76 塔ノ岳 本書で紹介する山名とコース番号
市役所・町村役場
国道と国道ナンバー
高速道路・自動車専用道路
JR線
JR新幹線
私鉄線
N
1:300,000
0
10km
東京都
山梨県
神奈川県
静岡県
生藤山 86
陣馬山 85
石老山 84
仏果山 83
78 蛭ヶ岳
檜洞丸 77
76 塔ノ岳
79 大野山
80 弘法山
81 金時山
82 明神ヶ岳
八王子西IC
圏央道
景信山
八王子JCT
高尾山IC
上野原市
上野原IC
相模湖IC
さがみこ
中央自動車道
中央本線
相模湖
津久井湖
相模原IC
津久井城山
石砂山
南山
宮ヶ瀬湖
道志村
413
加入道山
大室山
畦ヶ丸
丹沢山
清川村
三峰山
菰釣山
鍋割山
檜岳
大山
伊勢沢ノ頭
伊勢原大山IC
権現山
ミツバ岳
山中湖
山中湖村
三国山
湯船山
不老山
丹沢湖
シダンゴ山
宮地山
秦野丹沢スマートIC
第二東海自動車道
高松山
松田山
新秦野IC
秦野市
しぶさわ
はだの
つるまきおんせん
やが
山北町
小山町
やまきた
松田町
大井松田IC
秦野中井IC
246
まつだ
開成町
大井町
中井町
矢倉岳
御殿場線
南足柄市
かみおおい
曽我丘陵
小田原厚木道路
御殿場市
ごてんば
138
御殿場IC
しもそが
二宮町
こうづ
小田原市
丸岳
明星ヶ岳
おだわら
箱根登山鉄道
浅間山
鷹ノ巣山
箱根町
はこねゆもと
三国山
芦ノ湖スカイライン
芦ノ湖
裾野IC
裾野市
すその
南郷山
幕山
長泉沼津IC
1
城山
真鶴町
まなづる
沼津IC
湯河原町
ゆがわら

三ノ塔から上部の塔ノ岳へ表尾根がのびる。右奥に丹沢山が望まれる

76

塔ノ岳

丹沢山塊人気の山を表尾根から登る

とうのだけ 1491m

日帰り

歩行時間＝6時間5分
歩行距離＝14・7km

技術度

体力度

コース定数＝30

標高差＝730m

累積標高差 1397m 1873m

東丹沢《ひがしたんざわ》の玄関に位置する丹沢で最も人気のある山。かつては山頂の北側に尊仏岩《そんぶついわ》という高さ3丈、約9《メートル》にもおよぶ岩があったという。このため「尊仏山」とよばれ、山頂の山小屋「尊仏山荘」として現在もその名は残っている。山頂からの展望は、富士山、蛭《ひる》ヶ岳《たけ》へのびる主脈の峰々、眼下の相模《さがみ》平野や相模湾の眺望を楽しめる。

塔ノ岳よりヤビツ峠へのびる表《おもて》尾根、鍋割《なべわり》山稜、丹沢山《たんざわやま》方面への主脈路の分岐でもある。

紹介するコースは、ヤビツ峠から三《さん》ノ塔《とう》へ派生する表尾根を登り、まずは塔ノ岳を目指す。帰路は長い大倉《おおくら》尾根を下り、玄関口の大倉へ向かう。稜線からは展望が開け、各難所にはクサリがつけられている。山頂から下る大倉尾根

■鉄道・バス
往路＝小田急線秦野駅から神奈中西バスに乗り、ヤビツ峠で下車。
復路＝大倉バス停から神奈中西バスで小田急線渋沢駅へ。

■マイカー
東名秦野中井ICから県道71・70号でヤビツ峠か菩提峠の駐車場。秦野中井ICから県道71号～県道706号で大倉駐車場（有料）。ともにトイレあり。ETC搭載車は新東名高速秦野丹沢SICが最寄り。

■登山適期
芽吹きとヤマザクラのころ。ツツジが咲く初夏。晩秋の紅葉。冬期は大倉から塔ノ岳までは登山者が多い。

■アドバイス
▽秦野駅～ヤビツ峠間のバスは便数がひじょうに少なく（特に平日）、事前のダイヤ確認が必要。
▽逆コースの際、ヤビツ峠から柏木林道を約1時間下った蓑毛で秦野駅行き神奈中西バスが利用できる。

改築された三ノ塔休憩所。内部から富士山が遠望できる

▽下山口の大倉バス停前に山カフェ

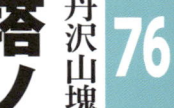

三ノ塔山頂からの夕景。富士山と大倉尾根がシルエットとなる

小さなお地蔵さんが表尾根を見守っている

は、花立《はなたて》山荘から階段などをひたすら下降する。春の新緑やマメザクラのころ、初夏のツツジ、晩秋の紅葉、冬の展望と優れる。冬期も降雪後は登山者が多い。山頂の尊仏山荘に一泊すれば、夜景や朝夕の富士山を撮影できるので、写真愛好家には人気のコースである。

ヤビツ峠バス停から車道を緩く下って富士見《ふじみ》橋先を左に入ると、右に**登山口**がある。少し登り、林道を横切る。途中にベンチが置かれている。樹林帯から急なガレ場を登ると**二《に》ノ塔《とう》**に出る。すべりやすい下降からさらに急登をつめ、振り返ると大山《おおやま》が意外に近く大きく見え、相模湾が光る。木橋を渡り、**三ノ塔**へ到着する。ログハウスが建ち、大山、富士山、塔ノ岳から丹沢山が望まれる。

急斜面を下り、展望台地の**烏《からす》尾《お》山《やま》**へ。休憩後、ブナが目立つ稜線を登っていくと、山頂に三角点と石像が置かれた狭い台地の**行者岳《ぎょうじゃだけ》**に着く。ピークをひとつ越えたクサリ場は登りの登山者と交差するので、慎重に下ろう。次に、崩壊が進むガレ場の階段を登り、書策《かいさく》小屋跡の展望台へ着く。春はマメザクラが点在してすがすがしい。

さらに急斜面を登りつめると札《ふだ》掛《かけ》からの合流点である**新大日《しんだいにち》**に到着する。ベンチが置かれた格好の休憩地だ。目指す塔ノ岳への登りに備え、充分に体を休めていこう。

樹林帯を抜けると木《き》ノ又大日《まただいにち》

＊コース図は266～267ページを参照。

がある。秦野ビジターセンター（☎0463・87・9300）は山の情報や展示品、資料を閲覧できる。風の吊橋、山岳スポーツセンターなどの県立秦野戸川公園もある。

降雪の翌朝、塔ノ岳山頂はシュカブラ（雪面にできる波の模様）が覆い、富士山が輝く

■問合せ先
秦野市観光振興課☎0463・82・9648、尊仏山荘☎070・2796・5270、神奈川中西バス秦野営業所☎0463・81・1803

■2万5000分ノ1地形図
秦野

ダイヤモンド富士。毎年、2月23日と10月18日に見られる

大倉高原テントサイトへ下りるコースとの別れ道、雑事場の平。どちらの道も下で合流

金冷シから樹林帯を下ると、左右崩壊した上につけられた小橋に出る

で、木ノ又小屋が建っている。稜線左手から突き上げる本谷からのガレ場をすぎると、塔ノ岳は近い。

岩場が多い頂上直下をひと登りすると、多くの登山者でにぎわう**塔ノ岳**に出る。360度の展望で、なんといっても裾野が広がる富士山は絶景だ。山頂北側に尊仏山荘が建っている。

下山は左に三ノ塔や大山を見て下る。**金冷シ**《きんひや》で鍋割山《なべわりやま》へのルートを右に分ける。初夏はツツジのトンネルとなる下降路だ。崩壊地にかかる橋を渡ると、展望が開けた台地に花立山荘が建っている。晴れた日は眼下に相模湾が光り、相模平野が開ける休憩地。

ここから急な階段や岩が露出した急な尾根を下る。**茅場平**《かやばだいら》で戸沢《とざわ》への分岐を分けてなおも下っていくと、**小草平**《おぐさだいら》を経て堀山《ほりやま》の家《いえ》の前に出る。樹林帯となり、駒止茶屋《こまどめちゃや》、展望台の見晴茶屋《みはらしぢゃや》を経て、雑事《ぞうじ》場《ば》から大倉高原テントサイトへの道を右に分けて、左に杉林をジグザグに下っていけば、下山口の**大倉**に到着する。

（白井源三）

塔ノ岳山頂から煌めく相模平野とシルエットの大山を望む。スーパームーンも昇った

CHECK POINT

1

秦野駅よりヤビツ峠行きバスで終点下車。ここから下って富士見橋を渡り、左へ20分ほどで登山口だ

2

登山口から灌木の中を登る。林道を横切り、登りつめて二ノ塔へ到着。前方の山は三ノ塔

3

三ノ塔から急坂を下り、階段を登り返して烏尾山へ到着。振り返ると三ノ塔と前方に表尾根の稜線が開ける

4

ブナの樹林が目立つ稜線を登っていく。やがて、狭い岩場の台地に三体の石碑が置かれている行者岳に立つ

5

行者岳からひとつピークを越えると、下の岩場にクサリ場が現れる。登下降はすれ違う登山者に要注意

6

行者岳のクサリ場を通過すると、次は左右が崩壊した稜線を小橋と階段を登って旧書策小屋跡へ

7

急登が続き、丹沢ホームからの登山路と合流する新大日に到着。春はマメザクラが咲く休憩地

8

眼下の秦野盆地を展望しながら稜線漫歩。頂上直下のガレ場を登ると、360度の展望台地塔ノ岳に飛び出す

9

塔ノ岳から大山、三ノ塔を見ながら下っていく。樹林に囲まれた金冷シから右に鍋割山稜が分岐する

10

ガレ場の通過の緊張が緩む展望台、花立山荘前からは下山口の大倉へ長い尾根をひたすら下っていく

11

急な下りを終えると、茅場平へ着く。左に分かれる戸沢への道は悪路。やがて、三ノ塔が高く見えてくる

12

丹沢で最も人気のある塔ノ岳。その玄関口、大倉バス停前広場。秦野ビジターセンターや公園、食堂がある

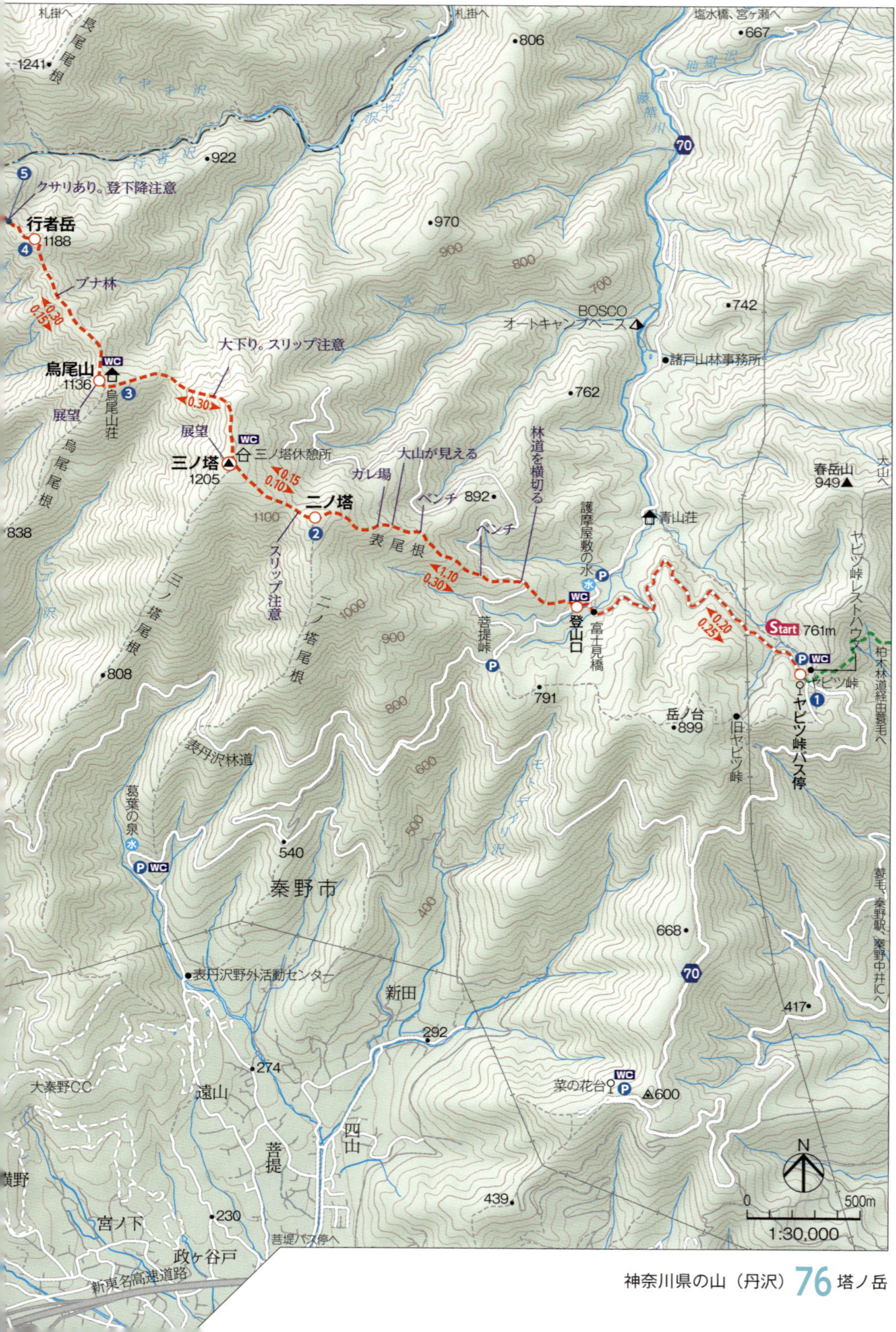
札掛へ
塩水橋、宮ヶ瀬へ
行者岳
1188
クサリあり。登下降注意
ブナ林
烏尾山
1136
烏尾山荘
展望
大下り。スリップ注意
三ノ塔
1205
三ノ塔休憩所
二ノ塔
スリップ注意
ガレ場
大山が見える
ベンチ
林道を横切る
表尾根
BOSCO
オートキャンプベース
諸戸山林事務所
青山荘
護摩屋敷の水
登山口
富士見橋
菩提峠
春岳山
949
ヤビツ峠レストハウス
Start 761m
ヤビツ峠
ヤビツ峠バス停
旧ヤビツ峠
岳ノ台
899
柏木林道経由蓑毛へ
大山へ
蓑毛、秦野駅、秦野中井ICへ
葛葉の泉
表丹沢林道
秦野市
表丹沢野外活動センター
新田
菜の花台
大秦野CC
遠山
菩提
四山
宮ノ下
政ヶ谷戸
新東名高速道路
菩提バス停へ
1:30,000
500m

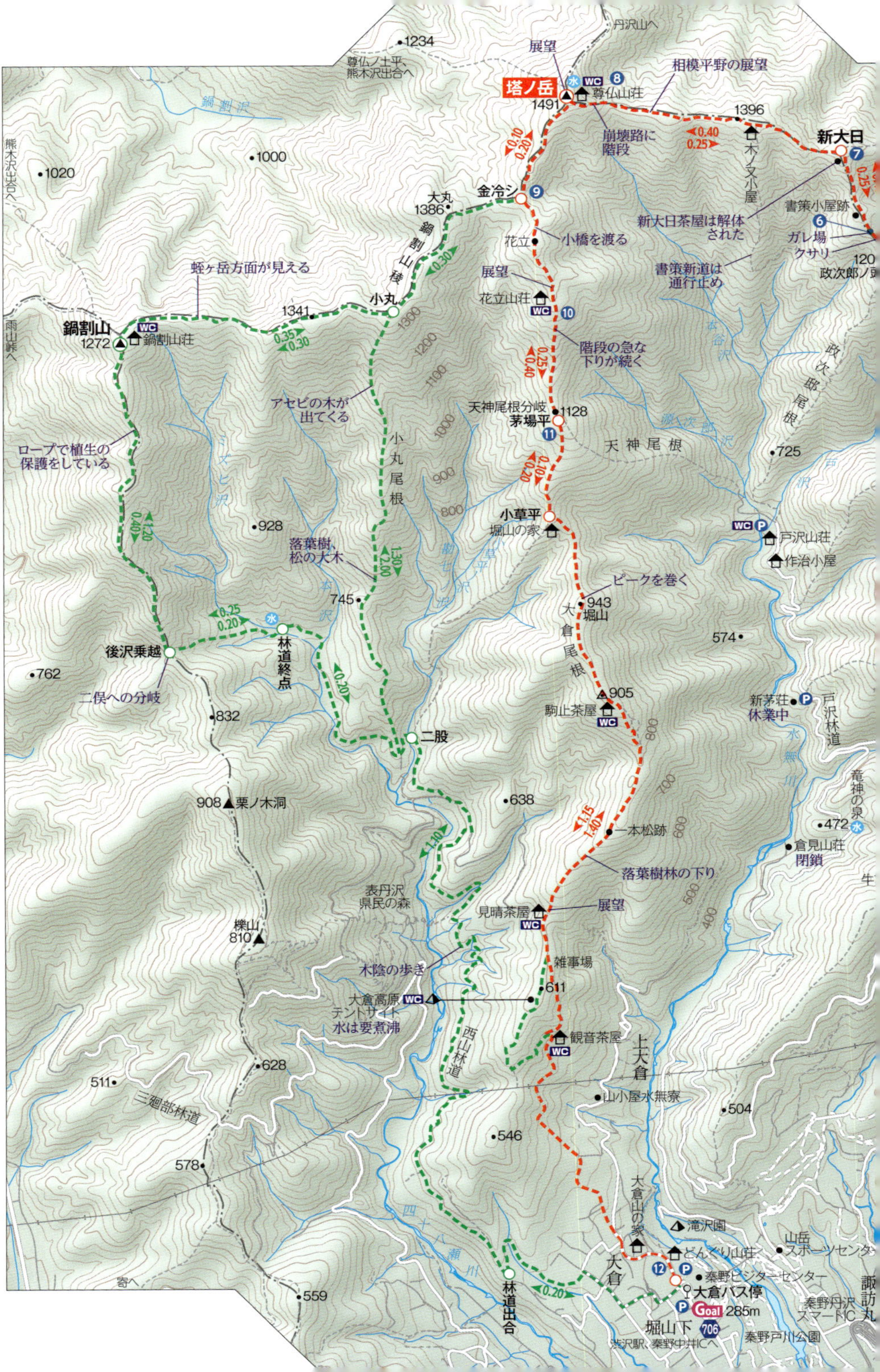

塔ノ岳
1491
展望
尊仏山荘
丹沢山へ
相模平野の展望
1396
新大日
木ノ又小屋
崩壊路に階段
金冷シ
大丸
1386
鍋割山稜
花立
小橋を渡る
展望
花立山荘
新大日茶屋は解体された
書策小屋跡
ガレ場
クサリ
書策新道は通行止め
政次郎ノ頭
尊仏ノ土平、熊木沢出合へ
1234
鍋割沢
1000
1020
熊木沢出合へ
蛭ヶ岳方面が見える
1341
小丸
鍋割山
1272
鍋割山荘
雨山峠へ
階段の急な下りが続く
天神尾根分岐
1128
茅場平
天神尾根
政次郎尾根
725
アセビの木が出てくる
ロープで植生の保護をしている
小丸尾根
928
落葉樹、松の大木
小草平
堀山の家
戸沢山荘
作治小屋
ピークを巻く
943
大堀山
大倉尾根
745
574
後沢乗越
林道終点
762
二俣への分岐
832
905
駒止茶屋
新茅荘
休業中
戸沢林道
二股
水無川
908
栗ノ木洞
638
竜神の泉
472
一本松跡
倉見山荘
閉鎖
落葉樹林の下り
表丹沢県民の森
見晴茶屋
展望
櫟山
810
雑事場
木陰の歩き
大倉高原テントサイト
水は要煮沸
611
観音茶屋
西山林道
上大倉
628
511
三廻部林道
山小屋水無寮
504
546
578
四十八瀬川
大倉山の家
滝沢園
山岳スポーツセンター
大倉
どんぐり山荘
秦野ビジターセンター
大倉バス停
Goal 285m
林道出合
堀山下
渋沢駅、秦野中井ICへ
秦野丹沢スマートIC
秦野戸川公園
寄へ
559

77 西丹沢人気の主峰。ツツジとブナの名所

檜洞丸

ひのきぼらまる 1601m

日帰り

Ⓐ歩行時間＝4時間40分（往復） 歩行距離＝10.0km
Ⓑ歩行時間＝5時間50分 歩行距離＝10.1km

Ⓐ技術度 体力度
Ⓑ技術度 体力度

QRコードは271ページコース図内に記載

コース定数＝Ⓐ28 Ⓑ29
標高差＝Ⓐ1056m Ⓑ1051m
累積標高差 Ⓐ↗1520m ↘1520m Ⓑ↗1438m ↘1438m

2月と11月に山頂からダイヤモンド富士が鑑賞できる

西丹沢《にしたんざわ》の主峰は檜洞丸だろう。山頂付近はブナの原生林に囲まれ、静寂な深山の趣がある。残雪の富士山を添えた初夏のツツジのころは、この山がいちばんにぎわう時。霧に包まれたマルバダケブキやバイケイソウの花の夏も趣がある。落葉樹が茂る山域であり、秋の紅葉期も登山者は多い。

ここでは、最もポピュラーなツツジ新道から登るルートと、北丹沢の神《かん》ノ川《かわ》から犬越《いぬこえ》路《じ》経由で檜洞丸へ登るコースを紹介しよう。

Ⓐツツジ新道コース

西丹沢ビジターセンター前から10分ほど歩き、**檜洞丸登山口**から右に登山道に入り、東《ひがし》沢を眼下に登る。**ゴーラ沢**を渡り、尾根に取り付くが、いきなり階段の急坂だ。いったん傾斜が緩んでも、ベンチ上から再び急登する。**展望園地**で休憩後、さらに高度が増していく。クサリ場やハシゴを登っていくと、やっとベンチが置かれた台地に着く。続いて、初夏はツツジのトンネルとなる階段道を急登すると、**石棚山《いしだなやま》ルートと合流**する。木道が続く樹林帯を歩き、少し登ると**檜洞丸**山頂に登り着く。樹林帯で展望はないが、犬越路側に少し下ると富士山や大《おお》室山《むろやま》が展望できる。また、蛭《ひる》ヶ岳《たけ》側に下ると青《あお》ヶ岳《たけ》山荘とトイレがある。

Ⓑ神ノ川～犬越路～檜洞丸

神ノ川ヒュッテ横から林道を歩く。右に日陰《ひかげ》沢が流れ、大きな堰堤をすぎると登山路に変わる。最初の堰堤上から小橋を渡る。左岸に出て高巻き、鉄製の橋を渡って階段の急登をつめていく。2番目の堰堤を通過。「犬

■**鉄道、バス**
往路・復路＝Ⓐ小田急線新松田駅から富士急モビリティバスで西丹沢ビジターセンターへ。Ⓑはマイカー利用が現実的。

■**マイカー**
Ⓐ東名高速大井松田ICから国道246号、県道76号で西丹沢ビジターセンターの駐車場へ。収容台数が少ないので、満車時は1.5キロ手前の観光客用駐車場や箒杉公園の駐車場へ。ただし前者は夜間の駐車は禁止。Ⓑは中央道相模湖ICから県道76号、神ノ川林道などで神ノ川ヒュッテ前の駐車場へ。

■**登山適期**
マメザクラの春、ツツジの初夏、ブナの紅葉の秋。展望の初冬。冬期は経験者向き。

■**アドバイス**
▽檜洞丸～犬越路間で、大こうげ、小こうげと連続するクサリ場やハシゴ場は慎重に通過すること。
▽檜洞丸直下の青ヶ岳山荘は塔ノ岳方面への縦走基地として便利な存在。夜はランプが灯り、深山の趣が濃く、晩秋から冬期には掘りごたつで暖が取れる。利用は要予約（☎090・5438・2574）。
▽温泉はぶなの湯（☎0465・78・3090）が利用できる。

■**問合せ先**
山北町役場商工観光課☎0465・

丹沢山系初夏の名花・シロヤシオが山中を彩り、残雪の富士山が添える

越路0・4キロ」の道標の上部のガレ場を登り、左に犬越路トンネルの道標を分けて右へ。

犬越路にはテーブルがあり、りっぱな避難小屋

75・3646、西丹沢ビジターセンター☎0465・78・3940、北丹沢山岳センター☎042・687・4011、富士急モビリティバス☎0465・82・1361

■2万5000分ノ1地形図

中川・青野原

CHECK POINT

Ⓐツツジ新道コース

1 ツツジコースを登る。登山口から東沢を眼下に進み、ゴーラ沢出合に出て流れを徒渉する

2 展望園地で休憩後、しばらく登っていくとクサリやハシゴがついた登山路となる。慎重に通過しよう

3 長い急登で高度が増すと、初夏はツツジのトンネルとなる尾根に出る。階段や木の根が露出した道を登る

4 ツツジのトンネルを潜り抜けると、石棚山稜からの登山路と合流する。さらにブナやカエデの原生林が続く

5 ブナの樹林帯下の木道を進むと、頂上直下の稜線に出る。以前はうっそうとした樹林帯だった

6 樹林に覆われた檜洞丸山頂に到着する。少し下ると、前方に大室山が横たわり、東側下に青ヶ岳山荘が建つ

が建っていて、用《よう》木《き》沢からの登山路が合流する。コースは左へ。なだらかな稜線から小《しょう》こうげへは階段からクサリ場を登る。小こうげから下って大《おお》こうげへは急登が続き、階段やクサリ場を慎重につめていく。振り返ると大室山が目と同じ高さとなる。階段を登り、すぐに下るとベンチが置かれた鞍部に下り立つ。左に**ヤタ尾根が分岐**する。熊笹《くまざさ》ノ峰《みね》に登り返し、いったんブナ林を下り、ガレ場に設けられた階段を登れば**檜洞丸**に到着する。

上：厳冬の朝、蛭ヶ岳山頂より西丹沢の盟主・檜洞丸が煌めき富士山が望める
左：山頂から大室山側に下ると、大こうげ越しに大室山が望める

下山は往路を熊笹ノ峰、**ヤタ尾根分岐**まで戻り、右にブナの樹林帯が美しい尾根を下っていく。林道を横切り、再び登山路を林道まで下って**神ノ川ヒュッテ**へ戻る。

（白井源三）

CHECK POINT

Ⓑ神ノ川～犬越路～檜洞丸

1 青根から神ノ川林道に入って、神ノ川沿いの渓谷をつめて神ノ川ヒュッテ周辺に駐車。林道を登っていく

2 堰堤脇の林道を進むと、細い登山道となり、道標右下の堰堤上部へ下る。小橋を渡り、左岸の杉林を高巻く

3 犬越路から左手の檜洞丸へ。最初は緩やかな稜線が続き、小こうげを越え難所の大こうげを登っていく

4 大室山が目の高さとなる大こうげを越えると、ブナの樹林帯に入り、熊笹ノ峰との鞍部に下る

5 檜洞丸までの崩壊した箇所に階段が敷設されている。頂上直下の急登を終えてツツジの間をつめて山頂へ

6 登頂後、ヤタ尾根分岐まで下り、ブナの樹林帯のヤタ尾根を下る。途中林道を横切り神ノ川ヒュッテへ戻る

山梨県
道志村
大室山
1587
1543
加入道山へ
相模原市
緑区
日蔭新道
神ノ川ヒュッテ
大きな堰堤
Start Goal
550m
国道413号、藤野駅へ
76
668
東海自然歩道
731
神平山
登山道に入る
第一堰堤上から小橋を渡る
左岸の高巻き
鉄製の橋
急登
第二堰堤からガレ場を登る
774
764
林道を横切る
1211
1055
1221
大杉丸
1168
大越路
大越路避難小屋
1164
1021
ヒノキ林
996
穏やかなブナ林の道
階段とクサリ場
東海自然歩道
ヤタ尾根
ブナの美林帯の下り
小こうげ
1288
1252
加入道山へ
812
大こうげ
大室山が大きい
ヤタ尾根分岐
熊笹ノ峰
1523
ブナの大樹
ハシゴとクサリ場の急登
神奈川県
山北町
807
用木沢出合
1125
1114
熊笹ノ峰
白石キャンプ場
パウアーハウスジャパン
ロープのかかるガレ場
急な階段とクサリ場
849
眼下に東沢を進む
徒渉
急登が続く
シロヤシオとトウゴクミツバツツジの群落
階段の急登
檜洞丸
1551
1601
青ヶ岳山荘
蛭ヶ岳へ
ウェルキャンプ西丹沢キャンプ場
855
ツツジ新道コース
1040
ハシゴ
ベンチ
1254
展望園地
ゴーラ沢出合
西丹沢ビジターセンター
檜洞丸登山口
トラバースとクサリ場（転倒注意）
階段の急登。初夏はシロヤシオのトンネル
石棚山稜分岐
1308
700
784
ユーシン分岐
テシロノ頭
1491
1353
檜洞乗越
西丹沢ビジターセンターバス停
545m
奥箒沢山の家
マウントブリッジキャンプ場
石棚山稜
新緑、紅葉がきれい
同角ノ頭
1491
同角山稜
板小屋沢ノ頭
登山道が直角に曲がる
1210
1401
1351
石棚山
石小屋ノ頭
1353
箒沢公園橋バス停
大石キャンプ場
952
急登が続く
箒沢
斜面取付
箒沢公園
新松田駅
大井松田IC
観光客専用駐車場
1190
ユーシンロッジへ
1011
926
0
500m
1:35,000
西丹沢県民の森、玄倉バス停へ

蛭ヶ岳

静寂な北丹沢から丹沢山塊の最高峰を目指す

一泊二日

ひるがたけ
1673m

第1日　歩行時間＝5時間　歩行距離＝10.2km
第2日　歩行時間＝3時間50分　歩行距離＝10.2km

技術度
体力度

コース定数＝43
標高差＝1281m
累積標高差　1980m　1980m

蛭ヶ岳山頂よりダイヤモンド富士鑑賞。毎年2月と11月に見られる

晩秋の姫次はカラマツ林が黄金色に染まり、蛭ヶ岳が望める

蛭ヶ岳は丹沢《たんざわ》山塊の最高峰。丹沢主脈縦走路と主稜縦走路が交差する要衝である。山頂からの展望に優れ、西に檜洞丸《ひのきぼらまる》を隔て富士山を望み、南は丹沢主脈の塔《とう》ノ岳《だけ》から丹沢山《たんざわやま》の峰々がいくえにも重なり、山の深さ感じさせる。蛭ヶ岳山荘で1泊すれば、富士山がシルエットとなる夕日や、相模《さがみ》平野の夜景、相模湾から登る朝日を望むことができる。マメザクラや初夏のツツジのころ、夜景や天体観測を楽しむ夏、稜線を彩る紅葉期と展望が優れる初冬に訪れるとよいだろう。冬期は積雪が多く経験者向き。

国道413号が整備され、温泉や山岳耐久レースでにぎわいはじめた北丹沢の玄関口、東野《ひがしの》（青《あお》根《ね》）からのルートを紹介しよう。

第1日　東野バス停から商店横の道を進み、諏訪《すわ》神社、旧小中学校横を通り、神《かん》ノ川《かわ》方面との分岐を左に折れる。そのまま舗装された林道を歩き、小沢を渡るとゲートがある。さらに登り、**八丁坂《はっちょうざか》ノ頭《かしら》　登山口**で右に八丁坂ノ頭に登るコースを分ける。ここから30分

＊コース図は275ページを参照。

■鉄道・バス
往路・復路＝JR中央本線藤野駅から神奈中西バスやまなみ温泉行きで終点下車。菅井地区乗合タクシー（予約制・YM交通☎042・780・0777）に乗り継ぎ、東野下車。

■マイカー
中央道相模湖ICから国道20号～県道76号～国道413号を青根から釜立林道ゲート横の駐車スペースへ（地元では東野バス停そばの旧青根小学校駐車場の利用をお願い）。

■登山適期
春の訪れは遅い。5月のマメザクラのころ。ツツジの初夏。姫次のカラマツの黄葉期、展望の初冬がよい。

■アドバイス
▽尾根上、青根分岐下に黍殻山避難小屋がある。
▽冬期以外はヤマビル対策を。

蛭ヶ岳より姫次方面遠望

▽東野から東へ徒歩20分の「いやし湯」（☎042・787・2288）で入浴や食事ができる。

■問合せ先

初夏、鬼ヶ岩上部に咲く満開のシロヤオ。左のピークは丹沢山系最高峰の蛭ヶ岳で、頂に蛭ヶ岳山荘が建つ

ほどで**釜立沢《かまたてさわ》登山口のゲート**に出る。下の登山路をとっても林道を進んでも、モノレールの車庫で合流する。ここから登山路だ。

小橋を渡り、涸れた釜立沢を渡る。すぐ上の堰堤を登り、急坂を直登すると、まもなくベンチが置かれた場所に着く。ここからジグザグに**青根分岐**まで登っていくと、焼山《やけやま》からの主脈稜線に出る。**八丁坂ノ頭**で登山口で分岐した道に合流して、そのまま緩い尾根を**姫次《ひめつぎ》**まで進む。蛭ヶ岳、檜洞丸、富士山、大室山《おおむろやま》の展望台地だ。

姫次からは、いったん下って、**原小屋平《はらごやだいら》**から林相が美しい地蔵《じぞう》平《だいら》へと進んでいく。「蛭ヶ岳へ1・5キロ」の道標から檜洞丸や大室山が見える台地に着く。ガレ場の尾根の階段を登っていくと、背後に姫次の稜線が見える。初夏には白と紫のツツジが点在する。

蛭ヶ岳を見上げる肩には道脇にベンチがある。富士山を眺めてしばらく休んでいこう。ここから長く急な階段を登りつめると**蛭ヶ岳**の頂上へ到着する。

相模原市役所☎042・754・1111、北丹沢山岳センター北丹沢合同会社☎042・687・4011、蛭ヶ岳山荘☎090・2252・3203、神奈中西バス津久井営業所☎042・784・0661、藤野交通（タクシー）☎042・687・3121

■2万5000分ノ1地形図
青野原・大山

第2日　蛭ヶ岳山荘に泊まり、翌日は往路を**東野バス停**へ戻る。

（白井源三）

丹沢山塊最高峰の蛭ヶ岳を目指す

蛭ヶ岳山頂の霧氷帯越しに塔ノ岳からの丹沢主脈が延びる。相模湾に江の島が望まれる

CHECK POINT

1

東野バス停から青根の集落を抜け、小沢を横切り約50分で八丁坂ノ頭登山口へ。杉林が手入れされて明るい

2

八丁坂ノ頭登山口から約30分で釜立沢登山口。この下の登山路でもゲートからの林道でもすぐに合流する

3

モノレールの車庫から小橋と涸沢を渡り、堰堤を越えると急登となる。上部で最初の休憩地のベンチに着く

4

青根分岐は焼山から続く東海自然歩道で合流する。少し下ると黍殻山避難小屋がある。ここからは緩い登り

5

青根分岐から20分ほどで八丁坂ノ頭登山口ルートと合流する。前方に丹沢山から蛭ヶ岳が望まれる

6

緩やかな稜線をたどっていくとカラマツに囲まれた姫次に到着する。蛭ヶ岳、檜洞丸、大室山の展望台だ

7

右に檜洞丸を見ながら下っていくと、旧原小屋の跡地の原小屋平に着く。ベンチもなく通過点となっている

8

原小屋平から続く登山路は、深いブナなどの原生林に囲まれた地蔵平へ。北丹沢の静寂と山の深さを知る

9

樹林帯を抜けると、尾根に長い階段が敷設されて登りやすくなった。初夏にはシロヤシオが疲れをいやす

10

長い階段上から振り返ると、コース上の姫次から稜線が左に袖平山、右に焼山へ分岐。蛭ヶ岳への急登が続く

11

蛭ヶ岳の肩のベンチから檜洞丸の後方にそびえる富士山を展望。蛭ヶ岳への最後の登りにひと息入れよう

12

山頂下部から急な階段の登行が終わり、丹沢山塊最高峰の蛭ヶ岳へ到着。至福の展望を楽しもう

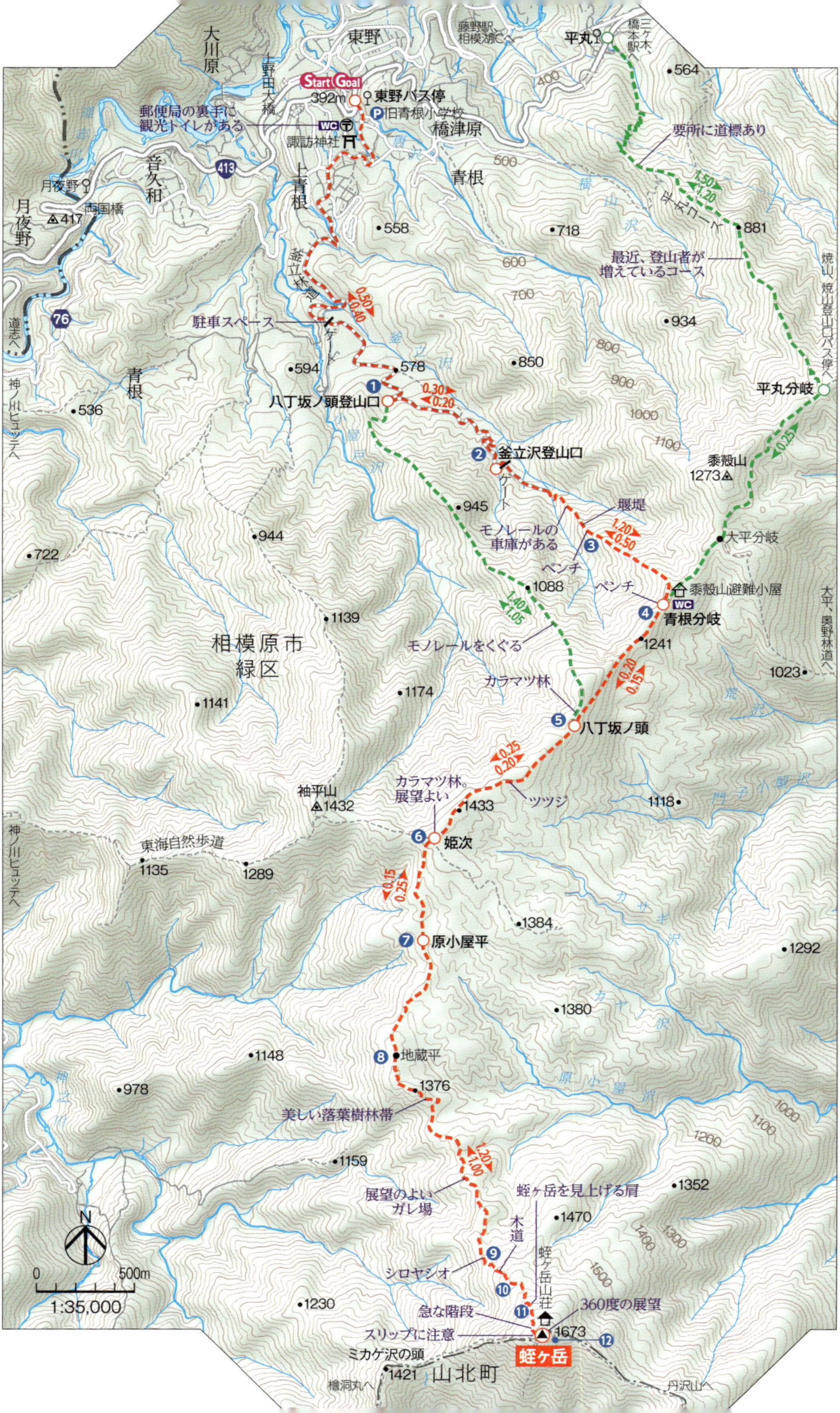

Start Goal
392m
東野バス停
旧青根小学校
郵便局の裏手に観光トイレがある
諏訪神社
橋津原
青根
上青根
東野
大川原
上野田大橋
音久和
月夜野
両国橋
417
413
76
平丸
三ケ木、橋本駅へ
藤野駅、相模湖IC へ
564
要所に道標あり
1:50
1:20
881
最近、登山者が増えているコース
558
718
釜立林道
0:50
0:40
駐車スペース
ゲート
934
594
578
850
1
八丁坂ノ頭登山口
0:30
0:20
平丸分岐
焼山、焼山登山口バス停へ
0:25
泰殻山
1273
2
釜立沢登山口
ゲート
945
堰堤
モノレールの車庫がある
1:20
0:50
3
ベンチ
大平分岐
944
722
1088
1:40
1:05
ベンチ
泰殻山避難小屋
4
青根分岐
1241
1139
モノレールをくぐる
相模原市
緑区
0:20
0:15
1023
大平、奥野林道へ
カラマツ林
1174
1141
5
八丁坂ノ頭
0:25
0:20
カラマツ林。展望よい
1433
ツツジ
袖平山
1432
1118
6
姫次
東海自然歩道
1135
1289
0:15
0:25
1384
1292
7
原小屋平
1380
1148
8
地蔵平
978
1376
美しい落葉樹林帯
1:20
1:00
1159
1352
展望のよいガレ場
蛭ヶ岳を見上げる肩
1470
木道
蛭ヶ岳山荘
9
シロヤシオ
10
1230
急な階段
11
360度の展望
1673
12
スリップに注意
ミカゲ沢の頭
1421
蛭ヶ岳
山北町
檜洞丸へ
丹沢山へ
道志へ
神ノ川ヒュッテへ
0
500m
1:35,000
N

79

展望のよい牧場の中の山頂でのんびり休憩

大野山

おおのやま
723m

日帰り

歩行時間＝3時間40分
歩行距離＝10・7km

技術度
体力度

コース定数＝20
標高差＝615m
累積標高差 945m 886m

なだらかな斜面の大野山山頂は、ながめもよく富士山が正面に見える

西丹沢《にしたんざわ》の入口に位置する不老山《ふろうやま》と対峙する大野山。山頂一帯が牧場で、丹沢湖や西丹沢の山々、箱根、富士山が展望できる眺めのよい山である。

JR山北《やまきた》駅下車。駅前の案内板を見て、商店街を通り、春には桜並木で人気の道を歩いて県道76号に出る。信号の先の安戸トンネルを抜けると**大野山入口バス停**で、右側に大野山への道標がある。舗装道を歩いて高速道路の下を通り、さらに進むと分岐に出るが、道標や案内板を見て進む。小さな集落とお茶畑の横を通っていくと**旧共和小学校**の校庭が現れる。静かな校庭と校舎を横に見ると、その先に消防団詰所と整備された公衆トイレ施設がある。ここから少し先が**登山道入口**で、大野山への道標がある。ここで舗装道と分かれて、山道に入る。

雑木林の尾根道を進み、木立を抜けると大野山のなだらかな山腹が見えてくる。やがて長い木の階段道をひたすら登りつめるとイヌクビリの十字路で牧場の広い道に合流。大きな牧場の案内板があり、車止めゲート脇を通過して、なだらかな**大野山**山頂に到着する。休憩用あずまやトイレもあり、周囲を眺めながらゆっくり休憩していこう。

下山は、あずまや近くに谷峨《やが》駅への道標があり、牧場の柵沿いの見晴らしがよい道を下る。牧草地から林の中の道となり、りっぱな

■**鉄道、バス**
往路＝JR東海道本線国府津駅でJR御殿場線に乗り換え、山北駅下車。小田急線利用は新松田駅で下車し、松田駅で御殿場線を利用する。復路＝JR御殿場線谷峨駅を利用。往路の大野山入口、復路の谷峨駅からは、新松田駅発着の富士急モビリティバスも利用できる。

■**マイカー**
山北駅や谷峨駅に駐車場はないため、新松田駅周辺のコインパーキングを利用して、JR御殿場線かバスで移動することになる。

■**登山適期**
新緑と紅葉、そして木の葉が落ちて周囲の山々の展望がよくなる冬枯れの季節がよい。

■**アドバイス**
▽旧共和小学校まで車道や小道を歩いていくが、分岐には道標があるので確認しよう。
▽大野山牧場は、平成28年まで神奈川県営牧場であったが、現在は民間牧場となっている。地元山北町では4月に大野山山開き、11月に大野山フェスティバルなどを開催し、振興を図っている。イベントに合わせての家族ハイキングも楽しい。
▽谷峨駅は電車の本数が少ない時間帯もあるので、調べておく方がよい。

■**問合せ先**
山北町役場商工観光課☎0465・

CHECK POINT

1 国道246号の安戸トンネル先に大野山登山口の標識がある。山間の道を進むと道脇に案内板がある（2024年現在表示がはがれている）

2 古宿の集落に入り、旧共和小学校の前を歩いていくと消防団詰所の手前に公衆トイレがある

3 舗装道路から登山道に入る。案内板もあり、木立の中の道は、道路を行くより山頂まで近道だ

4 大野山山頂から谷峨駅への道標を見て牧場の中を下っていく。農道に出るとりっぱなトイレハウスもある

5 吊橋を渡って谷峨駅に向かう。農道を歩いて跨線橋を渡ると駅も近い

6 谷峨駅から大野山を望む。谷峨駅は無人駅。駅前のバス停から富士急モビリティバスで小田急線新松田駅に行くこともできる

トイレも途中にある。車道を横断し道標を見て嵐集落を通過、酒匂《さかわ》川にかかる**吊橋**を渡り、その先の国道と線路を陸橋で渡ると**JR谷峨駅**に着く。（原田征史）

75・3646、富士急モビリティバス☎0465・82・1361、松田合同自動車山北営業所（タクシー）☎0465・75・0262
■2万5000分ノ1地形図 山北

80

四季の花が咲く散策路

弘法山

こうぼうやま　235m
（最高地点＝243m／権現山）

日帰り

歩行時間＝2時間40分
歩行距離＝7・1km

技術度
体力度

コース定数＝9
標高差＝148m
累積標高差　395m　469m

サクラの名所、弘法山公園の馬場道から権現山展望台を望む

秦野《はだの》駅に降り立つと、東側にこんもりと重なった小山が見える。奥に見えるのが弘法山だ。秦野盆地には弘法大師にまつわる伝説があり、コース途中の弘法の清水もそのひとつ。弘法山は弘法大師がその上で修行したといわれ、山の開祖は奈良時代の行基で、日向《ひなた》薬師などの開祖として知られる。浅間山《せんげんやま》、権現山《ごんげんやま》、弘法山の3つの山一帯を弘法山公園とよび、県立自然公園に指定されている。春のサクラ、初夏のアジサイ、夏のユリなど花の名所で、秋の紅葉も美しい。神奈川の景勝百選や花の名所百選にもなり、権現山の展望台からは富士山や相模《さがみ》平野が一望できる。ここでは秦野駅から鶴巻《つるまき》温泉までのコースを紹介しよう。

権現山展望台から夕暮れの秦野盆地を展望。富士山も黄昏れる

秦野駅北口から駅前の水無《みずなし》川に沿って常盤《ときわ》橋を渡って右に折れ、突き当たりを左折して**河原《かわら》町の交差点**を直進する。弘法山入口の看板から小橋を渡ると登山口に着く。最初はいきなりの急登だ。やがて斜面が緩くなり**浅間山**へ。下って、駐車場がある林道を横切り、階段を登り返すと展望台が立つ**権現山**に着く。360度の展望を楽しもう。サクラの季節は馬場《ばば》道の両側が桜千本のトンネルとなる。

権現山から下ると左下のめんよ

■鉄道・バス
往路＝小田急線秦野駅下車。
復路＝小田急線鶴巻温泉駅を利用。

■マイカー
東名秦野中井ICから県道71号のクリーンセンター（または国道246号名古木宮前を入る）から浅間山・権現山下駐車場へ。めんようの里前にも駐車場がある。

■登山適期
自然林の芽吹きからサクラのころ。初夏のアジサイからユリの夏。晩秋の紅葉。展望の冬など。

■アドバイス
▽冬期以外はヤマビル対策を。
▽秦野駅から水無川沿いに数分、携帯電話会社の角を右折すると全国名水百選・弘法の清水が湧く。
▽めんようの里には放牧場があり、ログハウスの木里館（☎0463・83・0468）では、丹沢ラムの串焼きや特製弁当が食べられる。
▽下山後、ひと風呂という向きには鶴巻温泉駅前に弘法の里湯がある（月曜定休、☎0463・69・2641）。

■問合せ先
秦野市役所観光振興課☎0463・82・9648

■2万5000分ノ1地形図
秦野・伊勢原

うの里への道と、直進して弘法山への馬場道分岐となる。登り返して弘法山へ向かうが、羊が憩うめんようの里へ下りて散策もいいだろう。**弘法山**山頂には鐘楼が立っている。ポンプのついた「乳の井戸」とよばれる井戸は今でも冷水が流れている。

弘法山からは落葉樹林帯が続き、新緑と秋は目に優しい道が続く。下って高取《たかとり》山方面との分岐、**善《ぜん》波《ば》峠上**だ。さらに下り、あずまやが建つ**吾妻山《あづまやま》**へ。尾根から鶴巻温泉への道標を右に下り、民家へ下りたら東名高速道路下をくぐれば、**鶴巻温泉駅**はすぐそこだ。　（白井源三）

CHECK POINT

1 秦野駅を降りて水無川沿いを徒歩5分、携帯電話会社を右折すると、名水100選の弘法の清水が湧き出る

2 秦野駅から水無川に沿って歩く。常盤橋を渡り、河原町交差点で信号待ちをすると前方に浅間山がたたずむ

3 河原町交差点を渡ると弘法山公園入口の大きな案内板が立つ。いきなりの急登後、サクラの浅間山に着く

4 浅間山から登り返すと展望塔が立つ権現山へ出る。春はサクラ、夏はヤマユリが迎える広い台地

5 権現山の広場から春は桜千本の馬場道を下る。花の百選の弘法山公園は、初夏はアジサイロードに

6 馬場道分岐から左に下りると、めんようの里。右に進むと、階段を登って弘法山に到着。一角に鐘楼が建つ

81

金時山

昔は猪鼻岳、今は金時山になった人気の山

きんときざん
1212m

日帰り

歩行時間＝3時間15分
歩行距離＝5・0㎞

技術度
体力度

コース定数＝14
標高差＝561m
累積標高差 670m 591m

明神ヶ岳から金時山を見ると、イノシシの鼻のように見える

金時山から神山、仙石原、芦ノ湖、三国山を展望する

金時山から見る雪の富士山は、登山の疲れもわすれてしまうほど美しい

金時山は箱根外輪山の最高峰である。本来外輪山は、中央部が陥没してお盆の縁のように残るため、なだらかな山容が多い。しかし金時山は山頂付近に断層が通っていたため、粘性の高い溶岩を噴出さ

■鉄道・バス
往路・復路＝箱根登山鉄道箱根湯本駅前から箱根登山バスの桃源台行きなどで仙石バス停下車。

■マイカー
登山口の少し先に金時公園があり、近くに有料と無料の駐車場がある。

■登山適期
ヤマザクラが咲く3〜4月、ブナの新緑とヤマツツジの4月下旬〜5月下旬、10月ごろからの紅葉の季節。

■アドバイス
▽金時山山頂には仙石側が急な岩場の斜面になっており、子供連れでの休憩の際は目を離さないこと。
▽公時神社からの登山コースも人気。稜線合流点まで登り1時間、下り40分。登山口の金時公園に有料と無料の駐車場がある。また、近年地蔵堂手前から箱根仙石につながる県道731号が開通。矢倉沢峠下の金時隧道手前にパーキングがあり、ここから金時山や明神ヶ岳への登山コースに入山できる。

■問合せ先
箱根町観光課☎0460・85・7111、箱根登山バス小田原営業所☎0465・35・1271、箱根仙石原温泉旅館ホテル組合案内所☎0460・84・9615

■2万5000分ノ1地形図
関本・御殿場

せ、山頂が丸く盛り上がった険しい山容になっている。

仙石《せんごく》バス停より、国道を乙女峠《おとめ》方向に約３００メートル歩くと登山口の表示板がある。坂道を歩き、道標より林の中の登山道に入る。植林地から両側にハコネダケが茂る登りになると、ほどなく**うぐいす茶屋**と書かれた建物がある。ここからの尾根道は展望もよくなり、公時《きんとき》神社登山口からの道と合流する。

振り返れば駒《こま》ヶ岳《だけ》や仙石原《せんごくはら》が見わたせる尾根で、急な登山道を登りきると、2軒の茶店とトイレがある**金時山**山頂だ。平日でも足柄《あしがら》峠や乙女峠など各所から登ってくる登山者でにぎわう。芦《あし》ノ湖《こ》、駒ヶ岳、大涌谷《おおわくだに》の噴煙、そして裾野から山頂までの富士山と、３６０度の展望が楽しみだ。

金時山山頂から長尾山越しに愛鷹山を遠望する

乙女峠へは、山頂より道標を確認し、富士山を右に見て下る。５月中旬に白い花を咲かせるシロヤシオの老木が混じる尾根道である。小さな登り下りをしながら、火山地特有のごつごつした赤い岩の間を歩く。道が広がったところの表示板で、**長尾山《ながおやま》**に着いたことを知る。

ここから小石混じりのすべりやすい尾根道を下っていくと**乙女峠**も近い。峠の御殿場《ごてんば》側には展望台があり、富士山を撮影するのに都合がよい。峠から箱根側に下っていく。植林地に入ると、木の根に気をつけて歩いていこう。

乙女口バス停近くに下山するが、バスの本数が少ないので、国道を30分ほど歩いて、**仙石バス停**に向かうのもよい。（原田征史）

CHECK POINT

仙石バス停から国道を歩くと、信号の先に金時山登山口の案内表示がある

うぐいす茶屋がある分岐からは、山頂に続く登山道がハコネダケの中に見える

公時神社からの登山道と合流。このあたりから急な登りが続くが、仙石原の見晴らしがよい

金時山から岩場の登山道をすぎると、長尾山まで芦ノ湖を見ながら歩きやすい尾根道となる

天気がよければ、乙女峠は富士山を撮影する絶景ポイントとして人気の場所だ

乙女峠から植林地内の登山道を下山すれば、国道に出て乙女口バス停（新宿行きの高速バスも停車する）も近い

＊コース図は２８２ページを参照。

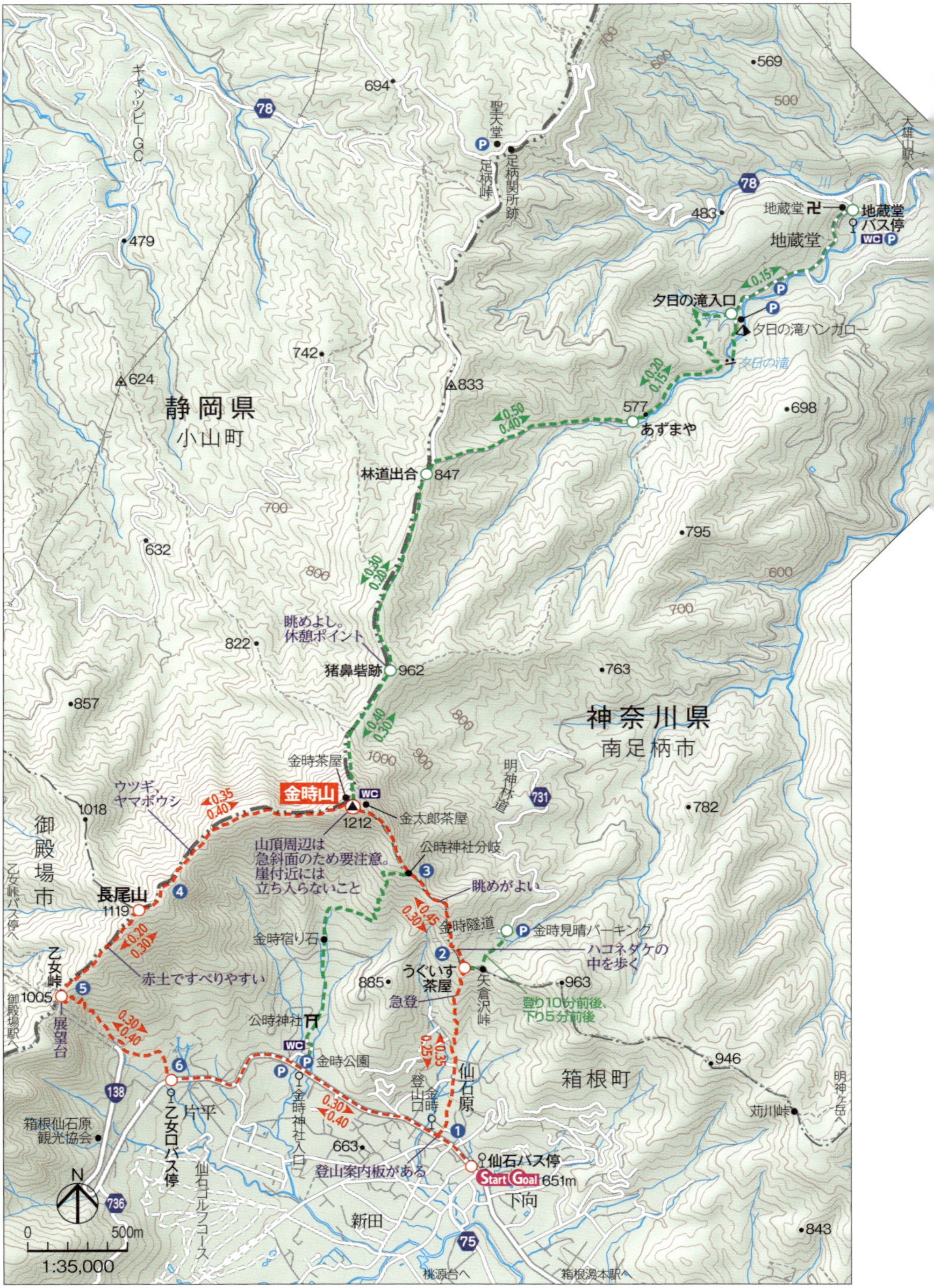

静岡県
小山町
神奈川県
南足柄市
御殿場市
箱根町
金時山
1212
金時茶屋
金太郎茶屋
ウツギ、
ヤマボウシ
山頂周辺は
急斜面のため要注意。
崖付近には
立ち入らないこと
公時神社分岐
眺めがよい
長尾山
1119
乙女峠
1005
展望台
赤土ですべりやすい
乙女口バス停
片平
金時宿り石
公時神社
金時公園
金時神社入口
うぐいす茶屋
急登
金時隧道
金時見晴パーキング
ハコネダケの
中を歩く
矢倉沢峠
登り10分前後、
下り5分前後
金時登山口
仙石原
仙石バス停
Start Goal 651m
登山案内板がある
下向
新田
仙石ゴルフコース
箱根仙石原
観光協会
猪鼻砦跡
962
眺めよし。
休憩ポイント
林道出合
847
あずまや
577
夕日の滝入口
夕日の滝
夕日の滝バンガロー
地蔵堂
地蔵堂バス停
大雄山駅へ
足柄峠
聖天堂
足柄関所跡
ギャッツビーGC
明神林道
苅川峠
明神ヶ岳へ
桃源台へ
箱根湯本駅へ
御殿場駅へ
乙女峠バス停へ
1:35,000
0 500m

82

最古の箱根越え、「碓氷道」に明神を祀る山

明神ヶ岳《みょうじんがたけ》

1169m

日帰り

歩行時間＝4時間20分
歩行距離＝9・0㎞

技術度
体力度

コース定数＝21
標高差＝849m
累積標高差 ↗960m ↘816m

上：里は春、菜の花と酒匂川のマツ林越しに明神ヶ岳を望む

明神ヶ岳に登る尾根道は、ススキが秋の道を彩る

箱根越えの最古の道は、碓氷道《うすいどう》である。関本《せきもと》から明神ヶ岳に登ったあと、宮城野《みやぎの》に下り、早《はや》川の渓谷から碓氷峠を越え、仙石原《せんごくはら》から乙女《おとめ》峠に登り、御殿場《ごてんば》に下りるという難コースであった。箱根の外輪山を2度にわたって越えるのだから、その苦労が偲ばれる。今回はその一部を歩いてみよう。

関本バス停からバスに乗り、終点の**道了尊**《どうりょうそん》で下車。ここは天狗のお寺として有名な、大雄山最乗《だいゆうざんさいじょう》寺《じ》の入口である。大きな杉並木の中央参道を歩いていくと、境内に入る手前に真っ赤な大下駄がある。左側の小さな明神橋を渡って急坂の登山道に入る。道脇に苔むした石仏があり、最乗寺の鐘の音が聞こえてくる。

林道を2度ほど横切り、雑木林の道を登ると、やがて**見晴**《みはらし》**小屋**に着く。周囲の木々が大きくなったため、以前ほどの展望はない。さらに10分ほど登ると、見晴らしのよいカヤトの尾根道となる。

やがて急な斜面を登る手前に**神**《しん》**明水**《めいすい》とよばれる水場がある。ここより斜面を登ると尾根歩きとなり、30分ほどで**明神水**に出る。登山道は尾根を巻くように緩やかに登って涸れ沢を越える。急な登りになると、明神ヶ岳まであとわずかである。

明神ヶ岳山頂は赤土の斜面で、土砂流失防止工事で保全されている。眺めがよく、正面に白く噴気

■鉄道・バス

往路＝小田原駅より伊豆箱根鉄道大雄山線で終点の大雄山駅下車。または小田急線新松田駅より箱根登山バスで大雄山駅前の関本行きバスに乗車。関本バス停より道了尊行き伊豆箱根バスで終点下車。

復路＝国道に出た先に宮城野案内所前バス停がある。箱根湯本駅行きの

を上げる大涌谷《おおわくだに》、眼下に宮城野、強羅《ごうら》の家々が広がる。

下山は明星《みょうじょう》ヶ岳《たけ》方面に向かう。尾根沿いの登山道は急な下りもあり、足もとに注意して歩こう。まもなく防火帯を兼ねた、タケやカヤの刈り払われた広い尾根道を行くと、宮城野に下る**分岐点**に出る。道標を見て急坂を下降し、別荘地の横を下っていく。車道に出て案内板を見ながら歩いていくと、**宮城野案内所前バス停**に着く。

（原田征史）

土砂流失防止工事が行われている明神ヶ岳山頂。赤土が火山との関係を物語る

CHECK POINT

古刹の最乗寺境内を見学、参拝していこう。奉納された鉄下駄の多さに驚かされる

見晴小屋をすぎると、神明水と名づけられた湧水がある。ここで休憩していこう

山頂近くの稜線で見かけたマユミの赤い花。疲れた気持ちをいやす、心なごむ自然の風景だ

明神ヶ岳は眺めがよい山頂だが、風も強い。冬の季節は霜や雪が凍結するので要注意

明神ヶ岳山頂から明星ヶ岳方面に連なる尾根はしだいに低くなっていく

宮城野に下る分岐点には道標がある。ここから下れば別荘地を通り、宮城野に出る

箱根登山バスに乗車し終点で下車。

■マイカー

往復登山になるが、最乗寺の駐車場がある。ただし参詣客用につき、入下山時に本堂に参拝していきたい。

■登山適期

明神ヶ岳は春と秋がよい。秋はカヤトが輝いて美しく、11月には山頂近くの尾根にマユミの花を見ることができる。冬から春にかけては風の強い時や降雪があり、ぬかるみにも注意したい。

■アドバイス

▽登山口の大雄山最乗寺は道了尊という名で親しまれている。応永元（1394）年に開かれた古刹で、開山の時に大活躍したのが修験道の妙覚道了という僧であった。この僧は非常な力持ちだったことから、山の神への畏敬の念と結びついて、いつしか天狗の住む寺として広まった。境内には、商売繁盛と足が丈夫になるとの祈願をこめて、大小の鉄下駄がたくさん奉納されている。

■問合せ先

南足柄市商工観光課☎0465・74・2111、箱根町観光課☎0460・85・7111、箱根登山バス小田原営業所☎0465・35・1271、伊豆箱根バス小田原営業所☎0465・34・0333

■2万5000分ノ1地形図

関本・箱根

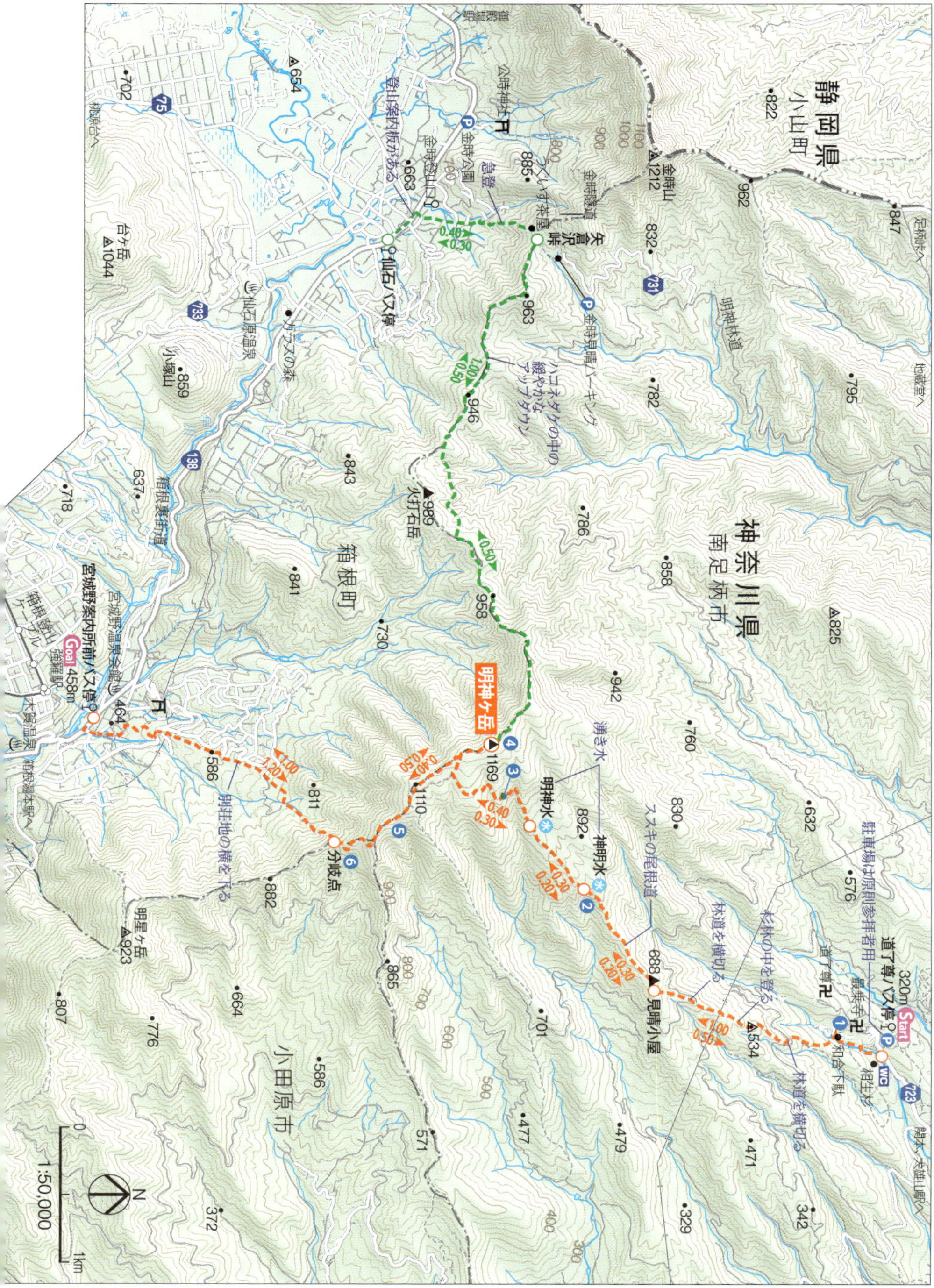
静岡県
小山町
神奈川県
南足柄市
箱根町
小田原市
明神ヶ岳
1169
金時山
1212
矢倉沢峠
仙石バス停
金時登山口
金時神社
金時公園
登山案内板がある
急登
火打石岳
989
ハコネダケの中の緩やかなアップダウン
金時見晴パーキング
明神林道
分岐点
別荘地の横を下る
宮城野案内所前バス停
Goal
458m
明神水
神明水
湧き水
スズキの尾根道
見晴小屋
林道を横切る
杉林の中を登る
道了尊バス停
Start
320m
駐車場は原則参拝者用
最乗寺
和合下駄
相生杉
台ヶ岳
1044
小塚山
859
明星ヶ岳
923
仙石原温泉
箱根登山ケーブル
強羅駅
大涌谷温泉
箱根湯本駅へ
足柄峠へ
地蔵堂へ
関本・大雄山駅へ
宮城野温泉会館
1:50,000
N

83 仏果山《ぶっかさん》 747m

丹沢山塊と宮ヶ瀬湖の展望台

日帰り

歩行時間＝3時間35分
歩行距離＝7・8km

技術度

体力度

コース定数	＝17
標高差	＝623m
累積標高差	↗ 794m ↘ 746m

上：南山・権現平展望台より仏果山と高取山を展望
左：高取山の展望台から宮ヶ瀬湖を俯瞰する。後方は丹沢山系

仏果山の名は、煤《すす》ヶ谷《や》の正住寺《しょうじゅうじ》の開基、仏果上人がこの山で座禅修行をしたことからつけられたものだ。半原《はんばら》から見上げると、700《メートル》ほどの山とは思えないような急斜面がせり上がる。長竹《ながたけ》、韮尾根《にろおね》地区では「半原富士《はんばらふじ》」とよんでいる。中腹は人工林だが、上部は自然林が広がる。宮ヶ瀬《みやせ》湖や丹沢《たんざわ》山塊を仏果山と高取山《たかとりやま》山頂の鉄塔から展望できる。半原からのコースを紹介しよう。宮ヶ瀬湖畔の大棚沢《おおたなさわ》広場から宮ヶ瀬越～仏果山コースもある。

半原バス停前からのコースは、道路を横切り、仏果山への道標を確認し

■鉄道・バス
往路・復路＝小田急線本厚木駅より半原行きの神奈中東バスに乗り、終点下車。または、往復とも野外センター前バス停回りの神奈中東バスに乗れば、時間を短縮できる(往路でこのバス停で下車した場合、愛川ふれあいの村の柵を左に回り、地蔵が立つ分岐を左下に下りて半原コースと合流する)。

■マイカー
東名高速道厚木ICか圏央道相模原ICから国道412号を愛川ふれあいの村駐車場(前日までに要予約／☎046・281・1611)へ。または、東名厚木ICから県道64号を仏果山登山口バス停横の大棚沢駐車場へ。

■登山適期
雑木林の芽吹きのころから新緑の春、初夏、自然林が多い中腹からの紅葉期。展望の初冬がよい。

■アドバイス
▽登山口にトイレがある。冬期以外はヤマビル対策を。
▽県道64号煤ヶ谷から宮ヶ瀬に向かう途中、右にリッチランドへ入る道がある。法論堂林道を登りつめた半原越ゲート前に駐車(無料)して、仏果山を往復できる。道路事情は清川村役場に問い合せのこと。

■問合せ先
愛川町役場商工観光課☎046・285・6948、神奈中東バス厚

ながら民家の間を登っていく。宮ヶ瀬への道路の下をくぐると**仏果山への登山口**とトイレがあり、左上の階段を登っていく。しばらく急登が続き、やがて林道を横切る。さらに急登をつめると鉄塔が建っている。その下まで登ると、相模《さがみ》平野、横浜ランドマーク、陣馬山《じんばさん》方面まで遠望できる。

登山道に戻り、急登を続ける。小ピークに出ると仏果山山頂を望むことができ、2つ目のピークを越えて頂上直下へ。急坂を直登すれば**仏果山**山頂だ。鉄塔上の展望台に登れば、眼下に宮ヶ瀬湖、背後に大山《おおやま》から丹沢山塊、相模平野が一望できる。

　山頂からは、左に経ヶ岳《きょうたけ》へのルートを分け、右下のロープのついた急坂を下る。**宮ヶ瀬越**《みやがせごえ》まで下り、登り返すと**高取山**だ。山頂の鉄塔上からも宮ヶ瀬湖や丹沢の山並みが広がる。

　下山は緩い斜面を下降していき、愛川《あいかわ》ふれあいの村と馬場《ばば》の分岐を右下へ。長い階段の下りから愛川ふれあいの村グラウンド横を通過して、**野外センター前バス停**へ向かう。

（白井源三）

木営業所☎046・241・2626
■2万5000分ノ1地形図
上溝・厚木

CHECK POINT

本厚木駅より半原行きバスで終点下車。県道を渡り、直進する。仏果山への道標にしたがい、川沿いに登る

愛川ふれあいの村に沿ったコースと合流。バイパスの橋の下にトイレがある。写真前方の階段を登っていく

林道を横切ると再び急登となり、鉄塔下へ出る。眼下に相模平野が開ける

頂上直下を直登すると、鉄塔が建つ仏果山へ到着。高木が枝打ちされ展望がよくなった

仏果山山頂から経ヶ岳への下りを分け、急な坂を下る。宮ヶ瀬越の分岐からひと登りで鉄塔が建つ高取山へ

下山は高取山から斜面を下る。馬場・大平への分岐は右の愛川ふれあいの村側へ向かう

84

奇岩・巨岩めぐりコースと新設の尾根コースで山頂へ

石老山

せきろうざん
702m

日帰り

Ⓐ歩行時間＝3時間10分　歩行距離＝6・5km（往復）
Ⓑ歩行時間＝4時間　歩行距離＝9・3km（往復）

技術度　体力度
技術度　体力度

QRコードは290ページコース図内に記載

コース定数＝Ⓐ14 Ⓑ20

標高差＝Ⓐ497m Ⓑ481m

累積標高差　Ⓐ↗645m ↘645m　Ⓑ↗855m ↘855m

相模湖《さがみこ》公園から湖を隔てて広がる山が石老山だ。展望台や尾根から相模湖、奥高尾《おくたかお》山稜、丹沢《たんざわ》山系、奥多摩《おくたま》の山並みや富士山を遠望できる。交通の便がよく、山中の顕《けん》鏡寺《きょうじ》は昔、虫封じの寺として参拝者でにぎわい、都心に近い山だけに、現在は年間を通して人気がある。顕鏡寺から石老山へのルートと、県道から新設された大明神《だいみょうじん》展望台へのびるルートから石老山へ登るコースを紹介しよう。

新緑の相模湖公園から前方奥に石老山の稜線が望まれる

Ⓐ顕鏡寺～融合平見晴台～石老山

JR中央線相模湖駅から三ケ木《みかげ》行きバスに乗車、**石老山入口バス停**で降り、国道を渡ると、左手にトイレがある。

関口《せきぐち》の集落を進み、**相模湖病院前**から石畳みの登山道となる。仁王《におう》岩《いわ》、文殊岩《もんじゅいわ》などの巨岩をめぐって登っていくと、根が蛇のようにうねっている蛇木杉《じゃもくすぎ》やイチョウの大木に囲まれた**顕鏡寺**境内に到着する。トイレ、自販機が置かれている。

境内を出ると、力試岩《ちからだめしいわ》、吉野《よしの》岩《いわ》など巨岩が現れ、急登が続く。「古い石の山」から寺の号は「石老山」。この寺号が山名の由来であるとされるのがうなずける巨岩の連続だ。最後の八方岩《はっぽういわ》から相模原方面が遠望できる。

樹林帯をしばらく登ると、右に**融合平見晴台**《ゆうごうだいら》があり、相模湖や陣《じん》馬山《ばさん》方面が展望できる。石老山特有の地層である礫岩の露出が見られると高度が増していく。ベンチが置かれた台地を下り、階段を登り返せば**石老山**の頂だ。丹沢山塊と大室山《おおむろやま》の右に富士山が望める。ファミリー登山にも最適なルートだ。

下山は往路か、次項のⒷコースを下る。あるいは、山慣れた登山者なら、**大明神展望台**から沢コースを下ってもよい（2024年現在荒れた箇所があり注意）。

Ⓑ大明神展望台登山口～大明神展望台～石老山

相模湖駅から三ケ木行きバスで**プレジャーフォレスト前バス停**下

■鉄道・バス
往路＝JR中央本線相模湖駅から三ケ木行き神奈中西バスでⒶ石老山入口バス停、Ⓑ同バスのプレジャーフォレスト前バス停で下車。
復路＝下山コースしだいで、石老山入口バス停、プレジャーフォレスト前バス停から相模湖駅へ。

■マイカー
顕鏡寺から登る場合は、中央自動車道相模湖ICを降り、国道20号から412号へ。石老山入口の交差点から入り、相模湖病院前の登山者専用駐車場（無料）へ。

■登山適期
中腹の桜が咲くころから新緑期、7月のヤマユリ開花期、晩秋の紅葉期がよい。12月には登山道脇や山頂から高塚山へ下った斜面にシモバシラの花が咲く。降雪後、足もとを整えて登れば、冬富士の展望台として楽しめる。

■アドバイス
▽冬期以外はヤマビル対策を。

石老山山頂では、正面の大室山の後方に富士山が顔を出す

車。国道を渡り、前方の県道を進む。10分ほどで**箕石橋**《みのいしばし》を渡ると、**大明神展望台登山口**に着く。このコースは以前使用されていた登山道を整備し新設されたものだ。箕石橋から沢筋を登るコースより展望に優れている。

登山口の階段を登り、しばらく急登すると、相模湖を隔てて城山《しろやま》から続く奥高尾山稜が望める。展望後、再び登るとヒノキやスギの樹林帯となり、急登が続く。コースの両脇にロープが張られた場所

CHECK POINT

Ⓐ顕鏡寺～融合平展望台～石老山

1

登山口から名物巨岩群をめぐり、巨根が露出した蛇木杉やイチョウの大木に囲まれた顕鏡寺境内に到着

2

境内から登山再開。再び巨岩群が現れる。吉野岩を見上げながら急登を詰めて、最後は展望台の八方岩へ

3

樹林帯に入り、しばらく登っていくと右手台地の融合平見晴台に着く。相模湖を眼下に、奥高尾山稜を展望する

4

明るい樹林帯の礫岩まじりの道を行き、階段を登りきると石老山山頂へ到着。丹沢や富士山の眺めがすばらしい

▽下山後の温泉は、プレジャーフォレスト内にさがみこ温泉うるりがある。源泉を利用した岩風呂、寝ころび湯、露天風呂が楽しめる。

▽相模湖駅前の食堂・かどやは家庭的な料理が食べられ、登山者に人気。

▽顕鏡寺境内に咲くヤマユリは7月中旬が見ごろ。

▽下山後、プレジャーフォレスト前バス停に向かう手前左に「渡し船」の看板が立ち、下ると船着き場へ。予約で相模湖公園側に渡れる。みの石渡し船☎042・685・0330。

渡し船からは前面に相模湖湖畔、後方に景信山の山並みが見え、振り返ると登った石老山が広がる

■問合せ先

相模湖観光案内所☎042・649・0661、相模湖観光協会☎042・684・2633、神奈川中央バス津久井営業所☎042・784・0661

■2万5000分ノ1地形図

与瀬・青野原

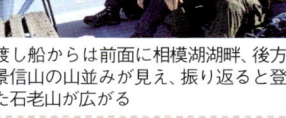

では慎重に登りたい。上部2箇所に道標とベンチが置かれている。

巨岩の下を通過して斜面を横切ると、箕石橋から登ってくるコースと合流し、少しの登りで**大明神展望台**に到着する。

休憩後、祠とベンチが置かれた台地へ下る。ここからはヒノキやスギの樹林帯となり、根が張り出した登山路や階段、岩の急登が続く。右に篠原《しのはら》へ下る道標をすぎると**石老山**山頂は近い。

下山は**大明神展望台**まで戻り、往路を引き返すか、箕石橋までの沢筋のコースや**Ⓐ**顕鏡寺へのコースを下ってもよい。　（白井源三）

CHECK POINT

Ⓑ大明神展望台～石老山

登山口から急登すると周囲が開け、振り返ると眼下に相模湖、奥に城山から陣馬山の奥高尾山稜が望める

急登の尾根が続き、ロープが張られた直登斜面は慎重に登ろう。巨岩の下部を通過して前方の斜面を横切る

箕石橋からのルートと合流すると少しの登りで南高尾山稜の展望台、大明神展望台に到着。石老山ははるか高み

展望台から少し下りて祠が置かれた台地へ。ここから階段やヒノキ、スギの根が露出した登山路を急登後、石老山へ

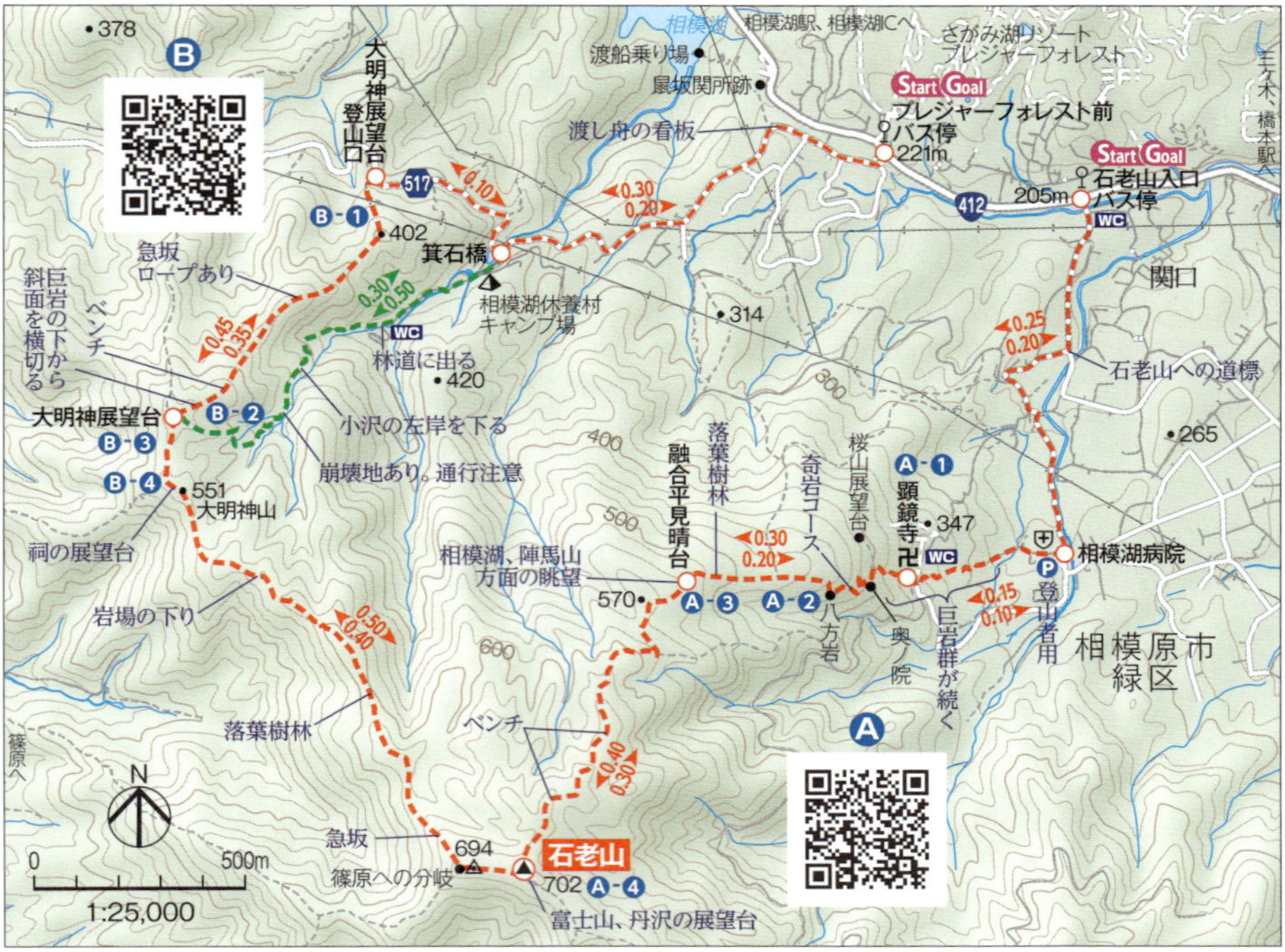

陣馬山

のびやかな山頂、広がる展望、麓の鉱泉

じんばさん
855m

日帰り

Ⓐ歩行時間＝3時間20分　歩行距離＝10・2km
Ⓑ歩行時間＝1時間10分　歩行距離＝5・1km

技術度
技術度
体力度
体力度

コース定数＝Ⓐ18 Ⓑ6

標高差＝Ⓐ662m Ⓑ662m

累積標高差　Ⓐ↗878m ↘878m　Ⓑ↗123m ↘785m

上：生藤山の登山口、早春の登里から陣馬山を遠望する
左：陣馬山山頂のアザミに止まったキアゲハ。遠景は生藤山から続く山並み

相模《さがみ》湖の北側になだらかな山の連なりを見せる県北の山々。なかでも陣馬山は山頂が陣馬高原とよばれる広い台地で、展望に恵まれた山として人気がある。北に下れば、往時、武蔵《むさし》と甲斐《かい》を結んだ交易路として知られる和田《わだ》峠がある。県境の峠であり、東京都側では案下《あんげ》峠ともよんでいて、東の高《たか》尾山《おさん》や西の生藤山《しょうとうさん》方面への縦走路がのびている。昔、ここに武田勢が陣を張ったことから「陣場山」の別名がある。神奈川県側の佐野川《さのがわ》では昔から陣馬山とよんできた。下山後に温泉に入りたい場合は栃《とち》谷《や》鉱泉宿がある。

Ⓐ一ノ尾尾根～陣馬山～奈良子尾根

陣馬登山口バス停から落合《おちあい》集落の急な坂を登るが、歩きはじめは結構きつい。民家が途切れて尾根の入口に着く。しばらく登り、左から上沢井《かみさわい》やおとめ坂の道と合流するとベンチが置かれた一《いち》ノ尾《お》テラスが左手に現れる。

落葉樹林帯を登っていくと、木

■鉄道・バス
往路・復路＝ⒶⒷJR中央本線藤野駅から和田行き神奈中西バスに乗り、陣馬登山口バス停で下車。

■マイカー
ⒶⒷ陣馬登山口バス停から200《メートル》ほど先にある陣馬のふもと駐車場(無料)が利用できる。

■登山適期
落葉樹の芽吹きから稜線のヤマザクラのころ、落葉樹が紅葉する晩秋。12月、山頂付近にシモバシラが咲く。降雪後、山頂からの冬富士や丹沢の峰々、奥多摩などの展望を楽しめる。

■アドバイス
▽陣馬山山頂には2軒の茶店があり、暖かい料理が食べられる。
▽奈良子尾根下山口には陣谷温泉(☎042・687・2363)、陣渓園(☎042・687・2537)の2軒の鉱泉宿がある。
▽藤野駅の藤野観光案内所(☎042・687・5581)は山の情報提供、みやげ物も販売している。

■問合せ先
藤野観光案内所☎042・687・5581、神奈中西バス津久井営業所☎042・784・0661、藤野交通(タクシー)☎042・687・3121

■2万5000分ノ1地形図
与瀬

陣馬山山頂は陽が傾き、シンボル・白馬の石像がシルエットとなる

の間越しに富士山や丹沢《たんざわ》山塊が見えるようになる。山腹を巻いて高度を上げると、生藤山からの稜線が望まれる。和田からの2本の道に合流後、急な階段を登れば**陣馬山**山頂だ。名物、白馬の石像が立ち、茶店もある。ゆっくり時間をとって大展望を楽しもう。

　下山は栃谷尾根（コースⒷ）と分かれ、左に下っていく。雑木林を下り終えると**奈良子《ならこ》峠**に着く。明王《めいおう》峠と栃谷鉱泉側への分岐点だ。右に分かれ、奈良子尾根を下る。林道を横切り、しばらく下降していくと、**奈良子尾根登山口**の前に出る。そのまま下れば、出発点の**陣馬**

CHECK POINT

Ⓐ一ノ尾尾根〜陣馬山〜奈良子尾根

1

藤野駅から和田行きバスに乗り、陣馬登山口で下車。登山口の石碑が立ち、左折して落合集落を登っていく

2

一ノ尾尾根は落葉樹林が多く、秋から冬にかけては視界が開ける。樹林越しに白い富士山が顔を出す

3

12月の登山では、和田コースと合流したあと、頂上直下の道脇に初冬の風物詩、シモバシラができていた

4

空気の澄んだ初冬の陣馬山で憩う。陣馬山は年間を通して登山者でにぎわう。山頂には茶店もある

5

山頂から栃谷尾根を下る分岐を分け、左下の樹林帯をひたすら下っていく。奈良子峠で右下の奈良子尾根へ

6

南斜面の奈良子尾根を下る。一度、林道を横切り、落葉樹の下りが続く。奈良子尾根登山口から車道を歩く

登山口バス停に戻り着く。

Ⓑ陣馬山～栃谷尾根

陣馬山山頂から景信山方面へのびる尾根を下ると、すぐに栃谷尾根への道標が立ち、右に進んでいく。杉林の急坂を下り終えると、祠と「栃谷0・6キロ」の道標を目にする。左下に下りると、明るい南面に茶畑が広がり、前方に丹沢山塊と道志《どうし》山塊のパノラマが展開する。民家横から林道となり、しばらく下ると栃谷休憩所だ。トイレもあり、小休止していこう。さらに下ると奈良子尾根からの下山路と合流し、**陣馬登山口バス停**まで10数分の距離だ。

（白井源三）

CHECK POINT

Ⓑ陣馬山～栃谷尾根

陣馬山から左下の明王峠側に下り、最初の分岐、栃谷への道標を行く。南面が開ける斜面までしばらく下る

茶畑が広がる明るい展望の斜面に出る。前方に丹沢山塊が浮かぶ気持ちのよい下降が続き、民家の横を下る

舗装路を下っていくと、右に栃谷休憩所が現れる。ベンチから丹沢方面が開け、トイレもあり小休止によい

陣馬登山口バス停に続く舗装道路に出ると、鉱泉の看板が目印となる奈良子尾根からの下山路と合流する

86

生藤山

伝説の甘草水を訪ねる県最北の山

しょうとうさん　990ｍ
（最高地点＝1019ｍ／茅丸）

日帰り

歩行時間＝4時間35分
歩行距離＝9・2㎞

技術度

体力度

コース定数＝22

標高差＝701ｍ

累積標高差 1008ｍ 982ｍ

秋色の生藤山の稜線を登里から望む

鎌沢から急登後、閑静な登里の集落へ。休憩所とトイレがある

生藤山は左岸から相模《さがみ》湖に流れこむ沢井《さわい》川の源流の山である。東京都との都県境の山でもあり、東京都檜《ひの》原《はら》村に接している。西には武蔵《むさし》、相模、甲斐《かい》にまたがることから三《み》国《くに》峠とよばれてきた三《み》国山《くにやま》がある。北西にのびる笹《ささ》尾根は、途中に熊倉山《くまくらやま》を起こして東京都と山梨との境界をなし、東には紹介する県北最高峰の茅丸《かやまる》をはじめ、連行峰《れんぎょうほう》方面の山々が連なる。山頂一帯は自然林が豊富で、春の新緑と甘草水《かんぞうすい》付近のサクラのころや秋の紅葉はみごとだ。冬は、富士山、奥多摩《おくたま》、丹沢《たんざわ》の展望台として人気がある。

鎌沢《かまさわ》入口バス停で下

■**鉄道・バス**
往路＝JR中央本線藤野駅から和田行き神奈中西バスに乗り、鎌沢入口バス停で下車。
復路＝和田バス停から藤野駅へ。

■**マイカー**
中央自動車道相模湖ICから国道20号～県道522・521号～県立鎌沢駐車場（無料）。

■**登山適期**
新緑や甘草水付近のサクラの季節、秋の紅葉期がベストシーズン。冬期、降雪後でなければ積雪も少なく、冬富士の展望によい。

■**アドバイス**
▽甘草水は「日本武尊東征の時、三国峠の山上に水がなく兵の渇きに鉾で岩頭をたたいたら、清水が湧いた」という由緒ある水場。
▽入下山口の佐野川は日本の里100選に指定され、斜面には茶畑が広がり、新緑に鯉のぼりがひるがえる。登里の集落は天空の山里。
▽藤野駅の藤野観光案内所には周辺の山や観光地などの情報提供と地元産の食品やみやげ物などが売られ、電車の時間待ちに楽しい空間。

■**問合せ先**
藤野観光案内所☎042・687・5581、神奈中西バス津久井営業所☎042・784・0661、藤野交通（タクシー）☎042・687・3121

車する。坂道を登り、駐車場から左上の林道をつめる。意外ときつい登りだ。閑静な登里《とおり》集落の茶畑の中に**県立鎌沢休憩所**がある。民家の横から山道となり、振り返ると生藤山からの稜線と右に陣馬山《じんばさん》が望まれる。

尾根に出ると鳥居が建っていて、尾根はここから生藤山までのびている。左から山梨側の石《いわ》楯《だて》尾《お》神社から登ってくる**佐野川分岐**に出る。樹林帯を登っていくと、伝説の甘《かん》草水《そうすい》が湧くサクラ並木の休憩所へ着く。サクラのころは登山客でにぎわう場所だ。

ひとがんばりで三国山へ。ベンチが置かれ、富士山が樹林越しに望まれる。

急な岩稜を越えると、三角点とベンチが置かれた狭い台地の**生藤山**に飛び出す。樹林が育ち展望もせばまっている。

CHECK POINT

県立鎌沢駐車場からいきなり林道の急登がはじまる。春はサクラ、秋は紅葉が茶畑を囲むのどかな道だ

登里をすぎ、生藤山への尾根に取り付く。鳥居をすぎると山梨県側からの道と合流する佐野川分岐に出る

しばらくは杉林を登っていく。サクラが点在する登りになると、甘草水に着く。早春はサクラが咲き乱れる

急登後、笹尾根との分岐、三国山へ着く。晴れた日は富士山の展望台で、急な岩場を登ると生藤山山頂だ

稜線の最高峰、茅丸を経て、連行峰に着く。左下に柏木野への道が分岐して、落葉樹林帯が続いていく

醍醐丸から和田峠まで縦走路がのびるが、山ノ神分岐を右下に下りる。しばらくは急坂。約1時間で県道へ

急な岩場を慎重に下り、樹林の稜線を歩き、階段をつめると茅丸へ着く。**連行峰**までは静寂な落葉樹林の中、高度を下げていく。醍《だい》醐丸《ごまる》と和田バス停の分岐、**山ノ神分岐**から右下の急斜面を下っていく。展望のきかない樹林帯を抜け、和田峠からの**県道**に出たら、**和田バス停**へ向かう。（白井源三）

■2万5000分ノ1地形図
上野原・与瀬・五日市

87

源氏山

歴史の町鎌倉、源氏ゆかりの山

日帰り

げんじやま　93m
（最高地点＝100m／宇賀福神社付近）

歩行時間＝1時間55分
歩行距離＝6・6km

技術度 1/5
体力度 1/5

コース定数	＝8
標高差	＝92m
累積標高差	↗250m ↘250m

上：源氏山ハイキングコースから由比ヶ浜を遠望する
左：源氏山公園

源氏山は寿福寺《じゅふくじ》（鎌倉五山第三位）の背後に位置する緑深い山で、午後から歩きはじめても、夕方には鎌倉《かまくら》駅に帰ることができるため、家族で楽しめるやさしいコースである。山名の由来は、寿福寺あたりに源氏の屋敷があったからとか、源頼義が奥州遠征の際にこの山の頂に白旗を立てて勝利を祈願したなどの説がある。その

■鉄道・バス
往路・復路＝JR鎌倉駅を利用。

■マイカー
登山口に駐車場はない。

■登山適期
真夏以外は四季を通じて楽しめる。サクラの時期、紅葉の季節は美しい。冬も穏やかな山歩きが楽しめる。

■アドバイス
▽北鎌倉駅から源氏山を経るコースは、浄妙寺から尾根道を登り、六柱峰、葛原岡神社を通って源氏山へいたる。北鎌倉駅から35分。
▽トイレは源氏山山頂にある。
▽大仏からはバスで鎌倉駅まで行ける。また、長谷まで歩いて江ノ島電鉄で戻れるが、休日はとても人が多いので留意すること。
▽銭洗弁天から下ることもできる。境内洞窟にある清水で硬貨などを洗い、心を清めて行い慎めば、商売が繁盛するといわれている。鎌倉五名水のひとつ。また、宇賀福神社ともいわれ、源頼朝が巳の年1185年の巳の日に見た霊夢にしたがい岩壁に湧く霊水を見つけ、祀ったとされている。ここから鎌倉駅までは30分程度で歩ける。

■問合せ先
鎌倉市観光課☎0467・23・3000

■2万5000分ノ1地形図
鎌倉

ため、別名「旗立山《はたたてやま》」ともよばれている。一帯は源氏山公園として整備されており、春はサクラ、秋は鎌倉有数の紅葉の名所として、行楽シーズンには多くの人が訪れている。

JR鎌倉駅西口から歩きはじめ、寿福寺をすぎて英勝寺《えいしょうじ》へ向かう。英勝寺は鎌倉唯一の尼寺で、徳川家康の側室、お勝の方の開基である。自然豊かな境内は、拝観することができる。

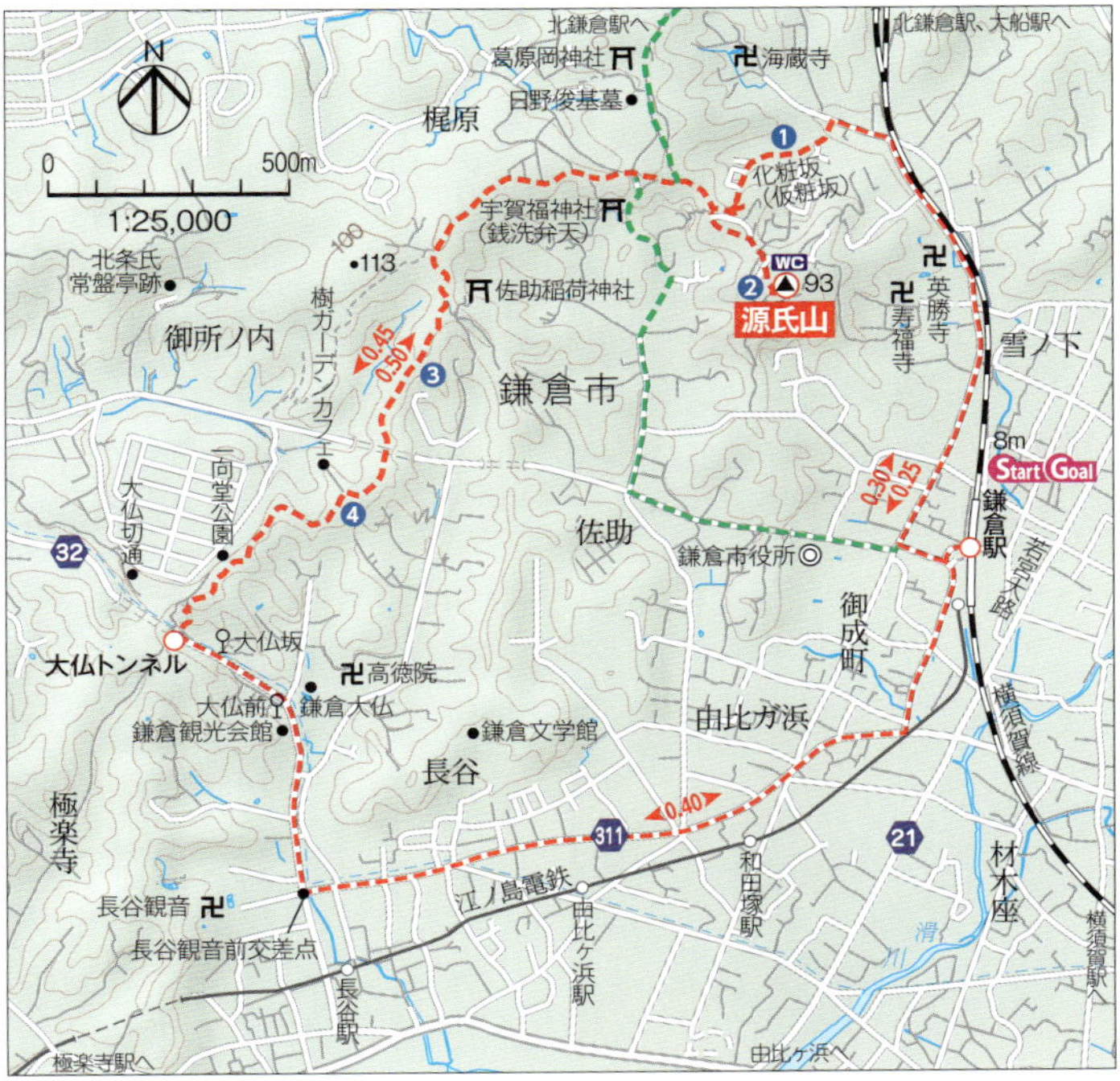

英勝寺をすぎ、JR横須賀線のガードを右に見て左折し、海蔵寺《かいぞうじ》手前を左折して化粧坂《けわいざか》を登る。山を切り開いた化粧坂は、新田義貞鎌倉攻めの際の激戦地である。少しすべりやすいところもあるが、注意して登りきると**源氏山**に着く。武家の都、鎌倉の創始者である源頼朝の像がある。広場となっていて、昼食には都合がよい。

ここからの登山道は、整備された静かな山道である。大仏方面に進むが、途中で左に下ると銭洗《ぜにあらい》弁天《べんてん》（宇賀福《うがふく》神社）がある。さらに進み、佐助稲荷《さすけいなり》に下る分岐をすぎると、樹《いつき》ガーデンカフェへの分岐に出て、さらに10分ほど進み、**大仏トンネル**の上に出る。石段を下り、大仏前を通っていけば江ノ島電鉄長谷《はせ》駅だが、長谷観音前交差点を左折して**鎌倉駅**まで歩く。個性的な店が多く、ぶらりと眺めながら、鎌倉の町を楽しんでいこう。

（清水充治）

CHECK POINT

1 化粧坂の登り

2 源氏山山頂

3 静かな山道

4 樹ガーデンカフェへの分岐

88

房総から大島まで遠望できる展望の丘陵歩き

武山・三浦富士

たけやま 200m
みうらふじ 183m

日帰り

歩行時間＝2時間15分
歩行距離＝6・0km

技術度
体力度

コース定数＝10
標高差＝184m
累積標高差 376m 380m

三浦《みうら》半島で最も南に位置する山並みが、武山から三浦富士の連なりである。山頂からは東京湾と相《さ》模《がみ》湾を望み、その先に三浦半島の先端がのび、南の景色はとりわけ雄大だ。

武山山頂から東京湾を見下ろす。遠くには海ほたるも見える

武山の山頂にはツツジが一面に植えられている

竹川《たけかわ》バス停から進行方向に60㍍《メートル》ほど進み、左折して里川《さとかわ》橋を渡る。道なりに右に曲がり、坂を登っていくと、正面に大きな家のある**T字路**に出る。左へ急な坂を登り、ひと汗かくころ、横須賀《よこすか》市水道局の配水施設が右にある。

道は舗装されて歩きやすく、このあたりから桜並木になり、次にツツジ並木となる。そのうち、なだらかになると**武山**山頂にたどり着く。武山不動尊が祀られ、展望台もあり、海ほたるや伊豆大島《いずおおしま》まで望むことができる。一帯にはツツジが植えられ、4月末から5月はじめにかけて見ごろを迎え、訪れる人も多い。

■鉄道・バス
往路＝JR横須賀線横須賀駅または京浜急行線横須賀中央駅から、三浦海岸か長井方面への京浜急行バスに乗り、竹川バス停下車。
復路＝京浜急行津久井浜駅を利用する。

■マイカー
登山口周辺には駐車場がないため、車でのアクセスは不可。

■登山適期
春はツツジが美しい。4月下旬から5月にかけてが見ごろで、サクラも多く、最高のシーズンだ。冬は木々の葉が落ちて見晴らしがよくなり、空気も澄んで大展望が得られる。梅雨時期から夏の暑い時期は避けた方がよい。

■アドバイス
▽竹川バス停へは、横須賀線衣笠駅から7分ほど歩いた京浜急行バス衣笠十字路から乗ると、市内の交通渋滞に巻きこまれることなく、竹川まで行ける。
▽毎年4月下旬には武山つつじ祭りが行われる。
▽家族連れや時間に余裕のある時は、三浦富士の山麓にある観光農園に立ち寄ってみると楽しい。みかん狩りは10月初旬から11月まで、イチゴ狩りが1月から5月中旬まで。

■問合せ先
横須賀市観光課☎046・822・

武山山頂に祀られている武山不動尊

続いて頂上トイレ左の道を進んで階段を下り、よく整備された道を歩いて砲台山を目指す。砲台山の巻道分岐を左折、頂上を踏んでいこう。**砲台山**山頂には無線中継所と第二次世界大戦中に置かれた砲台跡があり、昔をしのばせる。

分岐に戻り、巻道を進むとすぐに見晴らし台があり、三浦半島の先端を望み、伊豆大島も遠望できる。なだらかな山道を進み、尾根通しに歩くと、ほどなく浅間《せんげん》神社奥宮の石碑が立つ**三浦富士**山頂に着く。明治時代の登山記念碑があり、信仰の山であることがうかがえる。

下山は、左に長沢《ながさわ》への道もあるが、右の手すりのある階段を下り、警察犬訓練所の二股を右折、農道を道なりに下る。途中**農業用水池**を左に見て直進し、畑の中を歩く。やがて正面に津久井浜《つくいはま》高校が見え、各分岐を道標の「津久井浜駅」方面へと進んでいく。津久井浜高校前を通って**京浜急行津久井浜駅**へ。

（清水充治）

4000、津久井浜観光農園事務局☎046・849・4506（観光農園）、京急バス衣笠営業所☎046・851・5500

■2万5000分ノ1地形図

浦賀

CHECK POINT

1 里川橋を渡り、T字路へ向かう

2 武山山頂間近から相模湾を望む

3 砲台跡で往時をしのんだら分岐に戻り巻道を行く

4 三浦富士山頂の浅間神社奥宮

概説

山梨県の山

――長沢 洋

47都道府県中32番目という狭い面積の山梨県に、日本でも指折りの高い山々が指呼の距離で覇を競う。前衛の派生尾根には、それら名だたる高山を間近に仰ぐ、さまざまな中・低山が列をなす。さらには、県境で多くの山を本県と折半する長野、静岡両県の、同じくわが国の屋根を形づくる山々の借景。山から山を眺めるのは登山の大いなる楽しみのひとつであるが、これだけの大スターたちと個性豊かな脇役陣が同じ舞台に勢ぞろいする県はほかにない。それだけに登山という遊びが求める要素の多くが山梨県にあることは、推して知るべしである。

観光や登山の対象としての山の評価は、知られ、眺められ、登られて決まる。地勢の特徴のみならず、東京首都圏に隣接するという社会地理的条件が本県を観光地として山岳県たらしめたのを忘れてはならない。

近代登山の発生は、産業革命とそれに伴う移動手段の発達に原因があるが、要するに普段の生活が都会的になればなるほど一方で人は自然を希求した。よって、わが国最大の都会がおのずと生んだ同じく最大の登山人口が、近くて交通の便がよい山の宝庫である山梨県を活動の場としたのは、当然のことである。

その結果、高山のみならず、隅々の中・低山までがくまなく歩かれ、案内書その他によって喧伝され、人口に膾炙されるにいたった。つまり、山梨県の山は総じて登山者の影が濃いのである。

●おもな山域の特徴

●富士山　本県の高山の代表をあげよとなれば、これはもう富士山《ふじさん》である。山梨県の山歩きをひとことで表せば、「富士山をめぐる山歩き」といっても過言ではない。その周囲を取り囲む本県の山々からは、八面玲瓏とはいうものの、各々異なった姿の富士山を望むことができる。

本書で取り上げた山々はすべて、多かれ少なかれ富士山の展望を売り物とする。標高、容姿、歴史、あらゆる点で傑出した山梨県、というより日本の山の象徴である。

●南アルプス　県の中心である甲府盆地や、盆地をめぐる山々のいたるところから望む南《みなみ》アルプスの大いなる山脈こそ、山梨県を代表する山岳景観である。北端の金字塔・甲斐駒《かいこま》ヶ岳《たけ》、前衛の鳳凰《ほうおう》三山(未掲載)、他県ではあるが、悪《わる》沢岳《さわだけ》、赤石岳《あかいしだけ》、聖岳《ひじりだけ》の巨人たち。わけても日本第二の高峰・北岳《きただけ》(3193メートル)をはじめとする白《しら》峰《ね》三山のおおどかで堂々たる連なりこそ、会の西の鎮にふさわしい。明治の末、野尻抱影(随筆家・天文民俗学者)が「甲斐の存在は、甲斐が根ありて、初めて認められる心地仕候」と小島烏水にしたためたごとく、山を見る人、登る人にとって、昔も今も白峰は本県の山の顔「甲斐《かい》ヶ根《ね》」である。

●奥秩父　奥秩父《おくちちぶ》は、田部重治の

レンゲツツジ咲く６月の甘利山

紀行で知られる笛吹川《ふえふき》東沢《ひがし》をはじめ、多くの美しい沢を秘めた深い黒木の森。そんな森に覆われた重厚な稜線が、2500メートル内外の、わが国では第一級の高さの山々を興しながら、県の北を限ってうねる。その中にあっては、なんといっても金峰山《きんぷさん》がこの山地の盟主である。その山容の膨大さは日本アルプス級の山にもめったにはなく、甲斐の国の北鎮たる貫禄充分。金峰山を含む甲武信岳《こぶしだけ》（未掲載）から西に連なる長野県境をなす山稜は、日本の中央分水嶺でもある。

北杜市長坂湖からの甲斐駒ヶ岳

●八ヶ岳　甲府《こうふ》盆地から北西、釜無《かまなし》川の上流方向（諏訪口《すわぐち》という）の空を、実に美しいスカイラインが限っている。富士山のそれにも匹敵する、八ヶ岳《やつがたけ》のコニーデの稜線である。

本県は主峰・赤岳《あかだけ》から南東部分の、面積でいえば八ヶ岳全体のせいぜい6分の1程度を占めるにすぎないが、そのエッセンスは充分に備える。特に甲州《こうしゅう》側の麓から見る、冗漫になるすんでのところで踏みとどまった幅で左右に優美な裾を引く赤岳を中心にきりりと引き締まった八ヶ岳の姿は、山岳美のひとつの典型である。

●気候と四季の魅力

なまよみの「甲斐」は、山間の狭い場所をいう「峡」の転化だという。確かに県東部や富士川下流域にはそんな山里も多いが、その語感とはうらはらに、甲斐の山々は全般に底抜けに明るい。県央・甲府盆地の空の広さや高冷地ゆえ植林もスギやヒノキよりはカラマツが多いことにもよるのだろうが、なんといっても降水量の少なさと、日照時間の多さがともに全国トップクラスという内陸性気候が山々を明るくしているのだと思う。「お山は晴天」率がとても高いのである。

冬場も太平洋側の気候に属するため、概して晴天の日が多い。一部の高山をのぞけば積雪量は少ないが、低山でも冷えこみは厳しい。いったん融けた雪が凍りついていたり、少ない雪でも登山者に踏み固められていたりすれば、始末が悪い。冬は足回りの準備を怠ってはならない。

桃色に染まる甲府盆地を眼下に、霞に淡く溶けこむ残雪の白峰を眺め、尾根をゆく春。

里の初夏、山ではあらゆる草木が萌え出づる春である。山梨県は梅雨時もじめじめとした日は続かない。富士山に農鳥《のうとり》現れ、若葉色にツツジが映え、命みなぎる。

凛とした朝の大気、早くも湧く入道雲、雷雨のあとのハイマツと岩と土の匂い、狂乱の去った静かな夕暮れ。標高3000メートル、真夏の稜線。

高い山の絢爛が里に降りてくるころには、すでにその山肌には白い化粧が施されている。積もった落ち葉をラッセルして進む、やけに明るくなった晩秋の尾根道。

西高東低、冬型の強まった朝、凍てついた大気は触れると切れそうだ。紺碧の空の下、甲斐の峰々は白皚々として音もない。

甲府盆地側からの八ヶ岳は、赤岳を頂点に間然するところがない

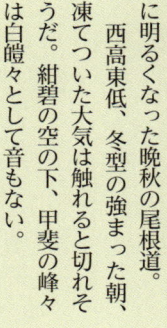

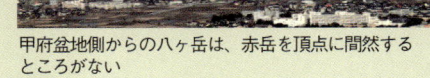

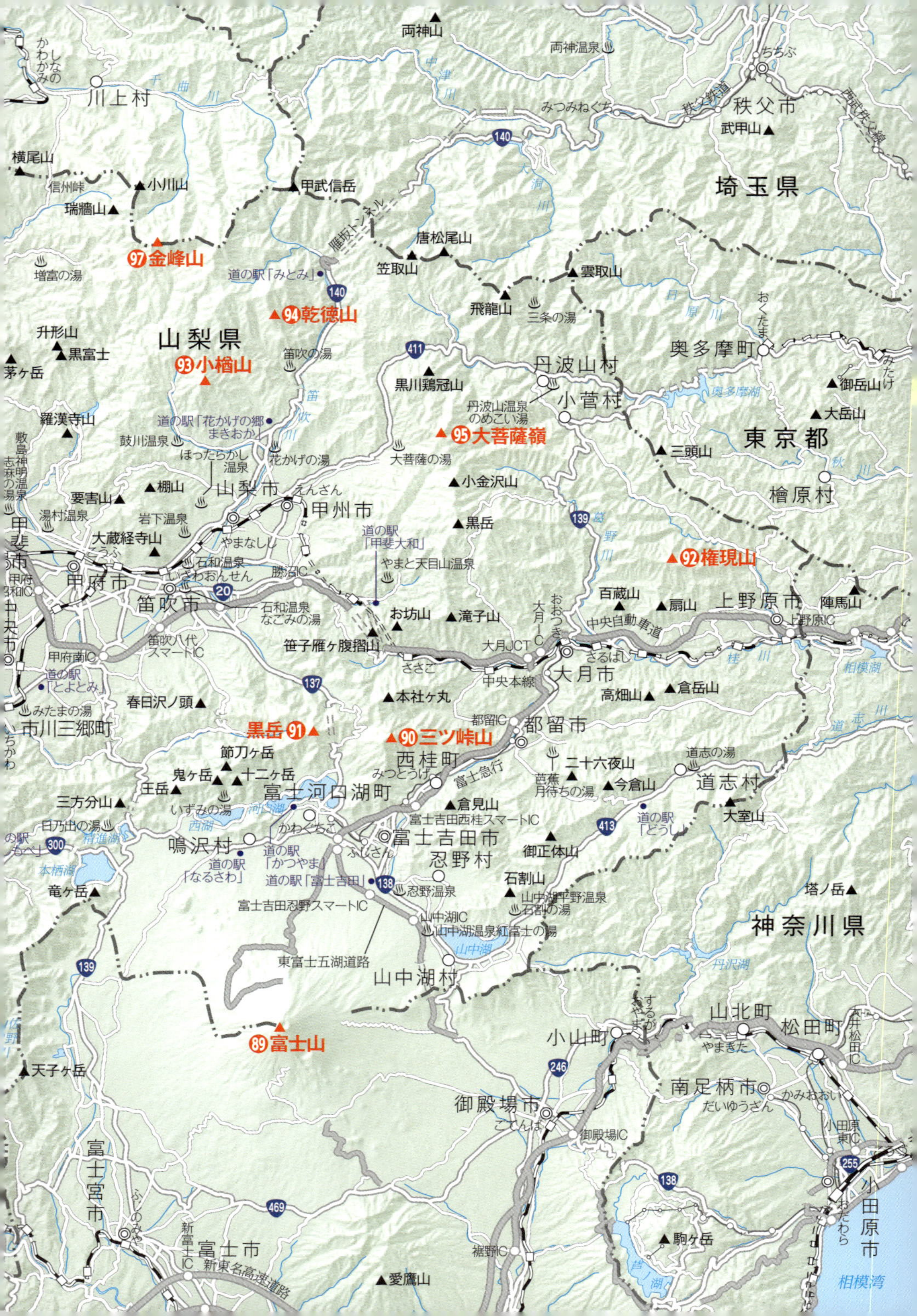

両神山
両神温泉
ちちぶ
秩父市
秩父鉄道
西武秩父線
みつみねぐち
武甲山
140
埼玉県
かわかみ
しなの
川上村
千曲川
横尾山
信州峠
小川山
瑞牆山
甲武信岳
雁坂トンネル
唐松尾山
笠取山
97 金峰山
増富の湯
道の駅「みとみ」
雲取山
飛龍山
三条の湯
94 乾徳山
おくたま
奥多摩町
日原川
升形山
黒富士
山梨県
茅ヶ岳
93 小楢山
笛吹の湯
411
黒川鶏冠山
丹波山村
丹波山温泉 のめこい湯
小菅村
奥多摩湖
御岳山
みたけ
大岳山
羅漢寺山
道の駅「花かげの郷 まきおか」
鼓川温泉
ほったらかし温泉
花かげの湯
大菩薩の湯
95 大菩薩嶺
東京都
三頭山
秋川
檜原村
敷島神明温泉 志麻の湯
棚山
山梨市
要害山
えんざん
甲州市
小金沢山
湯村温泉
岩下温泉
道の駅「甲斐大和」
黒岳
139
大蔵経寺山
やまなしし
石和温泉
いさわおんせん
甲斐市
甲府市
甲府昭和IC
笛吹市
勝沼IC
やまと天目山温泉
92 権現山
20
石和温泉 なごみの湯
お坊山
滝子山
百蔵山
扇山
上野原市
上野原IC
陣馬山
中央自動車道
中央市
笹子雁ヶ腹摺山
大月IC
おおつき
大月JCT
さるはし
笹吹八代スマートIC
甲府南IC
ささご
中央本線
大月市
桂川
相模湖
道の駅「とよとみ」
137
本社ヶ丸
高畑山
倉岳山
春日沢ノ頭
みたまの湯
市川三郷町
いちかわ
都留IC
都留市
黒岳 91
90 三ツ峠山
道志川
節刀ヶ岳
西桂町
道志の湯
鬼ヶ岳
十二ヶ岳
みつとうげ
富士急行
二十六夜山
芭蕉月待ちの湯
今倉山
道志村
王岳
富士河口湖町
河口湖
三方分山
いずみの湯
西湖
倉見山
大室山
日乃出の湯
精進湖
かわぐちこ
富士吉田西桂スマートIC
道の駅「どうし」
413
道の駅 「なるさわ」
300
鳴沢村
道の駅「かつやま」
ふじさん
富士吉田市
御正体山
本栖湖
道の駅「なるさわ」
忍野村
道の駅「富士吉田」
138
忍野温泉
石割山
塔ノ岳
竜ヶ岳
富士吉田忍野スマートIC
山中湖平野温泉 石割の湯
神奈川県
山中湖IC
山中湖温泉紅富士の湯
山中湖
東富士五湖道路
丹沢湖
139
山中湖村
するがおやま
山北町
松田町
大井松田IC
89 富士山
小山町
やまきた
天子ヶ岳
246
南足柄市
かみおおい
だいゆうざん
御殿場市
ごてんば
御殿場IC
小田原東IC
富士宮市
255
138
小田原市
ふじのみや
469
駒ヶ岳
芦ノ湖
おだわら
新富士IC
富士市
新東名高速道路
裾野IC
愛鷹山
相模湾

山梨県の山 全図

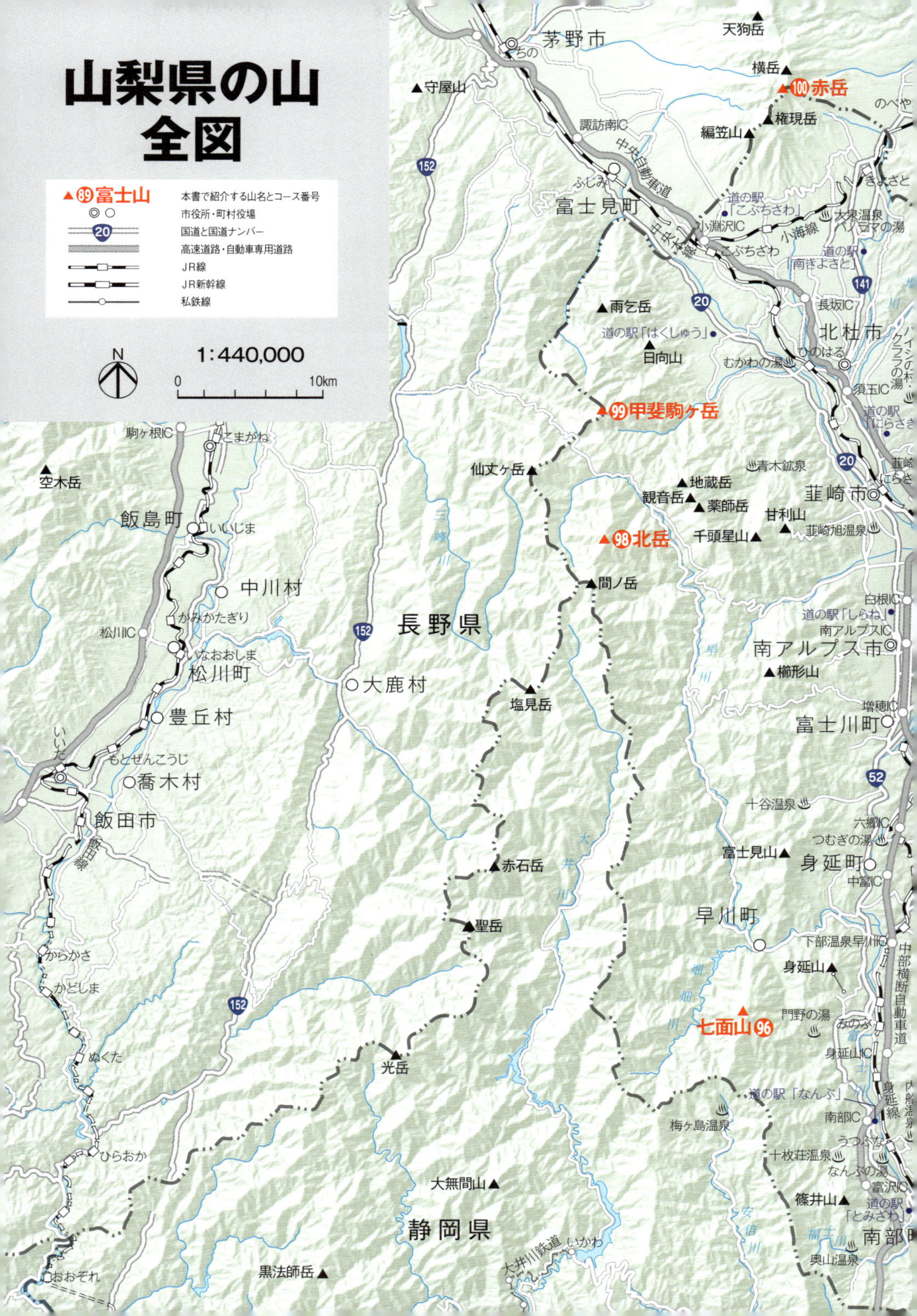

▲89富士山 本書で紹介する山名とコース番号
◎ ○ 市役所・町村役場
20 国道と国道ナンバー
高速道路・自動車専用道路
JR線
JR新幹線
私鉄線
N
1:440,000
0
10km
天狗岳
茅野市
ちの
横岳
100赤岳
守屋山
権現岳
のべやま
諏訪南IC
編笠山
152
中央自動車道
ふじみ
富士見町
道の駅「こぶちさわ」
小淵沢IC
こぶちさわ
大泉温泉
パノラマの湯
小海線
道の駅「南きよさと」
141
雨乞岳
20
長坂IC
道の駅「はくしゅう」
日向山
北杜市
むかわの湯
ひのはる
須玉IC
道の駅「にらさき」
99甲斐駒ヶ岳
駒ヶ根IC
こまがね
空木岳
仙丈ヶ岳
青木鉱泉
地蔵岳
観音岳
薬師岳
甘利山
韮崎市
飯島町
いいじま
三峰川
98北岳
千頭星山
韮崎旭温泉
間ノ岳
中川村
かみかたぎり
白根IC
道の駅「しらね」
松川IC
152
長野県
南アルプスIC
南アルプス市
いなおおしま
松川町
早川
櫛形山
大鹿村
塩見岳
増穂IC
豊丘村
富士川町
いいだ
もとぜんこうじ
喬木村
52
飯田市
十谷温泉
飯田線
六郷IC
大井川
つむぎの湯
富士見山
赤石岳
身延町
中富IC
早川町
聖岳
下部温泉早川IC
からかさ
身延山
中部横断自動車道
かどしま
雨畑川
門野の湯
みのぶ
152
七面山96
身延山IC
ぬくた
光岳
身延線
道の駅「なんぶ」
南部IC
梅ヶ島温泉
うつぶな
ひらおか
十枚荘温泉
なんぶの湯
富沢IC
大無間山
篠井山
道の駅「とみざわ」
安倍川
静岡県
南部町
福士川
大井川鉄道
いかわ
奥山温泉
おおぞれ
黒法師岳

日本の文化を育んだ、国を象徴する山
富士山

一泊二日

ふじさん
3776m（剣ケ峰）

1日目　歩行時間＝3時間20分　歩行距離＝4・1km
2日目　歩行時間＝7時間30分　歩行距離＝12・9km

技術度
体力度

コース定数＝42

標高差＝1472m

累積標高差 ↗1675m ↘1675m

クジラのような形の山中湖。手前の草原は北富士演習場

富士山はいわずと知れた日本の山の象徴である。日本一高く、膨大で端正な山が、島国である日本のちょうど表玄関のような海際にそびえ立っているのである。すべてが傑出しているがゆえに「偉大なる通俗」になってしまう典型的な例である。

２０１３年に世界文化遺産に登録されたことでさらにクローズアップされ、夏の登山者はことに多くなっている。

山梨県側からの登路は、河口湖《かわぐちこ》口《ぐち》五合目を起点とする最も登山者の多い吉田《よしだ》ルートである。車で五合目までいっきに登っているのだから、身体を高さに馴らすことが大切である。

一般的には一泊二日で登る。初日はあまり高くまで登らないで泊まり、翌日できるだけ早く出発して登頂するとよい。本稿では八合目で宿泊する設定で紹介する。ただし、高度順応は個人差が大きいので、不安であれば、五合目や七合目に泊まることも考えて行動することにしよう。

第1日　富士スバルラインの終点、土産物店の立ち並ぶ**河口湖口五合目**の雑踏を抜け、下り気味に砂礫の車道を歩く。すでに見わたす山々を眼下とする高さである。泉《せん》ヶ滝《たき》分岐で佐藤小屋へ続く車道と別れ、右へと登山道に入る。**六合目**の安全指導センターをすぎ、下山路と合流すると、いよいよ本格的な登りがはじまるが、最初はまだ傾斜も緩やかだ。

七合目最初の山小屋である花小屋から八合目の蓬莱館あたりまでは岩尾根上に建つ山小屋を次々に通過しながらの急登で、実に苦しいところである。夏の最盛期には七合目トモエ館の上に救護所がある。あまり上を見ないように登るのが賢明だ。七合目から**八合目**にかけては山小屋が連続する。早めにそのいずれかに宿をとって体を休めることにしよう。

第2日　富士山の朝は、夜が明ける前からライトの列が山頂まで続く。山頂かその直下でご来光を拝したいなら、午前3時前後から歩きはじめるといいだろう。

須走《すばしり》ルートを合わせるのは**本八合**、すでに日本では富士山以外にここより高い地点はない。なんら

■鉄道・バス
往路・復路＝富士急行河口湖駅から富士急バスに乗車、約50分で富士山五合目へ。あるいはバスタ新宿から中央高速バスで富士山五合目へ直行

御坂峠から見る５月はじめの富士山。河口湖を前景とする風景は日本人がイメージする富士山そのものだろう

かの高山病の症状の出る人が多くなる。あわてないことである。

山頂の石鳥居は手が届きそうな距離に見えるが、ここからがまた苦しい。登山道も狭くなる上に、立ち止まる人が増えるので最盛期には渋滞する。

ようやくたどり着いた吉田ルート頂上にある**久須志神社**《くすし》に拝礼をすませ、山小屋の建ち並んだ富士山銀座を通り抜ける。火口が一望でき、ついに頂上に着いたと実感

白山岳は剣ヶ峰に次ぐ高さである

することもできる（約2時間25分）。

■マイカー
中央自動車道河口湖ICから富士スバルライン約23・5㌔で富士山五合目。マイカー規制中はスバルライン料金所付近の富士北麓駐車場まで。

■登山適期
登山を常日頃の趣味として楽しんでいる人なら、観光客にペースを狂わされるような、7月下旬～8月中旬の最盛期は避け、同じ夏でも7月1日の山開きから夏休みがはじまるまでと、お盆の終わった8月下旬～9月初旬ごろに登るのが賢明。

■アドバイス
▽富士スバルラインは例年7月上・中旬～9月上・中旬にマイカー規制される（詳しくは山梨県道路公社ホームページへ）。規制中は料金所付近の富士北麓駐車場にマイカーを置いてシャトルバスで登る。
▽河口湖口に戻る必要がなければ、砂走りを使える御殿場口、須走口に下るのが楽しい。

■問合せ先
富士吉田市役所☎0555・22・1111、富士急バス本社営業所☎0555・72・6877、中央高速バス☎03・5376・2222、富士山有料道路管理事務所☎0555・72・5244

■2万5000分ノ1地形図
富士山・須走

吉田口頂上付近から火口を隔てて、かつてレーダードームがあった剣ヶ峰を見る

できるだろう。正面に、富士山最高点**剣《けん》ヶ峰《みね》**が見える。余力があればその頂上を踏み、お鉢めぐりをするのもよいだろう。

下山路は富士山銀座のはずれからはじまるブルドーザー道を利用する。砂礫の道は決して歩きやすいとはいえないが、それでも登りとは段違いのスピードが出る。

八合目江戸屋で須走ルートを分けるが、河口湖口に戻るつもりで、須走へ下ってしまう人が相変わらず多いようなので要注意だ。案内板をよく確認すること。小屋で休むならここが最後となる。

砂ぼこりのたつ道をひたすら下り続け、公衆トイレまでたどり着くと傾斜が緩み、シェルターをくぐる。**六合目**で往路の登山道と合流して、**河口湖口五合目**へ戻る。無事下山した報告を兼ねて小御岳神社に参拝してから帰ろう。

（長沢　洋）

CHECK POINT

1

五合目駐車場付近は、山には登らない観光客でいつもにぎわっている

2

まず平坦な車道歩きから登山ははじまるが、すでに雲上の道である

3

泉ヶ滝分岐で佐藤小屋へ向かう車道と分かれて登山道へ入るが、傾斜はまだ緩い

4

六合目にある富士山安全指導センターは、富士吉田警察の派出所も兼ねている

5

六合目近くで下山道が合流したのちは、登りだけの一方通行の道となる

6

六合目をすぎると頂上にいたる小屋群が見えてくるが、なかなか近づかない

7

小屋の間を通って本八合をすぎると、いよいよ胸突八丁の急登がはじまる

8

吉田口山頂の久須志神社付近は富士山銀座とよばれ、登山者でにぎわっている

9

広い下山道は足まかせに下れるが、砂礫の道なのでスパッツがあると助かる

10

八合目をすぎると下山道には小屋がない。雷や悪天時には避難小屋を利用する

11

七合目の公衆トイレをすぎると道の傾斜が緩くなって六合目へと向かう

12

シェルターをくぐって山腹を横切り、六合目へ

山梨県側から富士山に登る際は、通行料（1人2000円）と、協力金（1人1000円・任意）をお願いしている。また、吉田ルート五合目の登山道入口にゲートを設け、山小屋の宿泊予約がある人などを除いて以下の通行規制を行う。①16時～翌日3時の時間帯に登下山道の閉鎖、②登山者が1日あたり4000人を超える場合にも登下山道を閉鎖する。詳細は「富士登山オフィシャルサイト」へ

90

最も均整がとれた富士山。富士写真家のメッカ

三ツ峠山《みつとうげやま》

1785m（開運山）

日帰り

歩行時間＝5時間
歩行距離＝12・2km

技術度

体力度

コース定数＝22	
標高差＝550m	
累積標高差	↗835m ↘1235m

三ツ峠山頂（開運山）。前景にのびているのが府戸尾根

山頂から御坂主稜と南アルプス

昭和の登山ブームのころ、県内で大菩薩峠と人気を二分した山である。富士山の展望台としての価値もさることながら、草原やお花畑、ロッククライミングゲレンデがその魅力を増している。

富士急行三つ峠駅から登るかつてのメインコースは、ごく短時間で登れる御坂口《みさかぐち》コースに王座を奪われた。こちらへはハイキングバスが通年で運行されている。

ここでは、御坂口から登り、下りは頂上から河口湖の船津《ふなつ》まで長くのびる府戸《ふと》尾根を富士山を正面に下ってみよう。

三ツ峠登山口バス停で降りたら、御坂旧国道から分岐する西川《にしかわ》林道の舗装路をしばらく登り、左に分岐する未舗装の清八《せいはち》林道へと入ったところから登山道がはじまる。ここまで車が入れるが、駐車スペースは狭い。登山道は、車で荷上げもする道でもあるので、荒れた林道を登るといった感だ。

いったん平坦になった場所にはベンチがある。ここからひと登りで木無山《きなしやま》の北側を巻くようになると高原風の景色が広がり、甲府盆地側の山々が見えてくる。

■鉄道・バス

往路＝富士急行河口湖駅から富士急バスで25分、三ツ峠登山口下車。9時50分発の1便のみのため、他の時間は便数の多い三ツ峠入口バス停から徒歩で登山口へ（約1時間15分）。

復路＝河口湖駅から帰途につく。

■マイカー

三ツ峠山への往復なら、バス停から林道を少し入ったところに登山者用の駐車場がある。河口湖畔の船津浜駐車場などに車を置き、バスで登山口まで行けば楽に周遊できる。

■登山適期

四季を通じて楽しめる。積雪期はそれなりの用意がいるが、通年営業の山小屋が2軒あるのが心強い。花の多い山だから、初夏から初秋にかけてが花好きの人には楽しめよう。

■アドバイス

▽ロープウェイ富士見台駅から湖畔までは多くのアジサイが植えられ、花期はみごと。ロープウェイに乗ってしまうと見られない。湖畔から河口湖駅までは歩いて10分程度。

■問合せ先

富士河口湖町役場☎0555・72・1111、三ツ峠山荘☎0555・76・7473、四季楽園☎0555・76・7566、富士急バス本社営業所☎0555・72・6877

■2万5000分ノ1地形図

河口湖東部・富士吉田

上：四季楽園
下：三ツ峠山荘

ロープウェイ富士見台駅からの河口湖

その先で道は2軒の山小屋へと二手に分かれるが、どちらに行っても時間は変わらない。山頂へは四季楽園《しきらくえん》の前を通りすぎて、少々すべりやすい急斜面を登る。**開運**《かいうん》**山**《ざん》頂上からは富士山の絶景はいわずもがなで、北から東にかけてこそ林立する電波塔に視界をじゃまされるものの、遠く北アルプスまで眺めは広い。

富士山方面にうねって落ちていく尾根がこれからたどる府戸尾根である。四季楽園まで戻り、三ツ峠山荘前を通って、木無山の草原の縁を柵に沿って歩く。

右に母ノ白滝への道を分けると長い下りがはじまる。道は概して尾根の河口湖側につけられている。やがて**送電線鉄塔**の建つ草地で眺めが開ける。

霜山《しもやま》を経て**西川林道**を横断し、天上山を越えて**ロープウェイ富士見台駅**まで来たら、付近はいっきに俗な観光地で長居は無用だ。あじさい公園になっている尾根伝いに下り、突き当たった車道を右に行けば**河口湖畔**へ、左へ行けば河口湖駅へ出られる。（長沢 洋）

CHECK POINT

登山口には駐車場とトイレがある。広くはないので、休日には車であふれる

三ツ峠山荘への分岐。直進は四季楽園に通じる。どちらへ行っても大差ない

電波塔の林立する最高点開運山。岩登りのゲレンデ、屏風岩の頂上でもある

母ノ白滝分岐付近が木無山で、植生保護のため歩道以外は立入禁止である

尾根の西側山腹を歩くことが多いが、やがていかにも尾根道らしくもなる

送電鉄塔の建つ地点で再び現れた富士は、前にも増して大きくなっている

霜山をすぎると今度は尾根の東側を歩くようになり、やがて西川林道を横切る

天上山への登りは短いが、それまでずっと下りっぱなしだった足にはつらい

小御嶽神社のある天上山山頂からは、富士山は杉の木の間に見える

ロープウェイ富士見台駅付近は観光客だらけなので、さっさと通過するに限る

ナカバ平展望公園には富士山に碑面を向けて太宰治の文学碑が建っている

周囲に多くのアジサイが植えられた歩道を下り、護国神社で車道に出る

＊コース図は310ページを参照。

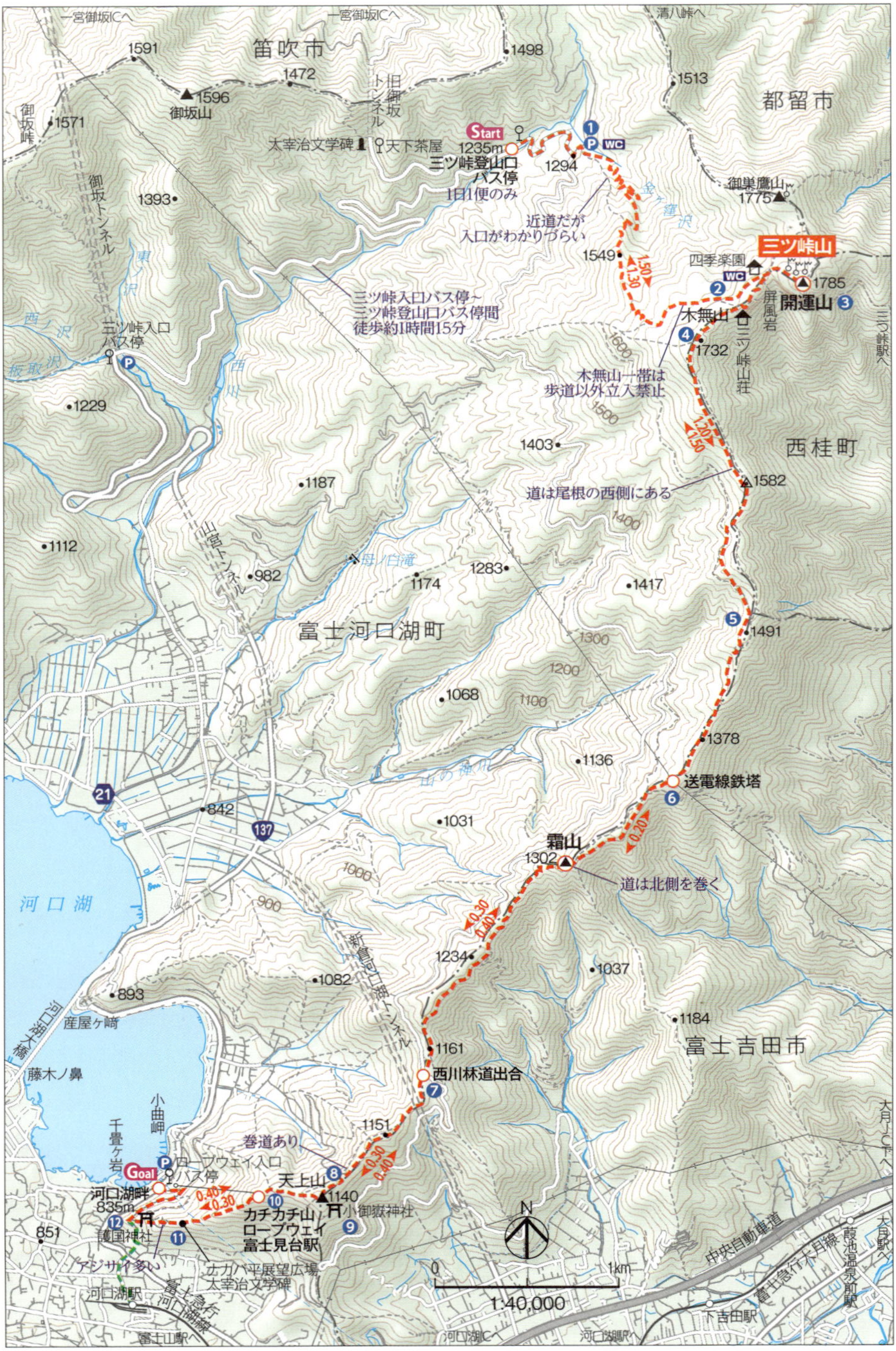

一宮御坂ICへ
一宮御坂ICへ
清八峠へ
笛吹市
都留市
1591
1472
1498
1513
▲1596
御坂山
御坂峠
1571
旧御坂トンネル
Start
太宰治文学碑
天下茶屋
1235m
三ツ峠登山口
バス停
1日1便のみ
1294
WC
御坂トンネル
1393
御巣鷹山
1775
近道だが
入口がわかりづらい
1549
1:50
1:30
三ツ峠山
四季楽園
WC
1785
開運山
屏風岩
木無山
1732
三ツ峠山荘
三ツ峠駅へ
東沢
西ノ沢
板取沢
三ツ峠入口
バス停
三ツ峠入口バス停～
三ツ峠登山口バス停間
徒歩約1時間15分
木無山一帯は
歩道以外立入禁止
1600
1500
西川
1229
1403
1:20
1:50
西桂町
1187
1582
道は尾根の西側にある
1400
1112
山宮トンネル
982
母ノ白滝
1174
1283
1417
富士河口湖町
1491
1300
1200
1068
1100
1378
1136
山の神川
送電線鉄塔
21
842
137
1031
0:20
霜山
1302
道は北側を巻く
1000
河口湖
900
0:30
0:40
1234
新倉河口湖トンネル
1037
1082
893
河口湖大橋
産屋ヶ崎
1184
1161
富士吉田市
藤木ノ鼻
西川林道出合
大月JCTへ
小曲岬
千畳ヶ岩
1151
巻道あり
0:30
0:40
Goal
ロープウェイ入口
バス停
天上山
河口湖畔
835m
0:40
0:30
1140
小御嶽神社
カチカチ山
ロープウェイ
富士見台駅
N
851
護国神社
カチカチ山展望広場
太宰治文学碑
アジサイ多い
河口湖駅
富士急行河口湖線
富士山駅
中央自動車道
富士急行大月線
葭池温泉前駅
大月駅へ
下吉田駅
河口湖IC
河口湖IC
0
1km
1:40,000

91

富士山を友に、御坂山地最高峰を越えて縦走する

黒岳

くろだけ
1793m

日帰り

歩行時間＝6時間25分
歩行距離＝10・8km

技術度

体力度

コース定数＝26

標高差＝783m

累積標高差 ↗1055m ↘1125m

河口湖北岸、河口湖美術館付近からの御坂黒岳

錦秋の船津浜からの御坂主稜。中央右が黒岳

小広い草地が広がる大石峠

河口《かわぐち》湖畔からは富士山にばかり目がいくが、北岸に連なる御坂《みさか》山地を忘れてもらっては困る。その盟主・黒岳の堂々たる根張りはなかなかたいしたものである。もっとも、その富士山を眺めながらの山歩きが御坂の山の楽しさでもある。

黒岳をはさんで東西にある、いずれも歴史の古い御坂峠と大石《おおいし》峠

■鉄道・バス
往路＝富士急行河口湖駅から富士急バス16分、三ツ峠入口バス停で下車。ダイヤは事前に確認のこと。
復路＝大石峠バス停から富士急バス38分で河口湖駅へ。

■マイカー
河口湖畔の船津浜駐車場などに車を停めて、バスを利用すれば縦走登山も可能。黒岳を往復するだけなら三ツ峠入口バス停そばに数台の駐車スペースがある。

■登山適期
新緑か紅葉の時季がよい。稜線の北側に道があることも多いから、積雪期はそれなりの足ごしらえが必要だ。

■アドバイス
▽バス利用なら、御坂峠を北側の藤野木から登ってみるのもおもしろい。しっとりした樹林帯は、ことに紅葉の時季がすばらしい。大石峠からは芦川へ下ってみるのもいい。峠道の雰囲気は大石側よりはるかによい。
▽黒岳からは南稜を経て三ツ峠入口バス停への道もあるので、黒岳だけというならマイカー向きの周回コースもとれる。

■問合せ先
富士河口湖町役場☎0555・72・1111、富士急バス本社営業所☎0555・72・6877

■2万5000分ノ1地形図
河口湖東部・河口湖西部

を2つ結んだ縦走は、御坂山地東部のエッセンスをすべて味わえるといっていいだろう。

三《み》ツ峠《とうげ》入口バス停でバスを降りたら、新御坂トンネルのすぐ手前から右に現在の御坂峠（天下《てんか》茶屋のある場所）への車道が分岐する。本来の峠道はその車道に入ってすぐ左手にはじまる。登るにしたがって明るさを増し、美しい広葉樹の枝越しに富士山が見えてくる。たどり着いた**旧御坂峠**には御坂茶屋（廃業）が建っている。富士山は樹木に少々隠されてしまうが、この風景が甲州富士見三景のひとつである。

黒岳展望台からの雲海の富士

西へ黒岳への縦走路は最初は緩やかだが、やがて岩をからむような急登となる。

黒岳はブナの多いしっとりとした広い頂上で、一等三角点から南に数分の展望台から富士山や南アルプスの大観が得られる。

西への縦走は、雰囲気のいい樹林帯の柔らかい地面を踏んでの快適だが急な下りにはじまる。下りきったところが**すずらん峠**で、南北に峠道がある。そこから破風山を越えた次の鞍部が**新道峠**《しんどう》で、すぐ北側へ車道が上がってきているので、付近には何ヶ所もの富士撮影のポイントがある。都合により早く下山する場合はこれら2つの峠から下らないと、大石峠《おおいし》へはまだ距離がある。

中藤山《なかっとうやま》（中《なか》ッ頭山《とうやま》・節三郎岳《せつさぶろうだけ》）へも明るい尾根道である。次の不《あ》逢山《わずやま》へは露岩を越えるところもある。相変わらずところどころで富士山側の展望が開けるが、それも気持ちのよい小広い草原の**大石峠**で最後だ。

大石へは南へ下る。古い峠道らしく、一定の傾斜で下りやすい。舗装された小道に出たら、わずかに下ると大淵谷沿いの林道に出る。やがて左に若彦トンネルへの道が並行し、**大石峠バス停**が見えてくる。

（長沢 洋）

CHECK POINT

1

国道から天下茶屋のある御坂峠へ通じる車道に入ってすぐに、旧御坂峠への峠道が分かれる

2

旧御坂峠付近には戦国時代に城があったという。注意して見ると人工的な地形が確認できるだろう

3

一等三角点のある黒岳山頂からは展望はないが、南に少し行くと富士山の大展望が楽しめる

4

黒岳から美しい樹林帯を下るとすずらん峠に着く。芦川側の麓にすずらん畑があるためこの名前がある

5

新道峠にはFUJIYAMAツインテラスが新設された。北に徒歩5分の車道終点までシャトルバスの便がある

6

大石峠は明るい草原で、のんびり休みたくなるところだ。富士が大きく眺められるのもここが最後である

7

大石峠からは、古い峠道らしく、うまく傾斜を抜いた歩きやすい道で、足まかせに下れるだろう

8

コンクリート舗装の道に出て、急に下ると大淵谷沿いの林道と合流する。あとわずかでバス停である

大石峠
1527
不逢山
1562
露岩帯あり
簡易舗装の道
大石峠バス停
940m
Goal
中藤山
(節三郎岳)
1666
1617
新道峠
富士山展望
FUJIYAMAツインテラス(第2)
FUJIYAMAツインテラス(第1)
1674
破風山
すずらん峠
黒岳
1793
南直下に展望台あり
露岩のある急坂
すずらん群生地～FUJIYAMAツインテラス間シャトルバス運行
すずらん群生地
御坂茶屋は廃業
旧御坂峠
1571
御坂トンネル
三ツ峠入口バス停
1010m
Start
1646
1554
1323
1376
1156
1016
1112
1229
1268
1295
1340
1328
1194
882
1419
1465
1244
1498
1347
1267
笛吹市
富士河口湖町
烏帽子岳
若彦トンネル
江本林
中沢
湯口
大石
広瀬
水口
大川畑
鵜ノ前
河口
子ノ神下
日影
河口湖
1:35,000
0
500m
N

92 権現山

ごんげんやま
1312m

東西に長大な稜線を持つ山。その東半分を縦走する

日帰り

歩行時間=5時間20分
歩行距離=10・5km

技術度
体力度

コース定数＝22
標高差＝702m
累積標高差 860m 1135m

↑権現山山頂から見る三頭山。手前はヒカゲツツジの坪山

権現山、百蔵山《ももくらやま》、扇山《おうぎやま》を俗に「北《きた》都留《つる》三山」とよぶ。中でもその山体の大きさから権現山を盟主とするに異論はあるまい。奥深い位置にあり、突出したピークをもたないため、わかりやすさに欠けるが、それがかえって通好みで、東西に長大な稜線をもつ茫洋とした山容には風格がある。その長い稜線歩きがこの山の魅力だから、山道はいくつもあるが、ここでは、西山麓の浅川《あさかわ》から登り、東の稜線の末端、用竹《ようだけ》まで下るコースを紹介しよう。

浅川峠から権現山を目指して登る

浅川バス停のすぐ先から分かれる林道の入口に浅川峠への道標がある。**林道終点**から山道がはじまる。暗い杉林を登っていくと、いつしか明るい尾根歩きとなり、今まで隠れていた権現山の頂上が樹林越しに見えてくる。やがて権現山と扇山を結ぶ尾根上にある**浅川峠**に着く。峠らしくない尾根上の小高い隆起の上である。

峠から北方向へ登る。はじめのうちは植林のヒノキもあるが、すぐに気分のよい自然林の尾根となる。傾斜が増すと道はうまく蛇行してつけられていて登りやすい。やがてたどり着いた稜線を右にわずかで**権現山**頂上である。扇山や百蔵山はずいぶん低く見え、富士山は遠くなったはずなのに大きく見えるのがおもしろい。北には笹《ささ》尾根の頂点に三頭山《みとうさん》が大きい。

頂上から東方向に下ると、すぐ下に山名の由来となった大勢籠《おおむれ》権現がある。途中、和見《わみ》などへの分岐を見ながら、電波塔が建つ**雨降山**《あふりやま》、表示がなければわからないような寺入山《てらいりやま》、**二本杉山**《にほんすぎやま》と徐々に高度を下げていく。長い尾根だがその分なだらかで、さほど足もとに気を遣うこともなく下れる。

墓村《はかむら》や神戸《ごうど》への分岐を見るころには暗い植林地の山道となる。やがて細い車道歩きとなり、それが県道に出て右へわずか、バイパスとの合流点に**用竹バス停**がある。

（長沢 洋）

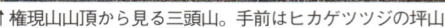

■鉄道・バス
往路＝JR中央本線大月駅から富士急バス40分で浅川バス停下車。復路＝用竹バス停から富士急バス25分でJR中央本線上野原駅へ。

■マイカー
浅川バス停先の駐車スペースを利用すれば、往復登山となる。中央自動車道大月ICから約13キロ。

■登山適期
新緑の4月下旬〜6月、紅葉の10月中旬〜11月。真夏は暑くて不快。

■アドバイス
▽大月から浅川へのバスは午前中1本しかない。人数がそろえばタクシーが手っ取り早い。
▽大勢籠権現ではかつて祭りの日に賭場が開かれたという。「おおむれ」という読みは、かつての権現山の名前であった大室山からきており、古代朝鮮語で大きな山を表すという。

■問合せ先
大月市役所☎0554・22・2111、上野原市役所☎0554・62・3111、富士急バス大月営業所☎0554・22・6600、富士急バス上野原営業所☎0554・63・1260、富士急山梨ハイヤー大月営業所☎0120・154・229、上野原タクシー☎0554・63・1232

■2万5000分ノ1地形図
上野原

CHECK POINT

1 現在、午前中一本だけの大月駅発のバスが、終点浅川に着くのが8時55分と、山歩きには好都合である

2 バス停から浅川峠までの半分は林道歩きになる。林道沿いに何箇所か駐車できるスペースがある

3 権現山頂上のすぐ西で頂稜に出て、ひと登りで頂上に着く。狭い頂上からは南北の展望がある

4 頂上の南東直下に日本武尊を祀った大勢籠権現神社がある。社殿前の自然石を彫って造られた石段がみごと

5 和見分岐。人里へはここからが近いが、バス停までとなると、コース通りに用竹へ下った方が早い

6 雨降山から北にのびる尾根を初戸へ下れるが、歩きやすいのは断然東にのびる用竹への稜線だ

7 長い稜線歩きも墓村分岐まで下るとそろそろ終わりに近い。あたりはすっかり暗い植林地となっている

8 用竹バス停の標高は330メートル。つまり権現山からほとんど1000メートル近くを下ってきたことになる

93

小楢山

こならやま
1713m

高原情緒あふれる登山道を登り、温泉へと急降下

日帰り

歩行時間=4時間5分
歩行距離=7・9km

技術度

体力度

コース定数	=15
標高差	=188m
累積標高差	↗480m ↘1205m

塩山市東部からの小楢山

塩山《えんざん》あたりからはよく目立つ小楢山の双耳峰は、なかなかの傾斜と高さで、牧丘のブドウ畑から盛り上がっている。しかしその反対側、北から西にかけての傾斜は穏やかで、柳平《やなぎだいら》や乙女《おとめ》高原の高地となっている。その一角、焼山《やけやま》峠からこの山に登り、南麓の牧平《まきだいら》に下ってみよう。下り着いたところが鼓川《つづみがわ》温泉で、間髪を入れず汗が流せるのはありがたい。

大沢山手前の幕岩は格好の休憩場所

おびただしい子授け地蔵が並ぶ**焼山峠**から緩く登っていく。途中、新旧の道が分かれるが、その先の的岩《まといわ》付近で合流する。合流してまもなく、**一杯水**《いっぱいみず》という水場で、小楢山を巻いて小楢峠に続く道から頂上への道が分岐する。それをひと登りで錫杖《しゃくじょう》ヶ原《はら》ともよばれる**小楢山**の高原状の頂上である。甲府盆地側が大きく切り開かれ、展望は抜群である。

西方向に緩く下ると、一杯水からの巻道を合わせて小楢峠へ着く。高原情緒はここで終わりなので気を引き締めよう。南へ尾根道を行くと、やがて岩場を避けて尾根の西側につけられた道となり、尾根上でひときわ目立つ幕岩の西の基部に着く。幕岩へは岩溝にかかったクサリを頼りに登ることができる。**大沢山**《おおさわやま》は幕岩のすぐ先で、四等三角点がある。

南東に下るのが父恋し道で、牧

■鉄道・バス 往路=JR中央本線塩山駅からタクシーで焼山峠へ。復路=鼓川温泉からの山梨市民バスは便数が少ない。時間に合わなければタクシーを利用して塩山駅へ。

■マイカー 紹介コースを行くなら、塩山駅周辺に駐車して、タクシーを利用。

■登山適期 カラマツの芽吹きと黄葉は5月下旬と10月下旬。錫杖ヶ原のレンゲツツジは6月中旬。冬枯れの時季も味わいがある。

■アドバイス ▽幕岩はクサリで登ることができるが、高所に弱い人だと下りが怖い。▽悪天時などには、小楢峠からは母恋し道、大沢山からは父恋し道で保健農園ホテル・フフ山梨（閉館）へ下った方が、鼓川温泉へ下るより安全である。

■問合せ先 山梨市役所（市民バスも）☎0553・22・1111、YK塩山タクシー☎0553・32・3200、鼓川温泉（日帰り入浴）☎0553・35・4611

■2万5000分ノ1地形図 川浦

鼓川温泉

平へは南西に下る。それまでになかった急坂をいっきに下って南頭の突起を越え、林道に下り立つ。「一次の峠」と道標にはある。

ここから差山《さやま》へは、クサリのかかった岩場を急登する部分もあるが、わずかな距離である。登りきったところが見返りの岩とあり、振り返ると大沢山が大きい。

差山三角点、富士見台、**妙見山**《みょうけんさん》と標高を落としていく。テレビアンテナを通過すると踏跡は薄くなり、道の傾斜は強く、足もとがすべりやすい。やがて暗い植林地になり、鹿柵の扉から農道に出る。**鼓川温泉**はすぐだ。 （長沢 洋）

CHECK POINT

乙女高原、琴川ダムの完成で出現した乙女湖がある柳平が近い焼山峠には、やはり高原情緒がある

小楢山の山頂は一名錫杖ヶ原ともよばれるような高原状で、甲府盆地側に広い展望が得られる

幕岩分岐からひと登りで狭い大沢山の山頂に着く。ここから父恋し道経由でフフに下ることもできる

林道（一次の峠）を横断すると差山の登りになる。山頂直下は岩場で、クサリがかかっている

差山から富士見台の突起を経て少し下ると妙見山の標柱が立っている。富士山方面に展望がある

94 乾徳山

けんとくさん 2031m

森林を抜けて草原を通り、そして岩の頂上へ

日帰り

歩行時間＝7時間20分
歩行距離＝10・5km

技術度 ★★★☆☆
体力度 ★★☆☆☆

コース定数 ＝30

標高差 ＝1201m

累積標高差 ↗1310m ↘1310m

扇平からの富士

甲州市塩山にある武田氏の菩提寺恵林寺の山号は乾徳山《けんとくさん》で、開祖夢窓国師が修行をしたという岩屋が乾徳山中にはあるという。この山が最も天を突く鋭鋒に見えるのは、この恵林寺の方向からである。

2000㍍《メートル》を超す高さと広闊な展望、さらに森、草原、岩場と変化に富んだ山歩きが楽しめるとあって、古くから登山者の多い山である。

徳和《とくわ》の**乾徳山登山口バス停**横には登山者用の駐車場があり、隣の公園にはトイレもある。

徳和川に沿った舗装路を登っていくと、やがて林道となる。しばらく歩くと林道脇に**登山口**の大きな標識がある。

銀晶水《ぎんしょうすい》、駒止《こまどめ》を通りすぎ、**錦晶水**《きんしょうすい》の水場でようやく傾斜が緩む。この先水場はない。登山道は高原状の国師《こくし》ヶ原《はら》に続き、ここで

■鉄道・バス
往路・復路＝ＪＲ塩山駅から西沢渓谷行きの山梨交通バスに乗り、乾徳山登山口下車。ＪＲ中央本線山梨市駅から山梨市民バスも運行。
■マイカー
乾徳山登山口バス停に隣接して2ヵ所の無料駐車場がある。中央自動車道勝沼ICから約19㌔。
■登山適期
4～11月。10月中～下旬にかけて。
■アドバイス
▽徳和から国道140号に出て、少し雁坂トンネル側に進んだところに山梨市営のみとみ笛吹の湯（☎0553・39・2610）がある。そのほか、国道沿いには何カ所も立ち寄り湯がある。
▽乾徳山からさらに尾根を北上して黒金山に登り、大ダオから東奥山窪沿いに下るコースは熟達者向き。乾徳山からバス停まで約6時間。
▽旧大平牧場上まで車で入るのが最も簡単な登山だが、車道は悪路。
■問合せ先
山梨市役所（市民バスも）☎0553・22・1111、山梨交通バス☎0553・33・3141
■2万5000分ノ1地形図
川浦

頂上直下の岩場がいちばん手ごわい

乾徳山の岩場は腕力のいるところが多い

やっと乾徳山を望むことができる。途中の四辻では直進するが、下りには左手から戻ってくる。行く手に一段高く見えるカヤトの原は扇平《おうぎだいら》で、そこへ向かって林の中を登る。

乾徳山山頂。うしろに大きいのは国師ヶ岳、中央稜線の鞍部が大ダオ

扇平には**月見《つきみ》岩《いわ》**という大岩がポツンとある。振り返ると富士山方面に眺めが広い。このすぐ先で尾根筋を登ってきた道を合わせ、今までとはうって変わった黒木の森の中を岩を縫うように登っていく。やがて少々腕力のいるクサリ場も現れ、眺めが開けてくると、頂上も近い。頂上直下では一枚岩をクサリでよじ登るが、自信がなければ右手から回りこんで登る道もある。

頂上北側からの頂上と富士

たどり着いた**乾徳山**頂上は大岩の堆積で、眺めは実に広い。

下りは、いったん黒金山《くろがねやま》方面へ急に下った鞍部から黒金山への縦走路と別れて西（左）へ入る。急激に高度を落とす道は、やがて乾徳山を西から南へ巻いていき、国師ヶ原の一角にある避難小屋の**高原ヒュッテ**の前に出る。小屋前まで整備された道が通じており、すぐ先で登りの際に通った四辻を直進してこの道なりに進む。

道満尾根にさしかかると道標があって、車道と別れて尾根道に入る。この先車道と交わることもあるが、ひたすら尾根上に道がつけられている。嫌になるころ植林の暗い森の中の徳和峠に着く。右にわずかで集落へ出て、辻々にある道標にしたがって下れば、徳和の**乾徳山登山口バス停**へはもうあとわずかである。

（長沢　洋）

CHECK POINT

1

乾徳山登山口バス停のそばに登山者用駐車場がある。この先に駐車場はない

2

乾徳神社の先から林道を登っていくと、やがて登山口の大きな看板がある

3

傾斜が緩むと最後の水場錦晶水に着く。ここから国師ヶ原へと入っていく

4

国師ヶ原ではじめて乾徳山が姿を現す。頂上までまだ500メートル残している

5

扇平から森の中に入るとまもなく岩場が現れる。上に立つと高度感がある

6

長年の間に岩の角が丸くなっていたりするので濡れているとすべりやすい

7

人の多いときには岩場は渋滞する。コースタイムは余分にみておこう

8

頂上直下の岩場が最も急で高さもある。右手から巻いて登ることもできる

9

大岩の堆積している頂上からの富士山。眺めは抜群だが狭く、足場が悪い

10

高原ヒュッテは緊急時以外使用不可。チップ制のトイレがある

11

道満山は標識がなければわからないほどの突起。まだまだ下りは続く

12

徳和峠から車道に出たら、鹿柵を抜けて集落内をバス停まで下る

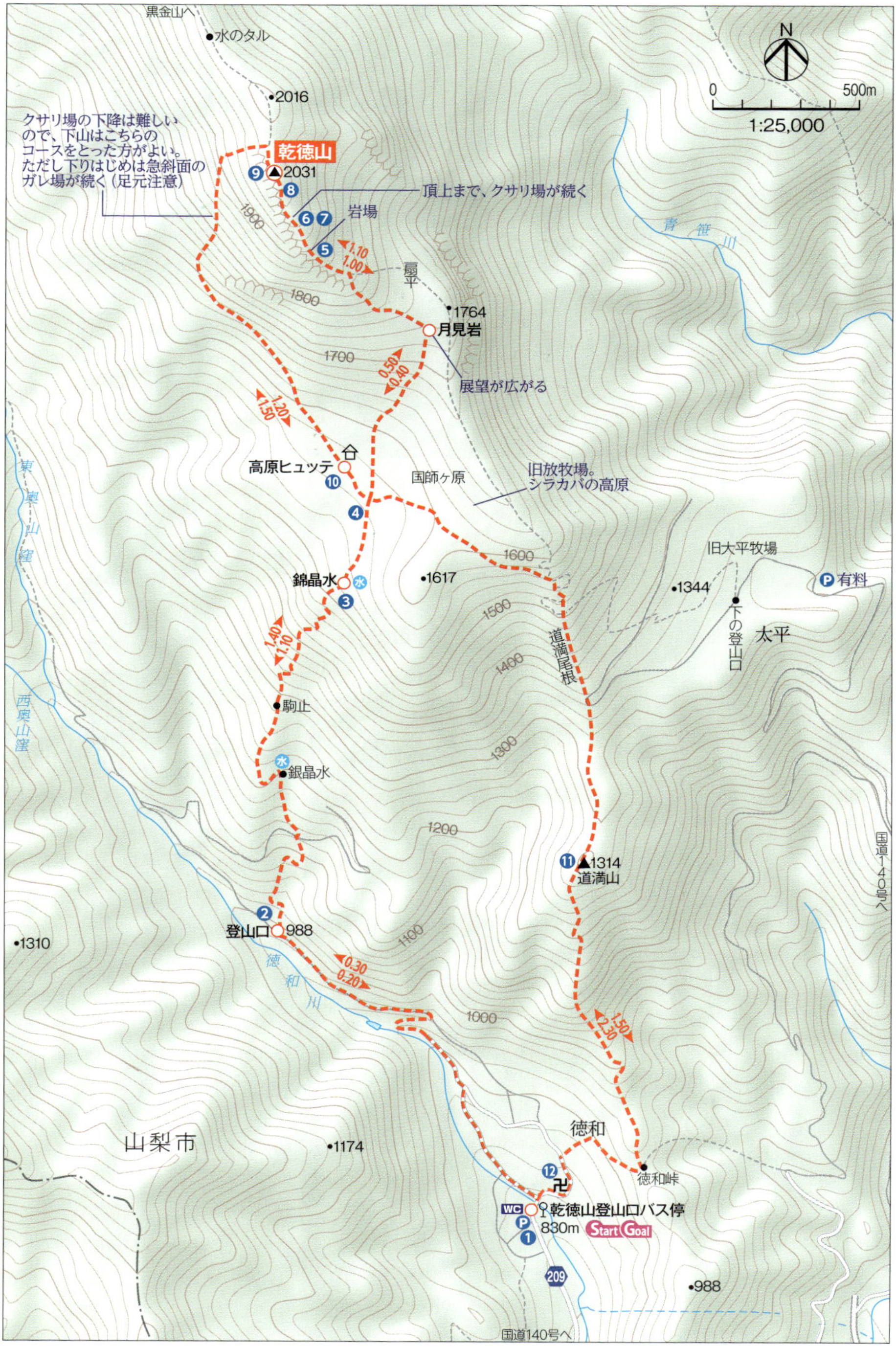
黒金山へ
水のタル
2016
クサリ場の下降は難しいので、下山はこちらのコースをとった方がよい。ただし下りはじめは急斜面のガレ場が続く(足元注意)
乾徳山
2031
頂上まで、クサリ場が続く
岩場
扇平
1764
月見岩
展望が広がる
高原ヒュッテ
国師ヶ原
旧放牧場。シラカバの高原
錦晶水
1617
駒止
銀晶水
道満尾根
旧大平牧場
1344
有料
下の登山口
太平
青笹川
東奥山窪
西奥山窪
1314
道満山
登山口
988
1310
徳和川
徳和
徳和峠
山梨市
1174
乾徳山登山口バス停
830m
Start Goal
209
988
国道140号へ
1:25,000
0
500m
N

95

北面の美しい森、南面の大展望、その両方を楽しむ

大菩薩嶺

だいぼさつれい
2057m

日帰り

歩行時間＝6時間40分
歩行距離＝14・0㎞

技術度
体力度

コース定数＝30
標高差＝1167m
累積標高差 1325m 1325m

黒川山からの大菩薩嶺はほれぼれとする金字塔である

ブナの大木の多い登山道

大菩薩嶺はかつて三《み》ツ峠山《とうげやま》と並んで、東京方面からの夜行日帰りハイキングのメッカだった。今では上日川《かみにっかわ》峠までバスや車で入るのが主流で、わざわざ麓の裂石《さけいし》から登る人は少ない。しかし、古来の登山道を丸一日をかけて歩いてみるのも価値あることだと思う。丸川《まるかわ》峠経由で歩けばうまく周遊できるうえに、劇的なくらいに印象の異なるこの山の北面と南面を両方味わうことができる。

大菩薩峠登山口でバスを降りると、雲峰寺《うんぽうじ》の石段を左に見て上日川峠への車道を歩いていく。やが

■鉄道・バス
往路・復路＝JR塩山駅から山梨交通バス約27分で大菩薩峠登山口バス停下車。

■マイカー
丸川峠入口付近に駐車場がある。中央自動車道勝沼ICから約15㌔。

■登山適期
一般的には春夏秋の三季となろう。雪のまだ来ない12月は、冬枯れの木立越しに眺めが開ける上に、登山者が少ないので人気の山をひとりじめにできる。

■アドバイス
▽大菩薩峠から南へ熊沢山を越えた石丸峠からも上日川峠へ下れる。より静かな山旅を求めるならこちらをすすめる。1時間とは余分にかからないし、峠付近の草原がすばらしい。
▽裂石山雲峰寺は武田家代々の祈願寺で、「日本最古の日の丸」「風林火山の旗」が宝物殿にある。本堂前のエドヒガン桜は樹齢約400年、県の天然記念物である。
▽市営の大菩薩の湯（☎0553・32・4126）ほか、裂石周辺には数軒の立ち寄り湯がある。

■問合せ先
甲州市役所☎0553・32・2111、山梨交通バス☎0553・33・3141

■2万5000分ノ1地形図
大菩薩峠・柳沢峠

雷岩からの富士と、1999年、上日川ダム完成により出現した大菩薩湖

CHECK POINT

1 丸川峠入口の駐車場。ここを基点に周回できるので、マイカー登山には好適。

2 みそぎ沢に沿った林道をしばらく歩いたのち、標識にしたがって山道へ入る

3 丸川峠へは急登の連続だが、こんなに美しい樹林の尾根道は滅多にない

4 丸川荘の建つ丸川峠は山中のオアシスのよう。時間に余裕があれば一泊したい

5 丸川峠からの道は、しっとりとした雰囲気の針葉樹林が続く

6 大菩薩嶺の頂上は針葉樹林に囲まれ展望はない。南の雷岩で大展望が待っている

7 振り返る大菩薩嶺の草尾根は、北面を登ってきた人には格別の風景だ

8 賽ノ河原避難小屋。かつての峠はここを越えていたという。強風時には助かる

9 大菩薩峠と介山荘。名前は大菩薩峠を世に広めた中里介山に由来。背後は熊沢山

10 勝縁荘(閉館)は、昭和7年、現在の介山荘主人の祖父、益田勝俊氏が建てた

11 車道をしばらく歩くと福ちゃん荘。ここから上日川峠まで並行して歩道がある

12 ロッヂ長兵衛の前から再び山道へ。古くからの峠道は雰囲気もよく歩きやすい

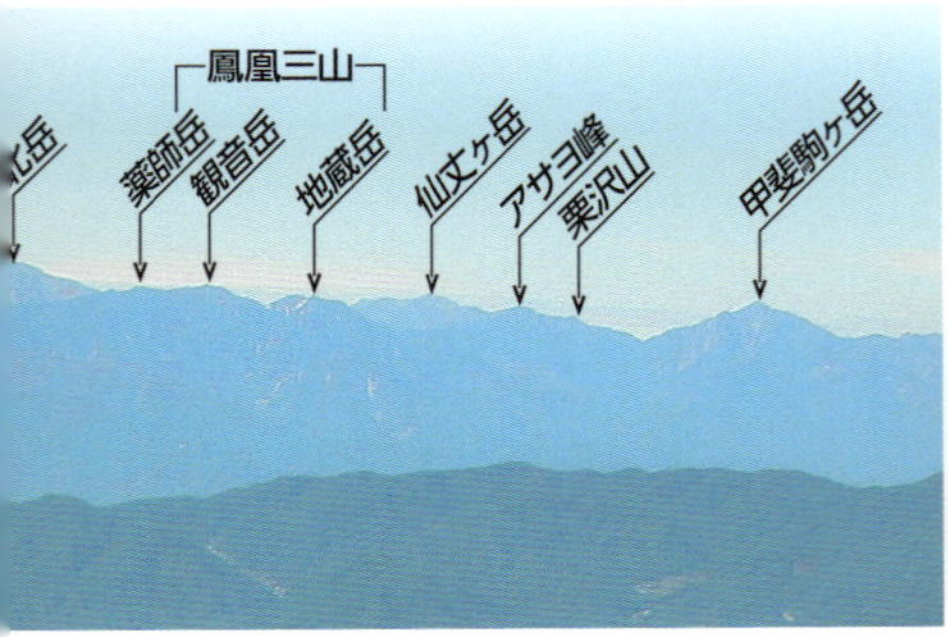

大菩薩峠

て道路閉鎖時のゲートの手前左に**丸川峠への林道の入口がある**。そばに駐車場があるので、マイカーの場合はここに置くのが最適である。林道歩きしばしで標識にしたがって尾根へ取り付く。

かなりの急傾斜を登るにつれて、尾根筋にブナの大木も次々に現れ、広葉樹が多いので、春秋にはことに美しい。傾斜が緩んで行く先が明るくなると、小広い高原状の**丸川峠**である。素朴なたたずまいの丸川荘がぽつんと建っている。振り返ると富士山が大きい。

小屋から頂上への道は概して尾根の北面をからんでいくので、苔むした黒い森の暗くしっとりした雰囲気がすばらしい。

登り着いた**大菩薩嶺**頂上は三角点がポツンとあるだけ。まだ北面の雰囲気を残した黒い森の中で、展望のない場所だ。しかし、あとわずかで麓からも目立つ、あの明るいカヤトの原へと飛び出す。富士山や南アルプス方面にいっきに開ける眺めは、このコースを登った人だけへのごほうびである。

眺望を楽しみながら賽《さい》ノ河原《かわら》へと下り、親不知《おやしらず》ノ頭《あたま》を越えて下った鞍部が介山荘《かいざんそう》の建つ**大菩薩峠**である。ここから上日川峠まではほぼ車道歩きとなる。

上日川峠から、登りがけに通った**丸川峠入口**に戻るまでは、何の心配もいらない歩きやすい道だ。今ではぐっと人影が少なくなったが、自然林の多い心和む古きよき峠道である。

（長沢　洋）

大菩薩峠付近から見る南アルプスの全容

96

七面大明神を祀る、山上の大伽藍

七面山

しちめんざん
1983m（最高点＝1989m）

日帰り

歩行時間＝8時間25分
歩行距離＝11・5km

技術度 ■■□□□
体力度 ■■□□□

コース定数＝36
標高差＝1489m
累積標高差 ↗1590m ↘1775m

↑富士山遥拝所からの朝の富士

←彼岸の中日には富士の頂上から放たれた旭光が随身門を通り、本堂の七面大明神を照らすという

見るからに険しい七面山の頂上近くには、天上の楽園のような平坦地があり、碧水をたたえた池がある。そのわきには、この山をどこからでもそれとわかる大崩壊地、ナナイタガレがある。春秋の彼岸に富士山の頂上からの旭光がこの天上の水面に差しこむという。

身延山《みのぶさん》から見上げる位置にある、この絶妙の配材の山中に堂宇を建てようという日蓮聖人の宿願が、死後に衣鉢を継いだ高弟日朗によって果たされたのは13世紀末、鎌倉時代のこと。今にいたる七面山信仰のはじまりである。

JR身延線下部《しもべ》温泉駅から登山口の角瀬《すみせ》まではバス、羽衣《はごろも》へはタクシーに乗り換える。

羽衣を起点とする表参道はその名の通り登拝路で、荘厳な雰囲気の杉木立の中に広くて歩きやすい道が続く。白装束の信者の往来が多く、登山の服装をした人はむしろ少ない。敬慎院《けいしんいん》まで五十丁を数える丁目石を目安にひたすら登っ

■鉄道・バス
JR身延線下部温泉駅から早川町乗合バス奈良田行き約25分の七面山登山口・赤沢入口バス停（角瀬）下車。タクシーに乗り換えて羽衣の登山口へ。下部温泉駅からタクシーに乗れば、羽衣まで約20分。

■マイカー
中部横断自動車道下部温泉早川ICから約15㌔、約20分で羽衣へ。駐車スペースはかなりある。下山時はタクシーで駐車場所までもどればよい。

■登山適期
通年歩けるが、冬はそれなりの装備が必要。静かな山歩きを望むのなら、宗教上の祭日付近は避けること。

■アドバイス
▽日帰りとしてあるが、相当厳しい。それにこの山は敬慎院に泊まってこそ意味がある。宿坊では生臭ものはいっさいご法度で、朝夕の勤行に参加しなければならない。山全体が宗教上の聖地であるから、登山者といえども配慮は必要である。

■問合せ先
早川町役場☎0556・45・2511、俵屋観光（早川町乗合バス・タクシー）☎0556・45・2500、すみせタクシー☎0556・45・2062、敬慎院☎0556・45・2551

■2万5000分ノ1地形図
七面山・身延

ていく。ところどころベンチもあったり、4軒の坊もあるので休み場所にはこと欠かない。

　広葉樹が多くなってくると、そろそろ四六丁和光門《わこうもん》である。門をくぐって**敬慎院**境内に入る。鐘楼で左に折れ、坂を登りきると富士山遥拝所である。その隅に建つ随《ずい》身門《しんもん》から下ると敬慎院本堂や宿坊が立ち並ぶ。よくぞこの深山に造ったという伽藍である。

　頂上へは富士山遥拝所から続く登山道を行く。運搬ケーブルの発着所を左に見ると、道はかぼそくなるが、やっと登山道らしくはなる。ナナイタガレの縁を登ってたどり着いた**七面山**頂上は小広く伐採されて明るいが、展望はさほどよくない。南へ往復1時間の希望《きぼう》峰《ほう》へ行くと南アルプスの大パノラマをほしいままにできる。

　往路を**敬慎院**まで下ったら、山上庭園のような道を影嚮石のある**奥之院**まで歩き、本堂裏手から**角瀬**へと北参道を下る。標高差1300メートルを超える厳しい下りである。


（長沢　洋）

CHECK POINT

1 羽衣の表参道入口。春木川を対岸に渡ると白糸の滝とお万の方の像がある

2 参拝の道は歩きやすく、さほど疲れないまま和光門で敬慎院の境内に入る

3 和光門から、鐘楼を通り過ぎ、さらに登ると富士遥拝所の前に随身門がある

4 随身門からは普通の登山道になる。すでにあたりは深山の雰囲気である

5 七面山をそれとわからせるのがすさまじく崩壊しているナナイタガレである

6 ナナイタガレの淵に登山道は続く。平坦な林を抜けると七面山の三角点がある

7 広い頂上は展望はない。南の希望峰まで行けば南アルプスのパノラマが広がる

8 随身門から下に見えるのが敬慎院本堂で、この方向に朝日が射し込むのである

9 よくぞこの深山に造ったものだと思わせる伽藍。千人が収容できるという

10 本堂の裏手には一之池という、碧水をたたえた池がある。神秘的な色である

11 敬慎院から平坦な道をいくと奥之院。前には影嚮石（ようごうせき）がある

12 奥ノ院から角瀬へと、1300メートルにおよぶ厳しい下りがはじまる

13 北参道は表参道に較べると、普通の登山道に近いが、歩きにくいわけではない

14 標高1000メートルの安住坊の境内には山梨県指定の天然記念物、大トチノキがある

15 杉並木の平坦な道になると、休憩舎を経て尾根筋を離れ、山腹を下る

16 神仏混淆の名残りだろうか、北参道の入口には大きな赤鳥居がある

＊コース図は328ページを参照。

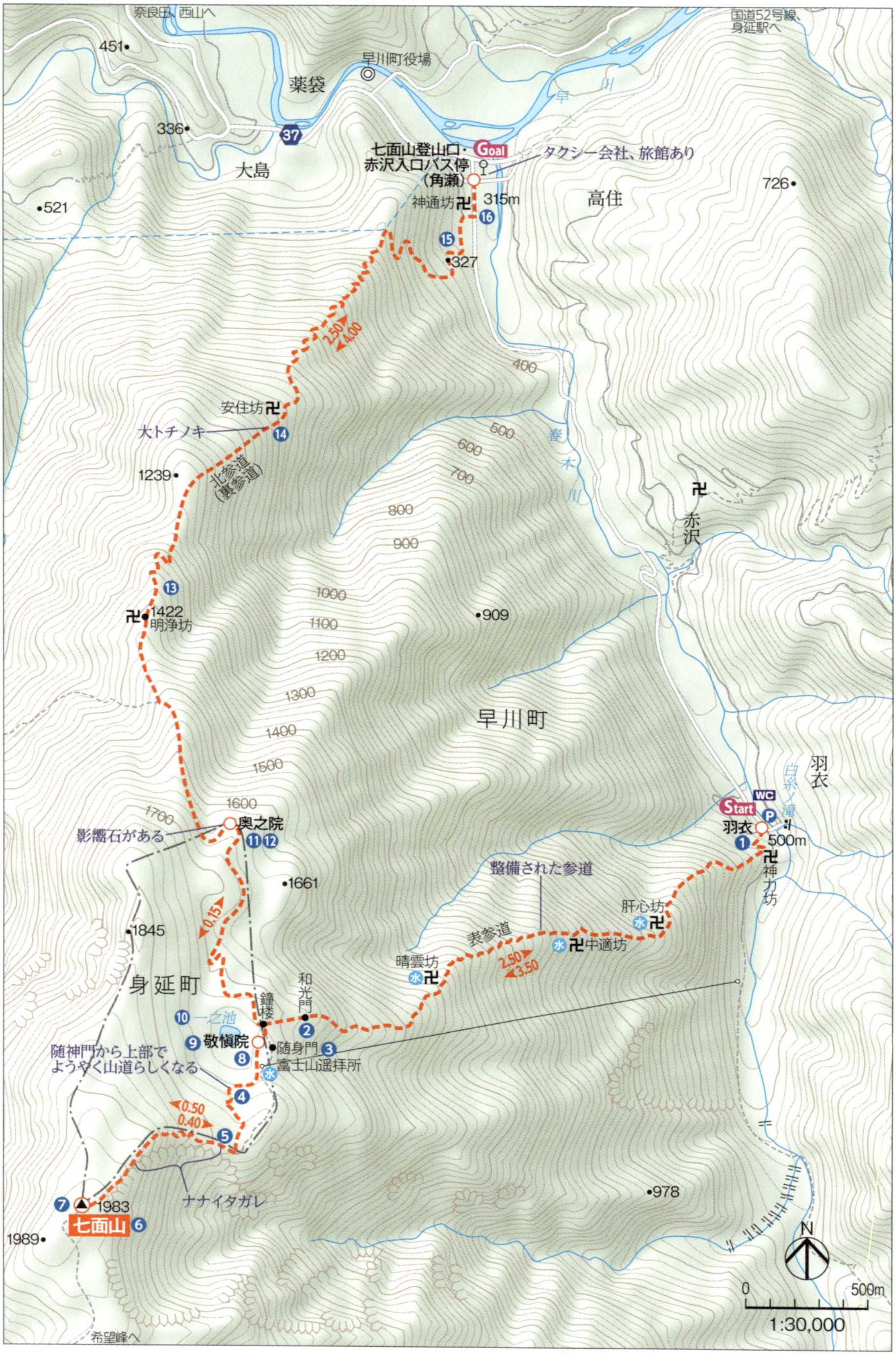

奈良田、西山へ
国道52号線、身延駅へ
451
早川町役場
薬袋
336
37
早川
大島
七面山登山口・赤沢入口バス停（角瀬）
Goal
タクシー会社、旅館あり
521
神通坊
315m
16
15
高住
726
327
2.50
4.00
400
安住坊
大トチノキ
14
500
600
700
春木川
北参道（裏参道）
1239
800
赤沢
900
13
1000
1422
明浄坊
909
1100
1200
1300
早川町
1400
1500
羽衣
白糸ノ滝
WC
Start
P
1600
1700
影嚮石がある
奥之院
11 12
羽衣
1
500m
神力坊
整備された参道
1661
0.15
肝心坊
水
1845
表参道
晴雲坊
中適坊
2.50
3.50
身延町
和光門
鐘楼
10 一之池
2
9 敬慎院
随身門 3
随神門から上部でようやく山道らしくなる
8
富士山遥拝所
4
0.50
0.40
5
ナナイタガレ
978
7
1983
七面山 6
1989
N
0
500m
1:30,000
希望峰へ

北杜市武川町からの金峰山は実に美しい金字塔だ

朝日岳付近からの五丈岩。遠景は左から仙丈ヶ岳と甲斐駒ヶ岳

97

甲斐の北鎮、奥秩父の盟主に登る最も楽なコース

金峰山

きんぷさん
2599m

日帰り

歩行時間＝4時間30分
歩行距離＝8・0km

技術度
体力度

コース定数＝16
標高差＝236m
累積標高差 536m 536m

誰しもが認める奥秩父《おくちちぶ》山地の盟主・金峰山は、県都・甲府市の最高峰でもある。甲府駅あたりからは前山に隠れて見えないが、その大きな山体は、頂点に置かれた五《ご》丈岩《じょういわ》を目印に、県内のいたるところから甲斐の北鎮にふさわしい姿を指摘できる。

現在、奥秩父の盟主・金峰山に登るのに最も人気があるのが大《おお》弛《だるみ》峠からのルートだろう。車で約2360《メートル》まで登ることができるのだから無理もない。

大弛峠から西へ、シラビ

■鉄道・バス
往路・復路＝JR中央本線塩山駅から栄和交通の登山ツアーバスで大弛峠へ（約1時間25分）。ツアーバスは6月～10月下旬の土・日曜、祝日運行で、ホームページから要予約。平日は塩山駅からタクシー利用となる（約1時間10分・約1万6000円）。

■マイカー
中央自動車道勝沼ICから約43キロ。大弛峠の駐車場は約50台が駐車できる。信州側の林道は悪路なので不用意に立ち入らないこと。春秋の休日には大弛峠は車であふれ、ずっと下まで縦列駐車になることがあるので早着は必須。大弛峠に前泊して駐車場を確保する方法もある。

■登山適期
5月中旬～11月初旬。奥秩父にしては珍しく真夏の似合う山だと思うが、これは私の好みかもしれない。大弛峠への車道が通行できるのは、6月から11月初旬。したがって、その間がこのコースの場合は登山適期となる。

■アドバイス
▽公共交通機関を利用するなら、西麓の瑞牆山荘から、北麓の廻り目平からのコースを利用するとよい。
▽山頂北側直下に金峰山小屋があるので、午後に大弛峠を出発し、山中1泊で、山頂で日没や日の出を拝するのもおもしろい。

頂上からの南アルプス白峰三山。展望は抜群だ

五丈岩。この岩が頂上にあるおかげで、金峰山はどこからでも指摘できる

ソ林の中に通じる道に入る。しばらくは平坦だが、やがて木段のある急坂となる。樹林帯のいくつかの小突起を上下して**朝日**《あさひ》**峠**に下り着く。

登りに転じ、小さな突起を越えると、短い間だが、眺めのよい岩尾根となる。やがて再び樹林帯となるが、シラビソの立ち枯れが多い明るい道である。ほどなく**朝日岳**《あさひだけ》に着く。頂上の西端からは、目指す金峰山の五丈岩が斜めに突き出した牛の

▽今は大弛峠からの入山者が圧倒的に多いので、瑞牆山荘や廻り目平から登る場合、大弛峠への車道が通行止めの時期に登れば静かな頂上が楽しめるということになる。残雪のほぼ消えた5月後半あたりがねらい目である。

▽タクシーなどで入山した場合、帰りは瑞牆山荘へ下ったほうが交通の便がよい。

■問合せ先

山梨市役所☎0553・22・1111、甲府市役所☎055・237・5702、栄和交通☎0553・26・4546、YK塩山タクシー☎0553・32・3200、大弛小屋☎090・7605・8549、金峰山小屋☎090・4931・1998

■2万5000分ノ1地形図

瑞牆山・金峰山

角のように見え、鉄山《くろがねやま》と金峰山を結ぶなだらかな鞍部には白峰《しらね》三山が並ぶ。

朝日岳から、すべりやすい道をジグザグにいったん急に下る。やはり立ち枯れたシラビソが多い中、小さな突起を越えて、さらに緩く下っていく。下り着いて登りに転じ、鉄山の北側を巻くと、あたりにハイマツが現れ、いよいよ最後の登りである。

頂稜の東端からは頂上へと白い砂礫の道がなだらかに続いている。奥秩父ではほとんど唯一の、森林限界を抜いた高山的な光景だ。このあたりは賽《さい》ノ河原《かわら》とよばれ、大きなケルンがいくつもある。

やがて大岩から大岩へと伝ったのち、**金峰山**の頂上三角点を見出す。最高点はその北東の岩のてっぺんである。目の前にある五丈岩の南の基部にはかつての宗教登山の遺構がある。頂上は広いので、四囲の風景も歩き回って楽しむことになるだろう。

帰りは往路を忠実に戻る。

（長沢　洋）

CHECK POINT

1 大弛峠駐車場。道路脇の駐車帯だけに、それほどスペースは広くない。春秋の休日にはごった返す

2 大弛峠から林の中を急に登り、一山越えた鞍部が朝日峠だが、すでに峠道はほぼ廃道である

3 朝日峠から登ると岩の稜線になり展望が開ける。振り返ると国師ヶ岳が大きい

4 立ち枯れの木が多い稜線を朝日岳まで登ると、行く手に五丈岩が見え、その向こうには南アルプスが並ぶ

5 鉄山は北側を巻いて緩く登っていくと、あたりにハイマツが増えてきて、森林限界を越える

6 五丈岩は広い頂上の西の端にある。南の岩陰にはかつて籠り堂があったという石垣や石灯籠が残っている

7 瑞牆山と八ヶ岳。400メートル低いだけなのに、金峰山から見下ろす瑞牆山は小さな岩山にしか見えない

8 三角点の標高がかつての金峰山の標高で、その横にもっと高い所があったため4メートル高くなった

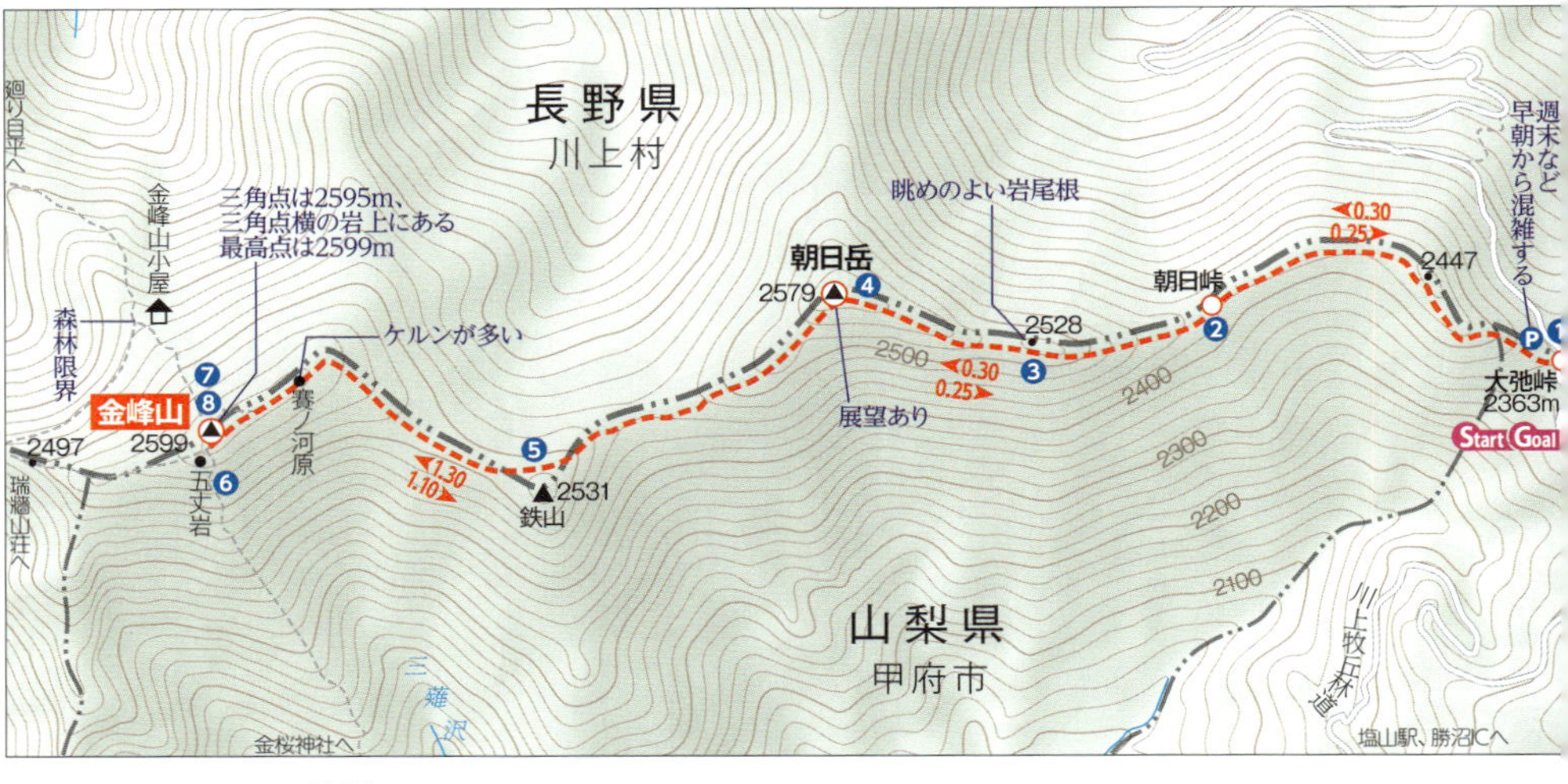

鳳凰三山・観音岳から見た、バットレスを正面にした北岳

北岳山頂から、遠く富士山を望む

98

北岳《きただけ》 3193m

日本第二の高峰。山梨県を代表する山、「甲斐ヶ根」

一泊二日

1日目 歩行時間＝7時間 歩行距離＝5.0km
2日目 歩行時間＝3時間50分 歩行距離＝5.5km

技術度
体力度

コース定数＝41

標高差＝1683m

累積標高差 1735m 1735m

北岳はいわずと知れた日本第二の高峰である。山梨県を代表する山は、と問われたら、富士山は別格として、北岳を推すのをためらう人はいまい。これだけの高峰にしては珍しく、全山が山梨県内のみに属するとは、古くは「甲斐《かい》ヶ根《ね》」とよばれたのも故なしとはしない。

第1日 **広河原《ひろがわら》**でバスを降り、少し戻ると大樺《おおかんば》沢と北岳が目に入ってくる。すぐ先の吊橋で野呂《のろ》川を渡ったところにあるキャンプ場の前から登山道がはじまる。

大きな砂防ダムを左手に何基も数える大樺沢下流に、雪解水がとうとうと流れている。小沢を渡る

■鉄道・バス

往路・復路＝JR中央本線甲府駅から山梨交通バスで約2時間、終点の広河原下車。JR身延線下部温泉駅から早川町乗合バスで奈良田へ。山梨交通バスに乗り換えて広河原に向かう方法もある。

■マイカー

中部横断自動車道白根ICから約13㌔、芦安市営駐車場へ。広河原への南アルプススーパー林道はマイカー

と白根御池《しらねおいけ》への分岐があって、翌日はここに戻ってくることになる。

大樺沢に沿って続く道は、時に水流をまたぐこともある。左岸の崩壊地を避けていったん右岸に渡り、再び左岸に戻る。雪の多かった年なら、初夏でもそろそろ沢の中央に雪渓が現れはじめる。

大樺沢二俣《ふたまた》で御池小屋へのトラバース道と右俣沿いに草すべり上部へ向かう道を分ける。左俣に続く登山道は徐々に傾斜がきつくなり、バットレスの岩壁が頭上に覆いかぶさってくるかのようだ。

登路は岩のゴロゴロした足場の悪い涸れ沢に移り、やがて小尾根に取り付くと、ハシゴの連続で**八本歯《はっぽんば》のコル**に導かれる。突然目の前に現れた巨大な間《あい》ノ岳《だけ》に度肝を抜かれ、疲れも吹き飛ぶ一瞬である。

CHECK POINT

1

インフォメーションセンターから車道を北沢峠方面へ向かい、野呂川を吊橋で対岸に渡る

2

大樺沢左岸に続く道を登ると白峰御池への道が分かれる。帰りはこの道で戻る

3

途中で右岸に渡って高さを上げていくと行く手にバットレスが見えてくる

4

大樺沢二俣へと高度を上げていくと、背後には鳳凰山がせり上がってくる

5

大樺沢二俣。八本歯のコルへは左俣を登る。シーズン中はトイレが仮設される

6

日本第二の高山からの眺めは筆舌に尽くしがたい。つい長居してしまう

7

肩ノ小屋への下りから頂上を振り返ると、日本第一と第二の山が並んでいる

8

南アルプスでは最高所にある肩ノ小屋。小屋の前がテント場になっている

9

小太郎山分岐まではプロムナード。白根御池へは草すべりの急降下である

10

草すべりは高山植物の宝庫で、花を前景に北岳を撮るポイントも多い

11

南アルプス市営の白根御池小屋。営業期間は6月中旬～11月上旬

12

白根御池のテント場は、水が豊富なうえ、風も当たりにくい場所なので快適

規制で進入禁止。ここから山梨交通バスか乗合タクシーに乗り換えることになる。所要約1時間。

■登山適期

6～10月。6月は大樺沢の残雪量によっては、登り下りとも白根御池経由のコースをとることになる。インフォメーションセンターで状況を確かめてからコースを選択しよう。

■アドバイス

▽悪天の場合は初日の登頂をあきらめ、白根御池小屋に泊まるか、二俣から右俣コースを登って肩ノ小屋へ泊まるようにする。

▽2日目は余裕があるので、北岳の眺めがすばらしい小太郎山を往復すればさらに充実した山旅となるだろう。分岐から往復3時間。

▽登山口の芦安には何軒もの温泉施設がある。また、南アルプス芦安山岳館へも立ち寄ってみたい。

■問合せ先

南アルプス市役所☎055・282・1111、山梨交通バス事業部業務課☎055・223・0821、早川町乗合バス☎0556・45・2500（俵屋観光）、広河原山荘☎090・2677・0828、北岳肩ノ小屋☎090・4606・0068、白根御池小屋☎090・3201・7683

■2万5000分ノ1地形図

鳳凰山・仙丈ヶ岳

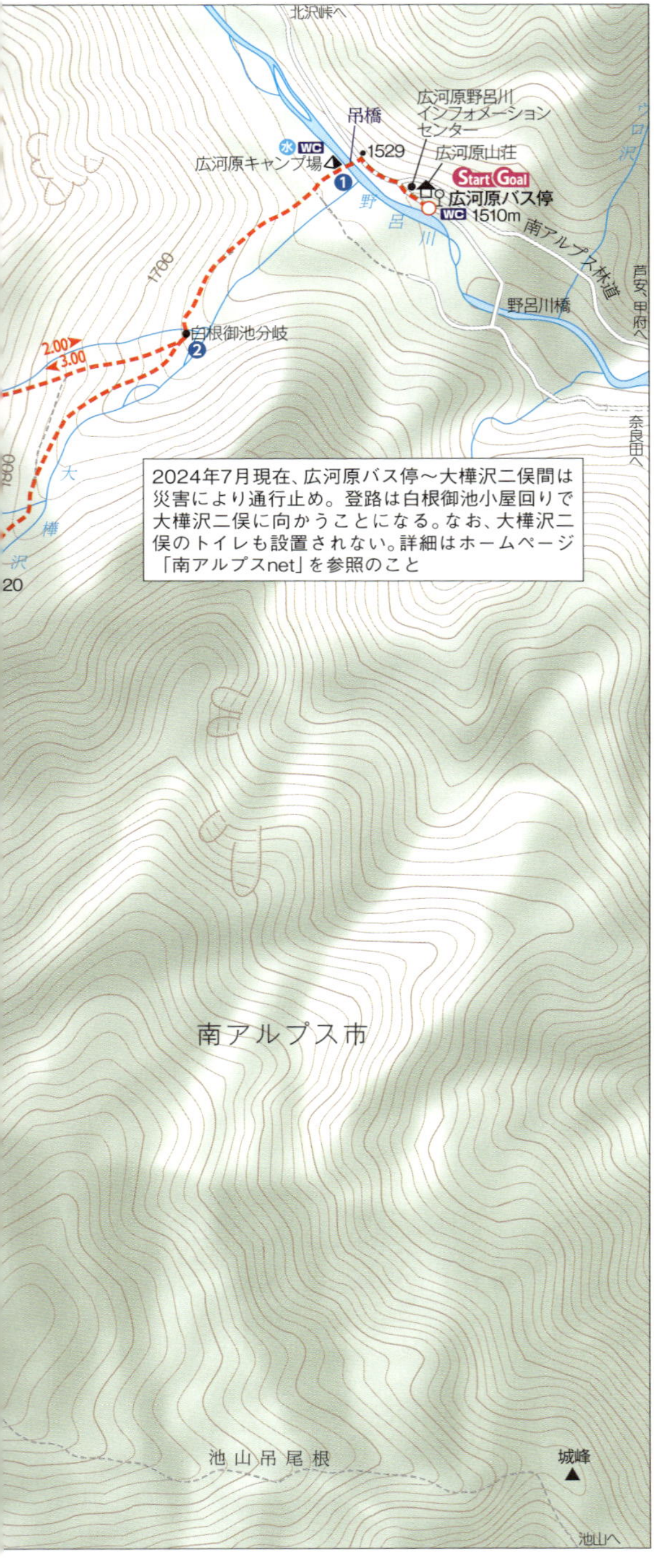

広河原野呂川

広河原バス停

芦安、甲府へ

白根御池分岐

2024年7月現在、広河原バス停～大樺沢二俣間は
災害により通行止め。登路は白根御池小屋回りで
大樺沢二俣に向かうことになる。なお、大樺沢二
俣のトイレも設置されない。詳細はホームページ
「南アルプスnet」を参照のこと

池山吊尾根

小太郎山分岐付近からの仙丈ヶ岳

さらにハシゴを使って岩尾根を登り、北岳山荘へのトラバース道を左に分ける。初夏であれば、あたりは高嶺の花が繚乱としているだろう。

南側から巻くようにして主稜線に合し、ひと登りで**北岳**山頂である。南北に細長い頂上は三角点の位置より少し南が最高点である。

日本第二の高さの展望を心ゆくまで楽しんだなら、今宵の宿、**肩**《かた》**ノ小屋**へと下ろう。わずかな距離だが、ほっとして気を緩めると危険な岩場であることを忘れずに。

第2日　翌早朝、天気がよければもう一度頂上に登ってご来光を仰ぎたいものだ。山頂近くに泊まったご利益である。

さて下山だ。**小太郎**《こたろう》**尾根の分岐**までは仙丈《せんじょう》ヶ岳《たけ》や甲斐駒《かいこま》ヶ岳《たけ》を旅の友に、実に快適な稜線漫歩である。健脚者なら小太郎山往復を計画に入れるのもいいと思う。

小太郎尾根を回りこんでわずかに下ると、大樺沢二俣に下る道を分け、白根御池に向かってお花畑の広がる草すべりの急降下となる。

正面に同じくらいの高さだった鳳凰山《ほうおうさん》がみるみるうちに頭上になり、白根御池に着く。**白根御池小屋**の前を通り、山腹のトラバースしばし、今度は黒木の森の急降下で一直線に前日の大樺沢の分岐へ着く。なおも下り、最後に吊橋を渡って右に行けば**広河原のバス停**だ。

（長沢　洋）

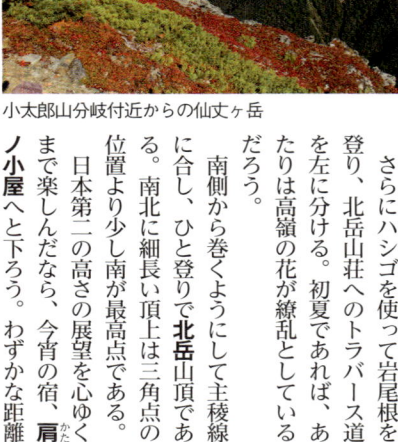

小太郎山へ
小太郎尾根
0
500m
1:20,000
2646
樹林帯の急坂
1900
崩壊地を避けて
右岸に移る
3.00
2.00
水
白根御池小屋
11
WC
白根御池
2236
12
2000
急坂続く
お花畑
1.30
3.00
小太郎尾根分岐
9
10
草すべり
0.30
0.20
0.30
2890
歩きやすい道
お花畑
2.30
1.20
2100
右俣
3
2200
2209
4
WC
北岳肩ノ小屋
8
0.30
0.50
2700
2800
2600
2500
2400
2300
大樺沢二俣
5
夏期のみ
仮設トイレがある
北岳
バットレス
3000
2900
白根沢ノ頭、両俣小屋へ
岩稜。
足もと注意
3100
7
大展望
2.30
1.30
左俣
落石注意
3193
北岳
6
高山植物が多い
やせた
岩尾根
八本歯のコル
ハシゴの連続
2838
北岳山荘への巻道。
キタダケソウが見られる
1.00
0.40
ハシゴ
八本歯ノ頭
ボーコン沢ノ頭
間ノ岳の展望がよい
北岳山荘、間ノ岳へ

99

甲斐駒ヶ岳

雪と見まごう白砂の頂上、山の団十郎

かいこまがたけ
2967m

日帰り

歩行時間＝7時間
歩行距離＝8・0km

技術度
体力度

コース定数＝28
標高差＝931m
累積標高差 1180m 1180m

双児山から、駒津峰を前景に、目指す甲斐駒ヶ岳を見上げる

三角錐が鋭く天を突く、双児山からの北岳。右は間ノ岳

JR中央本線の下り列車が韮崎駅を出て七里《しちり》ヶ岩《いわ》台地へと登り、日野春《ひのはる》駅あたりにさしかかるころ、左手車窓に肩をいからせて迫ってくるような甲斐駒ヶ岳の雄姿に目を奪われぬ者はいないだろう。

この方角からの正面にある黒戸《くろと》尾根を登る道は、古くは登拝の、そして近代登山発祥以降は多くの登山者がたどった道だった。しかし、北沢《きたざわ》峠に車道が開通後、その日本アルプス屈指の標高差はすっかり敬遠されてしまった。登山といえども、易きに流れるのは世の習いであるが、それはさておき、ここでも現在の主流、北沢峠起点の周遊コースを紹介しよう。

■鉄道・バス

往路・復路＝※災害により山梨県側から北沢峠へのアクセスができないため、長野県側から入る。

往路・復路＝JR飯田線伊那市駅からJRバス関東で高遠へ（約20分）。長谷循環バスに乗り換え仙流荘へ行き（約30分）、さらに南アルプス林道バスで北沢峠へ（約55分）。

■マイカー

※「鉄道・バス」同様長野県側から

北沢峠バス停前のこもれび山荘の横から登山道に入ると、すぐに樹林帯の急登がはじまる。標高差600《メートル》あまりを登りきった**双児山**《ふたごやま》からは、南アルプス北部の名だたる山々が一望できる。目の前の駒津峰《こまつみね》から上半身を乗り出した甲斐駒ヶ岳は、古く信州側では「白《しろ》崩《くずれ》山《やま》」とよばれたのも納得できる花崗岩の白い肌をあらわにし、背後には仙丈《せんじょう》ヶ岳《たけ》がどっしりと大きい。さらには北岳《きただけ》の天を突く三角錐が印象的だ。

いったん緩く下り、ハイマツの海を登りつめれば**駒津峰**に着く。すでに甲斐駒ヶ岳はのしかかってくるように全容を現している。ぐっと険しくなった岩稜を六《ろっ》方石《ぽういし》へ下り、いよいよ本峰の登りとなる。

直登ルートもあるが、ここではより安全な摩利支天《まりしてん》寄りに登るルートをとる。

CHECK POINT

1 北沢峠のバス停前にある北沢峠こもれび山荘の裏手から登山道がはじまる

2 樹林帯の急坂がようやく終わると双児山は近い。背後には仙丈ヶ岳が大きい

3 軽く下ったのち岩屑の道を登ると駒津峰に着く。帰りはここから仙水峠へ下る

4 駒津峰から、狭くなった尾根をたどる。六方石へは下りは急坂である

5 六方石で直登ルートと摩利支天ルートが分かれる。ここは摩利支天ルートへ

6 摩利支天の方角へ山腹を斜上していく。まるで砂浜のような登山道である

7 日本アルプスでもっとも美しい頂上と『日本百名山』に深田久弥は書いている

8 往路を駒津峰に戻り、正面に北岳を見ながら、仙水峠へと急坂を下る

9 駒津峰とほぼ同じ高さの栗沢山がどんどんと高くなって、仙水峠へと着く

10 仙水峠からは、駒津峰寄りに広がる岩塊斜面を見ながら下る

11 岩屑の道から林に入り、仙水小屋の前を通る。ここからは沢沿いに下る

12 南アルプス市長衛小屋の横に、付近の開拓に功績のあった竹沢長衛の碑がある

アクセスする。中央道伊那ICから国道361号など約24キロで仙流荘へ。北沢峠へはマイカー規制のため南アルプス林道バスに乗り換える。

■登山適期

北沢峠までのバスの運行期間（6月上旬～11月中旬）が登山シーズン。

■アドバイス

▽夏季や週末にはバスの早朝便があるので、健脚者なら日帰りも可能となる。一般的には一泊で仙丈ヶ岳と組み合わせることが多い。

▽甲斐駒ヶ岳から下ったら仙水小屋か長衛小屋に宿泊し、翌日は甲斐駒を眺めに栗沢山やアサヨ峰を往復するのも楽しいと思う。

▽逆コースよりも、紹介コースの方が早い時間に大展望を得られる点では有利。

■問合せ先

南アルプス市役所☎055・282・1111、伊那市長谷総合支所☎0265・98・2211、JRバス関東☎0265・73・7171、長谷循環バス☎0265・78・4111、南アルプス林道バス☎0265・98・2821、北沢峠 こもれび山荘☎080・8760・4367、仙水小屋☎080・5076・5494、長衛小屋☎090・2227・0360

■2万5000分ノ1地形図

甲斐駒ヶ岳・仙丈ヶ岳

山頂からの下り。白砂の道はすべりやすいので注意していこう

白砂の登山道を摩利支天分岐まで緩く登り、折り返していっきに頂上を目指す。たどり着いた、一等三角点本点のある**甲斐駒ヶ岳**頂上からの眺めは広大のひとこと。心ゆくまで楽しもう。

仙水峠からの摩利支天峰

帰りは往路を**駒津峰**まで戻り、南の仙水《せんすい》峠へ下る。行きの双児山への登路を上回る、膝がガクガクするような急坂である。低く見えていた栗沢山《くりさわやま》がぐんぐん高くなっていく。**仙水峠**に下りつき、振り返ると摩利支天がまるで入道のようだ。

仙丈ヶ岳を見ながら岩塊斜面をしばらく下ると森に入り、水音が聞こえ出すと仙水《せんすい》小屋を通過する。なおも沢沿いに下り、大きな堰堤が現れると南アルプス市 **長《ちょう》衛《えい》小屋**は近い。小屋からは幅広い道を登るとスーパー林道に合流し、わずかに登り返して**北沢峠バス停**に戻る。

（長沢 洋）

熊穴沢ノ頭へ
六合石室
2645
N
0
500m
1:20,000
本
谷
旧丹渓山荘
展望がよい
ハイマツ帯に
ダケカンバの
配置が美しい
0.50
0.40
駒津峰
3
長野県
伊那市
八丁坂
2600
双児山
2649
展望がよい
2
2500
不動岩
薮
沢
2400
仙流荘へ
1.40
1.10
2300
樹林帯に入る
2200
2183
北沢峠
こもれび山荘
2036
水
1
仙水小屋
11
WC
大平山荘
北沢峠バス停
2036m
Start Goal
2100
0.50
1.20
北
0.10
南アルプス市
長衛小屋
沢
仙丈ヶ岳へ
山梨県
南アルプス市
水
12
WC
2024年7月現在
災害により通行止め
南アルプス林道
広河原～北沢峠間の南アルプス林道は災害により
2024年7月現在通行止め。したがって、北沢峠へ
は長野県側からアクセスすることになる
仙丈ヶ岳へ
広河原へ

100 赤岳・権現岳

八ヶ岳の盟主に登り、南八ヶ岳の核心部を縦走する

一泊二日

あかだけ 2899m
ごんげんだけ 2715m

1日目 歩行時間＝7時間20分 歩行距離＝8・1km
2日目 歩行時間＝5時間10分 歩行距離＝7・0km

技術度
体力度

コース定数＝47

標高差＝1427m

累積標高差 ↗1965m ↘1904m

↑権現岳から縦走路を振り返る。南八ヶ岳の峻峰がずらりと並び壮観だ

←竜頭峰を西側から巻いて頂上へ

赤岳は八ヶ岳の盟主である。長野県境にある山だが、山梨県側の麓、北杜市高根町あたりからの、両翼に阿弥陀岳《あみだだけ》と横岳《よこだけ》をしたがえた姿こそは盟主にふさわしい貫録である。

ここでは山梨県側からの主要登路のひとつ真教寺《しんぎょうじ》尾根を登って赤岳に登頂し、キレットに下って、権現岳を越えて天女山へと下ってみよう。キレット小屋に一泊行程となる。

第1日 **美し《うつく》森《もり》**から**羽《は》衣《ごろも》池**までは八ヶ岳横断歩道を登る。羽衣池から赤岳登山道が分かれるが、サンメドウズスキー場のリフト終点まではササが深いこともある。**リフト終点**をすぎると、すぐに賽《さい》ノ河原《かわら》で、目指す赤岳が牛首山《うしくびやま》の背後に姿を現す。樹林帯を三角点のある**牛首山**へ登り、わずかに下ってから緩く登って扇山を越す。

しばらく平坦な樹林帯が続いたあと、傾斜が強くなると道も険しさを増してくる。クサリ場が連続

■鉄道・バス
往路＝JR小海線清里駅からピクニックバス8分で美し森、さらに1分で羽衣池入口まで行くことができる。復路＝天女山駐車場から約3㌔ほどのまきば公園か八ヶ岳倶楽部まで歩けばピクニックバスが利用できる。タクシーを予約している場合は、JR小海線甲斐大泉駅へ。

■マイカー
美し森、天女山ともに無料の駐車場がある。美し森に駐車して、下山時はタクシーで駐車地点に戻るとよい。

■登山適期
積雪の多い年は6月半ばまで雪が残る。岩場の草付の高嶺の花は7月初旬が盛り。山梨県側の登山道は険し

する厳しい登りが続き、主稜縦走路に出ると阿弥陀岳の偉容が目に飛びこんでくる。頂上へはここから往復となる。竜頭峰《りゅうとうほう》の西側をへつり、中岳《なかだけ》方面からの登路を合わせ、鉄バシゴを登ると**赤岳**南峰である。

大展望を楽しんだなら往路を戻り、キレットへの下降となる。八ヶ岳の主稜随一の険路で気が抜けない。傾斜が緩むと、嘘のように平和な道となり、**キレット小屋**に着く。

第2日　前日の険路を思うと、**キレット小屋**からツルネにかけては比較的やさしい稜線で、四囲の景色を楽しみながら歩けるが、旭岳《あさひだけ》の岩峰が近づいてくると険しい登りになる。しかし真教寺尾根のように手を使うような場面は少ない。ただし、61段もある源治《げんじ》ハシゴは、それほどの傾斜ではないが、慎重に登ろう。

CHECK POINT

1 美し森駐車場から遊歩道を登る。美し森は大展望が楽しめる観光地である

2 木段を登って羽衣池に出る。ここで八ヶ岳横断歩道から赤岳登山道が分岐する

3 賽ノ河原から、ときおり展望の開ける樹林帯を登って牛首山に着く

4 森林帯を抜けると傾斜は強まってクサリ場が連続するようになる。落石には注意

5 赤岳頂上南の竜頭峰の基部で主稜に出て、目の前に信州側の風景が広がる

6 美濃戸からの登山者も合わせ、赤岳頂上はいつでもにぎわっている

7 赤岳から真教寺尾根分岐まで戻り、いよいよキレットへの下降がはじまる

8 足場は悪く傾斜もきつい下りが続く。やっと傾斜が緩むとキレット小屋だ

9 キレット小屋からツルネまでは穏やかな道だが、この後、岩稜の登りがはじまる

10 旭岳直下を巻いて権現岳への最後の登りに61段の源治ハシゴがかかっている

11 権現岳からの眺望は天下一品。たどってきた稜線が手にとるように見える

12 長い下りを終え天女山駐車場に着く。さらに八ヶ岳高原ラインへ歩道もある

い上に、稜線に出るまで避難する場所がないので、体調不良、悪天時は潔く引き返すこと。

■アドバイス

▽旧八ヶ岳美し森ロッジの下の駐車場まで入れば、美し森をカットできる。真教寺尾根はサンメドウズスキー場のリフトを利用すると楽できる。営業開始時間が遅いが、小屋泊まりなら利用価値がある。県界尾根を登るなら、車がより高くまで入るのと、直接赤岳に達するのでわずかだが時間が短くて済む。赤岳権現岳間は八ヶ岳随一の険路である。天候や体調によっては赤岳周辺の山小屋に泊まったり、美濃戸口へ下ったりする方法も考えよう。

▽キレット小屋は開設期間が8月上旬〜9月下旬の平日のみで、素泊まり10人までの貸切営業（2024年の情報）。

■問合せ先

北杜市役所☎0551・42・1111、赤岳頂上山荘☎090・2214・7255、キレット小屋☎090・4716・2008、権現小屋☎0551・36・2251（24年は休業）、清里ピクニックバス☎0551・48・2200（清里駅前観光案内所・あおぞら）、大泉タクシー長坂駅営業所☎0120・38・2312

■2万5000分ノ1地形図

八ヶ岳東部・八ヶ岳西部

前三ツ頭。長い樹林帯の下りがはじまる

天ノ河原。あとわずかで天女山の駐車場だ

ハシゴを登り終えたら、そこは**権現岳**《ごんげんだけ》の頂稜である。振り返る赤岳と阿弥陀岳両雄の並びがすばらしい。頂上は狭い岩なので上に立つのは難しい。

三ツ頭《みがしら》との鞍部のダケカンバ林まではちょっとしたクサリ場もあるが、クサリに頼るほどのこともない。**三ツ頭**を越えて、わずかでアトノ尾根を分けると樹林帯に入り、再び眺めのよい岩礫の道になると**前**《まえ》**三ツ頭**に着く。

前三ツ頭からは方向を東寄りに向けて樹林帯へ入っていく。段差のある急な下りが延々と続き、疲れた足には厳しい。やっと傾斜が緩んだら、まもなく砂礫の明るい道となり、眺めのよい天《あま》ノ河原《かわら》を経て、**天女山**《てんにょさん》**の駐車場**に着く。

（長沢　洋）

赤岳鉱泉へ
行者小屋
横岳、硫黄岳へ
美濃戸へ
茅野市
赤岳天望荘
2185
2578
阿弥陀岳
2806
中岳
6
赤岳
赤岳頂上山荘
2599
大天狗
2899
竜頭峰
5
360°の展望が広がる
クサリ場が断続
県界尾根
ガレ場の急坂。クサリ、ハシゴが連続。ペンキ印に注意
天狗尾根ノ頭
7
4
2258
高山植物が多い
2504
1:30
2:00
3:00
2:00
真教寺尾根
長野県
富士見町
キレット小屋
水
8
天狗尾根
赤岳沢
2316
北峰
ツルネ
南峰
9
扇山
権現岳方面のみ展望できる
クサリが連続山頂は西側を巻く
2:00
1:30
2040
2280
3
1:20
1:00
牛首山
旭岳
上ノ権現沢
61段・20mの源治ハシゴ
10
キボシ
11
権現岳
2715
シラビソ林の登りだが、ガレの縁からは富士山や南アルプスの展望がよい
西ギボシ
ノロシバ
権現小屋
急坂。クサリ場あり
地獄谷
鎖場あり
岩峰の南側を登る。
ダケカンバ林
青年小屋
展望がよい
0:40
1:00
三ツ頭
編笠山
2524
2580
樹林帯
急登
岩塊の斜面
0:30
0:50
岩礫の道
2364
前三ツ頭
富士見高原へ
2282
展望がよい
急坂が続く
川俣川西沢
押手川
1859
2043
2:00
3:00
山梨県
北杜市
砂礫の道
1734
天ノ河原
雲海展望台
1851
富士山方面の展望がよい
展望がよい
1884
小淵沢IC、小淵沢駅へ
カラマツ林
三味線滝
観音平
八ヶ岳神社
八ヶ岳公園道路へ

●執筆者

【茨城県の山】
酒井國光（さかい・くにみつ）

【栃木県の山】
小島守夫（おじま・もりお）　※2020年2月逝去
上杉純夫（うえすぎ・すみお）
仙石富英（せんごく・とみひで）
矢板岳友会（やいた・がくゆうかい）
　＊蓮實淳夫、植木 孝、梅原 浩

【群馬県の山】
太田ハイキングクラブ（おおたはいきんぐくらぶ）
　＊荒井 光、稲見浩和、須加照代、田部井悦子、
　戸澤哲男、中田 滋、中西政文、根岸登喜雄、
　橋本紀美子、丸岡 勉、森 良治

【埼玉県の山】
打田鍈一（うちだ・えいいち）

【千葉県の山】
中西俊明（なかにし・としあき）
植草勝久（うえくさ・かつひさ）
伊藤哲哉（いとう・てつや）
田口裕子（たぐち・ゆうこ）

【東京都の山】
山岳写真ASA（さんがくしゃしん アーサー）
　＊塩田論司、庄内春滋、鈴木弘之、高梨智子、
　宮川 正、山下 仁、渡邉明博
青木貴子（あおき・たかこ）

ほかに写真協力者として、大倉洋右、菊池弘幸（ともに山岳写真ASA）、上野玲奈

【神奈川県の山】
原田征史（はらだ・せいし）
白井源三（しらい・げんぞう）
清水充治（しみず・みちはる）

【山梨県の山】
長沢 洋（ながさわ・ひろし）

※栃木県の概説とコースガイドを担当されていた小島守夫さんは2020年2月に逝去されたため、担当ページについては編集部が内容の調査を行っております。

分県登山ガイドセレクション
関東周辺の山ベストコース100

2024年10月5日 初版第1刷発行

編　者 —— 山と溪谷社
発行人 —— 川崎深雪
発行所 —— 株式会社 山と溪谷社
〒101-0051
東京都千代田区神田神保町1丁目105番地
https://www.yamakei.co.jp/

■乱丁・落丁、及び内容に関するお問合せ先
山と溪谷社自動応答サービス　TEL03-6744-1900
受付時間／11:00～16:00（土日、祝日を除く）
メールもご利用ください。
【乱丁・落丁】service@yamakei.co.jp
【内容】info@yamakei.co.jp
■書店・取次様からのご注文先
山と溪谷社受注センター
TEL048-458-3455　FAX048-421-0513
■書店・取次様からのご注文以外のお問合せ先
eigyo@yamakei.co.jp

印刷・製本 —— 株式会社シナノ

●編集
吉田祐介
●カバーデザイン
相馬敬徳
●DTP・MAP
株式会社 千秋社

■各紹介コースの「コース定数」および「体力度のランク」については、鹿屋体育大学教授・山本正嘉さんの指導とアドバイスに基づいて算出したものです。
■本書に掲載した歩行距離、累積標高差の計算には、DAN杉本さん作製の「カシミール3D」を利用させていただきました。
■QRコードの商標は株式会社デンソーウェーブの登録商標です。
■乱丁、落丁などの不良品は送料小社負担でお取り替えいたします。

ISBN978-4-635-01459-5